언론과 명사들이 보내온 추천 메시지

《선의 탄생》에서 대커 켈트너는 우리의 본성이 결코 악하지 않다는 사실을 과학적으로 증명한다. 그는 우리 뇌신경이 선한 마음을 가질 수밖에 없도록 작동한다는 새로운 근거를 제시한다.
- 하워드 가드너 | 하버드 대학교 교수, 《통찰과 포용》의 저자

대커 켈트너는 우리에게 감정을 병적인 것으로 인식하는 잘못된 경향이 있다고 지적하면서 우리가 오랫동안 외면한 감정의 사회적 효과에 대해 놀라운 이야기를 풀어 놓는다.
- 〈타임TIME〉

대커 켈트너는 과학적 정확성과 멋진 글 솜씨로 우리의 감정적 삶을 이야기한다. 이 책을 통해 내 마음과 정신 속을 들여다보고 그 과정에서 '나라는 존재'에 대한 새로운 사실과 재미, 깨달음을 얻을 수 있다.
- 대니얼 골먼 | 《EQ 감성지능》의 저자

보살핌과 연민은 진화를 통해 얻은 장점이며, 이는 인류가 불확실한 시대를 넘어 긍정적인 미래를 꿈꾸어도 좋다는 확실한 믿음을 심어준다.
- 〈피플People〉

감정과학 분야가 밝힌 최신 연구 내용을 통해 연민 본능이 우리가 키워갈 가치 있는 감정임을 일깨워주는 소중한 책이다.
- 〈샌프란시스코San Francisco〉

우리의 마음을 사로잡는 책! 저자는 심리학, 생물학, 문학, 철학, 미술 등 다양한 학문의 경계를 자유로이 넘나들면서 여덟 가지 감정 표현이 지닌 사회적 의미와 가치를 처음부터 끝까지 흥미롭게 전달한다.
- 프레더릭 브루샛 & 메리 앤 브루샛 | 《영성과 실천》의 저자

인간의 본성과 행복의 본질에 대해 이토록 흥미롭게 파헤친 책은 없었다.
- 〈뉴욕타임스 The New York Times〉

우리 마음을 사로잡는 이야기와 예리한 통찰력이 공자, 셰익스피어, 찰스 다윈, 폴 에크만 등 동서양 지성을 한데 연결시키면서 신선한 충격을 전해준다. 감정의 미묘한 불가사의와 진화적 근원을 알고 싶은 사람들의 필독서이다.
- 프랭크 설로웨이 | 《타고난 반항아》의 저자

많은 긍정 심리학 연구가 학문적 연구에 그치는 것과 달리 동양철학에서 인의 개념, 즉 측은지심이라는 실천 원리를 가져와 현실에 직접 연결시키고 있다. 이 책에서 그는 가장 친절한 자가 진화의 최종 승자가 될 것이라는 주장을 매우 설득력 있게 전개한다.
- 매슈 길버트 | 〈시프트 Shift〉 편집장

이 책은 감정과학 분야에서 기념비가 될 만한 책이다. 감정이 윤리와 인간의 보편성 문제에서 어떤 의미를 지니는지, 사회의 행복과 개인의 행복 사이에서 어떤 상관관계를 갖는지 탁월하게 밝히고 있다.
- 제임스 리버먼 | 조지 워싱턴 의과대학 교수

인류에게 절대 선이 존재한다는 새로운 사실은 어둡고 음울한 시대를 살아가는 우리의 위태로운 마음 상태를 일깨우는 자극제가 될 것이다.
- 〈새크라멘토 북리뷰 Sacramento Book Review〉

《선의 탄생》은 이성이 우리 삶을 가치 있게 한다는 기존의 생각을 완전히 뒤바꿔 놓는다. 인간 감정의 진화가 우리에게 선물한 연민, 감사, 사랑 등 긍정적 감정이 나와 세상을 행복하게 만들 수 있음을 깨닫게 한다.
- 마이클 폴란 | 《잡식동물의 딜레마》의 저자

BORN TO BE
GOOD
선의 탄생

Born to Be Good
Copyright © 2009 Dacher Keltner
Korean Translation Copyright © 2011 by Okdang Books, Inc.

Korean edition is published by arrangement with Norton, W. W. & Company, New York through Duran Kim Agency, Seoul.

이 책의 한국어판 저작권은 듀란킴 에이전시를 통한 Norton, W. W. & Company와의 독점계약으로 도서출판 옥당에 있습니다. 저작권법에 의하여 한국 내에서 보호를 받는 저작물이므로 무단 전재와 복제를 금합니다.

선의 탄생

지은이 대커 켈트너
옮긴이 하윤숙
감　수 장대익

1판 1쇄 인쇄 2011년 3월 30일
1판 1쇄 발행 2011년 4월 15일

발행처 도서출판 옥당
발행인 신은영

등록번호 제300-2008-26호
등록일자 2008년 1월 18일

주소 서울특별시 마포구 성산동 590-2 삼라마이다스 902호
전화 (02)722-6826 팩스 (02)723-6486

값은 표지에 있습니다.
ISBN 978-89-93952-29-2　03180

이메일 coolsey@okdangbooks.com

조선시대 홍문관은 옥같이 귀한 사람과 글이 있는 곳이라 하여 옥당玉堂이라 불렀습니다.
도서출판 옥당은 옥 같은 글로 세상에 이로운 책을 만들고자 합니다.

이 도서의 국립중앙도서관 출판시도서목록(CIP)은
e-CIP 홈페이지(http://www.nl.go.kr/ecip)에서 이용하실 수 있습니다.
(CIP제어번호: CIP2011001013)

나쁜 놈들은 모르는 착한 마음의 비밀

BORN TO BE GOOD
선의 탄생

대커 켈트너 지음 | 하윤숙 옮김 | 장대익 서울대 교수 감수

옥당

Emotional intelligence Test

상대의 마음을 읽어내는 나의 감정 지능은 얼마나 될까?

얼굴 표정은 상대의 진심을 알 수 있는 가장 확실한 표시이다. 다른 사람의 속마음을 읽어내는 나의 능력은 어느 정도일까? 아래 사진을 보고 그 사람의 속마음이 어떤지 알아맞혀보자.

1
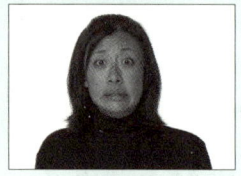
① 당혹감 ② 두려움
③ 슬픔 ④ 놀람

2

① 경박함 ② 관심
③ 행복 ④ 공손함

3

① 슬픔 ② 고통
③ 화 ④ 혐오감

4

① 당혹감 ② 슬픔
③ 재미 ④ 창피함

5

① 자부심 ② 경멸
③ 흥분   ④ 화

6

① 두려움 ② 관심
③ 놀람   ④ 동정심

7

① 슬픔   ② 수치심
③ 혐오감 ④ 무시

8

① 화   ② 고통
③ 혐오감 ④ 슬픔

9

① 욕망   ② 당혹감
③ 경박함 ④ 사랑

10

① 수치심 ② 화
③ 슬픔   ④ 고통

11.
① 동정심　② 슬픔
③ 화　　　④ 관심

12.
① 재미　② 욕망
③ 놀람　④ 흥분

13.
① 놀람　② 관심
③ 욕망　④ 행복

14.
① 슬픔　② 수치심
③ 혐오감　④ 동정심

15.
① 혐오감　② 사랑
③ 경멸　　④ 욕망

16.
① 슬픔　② 자부심
③ 당혹감　④ 창피함

17
① 행복　　② 욕망
③ 공손함　④ 동정심

18
① 슬픔　　② 수치심
③ 당혹감　④ 사랑

19
① 죄책감　② 슬픔
③ 고통　　④ 혐오감

20
① 만족　　② 경박함
③ 사랑　　④ 동정심

- 감정 지능이 우리 삶에 미치는 영향력은 책에서 확인할 수 있다.
- 감정 지능 지수에 따른 진단 결과와 표정별 얼굴 근육 움직임에 대한 설명은 대커 켈트너가 운영하는 온라인 잡지 〈대의Greater Good〉(http://greatergood.berkeley.edu)에서 직접 확인할 수 있다.

Originally published by Greater Good, the online magazine of the Greater Good Science Center at the University of California, Berkeley.

For more information, please visit http://greatergood.berkeley.edu

정답 | 1.② 2.③ 3.③ 4.① 5.① 6.③ 7.④ 8.③ 9.③ 10.④
11.① 12.① 13.② 14.① 15.④ 16.④ 17.③ 18.③ 19.③ 20.③

★ **일러두기**

1. 이 책은 대커 켈트너의 《Born to BE GOOD: The Science of a Meaningful Life》(2009)를 번역한 것이다.
2. 앞에 실린 감정 지능 테스트는 원서에는 없는 내용이나 저자가 운영하는 온라인 잡지 〈대의Greater Good〉의 허가를 받아 한국어판에 특별히 수록하였다.
3. 이 책에 소개된 외국 도서는 우리말 번역본이 있는 경우에 번역서명을 따랐으며, 아직 국내에 소개되지 않은 도서명은 직역하였다. 그리고 서명 옆에는 영어 제목을 병기하였다.
4. 옮긴이 주는 괄호 안에 그 내용과 함께 '_옮긴이'로 표기하였다.

감수의 말

행복을 이끄는 착한 마음

 1838년 3월 어느 날, 찰스 다윈Charles R. Darwin은 오랑우탄 '제니'를 관찰하러 런던동물원에 갔다. 마침 사육사가 제니에게 사과를 주는 척하다가 뒤로 숨기는 광경을 목격한다. 이런 행동이 몇 차례 반복되자 제니는 입을 삐죽거리고 얼굴을 샐쭉댄다. 영락없이 뭔가에 삐친 아이의 표정이었다. 다윈은 그 모습에 깊은 인상을 받았나 보다. 그때부터 자기 아이들과 제니의 표정을 비교 분석하기 시작했고, 마침내 인간과 유인원의 뿌리가 같을 것이라는 생각에 이르렀다.
 그 후로 20년이 더 지난 1859년 11월 24일, 다윈은 지천명知天命에 그의 걸작《종의 기원》을 출간했다. 물론 그는 자신의 자연선택 이론이 인류의 탄생에 대해서도 도발적인 함의를 갖고 있다고 생각했지만, 이 책에서는 그저 슬쩍 흘리는 정도였다. 인간의 진화를 본격적으로 다룬 두 권의 책,《인간의 유래》와《인간과 동물의 감정 표현에 대하여》가 연달아 세상에 나온 것은 그 후로 12년이 더 지난 일이었다.
 흔히들 다윈의 자연선택 이론이 생존투쟁, 양육강식, 적자생존 등으로 요약되는 자연세계의 냉혹함을 잘 설명한다고 생각한다. 물론 맞는 말이다. 하지만 그것은 반쪽 얘기일 뿐이다. 다윈은 생명의 세계에서 경쟁만큼이나 흔하게 발견되는 협동과 공존에 대해서도 깊은 관심을 기울였고, 인간의 도덕성이 어떻게 진화할 수 있었는가에 대해서도 천착했다. 특히, 그는 《인간과 동물의 감정 표현에 대하여》에서 감정이야말로 "인간의 도덕 본능과 선한 마음의 토대를 이룬다"고 말했다. 더 나아가 그는 인간의 감정이 보편적일 뿐만 아니라 그 보편성의 뿌리가 다른 동물과 연결되어 있다고 주장했다.

사실, 다윈의 이 '보편성 논제'는 생명의 다양성과 기원에 관한 혁명적 이론을 능가하는 파괴력을 갖고 있다고 할 수 있다. 오랑우탄의 찡그림과 내 불쾌감이 똑같은 것이라니 얼마나 불손한 생각인가? 하지만 이 불손한 보편주의는 20세기에 접어들면서 멸종 위기를 맞는다. 심리학 분야에서는 20세기 중반에 이르기까지 프로이트의 정신분석학과 스키너류의 행동주의 심리학이 차례로 주류를 형성해왔지만, 그 어디에서도 다윈의 목소리는 들리지 않았다. 인류학을 비롯한 다른 사회과학 분야에서도 인간의 행동과 마음에 대한 진화론적인 접근은 찾아보기 힘들었다. 더군다나 감정에 대한 관심은 거의 없었다.

1967년 어느 날 인류학자 폴 에크만Paul Ekman이 뉴기니의 정글에 도착한다. 그는 여전히 수렵채집 생활을 하고 있던 뉴기니 원주민의 감정 표현emotional expression을 연구하려고 갔다. 그는 원주민에게 몇 가지 기본적인 얼굴 표정(화, 혐오, 두려움, 행복, 슬픔, 놀람) 사진을 보여주면서 실험을 했다. 당시 뉴기니는 산업화 이전의 비서구 사회였기 때문에 에크만은 원주민이 서구인의 얼굴 표정에 대해 서구와는 다른 반응을 보일 것이라 예측했다. 왜냐하면 당시에는 문화상대주의가 주류를 이루고 있었기 때문이다.

하지만 결과는 정반대였다. 서구인이나 뉴기니 원주민이나 혐오감을 느끼는 표정은 매한가지였다. 감정의 보편성을 주장한 다윈이 한 세기 만에 무덤에서 다시 살아나는 순간이었다. 에크만과 그의 동료들은 당시 학계의 엄청난 저항에도 불구하고 결국 '정서과학affective science'이라는 새로운 영역을 탄생시켰고, 오늘날 이 분야는 새로운 영감의 원천이 되었다.

《선의 탄생》은 다윈의 뿌리에서 싹이 튼 감정 연구가 에크만의 줄기를 타고 자라 오늘날처럼 탐스런 열매로 진화해온 과정을 고스란히 담고 있는 흥미로운 책이다. 이 책은 감정의 보편성을 주장한 다윈과 에크만의 어깨 위에 올라 감정의 과거, 현재, 그리고 미래를 내려다본다. 이 책의 저자인 대커 켈트너Dacher Keltner는 캘리포니아 대학교 버클리 캠퍼스U. C. Berkeley 심리학과 교수로서 지난 10여 년 동안 감정의 사회적 기능에 대해 다양한 연구를 해왔다. 실제로 그는 박사 후 과정에서 3년 동안 에크만과 함께 긍정적 감정의 기능을 연구하기도 했다.

최근 그의 연구 중에서 흥미로운 것 하나는, '밀스 종단 연구Mills longitudinal study'를 이끄는 같은 대학의 헬슨R. Helson 교수와 함께 1960년 졸업앨범 속의 얼굴 표정을 보고 어떤 졸업생이 더 성공적인 삶을 살았는가를 예측한 연구였다. 그가 이런 '대담한' 연구를 할 수 있었던 것은 긍정적 감정(미소, 웃음, 사랑, 연민, 경외감 등)이 어떠한 사회적 기능을 갖고 있는가에 대해 학제적인 연구를 탄탄하게 해왔기 때문이다. 이런 맥락에서 저자도 '긍정 심리학positive psychology'의 한 장을 쓰고 있다고 할 수 있을 것이다.

하지만 저자에게는 여느 긍정 심리학자와 구별되는 몇 가지 다른 점이 있어 이 책에 특별함을 더한다. 가장 흥미로운 차이는 그가 동양 사상을 감정 연구와 연결시키고 있다는 점일 것이다. 그는 공자의 '인仁'

사상에서 행복의 길을 찾고 그것을 감정의 문제로 설명한다. 그에 따르면, 감사, 즐거움, 경외감, 연민 등과 같은 감정은 우리가 우리 자신의 삶을 가치 있게 생각하도록 진화해왔고, 행복은 자기 자신은 물론 다른 사람에게 이런 감정이 일어나도록 북돋는 데서 생겨난다. 긍정적 감정의 진화를 연구한 다윈과 인을 이야기하는 공자가 행복의 다리에서 만났다고나 할까? 미소와 '썩소'(썩은 미소)를 구별하는 운동생리학은 인과 가식假飾을 구별하는 공자의 사상과 손을 잡을 수 있을 것이다. 저자는 다음과 같이 말한다. "얼굴의 미묘한 움직임 속에 우리가 지닌 인의 비율이 드러나 있다." 게다가 저자가 티베트 불교를 이끄는 지도자 달라이 라마의 행복론에 깊이 빠져 있는 것을 보면, 동양 사상에 대한 저자의 관심이 분명 립서비스 차원은 아니다.

이 책이 독특한 두 번째 이유는 감정에 대한 여러 분야의 과학적 연구들이 잘 융합되어 있다는 사실이다. 저자의 감정과학은 웃음의 해부학, 미소의 영장류학, 역겨움의 인류학, 친절의 진화생물학, 연민의 심리학에 이르기까지 다양할 뿐만 아니라, 책 전체를 통해 행복 연구와 유기적으로 연결되어 있다. 물론 그는 감정과 가치를 잇는 다리가 종교라고 생각하지는 않는다. 오히려 그것은 과학이다. '감정은 우리 마음 가장 깊숙한 곳의 진심을 보여주는 표시로서 우리 신경계 속에 내장되어 있으며, 우리의 가장 중요한 윤리적 판단을 이끌어내는 직관적 길잡이'임을 알게 한 것은 과학이다. 저자는 이런 앎을 통해 의미 있는 삶을 추구할 수 있다고 생각한다.

이 책을 독특하게 만드는 마지막 요소는 저자의 실천적 삶과 관련 있다. 그는 인간의 따뜻한 감정을 냉철한 지성으로 연구만 하는 차가운 과학자가 아니다. 그는 10년 전 자신의 대학에 '대의大義과학센터 Greater Good Science Center'를 만들어 행복에 대한 과학적 연구와 더

불어 행복한 개인과 사회를 만들기 위한 실천적 노력을 함께 기울이고 있는 따뜻한 인간이다http://greatergood.berkeley.edu. 예컨대 〈대의 Greater Good〉라는 온라인 잡지를 창간하여 연민, 이타성, 평화, 행복의 과학을 이야기하면서 부모, 교육자, 공동체 리더, 정책 결정자 들에게 그것이 어떤 함의와 시사점이 있는지를 적극적으로 가르치고 있다.

거기에서 우리는 평화의 진화를 설명하는 하버드 대학교 심리학자 스티븐 핑커Steven Pinker의 글이나 행복에 대해 이야기하는 달라이 라마의 인터뷰 등을 직접 접할 수 있다. 또한 온라인 잡지를 펼치자마자 자신의 감정 지능emotional intelligence 지수가 어느 정도 되는지 검사하고 그와 관련된 정보를 자세히 확인할 수 있다. 이론과 실천의 균형은 우리 같은 학자들이 늘 꿈꾸는 이상인데, 저자가 지난 10년 동안 이 균형을 위해 얼마나 많이 노력해왔는지를 알 수 있는 대목이다. 이것이 바로 저자가 여느 행복 연구자들과 다른 면이기도 하다. 고맙게도 한국에서도 몇 년 전에 비슷한 취지를 가진 연구소가 문을 열었다. 서울대학교 심리학과 최인철 교수의 주도로 만들어진 '행복연구센터'도 행복에 대한 과학적 연구와 그에 근거한 교육과 실천을 함께 해나가는 기관이다http://happiness.snu.ac.kr. 과학 없는 실천은 공허하고, 실천 없는 과학은 맹목이다!

2004년에 개봉한 윌 스미스 주연의 아이 로봇i, Robot에는 최초로 감정을 진화시킨 로봇이 등장한다. 2035년 어느 날, 시카고 경찰 스프너(윌 스미스 분)는 로봇 모델 NS-5를 창조한 래닝 박사의 살인용의자로 '써니'라 불리는 로봇을 체포한다. 써니를 조사하려고 취조실에 들어온 스프너는 마침 그곳에 있던 상관을 보고 '윙크'를 한다. 그 광경을 신기하게 지켜본 써니는 한쪽 눈을 찡끗대는 행위가 무슨 의미냐고 묻지만, 스프너는 냉소적으로 비아냥거린다. 감정을 느끼지 못하는 로봇은 절대로 이해할 수 없는 무엇이라고. 하지만 무안하게도, 바로 다음 장면에서 써니가 감정을 진화시킨 최초의 로봇임을 보여준다. 그리고 위기 상황에서 스프너의 목숨을 살린 것은 써니가 취조실에서 배운 바로 그 윙크였다.

이제 감정이 이성의 적으로 인식되던 시기는 지났다. 아이로봇에서도 짐작할 수 있듯이, 감정 구현은 인공지능 연구의 핵심 과제다. 어쩌면 우리는 '이성을 잃었다'라는 표현보다 '감정이 없다'라는 표현이 더 부정적으로 느껴지는 시대로 가고 있는지도 모른다. 현재 존재하는 로봇의 불행은 인간이라면 누구에게나 있는 '공감 본능'이 없다는 것이다. 저자의 말처럼, "감정이 없다면 아마 우리는 아무 관계도 맺지 못하는 외로운 세상에 살았을 것이다."

우리는 착하게 태어났다. 누구에게나 착함 본능, 연민 본능, 공감 본능이 있다. 이 본능을 잘 발휘하게 하는 것이 행복한 사회를 만드는 지름길이다. 이것이 이 책의 메시지다. 하지만 평범해 보이는 이 메시지를 얻기 위한 저자의 여정은 결코 평범하지 않았다. 긍정적 감정에 관한 깊은 과학적 이해를 바탕으로 행복한 개인과 사회를 만들기 위해 다양한 실천을 하고 있으며, 서양 과학의 전통에서 출발하여 동양의 인 사상에 도달했다(아, 그런데 이것은 우리가 먼저 했어야 할 일 아닌가?). 저자의 균형 감각, 지적 넓이, 그리고 열린 마음이 훈훈하게 느껴진다. 늘 행복을 꿈꾸지만 감정은 여전히 진흙탕인 우리에게 희망을 주는 착한 책이다.

장대익
서울대학교 자유전공학부 교수, 《다윈의 식탁》의 저자

옮긴이의 말

최신 과학이 밝혀낸 인간의 참모습

이 책은 캘리포니아 대학교 버클리 캠퍼스 심리학과 교수인 대커 켈트너가 지난 15년 간 인간의 사회적 감정을 연구하면서 느낀 문제의식과 연구 결과를 담은 책이다.

지극히 평범하고 순탄한 삶을 살아가는 사람이라도 그 사람의 마음속을 들여다보면 수많은 감정이 때로는 가랑비처럼 슬그머니 마음을 적시는가 하면 때로는 태풍처럼 정신을 차릴 수 없을 만큼 강하게 휘몰아치기도 한다. 감정은 그렇게 우리도 모르게 마음속을 들락날락거리기 때문에, 우리는 감정에게 주인 자리를 빼앗긴 채 피해의식을 느끼게 된다. 단순히 피해의식만도 아니다. 일단 그 감정이란 것이 내 마음대로 되지 않는다. 하루하루 우리 앞에는 해야 할 일이 주어지는데 우리의 마음은 그 일에 적당한 감정 상태가 되는 때가 별로 없고 대개는 제멋대로여서 감정을 다스리는 데 어려움을 겪는다. 그리하여 기쁨이나 설렘 같은 좋은 감정도 때를 잘못 만나면 우리의 미움을 받기 일쑤이며, 동정이나 연민은 자기 앞가림도 못하면서 오지랖 넓게 남의 일에 끼어들게 만드는 성가신 감정 취급을 받는다.

그래서였을까?

서구 사상에서 전통적으로 감정은 이성의 판단을 흐리는 삶의 방해꾼 취급을 받아왔다. 그래서 좋은 감정보다 나쁜 감정이 더 강렬하다는 명제 아래 인간의 삶에서 주로 악역을 맡아왔던 이상심리나 사악한 본능 등 부정적 감정을 연구하는 데 몰두했다. 또한 긍정적 감정을 그저 부정적 감정의 부산물 정도로 취급하면서 별반 관심을 기울이지 않았다. 게다가 프로이트와 진화론자, 경제학자가 가세하면서 인간의 이기적 성향이 더욱 강조되고 인간 본성 속에는 긍정적인 것보다 부정적인 것이 더 깊이 뿌리 내리고 있다는 결론으로 나아가게 되었다.

저자가 감정에 대한 연구를 시작할 당시 감정과학이나 심리학의 지평은 이런 모습이었다. 그러나 연구원 시절 저자는 두 명의 멘토를 만나면서 인간 감정의 또 다른 본성, 즉 긍정적 힘을 보게 된다. 한 명은 찰스 다윈이며, 또 다른 한 명은 폴 에크만이다. 진화 하면 제일 먼저 '적자생존'이라는 다소 피비린내 나는 개념부터 떠올리는 우리로서는 찰스 다윈이 어떻게 저자를 감정의 긍정적 측면을 발견하게 이끌었는지 다소 의아할 수도 있다. 하지만 실제로 다윈은 인간의 감정 표현에 대해 많은 연구를 남겼을 뿐더러 그가 정립한 진화론은 인간 감정을 연구하는 훌륭한 렌즈 구실을 해준다. 저자는 인간의 감정에 진화론의 렌즈를 들이대는 순간 그전까지 자신이 알던 감정과는 전혀 다른 모습이 보였다고 했다.

아울러 폴 에크만은 인간의 감정 표현을 세밀하고 객관적으로 들여다볼 수 있는 고배율 현미경을 저자에게 선사한다. 바로 얼굴 해부학을 바탕으로 한 '얼굴 움직임 부호화 시스템FACS, Facial Action Coding System'이다. 저자는 이 시스템을 이용하여 특정 감정이 어떤 얼굴 근육의 움직임을 통해 표현되는지, 어떻게 하면 거짓 감정 표현과 진실된 감정 표현을 얼굴 근육 움직임으로 판단할 수 있는지 낱낱이 해부하면서 감정 표현의 객관성과 보편성을 치밀한 관찰 연구를 통해 입증하고, 그 과정에서 인간 감정이 지닌 의미와 놀라운 도덕 능력을 발견하게 된다.

　여기까지가 이 책의 탄생 배경이다. 그리고 이렇게 잉태된 수정세포는 세포분열을 거쳐 무성한 가지와 아름다운 꽃, 달콤한 열매를 가진 커다란 나무의 모습으로 우리에게 다가온다. 이런 비유를 하는 이유는 이 책이 매우 다양한 내용을 바탕으로 인간의 구체적 감정을 하나하나 설명하고 있기 때문이다. 각종 동물의 감정 행위가 서술되는가 하면 우디 앨런의 이야기가 펼쳐지고, 뇌 과학의 최신 연구 결과가 서술되는가 하면 수렵채집 사회의 삶이 소개되고, 자율신경계의 작용 구조가 설명되는가 하면 달라이 라마의 영적 능력이 서술된다.

　아울러 이 책에는 각종 실험이 소개되는데 실험의 독창성이 놀라울 뿐더러 실험의 전개 과정이 때로는 추리소설과도 같은 궁금증을 불러일으킨다. 또한 내용 면에서 인간과 인간이 만날 때 일상적으로 생기는 감정 영역의 주요 범주를 다루고 있어, 기존 심리학 서적에서 잘 다루지 않은 보통 인간의 사회적 감정을 깊이 있게 들여다보는 기회가 된다.

　감정 영역은 그저 내 마음을 접고, 다스리는 차원을 넘어서서 때로는 개인적 삶이나 사회적 삶에서 중요한 판단을 내려야 하는 문제와도 관련되기 때문에 우리에게 늘 곤혹스러움을 안겨준다. 하지만 이 책을 통해 우리는 감정이 사회생활의 중요한 원동력이면서 믿을 만한 판단기준이 된다는 사실을 깨닫게 될 것이다. 아울러 감정 영역을 단지 일화로만 풀지 않고 진화론을 비롯한 최신 과학 연구를 바탕으로 설명해 놓았기 때문에 감정을 이해하는 데 있어 실로 마음 든든한 원군을 얻은 것처럼 느껴질 것이다. 객관적 사실과 과학의 힘을 그야말로 마음 깊이 느끼는 시간이 될 것이다.

이처럼 이 책은 인간의 사회적 감정을 매우 다채롭고 흥미롭게 설명한 점에서 커다란 미덕을 가지는 데 반해, 인간의 긍정적 감정 연구만을 바탕으로 인의 정신을 강조한 서문이나 1장의 견해는 간혹 여러분의 비판 의식을 자극할지도 모른다. 현대 사회에 대한 저자의 비판과 발언이 자칫 처음부터 이 책에 대한 편견을 불러일으키지 않을까 우려되기도 한다. 하지만 이 책에서 중요한 건 저자의 주관적인 바람이나 발언이 아니라 그가 연구를 통해 밝혀낸 내용 그 자체이기 때문에 그런 편견을 가질 필요는 없다. 그 내용과 여러분의 직접적인 만남이 더 중요하리라고 본다.

하윤숙

서 문

우리는 모두 착하게 태어났다

　순간적으로 스치는 강렬한 경험, 예를 들면 놀라운 관찰이나 꿈, 육감, 순간적인 깨달음 속에서 과학적 통찰을 얻는 경우가 있다. 인간 감정에 대한 나의 사고 역시 기나긴 여정을 거쳐온 내 삶의 궤도와 내가 수집한 과학 자료가 한자리에 만나는 교차점에서 생겨났다. 나는 그 교차점에서 인간의 감정이야말로 의미 있는 삶의 근원이라는 생각에 이르렀다.

　나의 사고에는 부모님의 가르침이 영향을 미쳤다. 영어 교수이자 낭만주의 신봉자인 어머니, 노자와 인仁의 덕목을 따르는 화가인 아버지는 내 안에 한 가지 믿음을 심어주셨다. 산문에서 플롯 전환이 이루어지는 순간 속에서, 그리고 캔버스에 겹겹이 칠해진 유화물감에 매료되어 격정이 밀려드는 순간 속에서 바로 선한 삶을 살고자 하는 최선의 노력이 발견된다는 믿음이었다.

　그리고 이 믿음에서 출발한 나의 사고는, 짧은 감정 표현이 인간 설계의 깊은 기원에 대해 단서를 제공한다고 믿은 찰스 다윈에게서, 아울러 수천 가지 얼굴 근육 움직임을 측정하고 질서 정연하게 정리하는 법을 알아낸 폴 에크만에게서 과학적 뒷받침을 얻어내기에 이르렀다.

아주 오래된 세 가지 물음

이 책은 내 가족과 과학 교육의 산물로 인류의 아주 오래된 세 가지 물음에 대답하려 한다.

첫 번째 물음은 '우리가 행복해질 수 있는 길이 무엇인가?' 하는 것이다. 행복에 대한 최근의 수많은 경험적 연구는 많은 베스트셀러를 낳았다. 이 책들을 통해 우리는 과연 무엇이 우리를 행복하게 만드는지 알아내기 힘들다는 사실을 깨달았으며(대니얼 길버트Daniel Gilbert, 《행복에 걸려 비틀거리다Stumbling on Happiness》), 낙관주의가 중요하다는 것을 알게 되었다(마틴 셀리그먼Martin E. P. Seligman, 《긍정 심리학Authentic Happiness》). 아울러 경제적 부가 행복을 줄 것이란 기대는 환상일 뿐이며, 인간관계야말로 행복에 이르는 가장 확실한 길이라는 것을 깨달았다(조너선 하이트Jonathan Haidt, 《명품을 코에 감은 코끼리, 행복을 찾아 나서다The Happiness Hypothesis》).

나는 《선의 탄생》에 우리가 행복해질 수 있는 새로운 답을 내놓았다. 내 어머니와 아버지에게 경의를 표하는 의미에서 이를 '인 낭만주의 명제'라고 일컬을 수 있는데, 이 명제에 따르면 우리를 의미 있는 삶으로 이끄는 감정 체계는 오랜 진화를 거치면서 형성되어 이미 우리 안에 자리 잡고 있다. 의미 있는 삶으로 안내하는 감정으로는 감사의 마음, 유쾌함, 경외감, 연민이 있으며(낭만주의 명제), 행복에 이르는 열쇠는 자기 자신과 다른 사람에게 이런 감정이 생기게 하고, 자신과 다른 사람 안에 들어 있는 감정을 온전히 알아보도록 눈과 마음을 훈련시키는 데 있다(인 명제).

이 책에서는 오래된 두 번째 물음도 깊이 있게 연구했다. '인간의 친절 능력은 어디에서 유래되었는가?' 하는 물음이다. 인간의 기원을 둘러싼 새로운 논의가 현재 우리 앞에 펼쳐지고 있다. DNA 측정 및 고고학, 영장류 연구의 발달은 인류의 역사(우리가 어디서 왔는지, 어떻게 지구 전역에 널리 퍼지게 되었는지, 어떻게 진화되어 왔는지)에 대해 새롭고도 놀라운 통찰을 가져다주고 있다. 그리고 이 발견 속에는 우리의 친절한 마음이 어디서 유래하는가에 대한 해답이 숨어 있다. 이 책은 적자생존이 우리의 기원을 설명하는 원리로서 적합성을 갖는 것만큼이나, 친절한 자가 생존한다는 원리 역시 우리의 기원을 설명해준다는 사실을 체계적을 밝힐 것이다.

마지막으로《선의 탄생》에서는 '어떻게 해야 우리는 선한 사람이 될 수 있는가?'에 대해서도 명쾌한 답을 제시한다. 현재 우리는 도덕적 성찰을 구하는 시대에 살고 있다. 사회적 행복이란 측면에서 봤을 때 미국 어린이의 행복 수치는 21개 선진국 가운데 20위를 기록하고 있다. 또한 미국의 도덕 수준은 지난 8년에 걸쳐 급격히 하락하는 모습을 보였다. 집단학살, 불평등, 지구온난화를 둘러싸고 깊은 우려가 제기되는 현실에 비쳐볼 때 과연 인류의 희망찬 미래를 말할 만한 정당한 근거가 무엇 하나라도 있는지 의구심이 든다. 그래서 우리는 인간의 선이 지닌 본질과 실제에 대한 새로운 견해를 찾고자 하는 강한 갈증을 느끼고 있다. 달라이 라마의 연설이 있을 때마다 모여드는 엄청난 군중을 보기만 해도 무슨 의미인지 쉽게 이해할 것이다.

나는 이 책을 통해 어떻게 해야 선한 사람이 될 수 있는가 하는 물음에 직접적인 대답을 내놓는다. 즐거움, 감사의 마음, 연민 등과 같은 감정을 바탕으로 다른 사람 안에 들어 있는 선을 최고 수준으로 끌어올리라는 것이 바로 그 대답이다. 이러한 내용을 생생하게 전달하기 위해 인간 선의 기원에 대한 진화론적 견해와(다윈은 동정이야말로 우리가 지닌 가장 강한 열정이라고 믿었는데 아마 이런 사실을 알고 나면 모두들 놀랄 것이다), 다른 한편으로 동아시아와 서구 사상의 훌륭한 전통에서 내려오는 보석 같은 설명 사이에 어떠한 대화가 이루어지고 있는지 설명할 것이다.

답을 찾아 떠나는 여정에 대하여

《선의 탄생》의 전체 구성은 세 가지 물음에 대한 답을 찾기 위해 나의 사고가 거쳐온 발전 과정을 따르고 있다. 논의의 첫 출발이라 할 수 있는 1장에서는 '인의 비율the jen ratio'이라는 개념을 도입해서 친절, 인간애, 공경의 마음을 논하는 공자의 '인'을 설명한다. 인의 비율은 기운을 북돋우는 선한 마음과 냉소적인 악한 마음의 상대적 비율을 살펴보는 단순하면서도 가장 효과적인 방법이다(인의 비율은 동양 철학과 과학적 검증에 대한 나의 관심을 한층 높은 차원으로 이끌어주었다). 또한 행복한 결혼생활, 잘 자란 아이들, 건강한 사회와 문화를 이루기 위해 어떻게 해야 할지 실마리를 찾는 방법이기도 하다.

다음에 이어지는 세 장에서는 감정에 대한 진화론적 접근 방식이 밝혀낸 최근 연구 내용 속으로 안내할 것이다. 2장은 다윈이 여러 가지 긍정적 감정에 대해 미묘한 차이를 분석한 내용을 살펴보는 데서 시작한다. 많은 사람들의 추측과는 달리 다윈은 긍정적 감정이야말로 우리의 도덕 본능과 선한 마음의 토대를 이룬다고 생각했다. 만약 다윈과 공자가 만나 공동 연구를 진행했다면 매우 만족스런 협력자가 되었을 것이다.

다윈에서 시작한 우리의 여정은 뉴기니로 향한다. 그곳에서 얼굴 표정의 보편성에 대한 폴 에크만의 연구와 만나게 되는데, 이 연구는 감정을 이해하는 패러다임을 뒤흔드는 중요한 의미를 지녔다. 이 연구에 뒤이은 경험과학의 성과로, 우리는 감정에 대한 세 가지 새로운 이론에 도달했으며, 이 내용이 3장에 자세히 소개된다.

- 첫째, 감정은 우리가 다른 사람과 관계를 맺고 있다는 표시이다.
- 둘째, 감정은 우리 신체와 뇌 속에 부호화되어 저장되어 있다.
- 셋째, 감정은 우리의 도덕적 직감이며, 이 직감이야말로 가장 중요한 도덕적 직관의 근원을 이룬다.

4장에서는 인간의 선이 진화해온 과정과 관련해서 어떤 내용들이 밝혀졌는지, 시간을 거슬러 올라가면서 하나씩 짚어본다. 끊임없이 변화 발전해온 진화론은 긍정적 감정의 기원, 예를 들어 미소가 어디서 유래하는지, 왜 우리는 친절과 보살핌을 베푸는 존재로 만들어졌는지를 과학적으로 이해하는 데 필요한 정황 관계를 우리에게 제공해준다. 이 장은 우리와 가까운 영장류에 대한 연구와 고고학, 수렵채집 문화에서 얻은 통찰을 한데 연결시키고 있는데, 여러분은 그 연결고리가 전달해주는 다음과 같은 사실을 깨닫고 놀랄 것이다.

- 우리는 보살피는 종이다. 인간의 자손은 매우 취약한 상태로 태어나기 때문에 사회조직뿐만 아니라 우리 신경계까지도 진화 과정에서 새롭게 재편되었다.
- 우리는 얼굴을 마주 대하는 종이다. 우리는 상대와 공감하고 상대를 모방하고 반영하는 놀라운 능력을 지녔다.
- 인간의 권력 구조는 다른 종의 권력 구조와는 다른 양상을 띠며 감성지능이 가장 높은 존재에게 권력이 이동한다.
- 우리는 갈등이 벌어질 때 도망가거나 상대를 죽이기보다는 이 갈등을 조정한다. 우리 안에는 매우 강한 용서 능력이 진화되어

왔다.
- 우리는 복잡한 형태의 깨지기 쉬운 일부일처제를 이루어 살아가는데, 일부일처제를 선호하면서도 연속적인 일부일처제(일정 기간이 지났을 때 배우자가 바뀔 수도 있는 일부일처 결혼 형태_옮긴이)의 형태를 이루는 경우도 종종 있다.

이후에 이어지는 여덟 개의 장에서는 각기 인의 비율을 높이는 여러 가지 감정과학에 대해 설명한다. 이 과학은 인간 감정에 대한 다원의 깊이 있는 통찰에 그 뿌리를 두고 있다. 오늘날 우리가 눈으로 관찰하는 감정 표현들은 몇몇 포유동물이 생존, 번식, 자손 부양이라는 과제를 잘해낼 수 있게 도와주었던 오래된 행동을 설명하는 단서가 된다. 폴 에크만과 월리스 프리슨Wallace Friesen이 이 분야에 도입한 방법론 덕분에 얼굴 근육의 움직임을 밀리초, 즉 1,000분의 1초 단위로 측정할 수 있게 되었는데, 이 방법론이 없었다면 아마 감정과학은 존재하지 않았을 것이다. 또한 각 장마다 미술, 문학, 철학에 등장하는, 감정에 관련된 통찰을 소개하고자 노력했다.

5장은 내가 시작했던 곳, 즉 당혹스런 표정에 대해 우연히 알아낸 발견에서 시작한다. 당혹감은 우리가 흔히 생각하는 것과는 다른 역할, 즉 다른 사람들이 용서하고 잊을 수 있게 촉진함으로써 갈등을 완화하는 표시로 작용한다. 나는 다양한 사례와 연구 결과를 통해 당혹감이 어떻게 작용하는지 그 과정을 보여줄 것이다. 이어지는 6장에서는 미소가 평등과 신뢰의 신호로, 잘 살아온 삶을 나타내는 신호로 진화해왔다는 사실을 밝힐 것이다. 7장에서는 여러 가지 웃음에 대해 상세하게 살펴보면서 웃음이 놀이와 가벼움을 나타내는 고유의 신호로 진화해온 과정을 되짚어보고, 웃음이 정신적 외상에 대해 건강하게 대응해나갈 수 있도록 촉진하는 과정도 살펴볼 것이다.

8장에서는 놀려대는 행위에 대해 살펴본다. 놀려대기는 그 가치가 가려진 채 무수한 오해 속에서 상당히 악의적으로 왜곡 평가되고 있다. 어릿광대와 재담꾼에 대한 연구 및 언어철학을 토대로 하여 나는 놀려대기가 실제로는 위장과 연극적 요소를 지닌 놀라운 행위이며 사람들이 갈등이나 위계구조와 타협할 수 있게 도와준다는 점을 세세하게 입증할 것이다. 9장에서는 신체 접촉과 관련해서 새로이 드러난 놀라운 과학적 사실을 살펴본다. 신체 접촉은 사람들에게 신뢰감을 주고 조산아의 몸무게를 늘리며 요양원에 있는 성인들의 우울증을 감소시킨다. 또한 면역 체계를 강화시켜주기도 한다. 우리는 실험을 통해 낯선 사람의 팔뚝을 1초 동안 만지는 것만으로도 연민과 사랑, 감사의 마음을 전달할 수 있다는 놀라운 사실을 입증해 보일 것이다. 10장에서는 헌신을 촉진시키는 신경펩티드neuropeptide인 옥시토신과 관련해서 새롭게 발견된 내용을 정리하면서 인간의 생식을 둘러싼 지속적인 통찰을 살펴보고, 아울러 사랑을 나타내는 비언어적 표현이 이루어지는 동안 옥시토신이 어떻게 분비되는지 알아본다.

우리의 여정은 11장에서 연민과 만난다. 다윈은 연민이야말로 우리의 도덕의식과 협력 사회의 기본 토대를 이룬다고 생각했다. 나는 연민의 감정과 관련해서 중점적 역할을 하는, 신경계의 한 가지인 미주신경에 대해 새로 밝혀진 사실에 초점을 맞춰 연민이 어떻게 인간 사회를 지속 가능하게 하는지 설명할 것이다.

그리고 12장에서는 경외감을 살펴보는 것으로 글을 마무리 지을 것이다. 이 장 첫 부분은 존 뮤어John Muir가 시에라네바다 산맥을 보고 느낀 경외감에서 시작한다(그는 이 경외감에 이끌려 환경운동에 나서게 되었다). 이어서 종교적인 경험에 한정되어 있는 경외감의 경험을 자연에서 느낄 수 있는 어떤 것으로, 또한 예술과 영적 경험 속에 들어 있는 어떤 것으로 변화시킨 서구의 혁명적 사상가를 더듬어볼 것이다. 그런 다음 소름, 공통, 아름다움에 대한 연구를 바탕으로 이 매력적인 감정의 진화 과정과 의미 그리고 이들 감정 덕분에 어떻게 우리가 협력적이고 사회적인 집단을 형성하게 되었는지 그 과정을 꼼꼼하게 살필 것이다.

―――

《선의 탄생》으로 이어진 연구 및 저술 활동을 하는 동안 나는 우리 안에 들어 있는 인의 능력을 점점 더 민감하게 의식하게 되었다. 나는 친구의 미소 속에서 인을 보았으며, 수많은 겸손한 태도와 듣기 좋은 웃음소리, 부드러운 신체 접촉, 기꺼이 보살피고 감사하고 공경하는 태도에서 인을 볼 수 있었다. 우리 종이 지닌 이런 능력을 보는 동안 내 안에 들어 있는 한 조각의 선이 최고 수준으로 완성되었다.

부디 여러분에게도 이 같은 일이 실제로 일어나기를 바란다.

목 차

- 감정 지능 테스트 | 상대의 마음을 읽어내는 나의 감정 지능은 얼마나 될까? • 4
- 감수의 말 | 행복을 이끄는 착한 마음 • 9
- 옮긴이의 말 | 최신 과학이 밝혀낸 인간의 참모습 • 15
- 서문 | 우리는 모두 착하게 태어났다 • 19

PART 1 | 착한 마음의 토대 • 31

Chapter 01 인仁의 철학, 인仁의 과학 • 33

선과 악의 균형을 측정하는 렌즈, 인의 비율 • 33
자기이익밖에 모르는 호모 에코노미쿠스의 세상 • 36   반쪽짜리 진실 • 45
다른 사람의 선을 최고로 끌어올리는 긍정적 감정 • 49

Chapter 02 다윈과 에크만, 감정을 과학세계로 초대하다 • 53

감정 연구가, 찰스 다윈 • 55   에크만, 통제 불능인 감정에 보편성이란 옷을 입히다 • 65   사회구성주의 vs. 사회다윈주의 • 69

Chapter 03 감정의 아이러니, 이성적인 비이성 • 79

감정의 두 얼굴, 진실 혹은 거짓 • 81   우리 몸을 만들어낸 착한 설계도 • 88
감정, 도덕적 삶의 길잡이 • 94   더 이상 적이 아니다 • 99

Chapter 04 가장 친절한 자가 생존한다 • 103

도덕 능력을 바라보는 세 가지 시선 • 105   가상의 크로마뇽인 현장답사 기록 • 108
보살피거나 죽거나 • 112   얼굴을 마주 대하고 사는 삶 • 115   크로마뇽인 CEO • 118
존재의 끊이지 않는 갈등 • 121   깨지기 쉬운 일부일처제와 새 아빠 • 124
되받아치기의 지혜 • 126

PART 2 | 착함 본능을 일깨우는 인간의 새로운 언어 • 135

Chapter 05 갈등을 막는 예방주사, **당혹감** • 137

윤리적 뇌가 파괴된 사나이 • 139   프레임으로 나누어진 세계 • 141
새로운 감정 표시를 발견하다 • 145   빨개진 얼굴을 도표화하다 • 147
갈등을 치유하는 당혹감 • 152   도덕적 의무감을 보여주는 희미한 징후들 • 159
마이브리지의 염치없는 두뇌 • 164   겸손의 윤리 • 168

Chapter 06 행복의 문을 여는 열쇠, **미소** • 171

미소의 기원을 찾아서 • 173   아이들의 웃음 때문에 생긴 착각 • 175
미소, 신비의 베일을 벗다 • 177   미소의 표현 양식 • 180
사회의 초콜릿 같은 미소 • 187   삶의 과정에서 스쳐가는 순간들 • 193
행복의 기원과 미소 • 199

Chapter 07 웃으면 복이 오는 과학적 근거, **웃음** • 207

웃음의 탄생 • 209   웃음과 관련된 아주 재미있는 사실들 • 211   웃음의 과학 • 216
웃겨야 웃는 건 아니다 • 220   협력의 스위치 • 223   놀이, 상상력 그리고 웃음 • 227
웃음은 작은 휴가이다 • 229   죽음을 향한 웃음 • 231   웃음=열반 • 237

Chapter 08 아슬아슬한 마음의 줄타기, **놀려대기** • 239

진심을 확인하는 리트머스 • 241   광대의 천국 • 244
이것, 그렇지만 이것이 아닌 것 • 248   놀려대기의 기술 • 251
공손하게 고함치기, 공손하게 투덜대기 • 256   즐거운 전쟁 • 264
놀이터 역설 • 270   아스퍼거 증후군의 병행놀이 • 276

Chapter 09 **착한 마음을 전달하는 일차 언어, 신체 접촉** • 281

달라이 라마와 신체 접촉 • 283   바이러스성 인 • 287
감정을 전달하는 피부와 손의 마법 • 290   인류 최초의 간접 도취 • 293
몸을 만지는 것은 생명을 주는 것이다 • 296   신체 접촉이 신뢰를 부른다 • 301
신체 접촉을 통한 선의 확산 • 304   길거리 농구와 발 관리 • 311

Chapter 10 **동물의 번식에서 인간의 사랑까지, 사랑** • 319

번식과 사랑 그리고 우정 • 322   손길이 느껴지는 보이는 손 • 324
욕망의 요소 • 330   인간이 일부일처제를 택한 이유 • 337   옥시토신과 신뢰 • 348
새와 벌로 돌아가다 • 353

Chapter 11 **나를 우리로 만드는 에너지, 연민** • 357

연민을 둘러싼 음모 • 360   잃어버린 미주신경 • 363   연민과 관련된 신경 • 366
이타주의의 성배 • 373   미주신경의 슈퍼스타들 • 379
이기적이지 않은 유전자의 확산 • 384   솟아나는 동정심 • 389

Chapter 12 **세상을 향해 마음을 여는 원리, 경외감** • 393

경외감의 짧은 역사 • 398   제우스의 선물 • 405
프랙탈, 소름, 티라노사우루스 렉스 • 409
우리 몸은 인을 구현하도록 만들어졌다 • 419

- 참고문헌 • 423
- 찾아보기 • 433

착한 마음의 토대

Chapter 01

인仁의 철학,
인仁의 과학

Jen Philosophy, *Jen* Science

공자는 인을 실천하는 사람은 "자신의 품성뿐만 아니라 나아가 다른 사람의 품성까지도 바로 세우려 한다"고 말했다. 또한 인을 실천하는 사람은 "다른 사람 안에 들어 있는 선을 최고 수준으로 끌어올리며, 다른 사람 안에 들어 있는 악은 최저 수준으로 낮춘다"고 했다. 공자의 인은 개인 스스로뿐 아니라 다른 사람 안에 잠재되어 있는 선을 밖으로 드러내는 순간에 비로소 실현된다.

Jen Philosophy, Jen Science

안톤 반 레벤후크Anton Van Leeuwenhoek는 자연세계를 보는 방법에 획기적인 변화를 가져왔다. 1632년 네덜란드 델프트Delft에서 태어난 레벤후크는 양조업과 바구니 제조업을 하는 집안 출신이었다. 그는 직물 제조공, 소도시 공무원, 포도주 평가사로 순탄하게 삶을 시작했으며 자기 상점에 드리워진 휘장을 좀 더 자세히 보고 싶어 렌즈를 갈아 간단한 현미경을 만들기 시작했다. 이후 레벤후크의 호기심은 7센티미터에서 10센티미터 정도 되는 단안 현미경에 인근 호수의 조류나 생선 세포, 자신의 정자, 한 번도 이빨을 닦지 않은 두 노인의 치태 같은 것을 얹어 놓고 관찰하기에 이르렀다. 그리고 그는 박테리아와 혈구, 정자를 최초로 연구한 미생물학의 아버지가 되었다. 레벤후크의 호기심 어린 관찰은 인류를 미생물의 세계에 눈뜨게 해주었고 인간 존재에 대한 이해를 바꾸어놓았다.

　이 책은 레벤후크가 그랬던 것처럼 그동안 다루지 않았거나 소홀히 대한 인간의 긍정적인 감정에 다윈의 렌즈를 들이댈 것이며, 이 새로운 과학에 '인仁의 과학'이라는 이름을 붙일 것이다(이는 공자가 제창

한 인의 개념에 경의를 표하기 위한 것이다). 인은 공자의 중심 사상으로 사람들 사이에 오가는 친절, 인류애, 존경심을 한데 묶어놓은 복합적인 개념이다. 공자가 활동한 기원전 6세기에서 5세기 무렵의 고대중국은 춘추시대 말기의 혼란으로 어수선했다. 당시의 폭력, 물질주의, 위계적인 종교와 거리를 둔 공자는 인의 덕목을 통해 의미 있는 삶을 찾는 새로운 철학 체계를 세우고 제자들을 가르쳤다. 공자는 인을 실천하는 사람은 "자신의 품성뿐만 아니라 나아가 다른 사람의 품성까지도 바로 세우려 한다"고 말했다. 또한 인을 실천하는 사람은 "다른 사람 안에 들어 있는 선善을 최고 수준으로 끌어올리며, 다른 사람 안에 들어 있는 악惡은 최저 수준으로 낮춘다"고 했다. 공자의 인은 개인 스스로뿐 아니라 다른 사람 안에 잠재되어 있는 선을 밖으로 드러내는 순간에 비로소 실현된다.

　인의 과학은 이제껏 한 번도 면밀하게 검토한 적이 없는 영역에 (레벤후크처럼) 현미경을 들이대고 객관적으로 관찰한다. 그중 가장 중심이 되는 것은 연민, 감사의 마음, 경외감, 당혹감, 즐거움, 그리고 사람이 서로 주고받으면서 각자 안에 들어 있는 선을 최고 수준으로 끌어올리는 다양한 감정에 대한 연구이다.

　이를 위해 인의 과학에서는 인간의 새로운 언어에 호기심 어린 시선을 집중할 것이다. 헌신을 나타내는 얼굴 근육의 움직임, 감사의 마음을 나타내는 신체 접촉 방식, 갈등을 해소하는 유쾌한 목소리 등이 우리가 주목하는 새로운 인간 언어이다. 또한 우리를 구성하는 새로운 물질, 즉 신경전달물질과 신뢰, 보살핌, 헌신, 용서를 촉진하는 신경계의 각 영역에도 초점을 맞출 것이다. 이 연구를 통해 인의 과학은 그동안 미지의 영역으로 남아 있던 인간의 선이 어떻게 진화해왔는지를 새롭게 밝힐 것이며, 아울러 우리 인간이 오로지 욕망을 극대화하고, 서로 경쟁하고, 나쁜 것에 더 끌리도록 만들어졌다는 오래된 가정을 수정할 것이다.

선과 악의 균형을 측정하는 렌즈, 인의 비율

인의 과학이라는 다원식 렌즈를 통해 세상을 바라보면 인의 비율이 좋은 방향으로 변할 수 있다. 인의 비율은 우리 삶에서 선과 악의 균형을 측정하는 렌즈다. 측정 방식은 아주 간단하다. 우선 최근 다른 사람 안에 들어 있는 악을 최고 수준으로 끌어올린 누군가의 행동을 인의 비율에서 분모에 놓는다. 예를 들면 난폭한 운전자가 굉음을 내면서 옆을 지나가는 바람에 놀라 넘어진 일, 비싼 음식점에서 어느 경멸스런 사람이 가난해 보이는 사람을 조롱한 일 등이 이에 해당한다. 그런 다음 분모 위, 즉 분자 자리에는 다른 사람 안에 들어 있는 선을 최고 수준까지 끌어올린 행동을 집어넣는다. 붐비는 지하철에서 등에 닿은 친절한 손길, 낯선 이가 잘못해서 자기 발을 밟았을 때 그냥 웃어준 일 등이 이에 해당한다. 이렇게 산출한 인의 비율 값이 올라갈수록 세상의 인류애도 풍요로워진다.

인의 비율을 좀 더 구체적으로 이해할 수 있게 생생한 예를 들어보자. 내 딸이 다니는 학교 운동장에서는 방과 후 1분 동안 여러 가지 일이 벌어진다. 이 중 분자에 해당하는 일은 다음과 같다. 두 소년이 서로 꿀밤을 먹이며 웃고 있다. 여자아이들이 옆으로 재주넘기를 하다가 머리를 부딪치고는 한바탕 까르르 웃는다. 작은 풀밭에서 축구공을 가슴에 끌어안고 있는 소년 위로 아이들이 환호성을 지르며 덮쳐 인간 탑을 쌓는다. 다른 한편으로 분모에 해당하는 일은 다음과 같다. 한 소년이 자기보다 몸집이 작은 소년의 신발을 놀려대며 괴롭힌다.

여자애 두 명이 자기네 놀이에 참여하고 싶어 하는 다른 여자애에 대해 귓속말로 소곤거린다.

1분간 관찰한 학교 운동장의 모습을 인의 비율로 나타내면 2분의 3 또는 1.5가 된다. 꽤 선한 장면이다. 또 다른 예를 보자. 내가 우표를 사려고 줄을 서 있는데 8분 동안 줄이 좀처럼 줄지 않는다. 그동안 한숨을 쉬거나, 앞쪽을 노려보거나, 위협적으로 괴성을 지르는 등 분노를 드러내는 각기 다른 스물네 가지 행동이 목격되었고, 한 남자가 세 차례 웃었다. 이때 인의 비율 24분의 3, 즉 0.125이다.

어느 영역에든 인의 비율을 적용할 수 있다. 집안생활, 결혼생활, 가족 화합, 이웃의 호의, 사장의 발언, 시대정신에 대해서도 인의 비율을 적용할 수 있다. 인의 비율은 삶을 들여다보는 일종의 렌즈이며, 이 렌즈를 통해 우리가 의미 있는 삶을 살려고 노력하는 현재 상황을 평가할 수 있다.

인의 비율은 아주 간단하면서도 매우 효과적인 진단법이다. 아프가 점수Apgar score(외모와 피부 색깔, 맥박 수, 반사 흥분도, 활동성, 호흡의 다섯 가지 항목으로 신생아의 상태를 평가하는 방법_옮긴이), 혈압 지수, 감성 지수를 측정하는 데는 고작 몇 분밖에 걸리지 않지만, 이를 통해 생명 활동의 흐름을 파악할 수 있다. 여러분이라면 우리 시대의 사회적 행복을 진단하고자 할 때 어떤 측정법을 제안하겠는가? 살인 사건 수치? GDP? 경제적 최상층과 최하층 간의 부의 분배율? 부활을 믿는 시민의 비율? 사람들이 텔레비전 애니메이션 *심슨 가족*Homer Simpson을 보면서 웃기까지 걸리는 시간? 만약 개인, 결혼생활, 학교, 공동체, 문화의 사회적 행복 온도를 잴 수 있는 한 가지 측정법이 주어진다면 나는 인의 비율을 선택할 것이다.

개인을 대상으로 한 최근 연구에서 인의 비율이 높을 때, 다시 말해 다른 사람 안에 들어 있는 선을 최고 수준으로 끌어올리는 데 온힘을 다할 때 의미 있는 삶을 살 수 있다는 사실이 증명되었다. 헌혈, 친구에게 아이스크림 사 주기, 불우이웃 돕기 등 친절한 행동을 일주일에 다섯 번 하면 개인의 행복이 지속적으로 커진다. 다른 누군가에게 20달러를 주면 (또는 자선단체에 기부하면) 자기 자신을 위해 20달러를 썼을 때보다 훨씬 더 행복해진다(물론 대다수 사람들은 자기 자신에게 돈을 쓰는 것이 확실하게 행복에 이르는 길이라고 생각한다). 경영 시뮬레이션 게임을 해보면 상대의 이기적인 행동을 용서하거나 협력하는 사람이 그렇지 않은 사람보다 경제적인 성과 면에서 훨씬 좋은 점수를 얻는다.

최근 새로운 신경과학은 우리 몸이 인을 행하게 만들어졌다는 주장도 제기하고 있다. 다른 사람에게 베풀고 협력하면 뇌의 보상중추 reward center(예를 들면 도파민 수용체가 밀집해 있는 뇌의 영역인 측중격핵 nucleus accumbens)가 활성화되어 행복감을 느낀다는 것이다. 또한 받는 행위보다는 주는 행위가 자기이익self-interest을 증대시키기도 한다.

개인에게 효력이 있는 것은 결혼생활에도 효력이 있다. 배우자의 선을 최고 수준으로 끌어올리면 (또한 배우자의 악을 최저 수준으로 끌어내리면) 여러 가지 긍정적 보상이 따른다. 결혼생활에서 가장 위험한 단계는 인의 비율이 낮게 나타날 때다. 부부가 서로의 행동에 대해 어떻게 설명하는가를 살펴보는 연구를 스무 차례 이상 진행했는데, 이혼으로 이어지는 부부는 가정생활에서 생긴 좋은 일을 상대의 이기적인 동기 때문이라고 설명했다("남편이 꽃을 사온 것은 그저 주말에 골프 치러 가려고 내게 아부하는 것이에요"). 안타까운 일이지만 이들의 경우 말다툼이나 싸움, 위기의 책임을 곧바로 상대에게 돌리기도 한다("아내가 가끔 가다 자동차 뒷좌석을 깨끗이 청소했다면 일이 이 지경까지는 되지 않았을 겁니다"). 반면에 행복한 부부는 인의 비율을 높이는 방식으로 행동한다.

이들은 상대에게 신뢰를 보내고 상대의 결점이나 실수 속에 숨어 있는 미덕을 찾아낸다.

개인과 결혼생활에 적용되는 것은 국가에도 적용된다. 국민이 다른 사람 안에 들어 있는 선을 최고 수준으로 끌어올리는 국가는 번영한다. 인의 비율이 높다는 것은 그만큼 건강한 사회임을 보여주는 하나의 지표가 된다. 1996년 폴 자크Paul Zak와 그의 동료는 여러 국가에서 임의 추출한 표본 인물을 대상으로 질문을 던졌다.

"대체로 볼 때 대다수 사람을 믿을 수 있나요? 아니면 사람들을 대할 때 아무리 신중해도 모자라다고 생각하나요?"

연구진은 그들의 대답에 경제 수준 등 여러 특정 변수를 통계적으로 처리하여 국민의 신뢰도가 15퍼센트 증가할 때마다 국민의 경제적 부가 430달러씩 증가한다는 사실을 알아냈다. 신뢰 덕분에 협상 실패나

표 1 | 국가 문화별 신뢰도

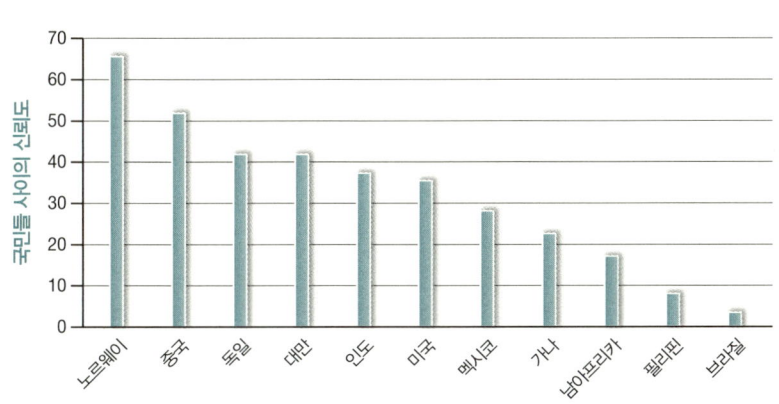

이 표에 나타난 신뢰도 차이를 보고 놀랐을 것이다. 자크는 이를 일반화시켜, 스칸디나비아와 동아시아 문화권이 남미나 동유럽 문화권보다 신뢰도가 높다고 지적했다. 가난한 나라(인도)가 부유한 나라(미국)보다 신뢰도가 높은 경우도 종종 보인다.

적대적 해결, 불필요한 소송이 줄어들고 거래 비용이 낮아지는 등 경제 교환활동이 원활하게 이루어진 것이다. 또한 국민 사이에 신뢰가 증가함으로써 차별이나 경제적 불평등도 낮아진다. 결국 인의 비율이 높아질수록 그 사회의 경제적·윤리적 발전 정도도 향상되는 것이다.

자기이익밖에 모르는 호모 에코노미쿠스의 세상

최근 들어 사회적 행복에 대한 연구가 봇물처럼 쏟아지면서 미국 사회에서 인이 사라져가는 징후가 분명하게 드러났다. 자국민을 신뢰하는 미국 국민의 비율이 지난 15년 동안 약 15퍼센트 하락했다. 반면에 미국 문화의 형편없는 건강 상태를 보여주는 여러 지수가 상승하고 있다. 즉, 아노미 현상(사회적 규범의 동요, 이완, 붕괴 등으로 일어나는 혼돈 상태 또는 구성원의 욕구나 행위의 무규제 상태를 가리킨다_옮긴이)이 증가하고 외로움이 깊어지며 결혼생활이 불행하다고 느끼는 사람이 늘어나는 추세를 보이고 있다. 20년 전에 비해 현재 미국 성인은 가까이 지내는 집단 속에 절친한 친구 수가 3분의 1로 줄었다. 어린아이는 부모의 손보다 유모차와 더 많은 신체 접촉을 하고 있다. 최근 유니세프에서 21개 선진국을 대상으로 실시한 조사에서 미국 아동은 전반적인 행복 측면에서 20위를 기록하기도 했다.

사람들은 사회적 행복이 하락하는 이유가 고등교육 과정에서 서구 문명의 고전 교육을 폐지하고, 도덕 상대주의가 팽배하며, 종교적 믿음을 상실했기 때문이라고 말한다. 사회구조가 제 기능을 발휘하지 못하는 것이 다른 여러 이유 때문이라는 사람들도 있다. 겸손이 사라지고, 어린 나이에 성관계를 시작하며, 간접 의사소통 방식이 발달하고, 패스트푸드를 많이 먹기 때문이라는 것이다.

표 2 | 각 국가별 아동의 행복 수치

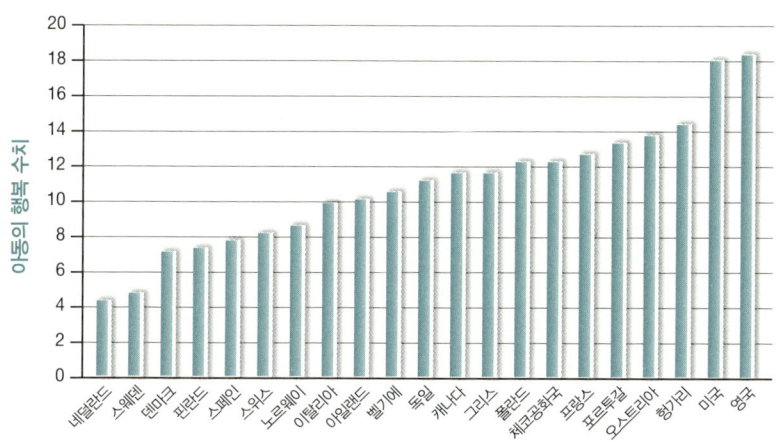

아동의 행복 수치는 여섯 가지 수치(물질적 행복, 건강 및 안전, 교육, 친구 및 가족 관계, 행동 및 위험성, 아동 자신의 주관적인 행복 수치)의 총합을 근거로 계산한 것이다. 수치가 낮을수록 여섯 항목에 대한 전반적인 순위가 높다는 것을 나타내며 해당 국가의 아동이 행복하다는 것을 의미한다.

내가 볼 때 이와 같은 실망스런 사회적 추세는 인간 본성을 둘러싼 기존 이데올로기가 최고점에 달했으며 인의 비율이 0을 향해 간다는 의미이다. 인간 본성을 둘러싼 기존 이데올로기는 지그문트 프로이트Sigmund Freud에서 진화론자에 이르기까지 영향력 있는 지지자를 거느리고 있다. 이 입장을 따르는 가장 강력한 지지자들은 경제학과 강당에서 볼 수 있다. 이들이 인간 본성의 특징으로 내세우는 내용은 흔히 합리적 선택 이론Rational choice theory으로도 알려져 있는데 진화사상, 심리학, 감정 분야(이 영역들은 내 전공 분야이기도 하다)에까지 퍼져 있다. 이 때문에 우리는 지금껏 인의 과학과 실천을 보지 못하게 눈이 가려진 채로 지냈다.

이 이론의 중심에 놓여 있는 개념이 호모 에코노미쿠스Homo economicus다. 호모 에코노미쿠스는 인류 진화의 최후 단계로서, 산업

혁명 동안 부와 기술, 진보의 거대한 팽창에 감탄한 철학자들, 특히 애덤 스미스Adam Smith가 처음으로 설명한 인간 유형이다. 우선 호모 에코노미쿠스는 이기적이다. 호모 에코노미쿠스의 모든 행위는 자기이익을 극대화하는 데 목적을 두고 있는데, 자기이익은 경험을 통한 쾌락과 물질적 부의 향상이라는 형태로 나타난다. 또한 진화론에 따르면 유전자의 번식이라는 형태로 나타난다.

1954년 격막septum으로 알려진 변연계limbic brain 영역에서 '쾌락중추pleasure center'가 처음 발견되었을 때, 배가 고프지도 않고 목이 마르지도 않은 쥐는 단지 그 영역을 자극할 목적으로 막대기를 몇 시간씩이고 눌러댔다. 경제학자들은 우리가 이런 쥐와 공통점이 많다고 추측한다. 즉 인간은 개인의 만족을 끊임없이 추구하는 존재라고 생각한다. 게다가 최근 들어 신경경제학이라는 새로운 영역에서 기능성 자기공명영상fMRI 스캔 결과를 근거로 이 주장을 지지하기 시작했다. 인간 뇌의 신경 가운데 달콤한 맛이나 기분 좋은 향기 등 기본적인 보상을 떠올리는 데 관여하는 영역이 돈이 생길 거라고 기대할 때 마치 크리스마스 전구처럼 반짝이는 현상을 보인 것이다.

인간의 몸이 욕구 실현을 극대화하게 만들어졌다는 이들의 주장은 자연스레 두 번째 주장으로 이어진다. 경쟁은 자연스런 규범적 현상이라는 주장이다. 경쟁은 이기심을 극대화하려는 인간의 한없는 욕망을 시장의 합리적인 질서에 종속시키며, 인간의 욕구 실현은 이 시장 질서 안에서 수요와 공급에 따라 적절히 제한된다는 것이다. 여기에 함축된 의미로 볼 때 협동과 친절은 문화적 관습이거나 깊은 곳에 숨은 이기심을 위장하는 속임수 행동이 된다.

적절한 사례로 낯선 사람에게 친절을 베푸는 행동에 대해 살펴보자. 시간, 에너지, 기회 상실의 측면에서 볼 때 이런 행위는 친절을 베푼 당사자에게 손해가 되며 무엇보다 불합리한 것은 유전적으로 아무 관계 없는 누군가를 이롭게 한다는 것이다. 이 행위는 포괄적응도(친절을 베푸는 행위는 유전자를 공유하는 개인을 이롭게 한다)나 상호 이타주의(친절을 베푸는 행위는 결국에 가서 보답을 받기 때문에 개인의 행복을 증진시킨다)라는, 진화론에 충실한 개념 범위 안에 들어 있지 않다. 그러므로 결론은 다음과 같다. 낯선 사람에게 친절을 베푸는 행위는 진화상의 '불발탄' 또는 '전략상의 실수'이다. 또한 보답을 주고받는 친족이나 친구에 대한 사랑 등 자기이익에 관련된 체계를, 엉뚱하게도 아무 관련 없는 이에게 잘못 적용한 경우다.

이기적이고 경쟁적인 욕구 충족 장치로 가득한 사회에서 진화하는 동안 호모 에코노미쿠스의 세 번째 특징이 생겨난다. 우리 정신은 좋은 것보다 나쁜 것, 예를 들어 해로운 음식, 숨겨진 뱀, 배우자 몰래 바람 피우는 친구, 남을 헐뜯는 동료를 더 우선순위에 두게 만들어졌다는 사실이다. 나쁜 것이 좋은 것보다 더 강하다는 사실은 몇몇 경험에서 뚜렷하게 나타난다. 나쁜 일에 대한 기억은 좋은 일에 대한 기억보다 훨씬 강하고 오래 간다(우리 모두 고등학교 동창회에 참석한다는 게 놀라운 일이다). 경제적 손실은 그에 상응하는 이익보다 훨씬 커 보인다. 20달러를 잃어버린 아픔이 20달러를 주운 기쁨보다 훨씬 크다.

또한 긍정적인 자극을 주는 슬라이드(피자나 초콜릿 사진)를 보았을 때보다 부정적인 자극을 주는 슬라이드(훼손된 얼굴이나 죽은 고양이 사진 등)를 보았을 때, 평가적 판단과 연관된 뇌 영역이 훨씬 강하게 활성화된다. 그래서 펜실베이니아 대학 심리학 교수인 폴 로진Paul Rozin은 부정적인 것이 긍정적인 것을 물들이는 경우가 그 반대 경우, 즉 긍정적인 것이 부정적인 것을 물들이는 경우보다 훨씬 더 많다고 지적한다. 바퀴벌레가 초콜릿바 접시 옆을 지나가면 초콜릿바를 먹고 싶은 마음이 싹 사라진다. 반대로 바퀴벌레가 무더기로 있는 옆에 초콜릿 바를 놓아두어도 바퀴벌레는 여전히 혐오스럽게 보인다.

인간이 자기이익을 추구하고, 경쟁하고, 좋은 것보다 나쁜 것에 더 솔깃하게 만들어졌다는 주장은 틀림없이 여러분도 익히 들어왔을 것이다. 사실, 이런 주장은 서구 사상을 형성해온 지적 전통의 중심에 놓여 있다. 심리분석, 경제학, 정치이론, 진화론 분야에서 주요 토대를 세운 인물들의 생각을 이끈 것이 바로 이 같은 핵심 가정이었다.

> "살인하지 말지어다"라는 계율을 강조하는 것 자체가 사실은 우리가 아득히 먼 오래전부터 수많은 세대에 걸쳐 살인자의 자손이었다는 것을 확인시켜주며, 오늘날 우리 피 속에 살인에 대한 애호 성향이 흐르듯이 이들 먼 조상의 피 속에 살인에 대한 애호 성향이 들어 있었다는 것을 확인시켜준다.
>
> — 지그문트 프로이트 Sigmund Freud

> 객관주의적 윤리학에서는 본질적으로 다음과 같이 주장한다. 인간은 자기 자신을 위해 존재하며, 자신의 행복을 추구하는 것이야말로 최고의 도덕 목적이고, 다른 사람을 위해서 반드시 자신을 희생시켜야 하는 것도, 자기 자신을 위해 반드시 다른 사람을 희생시켜야 하는 것도 아니다.
>
> — 아인 랜드 Ayn Rand

> 인간에 대해 논할 때 대체로 우리는 인간이 변덕스럽고, 위선적이며, 이익을 탐욕스럽게 추구한다고 말할 것이다.
>
> — 마키아벨리 Machiavelli

자연세계는 "역겨울 정도로 부도덕하다." … 자연선택은 "정직하게 말해서 근시안적인 이기심을 극대화하는 과정이라고 규정할 수 있다."

– 조지 C. 윌리엄스George C. Williams

이와 같은 뿌리 깊은 가정들 때문에 우리 문화가 지닌 인의 비율이 극도로 낮은 수치를 향해 가며, 이런 가정에 물들어 있는 우리는 의미 있는 삶을 추구하지 못한 채 도중에 길을 잃어버렸다.

반쪽짜리 진실

인간이 자기이익에 대한 의식도, 경쟁적인 추진력도, 세상의 나쁜 것에 이끌리는 성향도 없다면, 다시 말해 인의 비율에서 분모에 넣을 수치가 없다면 사회생활은 아주 이상한 모습이 될 것이다. 윌리엄스 증후군을 앓는 아이의 부모에게 물어보기만 해도 알 수 있다. 윌리엄스 증후군을 앓는 아이는 요정 같은 외모에 정신 지체현상(예를 들어 언어지체, 주의산만성, 관심을 제대로 통제하지 못하는 현상)을 종종 보인다. 하지만 이들은 서번트(전반적으로는 정상인보다 지적 능력이 떨어지나, 특정 분야에서는 비범한 능력을 보이는 사람_옮긴이)의 재능이 멋지게 조합된 모습을 보이기도 한다. 대화에서 눈부신 재능을 보이기도 하고 음악이나 시끄러운 소리에 예민한 반응을 보이기도 하며 다른 사람들과 불가사의할 정도로 잘 지내기도 한다.

부모 입장에서 심란한 점은 윌리엄스 증후군을 앓는 아이들이 자기 개성에 대해 아무 의식도 없을 뿐만 아니라 경계도 없고, 다른 사람의 행복에 순수한 관심을 가지며 때로는 이런 관심이 문제를 일으키기도 한다는 것이다. 이 아이들은 방금 전에 처음 만난 사람과 좋은 관계를 가지려고 자신의 모든 걸 내던지기도 하며, 상대가 여드름투성이 계산점원이든, 교통 경찰관이든, 세상의 종말을 노래하는 시를 암송한 뒤 1달러를 내놓으라고 다그치는 정신병자 거지든 전혀 가리지 않는다.

분명 우리는 자기이익을 추구하고, 경쟁하고, 나쁜 것에 솔깃하게 만들어졌다. 이런 성향은 진화상의 의미를 지니며 우리의 유전자와 신경계 속에 내장되어 있고 인간 본성의 일부분을 이룬다. 하지만 이는 반쪽짜리 진실에 불과하다. 몇몇 사고 경향에서 호모 에코노미쿠스와 이를 믿는 지지자들은 신념이 흔들리고 있으며, 인간 본성에 대한 호모 에코노미쿠스의 설명 모델이 우리 삶의 일부일 뿐이라는 주장을 제기하고 있다.

경제학자들 스스로 과연 인간 행동의 핵심 동기가 항상 자기이익의 극대화인지 물음을 던진 바 있다. 1988년에 코넬 대학 경제학자 로버트 프랭크Robert Frank가 쓴 《이성 안에 들어 있는 열정Passions Within Reason》에는 이런 의문이 놀랄 만큼 잘 표현되어 있다. 프랭크는 인간이 쥐처럼 쾌락중추를 흥분시키려고 바를 눌러대는 존재가 아니라 그 이상의 존재임을 보여주는 관찰 사실을 내놓았다. 그중 한 가지를 살펴보자. 개인의 욕구 극대화라는 측면에서 볼 때 우리가 다시는 찾지 않을 도시의 식당에서 아침식사를 한 뒤 여종업원에게 팁을 주는 이유는 무엇일까? 지출이 따르는 이 행동에는 어떤 개인적 이익도 없으며 상호 이익의 가능성도 없고, 다음에 이 식당을 찾았을 때 식사가 빨리 나온다는 보장도 없으며, 우리가 팁을 주어 베푸는 것을 목격한 다른 손님의 눈에 우리 명성이 빛을 발하는 것도 아니다.

다른 사람의 행복을 증진시키기는 하지만 자기이익에는 손해가 되는 행동을 할 때 우리의 경제생활은 중단된다고 프랭크는 지적한다. 비슷한 행동 사례로는 동료 직원에게 아량을 베푸는 것, 멀리 있는 아동이나 다른 생물종 보호를 위한 자선행위, 터무니없는 가격에 걸 스카우트 과자를 사는 행위 등이 있다. 프랭크는 장기적인 인간관계의 건강성은 연민, 감사의 마음, 사랑 같은 높은 인의 감정에 의존한다고 덧붙였다.

이후 여러 실험 결과가 쏟아지면서 프랭크의 주장에 무게가 실렸다. 최종제안 게임을 이용한 연구 결과를 살펴보자. 최종제안 게임은 분배자에게 일정한 액수의 돈, 가령 10달러를 주고 이 중 일부는 자신이 갖고 나머지는 두 번째 참가자에게 나눠주게 한다. 그리고 두 번째 참가자는 응답자로서, 분배자가 자기 몫으로 준 돈을 받을 수도 있고 거절할 수도 있다. 이때 응답자가 거절하면 두 참가자 모두 한 푼도 받지 못한다. 자기이익에 충실한 현명한 접근방법은 분배자가 응답자에게 1센트, 또는 기분 내듯 흔쾌히 1달러를 내놓고 응답자는 이를 수락하는 경우다. 이 경우에 결국 양측 모두 전체적으로 부가 증가되며, 애덤 스미스는 미소 지을 것이다.

그러나 경제학자 에른스트 페르Ernst Fehr와 클라우스 슈미트Klaus Schmidt가 각기 다른 열두 개 문화권의 사람을 대상으로 실험한 바에 따르면, 분배자의 71퍼센트가 응답자에게 40에서 50퍼센트의 돈을 주었다. 대다수 사람에게서 엇비슷한 평등을 선호하는 경향이 강하게 나타난 것이다. 이들이 돈을 나눠준 상대는 친지도, 지인도 아닌 그저 낯선 사람이라는 데 주목해야 한다. 사람은 다른 원칙을 위해 자기이익을 극대화할 기회를 희생한다. 이 원칙에 해당하는 것으로는 평등이나 더 좋은 평판에 대한 기대가 있을 수 있고, 나아가 결코 그럴 리 없겠지만 다른 사람의 행복 증진도 있을 수 있다. 그러므로 인간이 언제나 자기이익을 추구하는 방향으로 행동하는 것은 아니다.

그렇다면 인간에 대해 더 근본적인 물음을 던지면 어떻게 될까? 물

표 3 | **필수품에 대한 인식 변화**

	1970	2000
세컨드카	20	59
세컨드 텔레비전	3	45
한 대 이상의 전화	2	78
자동차 에어컨	11	65
가정용 에어컨	22	70
식기세척기	8	44

질적 이익이 과연 우리에게 행복을 가져다줄까? 분명 이는 널리 알려진 물음이다. 오늘날 대학생의 74퍼센트가 대학에 진학하는 일차 동기로 경제적 이익을 꼽았다(반면 20년 전에는 25퍼센트만이 경제적 이익을 동기로 꼽았고, 그 밖의 동기로는 의미 있는 삶의 철학을 개발한다든가 더 훌륭한 일에 기여하고 싶다는 등의 동기가 있었다). 우리가 물질적 욕망 충족이라는 관점에서 자신의 욕구를 규정하는 성향이 점차 강해지고 있는 건 사실이다. 알랭 드 보통Alain de Botton의 《불안Status Anxiety》을 토대로 다시 작성한 〈표 3〉을 보라. 이 표에는 각 물품을 기본 필수품으로 여기는 미국 시민의 비율이 최근 어떻게 변화되었는지 나타나 있다.

정말 돈이 행복의 지름길일까? 돈이 별로 없는 사람이라면 그렇다고 대답할 것이다. 경제적으로 최하계층에 있는 사람에게 물질적 이익이 생기면 우울, 불안, 질병 면역력 저하, 높은 사망률 등 경제적 결핍과 연관된 수많은 문제에서 벗어날 수 있다. 그러나 중산층이나 상위계층의 경우에는 돈과 행복의 연관성이 미미하거나 존재하지 않는다. 개인의 부나 증시 현황, 인플레이션, 이자율의 변동에 따라 개인의 행복이 커졌다가 작아지는 것은 아니라는 말이다. 앞의 책에서 알랭

드 보통이 거듭 밝히고 있듯이 우리에게 행복을 가져다주는 것은 애정 관계의 질, 가족의 건강, 친구와 함께 보내는 시간, 사회에 대해 느끼는 일체감 같은 것들이다. 그리고 이런 행복한 삶은 가까운 인간관계에서 인의 비율이 높을 때 비로소 누릴 수 있다.

다른 사람의 선을 최고로 끌어올리는 긍정적 감정

15년 전 내가 감정에 대한 연구를 시작했을 때 나쁜 것이 좋은 것보다 더 강렬하다는 명제는 감정에 관한 문헌에서 안전한 보금자리를 차지하고 있었다. 긍정적 감정보다는 부정적 감정을 나타내는 영어 단어가 훨씬 많다는 사실이 경험적 연구를 통해 드러났고, 얼굴에 나타나는 긍정적 감정 표시는 오직 미소 한 가지만이 연구대상이었던 데 반해 부정적 감정 표시는 대여섯 가지나 연구되고 있었다. 소화, 혈액 순환, 호흡, 성적 반응 등 신체의 기본 기능을 통제하는 자율신경계가 긍정적 감정을 통해 어떻게 활성화되는지도 전혀 알려진 바가 없었다.

이 같은 경험적 사실에 이끌려 많은 사람이 긍정적인 감정은 부정적인 상태의 부산물이라 여기게 되었다. 예를 들어 낯선 누군가를 만났을 때 갖는 첫 번째 반응이 두려움이며, 이 사람이 내가 아는 사람이고 내가 안전하다는 사실을 깨닫는 순간 따뜻한 마음과 사랑 등의 긍정적인 감정을 경험한다. 사실상 애정은 두려움이 중단된 상태라고 할 수 있다. 과학자들은 재빨리 다음 단계로 나아갔다. 긍정적 감정보다는 부정적 감정이 인간 본성 속에 더 깊이 뿌리 내리고 있으며 일상생활에서 더 빈번하게 나타난다는 결론으로 나아갔다. 이처럼 당시 감정과학 내에서 인의 비율은 거의 제로에 머물러 있었다.

하지만 지난 15년 동안 감정에 진화론의 렌즈를 갖다대자 인간 본성의 또 다른 흐름이 내 앞에 모습을 드러냈다. 바로 다른 사람 안에 들어 있는 선을 최고 수준으로 끌어올리는 긍정적 감정들이었다. 나는 인의 비율에서 분자 자리에 놓이는 감정들이 2~3초간 스쳐 지나는 것을 지속적으로 경험했다.

사람들이 배우자의 죽음에 대해 수백 시간에 걸쳐 말하는 모습을 면밀히 정리한 결과, 웃음이 마치 평화로운 상태로 잠시 휴가를 다녀온 것처럼 작용한다는 걸 알 수 있었다. 연인 사이에 사랑의 감정이 가득 밀려올 때 고개가 잠시 옆으로 기울고 미소가 떠오르며 두 손을 활짝 펴는 몸짓이 나타났다. 짓궂은 장난을 하면서 놀려대던 사람들이 4분의 1초간 상대의 어깨를 만지거나 순간적으로 눈을 마주치고 긍정의 표시를 전하며 상대를 달래는 것을 보았다. 연애를 거는 젊은 사람들의 얼굴에 성적 관심이 순간적으로 지나가면서 입술을 오므리거나 빼는 모습으로 나타나는 것도 목격했다. 사람들은 놀란 뒤 잠시 균형을 찾지만 이내 무너져 흐트러지고 당혹감에 빠지면서 곁눈질을 하고 얼굴이 붉어지며 어색한 미소를 지었다. 당혹스러워하는 실험참가자의 사진을 다른 사람들에게 보여주었을 때 이들은 연민의 기원에 대해 단서를 제공하는, 한숨짓는 탄식 소리를 냈다.

인간 감정에 관한 정통한 연구에서는 이런 상태에 대해 한 번도 면밀하게 들여다본 적이 없었다. 마찬가지로 얼굴 표정의 보편성 연구에서도 감정이 신경계에 어떻게 기록되어 있는지, 감정에 의해 판단과 의사결정이 어떻게 이루어지는지에 대해 한 번도 면밀하게 조사한 적이 없었다. 감정에 대한 연구에서 새로운 지평을 연 혁신적인 연구들도 '행복'이라는 말로 포괄되는 한 가지 상태만을 살펴보는 데서 그쳤다. 그러나 과학이론의 언어가 아니라 일상생활에서 쓰는 '보통' 언어로 인해 행복 연구는 잘못된 길로 들어서는 경우가 종종 있었다. 행복은 여러 갈래의 의미를 지닌 복잡한 단어이다. 행복이라는 단어를 사용하는 경우에 감사의 마음, 경외감, 만족, 자부심, 사랑, 연민, 욕망 등 이 책의 중심이 되는 감정뿐만 아니라, 놀려대기와 신체 접촉, 웃음 같은 표현 행동 간에 중요한 차이가 있다는 사실이 가려져 보이지 않는다. '행복'이라는 단어 속에 갇힌 결과, 과학은 사람들을 높은 인의 비율로 이끄는 긍정적인 감정을 이해하는 단계로 나아가지 못했다. "나는 행복한가?"라는 질문만 던짐으로써 우리는 의미 있는 삶 속에 들어 있는 풍부한 함축성을 놓쳐버렸다.

내가 바라는 건 우리가 지닌 인의 비율에서 분자에 놓일 내용을 바꾸는 것이며, 1,000분의 1초라는 짧은 시간 동안 인간의 선이 어떻게 표현되는지에 더 예리하게 초점을 맞추는 것이다. 나는 여러분이 인간의 행동을 새로운 관점에서 보기를 바란다. 당혹감이 지닌 미묘한 단서, 장난기 섞인 발성, 배 속에서부터 올라오는 연민의 감정, 다른 사람의 손길이 어깨에 닿을 때 거기서 느껴지는 감사의 의미를 발견하기를 바란다. 이런 감정은 700만 년에 이르는 인류 진화 과정에서 형성되어 왔으며 다른 사람 안에 들어 있는 선을 최고 수준으로 끌어올려 준다.

우리는 행복을 추구하는 과정에서 이런 본질적인 감정들을 놓쳤다. 행복을 주제로 오가는 우리의 일상대화는 온통 감각적인 쾌락에 대한 언급으로 가득하다. 맛있는 호주산 와인, 호텔의 안락한 침대, 운동 처방으로 얻은 상쾌한 신체 컨디션 등이 대화를 가득 채운다. 우리는 연민, 감사, 즐거움, 경이감 등과 같은 감정의 언어와 실천을 놓치고 있다.

나는 우리가 지닌 인의 비율이 점차 한쪽으로 기울어, 시인 퍼시 셸리Percy Shelley가 도덕의 멋진 비밀이라고 표현했던 내용 쪽으로 다가

가기를 바란다. 셸리는 이 멋진 비밀에 대해 이렇게 표현했다.

> 나 자신이 아니라 생각이나 행동, 사람 속에 존재하는 아름다운 것과 우리 자신을 동일시하는 것

오랫동안 감정과학이 도외시한 감정을 연구함으로써 우리는 도덕의 멋진 비밀을 탐색하는 열쇠를 찾을 수 있다. 이를 위해 우리는 시간을 거슬러 올라가 다윈의 고향인 영국 켄트의 다운하우스를 찾아가야 하며, 폴 에크만과 함께 뉴기니의 고지대로 여행을 떠나야 한다.

Chapter

02

다윈과 에크만,
감정을 과학세계로 초대하다

Darwin & Ekman

감정이란 우리 마음 가장 깊숙한 곳의 진심을 보여주는 표시로서 우리 신경계 속에 내장되어 있으며, 우리의 가장 중요한 윤리적 판단을 이끌어내는 직관적 길잡이다. 의미 있는 삶을 추구하기 위해서는 감정에 지속적인 관심을 가져야 한다. 얼굴의 미묘한 움직임 속에 우리가 지닌 인의 비율이 드러나 있기 때문이다.

Darwin & Ekman

1967년 폴 에크만은 뉴기니 섬 정글 속 작은 빈터에 세스나 비행기를 무사히 착륙시켰다(이 비행기는 이륙 당시 한쪽 바퀴가 빠졌다). 그는 여러 장의 사진 묶음과 촬영 장비, 한 가지 가설을 들고 이곳에 왔다. 그가 이곳 뉴기니에 올 수 있었던 것은 미국 정부가 남미에서 위법행위를 저지른 덕분이었다. 미국의 한 정부기관이 남미의 몇몇 좌파 성향 국가에서 여론조사라는 명목으로 게릴라 활동에 자금을 제공하고 있었는데, 미 의회 분과위원회에서 발각되자 이 기금을 에크만에게 돌려 감정 인식에 대한 교차문화 연구를 진행하게 한 것이다. 당시에 에크만은 젊고 유망한 연구가였지만 비교적 알려져 있지는 않았다.

에크만의 연구 목적은 산업화 이전 단계에서 수렵채집 생활을 하는 다른 문화권 사람들이 화, 혐오, 두려움, 행복, 슬픔, 놀람의 여섯 가지 감정이 담긴 얼굴 사진을 보고 우리와 똑같은 해석을 내릴지 확인하는 것이었다. 당시에 널리 퍼져 있던 문화상대주의에 깊이 젖어 있던 에크만은 전혀 다른 문화권에서 다른 방식으로 살아가는 사람은 당연히 다른 방식으로 얼굴 표정을 해석할 것이라고 여겼다. 하지만 그의 연구 결과는 뜻밖의 사실을 알려주었다.

훗날 이 작업은 감정 연구의 장을 연 획기적인 연구로 널리 알려졌지만, 당시에 에크만의 머릿속에는 그런 생각이 전혀 들어 있지 않았다. 아울러 인간 본성에서 감정이 어떤 위치를 차지하는가에 대한 해묵은 숙제를 이 작업이 해결할 것이라고도 전혀 생각하지 못했다. 에크만은, 아마추어 과학자 찰스 다윈이 표본 채집에 뜻을 두고 비글호에 승선했듯이, 발견 지향적인 정신으로 이번 여행길에 나섰을 뿐이다.

감정 연구가, 찰스 다윈

다윈의 저서 《인간과 동물의 감정 표현에 대하여 Expression of the Emotions in Man and Animal》는 초판 인쇄에서 9,000부가 팔릴 정도로 주목을 받았다. 이 책이 출간되자 빅토리아 시대의 응접실과 카페에서는 과학자와 일반인을 불문하고 모두들 활기 찬 토론을 벌였다. 자신의 책이 시대를 떠들썩하게 한 베스트셀러가 되었지만, 아마 다윈에게 무엇보다도 중요한 것은 아내 엠마가 작은 미소로 이 책을 인정해 주었다는 사실일 것이다. 엠마는 이번 책이 감정 표현에 관한 것이라 《종의 기원 On the Origin of Species》 때처럼 빅토리아 시대의 까다롭고 억압적인 이데올로기를 심하게 뒤흔들지 않을 것이라고 기대했다.

다윈은 《종의 기원》을 출간한 이후 진화론에 쏟아지는 집중 공격으로 꽤나 시달렸다. 가장 격렬한 공격 대상이 되었던 것은 과연 인간 설계 과정을 자연선택으로 설명할 수 있는가 하는 점이었다. 창조론자들은 바위나 암초, 이판암, 연체동물, 만각류, 참샛과의 작은 새 등을 진화론으로 설명하는 것까지는 받아들였다. 그러나 이들이 경험에 근거하여 열린 자세를 갖는 데에는 뚜렷한 한계가 있었다. 인간이 신의 손으로 만들어진 것도, 완벽한 사상에 따라 설계된 것도 아니고, 다만 진화의 산물일 뿐이며 원숭이가 자연선택을 거쳐 오늘날 인간의 모습을 갖게 되었다는 주장은 결코 받아들일 수 없는 내용이었다. 진화론자와 창조론자가 팽팽히 맞선 당시 분위기에서 엠마의 바람은 어쩌면 당연한 것이었다.

하지만 엠마의 기대와 달리 감정 영역은 오래전부터 인간 본성에 대한 견해들이 서로 대립하고 충돌하는 싸움터였다. 해부학자 찰스 벨Charles Bell은 신이 인간에게 은총을 베풀어 특별한 얼굴 근육을 주었고, 이 덕분에 '하등' 동물은 알지 못하는 인간만의 고유한 감정, 즉 동정심, 수치심, 환희 같은 고상하고 '높은' 도덕적 정서를 얼굴 근육으로 표현할 수 있게 되었다고 주장했다. 그에게 인간만이 고유한 얼굴 표정을 가지고 있다는 사실은 진화론의 주장과 달리 인간종과 다른 종이 연속성을 갖지 않는다는 사실을 함축적으로 보여주는 증거였다. 벨의 추론에 따르면 배우자나 자녀의 얼굴에서 볼 수 있는 미묘한 감정 표현은 신이 인간을 만든 흔적이었다. 또한 얼굴 근육은 왜 인간이 만물의 영장으로서 거대한 존재의 사슬에서 맨 윗자리에 놓여야 하는지를 설명하는 근거였다.

다윈은 놀라운 관찰 능력을 바탕으로 이 도전 과제에 뛰어들었다. 그는 인간과 동물의 감정 표현 사이에 '정신적 연속성'이 존재한다는 걸 입증할 다양한 자료를 수집하여 정리했다. 다윈은 지인들에게서 거의 매일 열다섯 통에서 스물다섯 통 정도의 편지를 받았는데(다윈은 편지를 매우 많이 썼다) 이 편지에는 다른 동물에게 어떤 감정 표시가 보이는지 관찰한 내용들이 넘쳐났다.

사랑하는 사람들이 감정에 겨워 토해내는 소리와 매우 흡사한 소리를 내면서 감정을 표현하는 동물의 모습도 편지에 쓰여 있었다. 집중하느라 이맛살을 찌푸린 테리어종 개, 얼굴을 찡그리며 알았다고 표시하는 퍼그종 개, 발끈하며 성을 내는 원숭이 등 매우 다양하고도 상세한 설명이 실려 있었다. 다윈도 자신이 기르는 테리어종 개 폴리가 어떻게 감정을 표시하는지 목록을 만들었다. 다윈이 서재에서 논문이나 책, 편지를 쓸 때 폴리는 다윈의 발밑에 몸을 동그랗게 말고 경건한 자세로 누워 있곤 했다.

다윈은 사랑하는 자녀 10명도 면밀히 관찰했다. 또한 알고 지내는 이웃 어머니들의 날카로운 관찰 내용을 수집하여 어린아이에게 나타나는 감정 표현, 즉 고통스러워서 우는 모습, 웃음과 미소, 부루퉁한 모습과 다정한 모습 등을 꼼꼼히 정리했다. 사진이라는 새로운 기술에도 열의를 보였다. 다윈은 모두 100장이 넘는 사진을 모았는데, 그중에는 다양한 감정을 표현하는 배우들의 사진이 있는가 하면 전기 자극으로 생긴 특유의 근육 움직임을 담은 사진도 있었다.

이 자료를 토대로 다윈은 어느 누구보다도 상세하고 풍부하게 인간의 감정 표현을 묘사했다. 대략 100년 뒤에 감정을 연구하게 될 과학자들과 달리 다윈은 긍정적 감정이 매우 다양하다고 가정했으며, 내가 직접 세어본 바로는 모두 열여섯 개에 달했다. 다윈이 긍정적 감정의 진화에 대해 이론으로 정리한 내용을 보면 감정 분야의 연구 치고는 인의 비율이 유난히 높았던 것을 알 수 있다. 〈표 4〉는 다윈의 관찰 내용을 요약 정리한 것이다. 이 표에는 감정이 어떤 양상으로 표현되는지, 즉 짧게 스쳐가는 주관적 상태가 어떤 신체적 특징으로 나타나는지 매우 풍부하게 정리되어 있다.

표 4 | 다윈의 감정 표현 묘사

● 부정적인 감정 표현

감정	표현 행동*
화	몸이 떨린다. 콧구멍이 벌름거린다. 입을 꽉 다문다. 미간에 주름이 잡힌다. 고개를 쳐든다. 가슴을 편다. 양팔을 옆에 단단히 고정시킨다. 눈을 크게 뜬다. 발을 바닥에 쿵쿵 내디딘다. 몸을 앞뒤로 흔든다.
불안	미간 쪽 눈썹이 올라간다. 입꼬리가 처진다.
혼란	말을 더듬는다. 얼굴이 우거지상이 된다. 얼굴 근육이 씰룩거린다.
경멸	입술을 앞으로 내민다. 콧등에 주름이 잡힌다. 숨을 내쉰다. 눈을 반쯤 내리깐다. 시선을 돌린다. 윗입술이 올라간다. 코웃음을 친다. 숨을 내쉰다.
의견 차이	눈을 감는다. 얼굴을 돌린다.
혐오	아랫입술이 아래로 처진다. 윗입술이 올라간다. 숨을 내쉰다. 입이 벌어진다. 침을 뱉는다. 입술을 내밀고 입김을 분다. 목청을 가다듬는 소리를 낸다. 입술이 아래로 처진다. 혀를 내민다.
당혹감	잔기침을 한다. 얼굴이 붉어진다.
두려움	몸이 떨린다. 눈이 커진다. 입이 벌어진다. 입술을 오므린다. 눈썹이 올라간다. 몸을 웅크린다. 얼굴이 창백해진다. 땀이 난다. 머리털이 쭈뼛 선다. 몸서리친다. 하품한다.
비통	미간 쪽 눈썹이 올라간다. 입꼬리가 처진다. 동작이 격렬해진다. 미동도 하지 않는다. 고개가 돌아간다. 격렬한 동작을 보인다. 눈꺼풀이 내려온다. 앞뒤로 몸을 흔든다. 얼굴이 창백해진다. 몸이 늘어지고 흐느적거린다. 가슴을 움츠린다. 눈물을 흘린다. 눈썹이 비스듬히 처진다. 깊은 한숨을 쉰다. 손으로 때린다.
죄의식	시선을 피한다. 눈빛이 수상쩍다. 얼굴을 찌푸린다.
공포	몸을 돌린다. 움츠린다. 팔을 내민다. 어깨가 올라간다. 양팔로 가슴을 감싼다. 온몸을 떤다. 숨을 깊이 들이마시거나 내쉰다. 눈을 감는다. 고개를 흔든다.
분개, 반항	얼굴을 찡그린다. 허리를 바로 편다. 양쪽 어깨를 쫙 편다. 주먹을 쥔다.
심술궂음	미간에 주름이 생긴다. 콧등에 주름이 진다. 입꼬리가 아래로 내려간다.
부정	고개를 뒤로 젖힌다.
완고함	입술을 굳게 다문다. 눈썹을 살짝 찌푸린 채 아래로 내린다.

감정	표현 행동
고통	몸부림친다. 날카로운 비명을 지른다. 신음소리를 낸다. 입술을 다문다. 움츠린다. 어금니를 꽉 깨문다. 거칠게 노려본다. 땀을 흘린다. 눈썹을 찌푸린다. 콧구멍이 커진다. 땀을 흠뻑 흘린다. 얼굴이 창백해진다. 바닥에 완전히 엎드린다. 눈을 감는다. 입술 모양이 사각형이 된다(입술이 찌그러진다). 안구에 압박이 가해진다. 눈 주위 근육이 수축된다. 추체근(배꼽 밑 근육_움긴이)이 수축된다. 윗입술이 올라간다. 콧구멍이 좁아진다. 두피, 얼굴, 눈이 빨개진다. 숨을 들이마신다. 흐느껴 운다. 눈물샘이 압박된다. 웃음이 나온다. 눈물이 흐른다.
난처함	머리를 긁적인다. 눈을 비빈다.
격노	이빨이 드러난다. 머리카락이 곤두선다. 얼굴이 붉어진다. 가슴이 부풀어 오른다. 콧구멍이 커진다. 부들부들 떤다. 몸이 흔들거린다. 이빨을 꽉 문다. 숨쉬기가 힘들다. 광적인 몸짓을 보인다. 이마와 목의 핏줄이 튀어나온다. 몸을 바로 세운다. 몸을 앞으로 구부린다. 바닥을 구르며 발길질을 한다. 비명을 지른다(아이의 경우). 눈썹을 찌푸린다. 쏘아본다. 입술을 내민다. 입술을 오므린다. 팔을 이리저리 휘두른다. 주먹을 흔든다. 쉿쉿 소리를 낸다.
체념	손을 편 채로 포개어 아래로 늘어뜨린다.
슬픔	입 꼬리가 처진다. 미간 쪽 눈썹이 올라간다.
조소, 성냄	이빨을 덮고 있는 입술 한쪽이 올라간다.
부끄러움	얼굴이 붉어진다. 고개를 돌려 피한다. 고개를 숙인다. 눈길을 한곳에 두지 못하고 왔다 갔다 한다. 눈을 아래로 내리거나 멀리 쳐다본다. 몸을 돌린다. 얼굴을 돌린다. 눈을 깜박거린다. 눈물을 흘린다.
언짢음	입을 삐죽거린다. 입술을 내민다. 얼굴을 찌푸린다. 어깨가 올라가고 홱 움직인다.
공포 (강렬한 두려움)	창백해진다. 콧구멍이 벌름거린다. 숨을 헐떡거린다. 숨을 죽인다. 눈동자가 튀어나온다. 동공이 확대된다. 주먹을 불끈 쥐거나 손바닥을 편다. 팔을 앞으로 내민다. 땀을 흘린다. 엎드린다. 몸이 늘어진다. 눈썹 끝이 긴장하며 올라간다. 윗입술이 올라간다. 입꼬리를 옆으로 당긴다. 머리카락이 곤두선다. 얼굴이 하얘진다.
약함, 무능함, 사과	어깨를 으쓱한다. 팔꿈치를 몸 쪽으로 붙인다. 손바닥을 편 채 손을 내민다. 눈썹이 올라간다.

➕ 긍정적인 감정 표현

감정	표현 행동
감탄	눈이 커진다. 눈썹이 올라간다. 눈이 빛난다. 미소 짓는다.
긍정	고개를 끄덕인다. 눈을 크게 뜬다.

충격적인 놀람	눈이 커진다. 입이 벌어진다. 눈썹이 올라간다. 손으로 입을 가린다.
깊은 생각	얼굴을 찡그린다. 눈 밑에 주름이 생긴다. 시선이 다른 곳으로 벗어난다. 고개를 숙인다. 이마나 입, 턱에 손을 얹는다. 엄지나 검지 손가락을 입술에 댄다.
결심	입을 굳게 다문다. 가슴 앞에 팔짱을 낀다. 어깨가 올라간다.
헌신(공경)	고개가 위를 향한다. 눈꺼풀을 위로 올린다. 실신한다. 눈동자가 위쪽과 안쪽으로 향한다. 공손하게 무릎 꿇는 자세를 취한다. 손을 들어올린다.
행복	눈이 반짝거린다. 눈 밑에 주름이 생긴다. 입가가 안쪽으로 들어간다.
기운찬 느낌, 유쾌함	미소 짓는다. 고개를 바로 세운다. 눈을 크게 뜬다. 눈썹이 올라간다. 눈꺼풀이 올라간다. 콧구멍이 들린다. 먹는 몸짓을 한다(복부를 문지른다). 공기를 들이마신다. 입맛을 다신다.
기쁨	근육이 떨린다. 몸이 마구 움직인다. 웃는다. 손뼉을 친다. 팔짝팔짝 뛴다. 춤을 추며 돌아다닌다. 발을 쿵쿵거린다. 키득거리거나 깔깔 대며 웃는다. 미소 짓는다. 눈 주위 근육이 수축된다. 윗입술이 올라간다.
웃음	눈물을 흘린다. 숨을 깊게 들이마신다. 가슴이 수축된다. 몸이 흔들린다. 고개를 앞뒤로 끄덕인다. 아래턱이 위아래로 움직인다. 입가가 안쪽으로 들어간다. 고개가 뒤로 젖혀진다. 몸이 떨린다. 머리나 얼굴이 빨개진다. 눈 주위 근육이 수축된다. 입술을 물거나 깨문다.
사랑	눈이 반짝거린다. 두 뺨에 미소가 떠오른다. 몸을 어루만진다. 부드러운 미소가 떠오른다. 입술을 내민다(침팬지의 경우), 입맞춤을 한다. 코를 문지른다.
모성애	몸을 어루만진다. 부드러운 미소를 짓는다. 눈빛이 부드럽다.
자부심	고개를 바로 들고 허리를 세운다. 다른 사람들을 내려다본다.
낭만적 사랑	숨이 가빠진다. 얼굴이 붉어진다.
놀람	눈썹이 올라간다. 입이 벌어진다. 눈을 크게 뜬다. 입술을 내민다. 숨을 내쉰다. 입김을 불거나 쉿쉿 소리를 낸다. 손을 편 채 머리 위로 올린다. 손을 쫙 벌린 채 손바닥을 사람 쪽으로 향한다. 팔이 뒤쪽으로 간다.
다정함(동정)	눈물을 흘린다.

*표현 행동은 동물이 의사를 전달하려고 다른 개체에게 보이는 특별한 동작을 의미한다.

다윈이 꼼꼼하게 관찰한 내용을 보면 사람이 당황할 때 기침하는 것을 알 수 있다. 다윈은 감탄을 표시할 때와 헌신을 표시할 때 나타나는 미묘한 차이도 놓치지 않았다. 그는 우리가 공포를 드러낼 때 눈을 감으며 기억을 떠올릴 때 눈썹을 올린다는 사실도 알려주었다. 우리는 체념할 때에는 손을 펴서 포갠 뒤 아래로 늘어뜨린다. 가슴 가득 기운찬 느낌이 들 때 복부를 문지르거나 입맛을 다시는 모습이 사람들 눈에 포착될 수도 있다.

다윈이 묘사한 신체적 특징을 읽다 보면 가족이나 친구의 모습이 머릿속에 마구 떠오른다. 혼란스러울 때 말을 더듬거나 표정을 찡그리고, 얼굴 근육에 파르르 경련이 일어나기도 한다(교수회의 때 내 동료들이 이런 모습을 보인다). 얼굴을 찡그리고 허리를 곧추세우며 고개를 똑바로 들고 어깨를 편 채 두 주먹을 불끈 쥔 모습에서는 반항심이 표현된다(내가 그만 놀아주겠다고 할 때 내 딸들이 이런 모습을 보인다).

왜 우리는 감정 표현마다 특정한 모습을 보이는가? 예를 들어 화가 났을 때에는 왜 이맛살을 찌푸리고 눈꺼풀을 치켜뜨며 입술을 굳게 다무는가? 얼굴 근육의 움직임을 수천 가지로 조합할 수 있는데, 왜 다른 조합 방식은 화난 표정에 나타나지 않는가? 다윈은 이러한 의문에 대답하기 위해 표현 행동의 세 가지 원리를 이끌어냈다.

첫 번째인 유용한 습관의 원리the principle of serviceable habits에 따르면, 표현 행동은 진화의 역사에서 보상적 결과로 이어졌던 행동이 완전한 형태가 아닌 흔적으로 남은 것이다. 그 결과 표현 행동은 세월이 흘러도 반복해서 나타나며 내적 심리상태와 앞으로 일어날 행동을 보여주는 확실한 표시가 된다. 예를 들어 혐오의 감정은 콧잔등을 찡그리고 콧구멍을 벌름거리며 입을 벌리고 혀를 내미는 모습으로 나타나는데, 이는 구토의 흔적이 남은 것이다. 이 행동은 유해물질이 입 안에 들어오거나 그럴 위험성이 있을 때 (또는 유해한 생각이 마음을 더럽힐 우려가 있을 때) 몹시 불쾌한 반감을 느꼈던 경험을 표시한다. 오늘날 우리가 목격하는 얼굴 표정은 풍부한 의미가 담긴 속기기록 같은 것으로 좀 더 완전한 행동, 즉 공격·도주·포용으로 행동이 이어질 가능성을 상대에게 전달한다.

다윈은 충직한 개 폴리를 관찰하여 얻은 결과를 참고하여 표현 행동의 두 번째 원리, 즉 반대의 원리the principle of antithesis를 이끌어 냈다. 폴리에게서 특징적으로 나타났던 감정 표시 중에 '더운 집 표정'이라는 것이 있는데, 이는 골이 난 개가 머리와 귀, 꼬리를 늘어뜨리고 있는 모습이다. 폴리는 다윈과 함께하는 시골 길 산책을 좋아했는데, 다윈이 함께 해주지 않았을 때 폴리는 늘 이런 표정을 지었다. 다윈이 매우 사랑스럽게 여겼던 이 감정 표시는 폴리가 주인과 함께 나란히 즐거운 산책을 나갈 때 두 귀를 쫑긋 세우고 머리와 꼬리를 높이 쳐든 모습과는 완전히 반대였다.

여기서 다윈은 실망을 나타내는 이 사랑스런 모습이 어떤 원리로 구성되는지를 깨달았다. 상반되는 감정 상태는 서로 반대가 되는 표현 형태와 관련이 있었던 것이다. 예를 들어 지배를 나타내는 가장 뚜렷한 표시는 양팔을 허리춤이나 머리에 붙이는 자세인데, 이는 우두머리 원숭이, CEO, 학자인 티를 내려는 교수에게서 자주 볼 수 있다. 이런 모습을 보일 때에는 가슴을 활짝 펴고 두 손을 머리 뒤로 깍지를 낀 채 뒤로 젖힌다. 이 지배 표시는 약하고 무능할 때 고개를 아래로 떨어뜨리고 어깨를 움츠리는 표시와 완전히 반대이다.

마지막으로 다윈은 신경 방출의 원리the principle of nervous discharge에 따라 구성되는 표현 행동이 있다고 주장했다. 머리를 긁거나, 얼굴을 만지거나, 다리를 흔들거나 코를 잡아당기거나, 머리카락을 꼬는 등 임의의 표현 행동을 통해 방향성 없는 과잉 에너지가 발산된다는 것이 이 원리의 내용이다.

정서적 갈등과 정신 역학적 마음psychodynamic mind에 대한 프로

사진 1 | 원숭이의 표현 행동

사진 속 원숭이는 지배 표시의 고전적인 모습을 보여준다. 몸을 전체적으로 쫙 펴고 팔을 벌리고 있는데, 이런 표시는 지배를 표현하는 단순한 원리로서 몸집을 크게 부풀리는 것과 관련이 있다.

또한 털이 곤두선 모습도 뚜렷하게 보이는데, 이는 모근 주위 근육이 수축된 생리적 반응이다. 앞으로 살펴보겠지만 사람의 경우에는 이런 표시가 경외감과 관련이 있다.

이트 이론의 중심에는 감정을 논할 때 널리 쓰이는 비유적 표현이 하나 등장한다. 바로 '감정이란 그릇 속에 담긴 액체와 같다'라는 것이다. 종종 우리 감정은 끓어 넘치기도 하고 불끈하거나 열 받기도 한다. 또 화나 환희에 찬 황홀, 성적 욕망 등으로 폭발할 것 같기도 하다. 따라서 많은 감정 표현이 얼핏 보면 아무렇게나 행동하는 것처럼 보이기도 하지만 이 속에는 정신 내부에서 감정이 일으키는 역학 관계가 반영되어 있다. 우리는 불안할 때 머리카락을 잡아당기며, 당혹스러울 때 고개를 흔들고, 저녁 데이트 자리에서 얼른 침대 속으로 뛰어들고 싶은 욕구나 충동을 느낄 때 입술을 깨문다.

다윈은 관찰 내용 중 인간의 것과 동물의 것을 골라내고, 감정별로 분류하고, 가려내는 특별한 작업을 하느라 매일 연구가 끝날 때면 기진맥진하고 온몸이 아팠지만 이내 다시 《인간과 동물의 감정 표현에 대하여》를 집필하는 데 몰두했다. 다윈은 표현 행동의 영역을 분석하고 우리의 영장류 조상으로까지 표현 행동을 추적해 올라가는 동안 중요한 자료 한 가지가 빠졌다는 사실을 깨달았다. 선택압selection pressure(일부 개체가 경쟁자보다 더 잘 생존하고 번식할 수 있게 만드는 물리적, 생물학적, 사회적, 성적 환경의 양상_옮긴이)의 역사 속에서 형성된 인류종의 얼굴 표정이 보편적인 특징을 지니는지에 대한 연구가 빠져 있었다.

다윈은 다른 나라에 가본 적 있는 영국인 선교사를 대상으로 빅토리아 시대 영국에서 보지 못한 표정을 다른 나라에서 본 적이 있는지 조사했다(모두 서른여섯 개의 답변을 받았다). 선교사들은 그런 일이 없다고 답했다. 물론 다윈의 질문 방식이 자신이 원하는 답을 내놓게 몰아갔는지도 모른다.

다윈은 비글호를 타고 5년간 티에라 델 푸에고, 타히티 섬, 뉴질랜드를 돌아다니면서 원주민을 만나 기록한 메모를 다시 검토했다. 비글호가 상륙했을 때 푸에고 섬 사람들은 벌거벗은 몸에 긴 머리를 늘어뜨린 채 양팔을 흔들면서 비글호 승객을 환영했고, 다윈은 이들을 만났을 때 다정한 손길로 서로의 가슴을 두드리면서 최초로 친구가

그림 1 | 원주민의 환영인사

비글호에 탄 사람과 최초로 인사를 나눈 것으로 보이는 그림 속 원주민은 힘과 따스함이 뒤섞인 복합적인 균형을 보여주고 있다. 오른쪽 팔꿈치는 살짝 꺾인 채 몸 바깥쪽을 향하고 있어 지배의 표시, 즉 손을 허리에 짚고 팔꿈치를 옆으로 벌리는 동작의 흔적을 묘하게 남기고 있다. 동시에 왼팔은 심장 부근에 붙이고 있는데 아마도 이는 우정의 표시일 것이다.

원주민 옆에 서 있는 개가 몸을 움츠린 채 공격 태세를 갖추고 있는 모습을 보라. 다윈은 훗날 개와 고양이의 사랑스런 행동에 대해 글을 남겼는데; 이런 행동들은 반대의 원리에 따라 그림 속 개가 취한 공격적 자세와는 반대 형태를 띠었다.

되었다. 아마 이 기억을 떠올리면서 다윈은 인간의 감정을 표현하는 보편적인 몸짓을 보았을 것이다. 그러나 얼굴 표정의 보편성에 대한 결정적인 자료를 얻기까지 100년이 넘는 세월을 기다려야 했고, 패러다임을 뒤바꿔놓은 폴 에크만의 연구에 이르러서야 다윈의 견해는 비로소 확실한 자료를 얻을 수 있었다.

에크만, 통제 불능인 감정에 보편성이란 옷을 입히다

폴 에크만은 다윈의 보편성 논제를 가지고 실험을 실시했다(이 연구 결과를 둘러싸고 오늘날까지도 과학회의의 중간 휴식 시간에 논쟁이 벌어지고 인신공격성 비판과 야유가 오간다). 에크만과 월리스 프리슨은 맨 먼저 에크만의 실험실에 있는 동료들과 배우를 모델로 하여 다윈이 상세히 묘사한 내용을 바탕으로 여섯 가지 감정(화, 혐오, 두려움, 슬픔, 놀람, 행복)을 표현한 얼굴 근육을 사진으로 찍었다(〈사진 2〉 참조).

사진 2 | 여섯 가지 얼굴 표정

첫 번째 연구에서 에크만과 프리슨은 일본, 브라질, 아르헨티나, 칠레, 미국 출신의 사람들을 대상으로 각 사진에 나타난 감정과 가장 잘 어울리는 단어를 여섯 가지(화, 혐오, 두려움, 슬픔, 놀람, 행복) 중에서 고르게 했다.

에크만이 첫 번째 연구 결과를 발표하면서 감정에 대한 진화론적 접근방식이 형태를 갖추기 시작했다. 하지만 당시 널리 퍼져 있던 입장은 사회구성주의적 견해였으며, 에크만의 첫 번째 연구에서 수집한 자료는 감정에 대해 근본적으로 다른 견해를 지닌 두 집단을 대립하게 만들었다. 사회구성주의적 견해는 프란츠 보애스Franz Boas와 마거릿 미드Margaret Mead(보애스는 미국 인류학의 시조라고 일컬어지며, 미드는 그의 제자이다_옮긴이) 같은 영향력 있는 인류학자의 저서를 통해 널리 인정받고 있었다. 이들은 문화적 상대주의, 여러 문화 간의 무한한 가변성과 도덕적 동등성에 대해 연구한 선구자였다. 이 같은 사회 분위기 속에서 감정은 역사적으로 형성된 가치와 제도, 관습과 의식에 따라 각 문화에서 특정한 방식으로 결합되어 만들어진 사회 구성물로 간주되었다.

감정에서 핵심을 이루는 것은 개념이나 단어, 사상이며, 이는 스토리텔링, 시, 공개적 망신, 입소문 등과 같은 이야기 관습을 형성하기도 하고 이런 관습에 의해 형성되기도 한다. 그럼 서로 다른 문화에서 감정 표현은 어떻게 나타날까(이 물음 때문에 에크만은 그 흔들거리는 비행기에 올라 뉴기니까지 날아갔다)? 구성주의적 견해에 따르면 감정 표현 역시 기원이나 형태, 예측 가능한 문화적 가변성이란 측면에서 구어口語와 유사한 양상을 보일 것으로 생각되었다. 각 문화는 각기 다른 개념을 단어로 표현하기 위해 인간의 음성장치가 만들어낼 수 있는 수십 가지 음운 가운데 특정 음운을 선택하여 사용한다. 구성주의자는 감

표 5 | **감정에 대한 구성주의적 접근방식과 진화론적 접근방식**

질문	구성주의적 접근방식	진화론적 접근방식
감정이란 무엇인가?	언어, 믿음, 개념	신체에서 일어나는 생리적 과정
감정은 보편적인가?	그렇지 않다	그렇다
감정의 기원은 무엇인가?	가치, 직관, 사회적 관심	자연선택

정 표현도 이와 마찬가지로 문화에 따라 제각기 다른 근육 움직임을 선택할 것이라 추론하였다. 결론적으로 감정 표현의 의미 면에서 무한한 문화적 가변성이 나타날 것이라고 예상한 것이다.

이러한 구성주의적 입장을 뒷받침하는 관찰 내용은 대개 일화 중심으로 되어 있는데 상당한 설득력을 지녔다. 예를 들어 이뉴잇족은 부주의한 관광객이 그들의 소중한 카누를 망가뜨린 경우처럼 매우 실망스럽고 부당한 상황에서도 결코 화를 내는 법이 없었다. 또한 17세기 일본 사무라이의 아내는 남편이 전쟁터에서 (장렬하게) 전사했다는 소식을 들은 뒤 자긍심과 사랑이 가득한 미소를 지었다.

하지만 에크만의 첫 번째 연구에서, 고도로 근대화된 문화권에서 온 실험참가자들은 (구성주의자의 예상과 달리) 여섯 가지 얼굴 표정을 해석할 때 상당히 일치된 의견을 보였다. 에크만의 연구 결과는 당연히 논란거리가 되었고, 특히 실험참가자가 모두 서구 매체에 광범위하게 노출되어 있었다는 점이 문제로 지적되었다. 에크만의 실험에 참가한 사람들은 존 웨인이나 도리스 데이가 출연하는 영화들, *하우디 두디*Howdy Doody나 *겟 스마트*Get Smart 같은 프로그램을 통해 힐리웃 감정을 많이 접했을 것이고 에크만이 제시한 얼굴 표정을 어떻게 해석하는지 알고 있었던 것이다.

사진 3 | **뉴기니 섬을 돌아다니는 폴 에크만**

그래서 에크만은 파푸아 뉴기니로 떠났다. 에크만은 그곳에서 수렵 채집 생활을 하는 포레이Foré 어족 계열의 한 산악부족과 몇 개월을 함께 지냈다. 에크만은 부족 주술사의 축복의식을 거친 뒤 연구에 참여할 사람들을 모집했고 부족 전체의 거의 5퍼센트 가량이 참여했다. 에크만의 연구에 참여한 포레이족은 영화나 잡지를 본 적이 없고 영어나 피진 영어(중국, 멜라네시아, 서아프리카 등에서 상거래에 사용하는 혼합 파격 영어_옮긴이)를 할 줄 모르며, 서구 식민지에 산 적도 서구 사람 밑에서 일한 적도 없었다. 이런 삶의 이력 때문에 서구의 개념이 포레이족 정신 속에 침투해서 에크만이 제시한 사진을 해석하는 데 영향을 미쳤을 거라는 주장은 도저히 성립할 수 없었다.

이 연구에서 에크만은 대쉘Dashiell 방법이라고 알려진 판단 방법을 사용했다. 문자를 사용하지 않는 포레이족은 다지 선택 질문에 답하는 데 익숙하지 않았기 때문이다. 에크만은 여섯 가지 감정별로 그에 어울리는 이야기를 참가자들에게 들려주었다. 예를 들어 슬픔에 대해서는 "이 사람의 아이가 죽어서 그는 슬퍼했다" 같은 이야기를 들려주었다. 이 이야기를 듣자 포레이족 참가자들은 아이나 어른 할 것 없이 사진으로 제시된 세 가지 다른 감정 표현 가운데 이 이야기에 가장 잘 어울리는 얼굴 표정 한 가지를 바로 선택했다.

만일 포레이족 참가자들이 그저 짐작으로 사진을 골랐다면 확률상 33퍼센트의 사람만이 정확히 얼굴 표정을 맞췄을 것이다. 그랬다면 감정 표현이 문화별로 차이를 보인다는 사회구성주의자의 입장 및 예측과 정확히 맞아떨어졌을 것이다. 그러나 포레이족 참가자들은 여섯 가지 얼굴 표정을 해석하는 데 80퍼센트에서 90퍼센트의 정확성을 보였다. 다윈의 얼굴에 미소가 떠오르고 눈썹이 올라가며 눈에 감탄의 빛이 반짝거릴 만한 결과였다. 산업화나 근대성 어느 것과도 접촉한 적이 없는 포레이족이 여섯 가지 얼굴 표정을 보고 나서 우리와 똑같은 해석을 내놓은 것이다.

사회구성주의 vs. 사회다원주의

미국으로 돌아와 인류학 학회에서 자신의 연구 결과를 최초로 발표하던 에크만은 고함 소리에 묻혀 연단에서 내려와야 했다. 강당 안에는 이데올로기적인 비난이 난무했다. 에크만의 뉴기니 연구 자료는 감정의 생물학적 양상, 즉 각기 다른 얼굴 근육의 움직임이 보편적이라는 사실을 암시했고, 이는 감정 분야에서 생물학이 거의 아무런 역할을 하지 않는다고 보았던 구성주의자의 주장과 갈등을 일으켰다. 아마도 에크만의 자료가 사회다원주의Social Darwinism의 주장을 다시 불러일으킬 가능성이 있었기 때문에 비난의 소리가 이처럼 메아리쳤을 것이다. 사회다윈주의는 인종 간의 차이가 진화와 생물학에 뿌리를 두고 있다고 주장했다(사회다윈주의는 다윈의 생물진화론을 사회학에 적용하여 자본주의 사회의 계급 대립, 착취와 피착취 구조를 사회발전의 자연스런 결과로 보았다. 그리고 이들의 논리는 국제 관계에서 다른 인종에게 적용되어 인종 차별, 제국주의적 침략, 파시즘을 합리화하는 이론으로 이용되었다_옮긴이). 보애스와 미드 같은 초기 구성주의자는 이런 사회다윈주의자의 주장을 이미 확실하게 꺾어놓은 바 있었다(에크만의 연구 자료는 서로 근본적으로 다른 문화권 사람들이 진화의 결과로 여겨지는 깊은 유사성을 보인다고 강조하니, 이 점은 아이러니가 아닐 수 없다).

구성주의자는 당시에 가장 많이 인용되는 감정 연구 결과를 제시하며 이에 맞섰다. 이 연구는 감정 경험이 개별적인 사회 상황에 따른 해석 내용에서 생기는 것이지, 특정 생리반응에서 생기는 게 아니라고 주장했다. 이는 구성주의자의 입맛에 맞는 솔깃한 내용이었다. 상황을 어떻게 해석하느냐에 따라 동일한 생리반응이라도 근본적으로 다른 감정으로 귀결될 수 있다는 걸 보여준다면 아마도 구성주의적 명제를 가장 결정적으로 입증할 수 있을 것이었다.

구성주의자의 입맛을 만족시킨 연구 결과를 내놓은 스탠리 샤흐터Stanley Schachter와 제롬 싱어Jerome Singer의 목적도 그러했을 것이다. 이들은 수프록신Suproxin이라는 비타민제가 시각에 미치는 영향을 검사한다고 속여 실험참가자를 모았다. 하지만 실제로 실험참가자에게 주사된 약은 비타민제가 아니라 혈압과 심장박동수를 높이고 손바닥에 땀이 나게 하는 에피네프린(아드레날린)이었다. 물론 참가자들은 이 주사의 효과에 대해 아무 이야기도 듣지 못했다.

에피네프린 주사로 생리적 자극을 받은 참가자들은 두 집단으로 나뉘어 각각 실험대기실로 안내되었다. 이들 중에는 실험을 돕는 공모자가 있었다. 공모자는 마치 실험참가자인 척하면서 미리 정해진 대로 감정 연기에 돌입했다. 공모자의 감정 연기에 따라 서로 다른 두 가지 상황이 펼쳐졌다. 행복한 상황을 연출하는 작은 방에서는 공모자가 (에피네프린 때문에) 심장이 두근거리는 참가자 맞은편에 앉아 서류 종이를 구겨서 쓰레기통에 던져 넣는 일부터 시작했다. 공모자는 "다시 어린애로 돌아간 기분이야"라고 하면서 종이비행기를 만들어 공중에 날리는가 하면, 고무 새총으로 종잇조각을 여기저기 쏘아대고 파일 폴더로 탑을 쌓기도 했다. 또한 칠판 뒤에 있던 훌라후프를 가져와 돌리며 춤을 추기 시작했다.

한편 화난 상황을 연출하는 방에서는 전혀 다른 감정의 연극이 벌어졌다. 공모자와 참가자는 똑같은 내용의 다섯 쪽짜리 설문지를 엄숙한 분위기 속에서 작성했다. 어린 시절에 앓은 질병, 부친의 연간 수입, 가족 구성원이 앓았던 정신질환 등에 대한 설문 내용이 이어지자 공모자가 격한 감정을 연기했다. 그리고 그 뒤를 이어서 매주 몇 번의 성관계를 갖는지, '당신 어머니는 (당신 아버지 이외에) 얼마나 많은 남자들과 불륜관계를 가졌는가?'(이 설문에 답할 수 있는 선택항목 가운데 가장 낮은 수치는 '네 명 이하'였다)라는 설문 내용이 나오자 공모자는 말도 안 되는 연구라고 투덜거리면서 방문을 열고 쿵쿵 걸어 나갔다.

이 실험을 통해 구성주의자의 주장에 결정적인 힘을 실어주는 결과가 도출되었다. 실험 후에 실시된 조사에서 행복한 상황 속에 있었던 참가자가 화난 상황에 있었던 참가자보다 훨씬 더 행복했다고 답한 것이다. 비슷한 생리반응, 즉 에피네프린 주사 때문에 생긴 투쟁·도주 fight-flight 생리반응(갑작스런 자극에 대한 본능적인 반응. 교감신경이 흥분하여 맥박이 증가하고, 혈압이 상승하며, 소화가 억제되는 등 몸이 위험한 상황에 대처할 수 있게 긴장하는 상태를 말한다_옮긴이)이 특정 상황을 어떻게 받아들이느냐에 따라 근본적으로 다른 감정으로 이어질 수 있었던 것이다. 전 세계 구성주의자가 환호성을 질렀다.

이 연구는 감정에 대한 진화론적 접근방식이 발전할 이론의 토대 자체를 무너뜨렸다. 감정에 대한 진화론적 접근방식에 따르면, 감정은 진화 과정에서 형성되어 인간의 생리 과정에 유전적으로 암호화되었다. 그리고 이 생리 과정은 모든 인간이 보편적으로 지니는 것이다. 그러나 이제 경험을 어떻게 해석하느냐에 따라 생리반응에 구애받지 않고 감정이 생길 수 있는 것처럼 생각되었다. 감정의 구체성(우리가 수치심을 경험하는가, 아니면 사랑이나 화, 또는 연민을 경험하는가 하는 문제)과 감정 경험의 본질 자체는 문화적 기반을 토대로 한 정신의 풍부한 연결망 속에서 일어나는 구성 과정의 산물이 되어버린 것이다.

이 뛰어난 연구와 그 속에 함축된 많은 의미에 맞서기 위해 에크만은 자신의 학자 경력을 위태롭게 할 만한 문제에 정면으로 부딪쳤다. 그것은 어떻게 하면 감정을 객관적으로 측정할 것인가 하는 문제였다. 우리의 정서적 삶 속에서 감정이 계속 흘러가는데 이처럼 스쳐 지나가는 감정 경험을 포착하려면 어떤 방법으로 측정해야 할까? 이상적으로 본다면, 가능한 한 경험이 이루어지는 그 순간에 감정을 측정할 수 있어야 했다. 또한 전 세계 실험실에서 보편적으로 사용할 수 있는 측정방법이어야 했다.

에크만이 찾아낸 가장 확실한 답은 샤흐터와 싱어가 했던 것처럼 참가자에게 자신의 감정 경험을 말로 묘사해 달라고 부탁하는 방법이었다. 아마도 에드워드 커밍스 Edward E. Cummings의 사랑 시에서 보듯이 가장 멋진 감정 표현은 단어를 이용하는 감정 표현이 아닐까.

무엇인가, 아주
(슬픈 이 욕심 많은
세상에서) 가장 즐겁고
가장 정당하고 가장 드문 것은
- 이 소용돌이치는
땅에
살면서 베푸는 소녀인가?

왜 당신은
그리도 매우 사랑스러운가

누구인가(이 바쁜
무의미한 곳, 출렁거리는 땅 위에)
현기증으로 어지러운
그, 가장 심한 그는
- 만약이라는 이 교활한 가정 속으로
기어오르듯 떨어지는
바보는?

왜 나는
이리도 매우 운이 좋은가

경이로운 그 무엇인가
(존재하며 자라는)
아래 모든 것을 뒤덮는

모든 미움과 모든 두려움을 뒤덮는
– 완벽하게 죽어가는
나와 영원하지 않은
당신인가?

왜 우리는
사랑이며 불가능이 없는가

    단어는 감정을 표현하는 놀라운 힘을 지녔지만 감정을 연구하기에는 본질적인 한계를 안고 있다. 그중 가장 결정적인 한계는 단어가 경험에 대해 한순간의 일시적인 관계만을 갖는다는 점이다. 단어를 이용하여 누군가에게 우리의 느낌을 전할 때 실제로 전달된 것은 경험을 되돌아보며 재구성한 내용이다. 하루 동안 있었던 즐거운 일과 기분 나쁜 일을 전할 때, 또는 휴가 기간에 느낀 기쁨을 전할 때, 연극이나 미술 전시회나 영화에서 어떤 감동을 느꼈는지 전할 때, 우리가 전달하는 내용은 말하는 시점의 느낌, 감정 경험에 대한 직관적인 생각, 내적인 감정적 삶을 이야기할 때 적정한 내용이 무엇인가에 대한 일정한 사회적 기대 수준(예를 들어 "거물급 인사는 이 시점에서 어떻게 자신을 표현해야 할까?"와 같은 기대 수준), 개인 성향(감정을 억누르는 성향인가, 아니면 극적으로 표현하는 성향인가)이라는 필터를 통해 걸러진다. 감정 경험에 대한 기억은 이러한 필터를 거쳐야 불러올 수 있으며 일련의 단어로 구체화되기 때문에 감정 경험의 대부분은 사라져버린 과거의 순간적인 현재 속에 남아 있다.
    이 점과 관련해서 린다 레빈Linda Levine과 조지 보난노George Bonanno가 연구를 통해 밝혀낸 사실이 있다. 사람들이 과거 경험을 전할 때 (그 내용이 대통령 선거의 실망스런 결과이든 사랑하는 사람의 죽음이든 간에) 과거의 사건을 어떻게 해석하는지, 지금 어떤 기분인지에 따라 원래 감정이 그대로 전달되기도 하고 과장되기도 한다는 사실이다. 결국 선종의 공안公案(부처나 조사祖師의 설법 또는 문답을 가리키며, 기연·인연·화두라고도 한다_옮긴이)에 내재해 있는 모순을 다룰 만한, 감정 측정 방법의 개발이 절실히 요구되었다. 우리의 주관적인 경험을 정제하여 명확하고 정량화할 수 있는 척도로, 종이 위에 기록하여 과학자들이 해석하고 토론할 수 있는 척도로 바꿔줄 순간적이고 객관적인 측정법이 필요했다.

객관적인 주관을 포착하기 위해 에크만과 월리스 프리슨은 연구가 출판될 기약도 없이, 경제적 지원도 없이, '얼굴 움직임 부호화 시스템 FACS, Facial Action Coding System'을 개발하는 데 7년의 세월을 쏟아부었다. 이 시스템은 사회적 상호관계의 흐름에서 얼굴 표정이 생길 때, 이를 프레임별로 분석하여 눈에 보이는 모든 얼굴 근육의 움직임을 해부학 지식을 바탕으로 확인하는 것이다.

이 작업을 위해서 에크만과 프리슨은 얼굴 해부학을 공부하고 각각의 얼굴 근육을 움직일 수 있게 훈련하기도 했다(에크만은 눈썹을 이쪽에서 저쪽까지 파도 모양으로 움직일 줄 안다). 또한 얼굴의 미묘한 근육 움직임을 기록하려고 피부 깊숙한 층에 있는 얼굴 근육을 약한 전기충격으로 자극하기도 했다. 그런 다음 근육의 여러 가지 움직임과 근육 움직임의 조합으로 얼굴 모습이 어떻게 바뀌었는지, 즉 얼굴에 새로 접힌 부위, 주름, 움푹 들어간 부위, 불룩 나온 부위가 어떻게 만들어졌는지 달라진 내용을 해독하여 움직임 단위AU, action units라는 일종의 비법 같은 언어로 옮겼다(〈표 6〉 참조).

이제 에크만과 프리슨 덕분에 심리과학은 특정 감정을 객관적으로

표 6 | 에크만과 프리슨의 움직임 단위

AU	묘사	얼굴 근육	사례 사진
1	안쪽 눈썹 올라감	전두근, 안쪽 부분	
2	바깥쪽 눈썹 올라감	전두근, 바깥쪽 부분	
4	눈썹이 아래로 내려옴	눈썹 주름근, 눈썹 내림근	
5	위눈꺼풀이 올라감	위눈꺼풀 올림근	
6	볼이 올라감	눈둘레근, 안와부	
7	눈꺼풀을 짐	눈둘레근, 안검부	
9	콧등에 주름이 생김	윗입술콧방울 올림근	
10	윗입술 올림	윗입술 올림근	
11	팔자주름 깊어짐	작은 광대뼈근	
12	입가를 당김	큰 광대뼈근	

측정하게 되었다. 이 측정법은 연구자가 얼굴 움직임 부호화 시스템을 익히는 데 100시간 정도 투자하고, 비디오테이프에 녹화된 감정 행동의 매 순간을 충실히 해독하는 데 한 시간을 들인다면 전 세계 어느 실험실에서든, 어느 상황에서든 이용할 수 있다.

얼굴 표정을 측정하는 방법이 개발되어 과학자들에게 배포된 이후 30년 동안 수백 가지 연구가 이루어졌고, 이 연구들을 통해 다윈이 여러 감정에 대해 묘사한 근육 형태와 사람들이 그 감정을 느낄 때 보여주는 얼굴 표정이 정확하게 일치한다는 사실이 밝혀졌다. 얼굴 표정에 대한 에크만의 연구는 '정서과학affective science'이라는 새로운 분야를 낳았다. 또한 감정이 뇌의 어느 부분에 자리 잡고 있는지, 감정이 사회생활에서 어떤 역할을 하는지, 인간과 동물의 감정 간에 어떤 유사성이 있는지, 우리는 어떻게 각기 다른 감정 스타일을 갖고 있는지 좀 더 정확하게 이해할 수 있게 되었다.

지난 30년 동안 과학자들은 이 방법과 여섯 가지 감정을 바탕으로 인간의 감정적 삶을 분석했다. 수백 개에 이르는 연구, 소책자, 재검토, 새로운 방법론, 낡은 논쟁들 속에서 우리는 감정에 대한 세 가지 깊은 통찰을 뒷받침하는 경험적 토대를 볼 수 있으며, 이 주제가 다음 장의 핵심 내용이 될 것이다.

감정은 우리 마음 가장 깊숙한 곳의 진심을 보여주는 표시로서 우리 신경계 속에 내장되어 있으며, 우리의 가장 중요한 윤리적 판단을 이끌어내는 직관적 길잡이다. 의미 있는 삶을 추구하기 위해서는 감정에 지속적인 관심을 가져야 한다. 얼굴의 미묘한 움직임 속에 우리가 지닌 인의 비율이 드러나 있기 때문이다.

Chapter

03

감정의 아이러니,
이성적인 비이성

Rational Irrationality

진정성 문제가 지닌 또 다른 얼굴은 더 복잡한 속성을 지닌다. 우리는 일상에서 린 프레이타스 같은 사람에게 놀림당하거나 이용당하지 않기 위해서 신속하게 이런 판단을 내려야 한다. 그럼 우리가 진정성 문제를 해결하는 데 도움이 될 수 있는 건 무엇일까? 바로 감정이다. 감정 표현은 다른 사람이 관계를 어떻게 생각하는지 알려주는 믿을 만한 단서이다.

Rational Irrationality

나는 지금도 종소리처럼 맑던 그날을 기억한다. 내 인생의 사랑 린 프레이타스Lynn Freitas는 포스퀘어 게임four square game(바닥에 사각형 금을 그리고 이를 다시 네 개 사각형으로 나눈 뒤, 네 칸에 각 한 명씩 들어가서 손바닥으로 탁구 치듯 공을 치는 게임_옮긴이)을 하러 가면서 수줍게 손을 등 뒤에 숨기고 내 곁으로 다가왔다. 린은 내 얼굴에서 불과 25센티미터 정도밖에 되지 않을 정도로 가까이 다가와 곱슬머리가 탐스럽게 흘러내리는 얼굴에 환한 미소를 띤 채 물었다.

"대커, 너 스크루(나사못을 뜻하지만 속어로는 섹스를 의미한다_옮긴이) 원하니?"

내 머릿속에는 수많은 생각이 한꺼번에 밀려들었다. 마침내 린이 내가 사춘기 소년으로서 풍기는 묘한 성적 매력을 알아보았구나, 드디어 내가 품어온 갈망이 중학교 운동장에서 뭐라 설명할 길 없는 일을 마주하게 되었구나 등등. 진심 어린 긍정을 표현하려고 한참 중얼거리며 말하는 내 앞으로 린이 손을 내밀어 손바닥을 폈다. 부드러운 손가락 위에 나사못 하나가 놓여 있었다. 그 후 기억나는 것은 이 음모에 가담했던 여자들이 갑자기 몰려들어 내게 손가락질을 해대며 한바탕 웃던 와자지껄한 웃음소리뿐이었다.

내가 얼굴 움직임 부호화 시스템에서 7급으로 인정받은 사람이고 성적 욕망을 나타내는 비언어적 단서(당시 린에게서는 이런 단서가 전혀 보이지 않았다)를 연구하는 동안 깨달은 사실들을 그 당시에 알고 있었더라도 아마 나는 또 다시 놀림을 당했을 것이다. 사랑하는 사람에게 놀림을 당하는 건 어쩌면 우리가 가장 원하는 일일지도 모르기 때문이다. 내가 장난스런 놀림 속에 들어 있는 미묘한 음향을 분간할 귀를 가졌더라면 아마도 린이 인위적으로 길게 늘여 발음한 소리("대이이커, 너, 스크루우 원하니?")에서 뭔가 진실하지 않은 미묘한 느낌을 받았을 것이다. 길게 늘이는 발음에서는 린의 장난스런 의도가 물씬 배어나왔을 것이다. 또한 내가 노벨상을 수상한 경제학자 토머스 셸링 Thomas Schelling의 저서 《갈등의 전략The Strategy of Conflict》을 1963년에 읽었다면 내가 놀림을 당한 이유가 무엇인지 이해했을 것이고, 적어도 린 프레이타스가 내게 그런 말을 했을 때 원하는 게 무엇이었는지 정도는 깨달았을 것이다.

감정의 두 얼굴, 진실 혹은 거짓

셸링에 따르면 매우 중요한 거래(영원한 사랑의 약속이나 위험한 사업 투자를 통한 상호 이익, 외교관과 협상가의 전략적 위협)는 진정성 문제를 어떻게 해결하는가에 달려 있다. 진정성 문제는 두 얼굴을 갖고 있다. 하나는 상호 간의 장기적이고 책임 있는 관계를 위해 자기이익에 기초한 행동 과정(모종의 제안, 동료를 희생시켜 이익을 얻을 수 있는 기회, 회사 주주에게 거짓 보고를 할 기회 등)을 포기해야 하는 일이 종종 있다는 점이다.

장기적인 관계를 쌓기 위해서는 일시적, 쾌락 추구적, 근시안적인 자기이익을 초월해야 한다.

　진정성 문제가 지닌 또 다른 얼굴은 앞의 것보다 더 복잡한 속성을 지닌다. 우리는 누가 우리에게 진심을 다하는지 분명하게 확인해야 하며, 장기적 유대관계를 맺을 만큼 도덕적 성향을 갖춘 사람을 찾아내야 한다. 또한 관계에 충실하고 보살피는 마음을 가질 만한 사람이 누구인지, 그렇지 않을 사람이 누구인지, 속이거나 거짓말을 하고 자기이익을 추구하려고 관계를 희생시키지 않을 사람이 누구인지 알아내야 한다. 우리는 일상에서 린 프레이타스 같은 사람에게 놀림당하거나 이용당하지 않으려면 신속하게 판단을 내려야 한다. 그럼 우리가 진정성 문제를 해결하는 데 도움이 될 수 있는 건 무엇일까?

　바로 감정이다. 감정 경험의 본질 자체(표면상으로 드러나는 절대성, 뜨거운 열기, 긴박성)가 지닌 힘이 자기이익의 근시안적인 계산을 쉽게 압도하여, 우리를 장기적인 유대관계에 반드시 필요한 진정성, 즉 일부일처제, 공정성, 의무와 책임을 존중하게 만든다. 죄의식이라는 마음의 고통은 강력한 힘을 지니고 있어서 우리 자신이 큰 손해를 보더라도 우리가 가장 아끼는 관계를 복구하게 도와준다. 연민이나 경외감이 안겨주는 강력한 느낌은 우리에게 동기를 부여하여 손해인지 이익인지 따지지 않고 다른 개인이나 집단을 위해 행동하게 이끌어준다.

　다른 사람이 우리에게 얼마만큼 진정성을 갖고 있는지 판단할 때에도 다른 사람의 감정 표시가 중심 역할을 한다. 언어가 아무리 중요하다고 해도 우리 삶의 흐름을 결정하는 진정성(좋을 때나 나쁠 때나 함께 하면서 변함없이 진심으로 우리를 사랑할 것이라는 생각, 동료가 평생을 함께 하는 협력자가 될 것이라는 생각, 정치가 좀 더 많은 사람의 이익에 헌신할 것이라는 생각)을 전달하는 면에서는 한없이 무력하다. 단어는 쉽게 조작할 수 있기 때문이다. 그러나 감정 표현은 그렇지 않다. 감정 표현은 다른 사람이 관계를 어떻게 생각하는지 알려주는 믿을 만한 단서이다. 감정 표시는 무의식중에 나오며, 위조하기 힘들기 때문이다(린 프레이타스가 나를 속이려고 했던 말과는 다른 특성을 지닌다).

감정 표현은 공작이 꼬리를 활짝 펴는 행동이나 붉은 사슴이 전력 질주하는 행동과 많은 공통점이 있다(〈사진 4〉 참조). 이런 행동은 신진대사 면에서 많은 에너지를 소비하며 의지대로 통제할 수 없어 전략적인 조작이나 속임수가 개입하기 힘들다.

셸링에 따르면, 감정은 무의식적으로 진정성을 표현하는 장치로서 우리가 장기적이고 상호 이익이 되는 관계를 맺게 해준다. 얼굴 표정이라는 복잡한 영역을 분석하면서 에크만이 알아낸 내용 덕분에 셸링

사진 4 | 동물의 표현 행동
공작이 꼬리를 활짝 펴는 행동이나 붉은 사슴의 전력 질주(붉은 사슴은 포식자가 나타났을 때 이런 행동을 보이는데, 이는 포식자가 아무리 쫓아가도 제대로 덮칠 수 없을 것이라 여기게 만들어 사냥을 단념시키기 위한 것이다)는 각각 건강한 유전자와 신체 능력을 보여주는 믿을 만한 단서이다. 이 두 가지 행동은 매우 많은 에너지를 소비하며, 거짓으로 꾸밀 수도 없기 때문에 짝짓기 능력을 지닌 건강한 유전자를 갖고 있다는 것(공작의 행동)과 힘과 속도를 지녔다는 것(붉은 사슴의 전력 질주)을 나타낸다.

의 진정성 명제는 해부학적 토대를 갖게 되었다. 아울러 인간 삶의 가장 중요한 유대관계에서 감정이 중심적인 역할을 한다는 사실에 대해 다시 생각하게 하였다. 모두 마흔세 개에 이르는 얼굴 근육 중 대부분은 의지대로 쉽게 움직일 수 있다. 예를 들어 〈사진 5〉는 감정을 표현하는 일반적인 얼굴 움직임으로, 모자를 떨어뜨렸을 때나 친구가 부탁할 때 또는 호텔 욕실에서 시간을 보낼 때나 취중에 한 내기에서 이겼을 때 누구나 이런 얼굴 표정을 지을 수 있다.

그러나 얼굴 근육 일부는 이와 다르게 만들어져 있으며 뇌에서 시작되는 다른 신경 경로가 통제한다. 배우, 사이코패스, 정치가, 심야 텔레비전 선교사, 100여 시간을 들여 얼굴 움직임 부호화 시스템을 익힌 사람을 제외한 85퍼센트에서 90퍼센트에 이르는 사람은 이 근육을

사진 5 | 감정을 표현하는 일반적인 근육 움직임

위의 세 가지 표정은 간단한 근육 움직임을 보여준다. 맨 왼쪽 표정은 내림근의 움직임과 연관이 있으며, 내림근은 입꼬리를 아래로 당겨 처지게 한다. 가운데 표정에서는 주름이 생기게 하는 주름근이 움직이는 것을 볼 수 있다. 맨 오른쪽 표정에서는 입꼬리 당김근이 움직이는 것을 볼 수 있는데, 이 근육은 입가가 양옆으로 길게 늘어나게 한다.
이 세 가지 근육 움직임은 의지대로 쉽게 만들어낼 수 있으며, 세 가지 표정 모두 분명한 의미를 표현한다. 내가 즐겨 사용하는 표정은 맨 오른쪽 표정인데, 에크만의 견해에 따르면 '언급의 표정'이다. 이 표정은 다른 누군가가 원치 않는 상태에 놓여 있다는 개인의 판단을 나타낸다(즉, 이 표정은 다른 사람의 감정에 대해 말하고 있다)는 점에서 이런 이름이 붙여졌다. 이 표정은 다른 사람이 두려움을 느끼고 있다는 것을 인식했을 때 종종 나타나기도 한다. 그러나 세 가지 근육 움직임 모두 의지대로 쉽게 만들어낼 수 있기 때문에 감정과 연관이 있는 중요한 근육 움직임이라고는 볼 수 없다.

사진 6 | 감정을 표현하는 특수한 근육 움직임

왼쪽의 근육 움직임은 화난 상태를 나타내며, 오른쪽의 근육 움직임은 두려움과 불안을 나타낸다. 오른쪽의 경우 전두근과 주름근이 움직여 눈썹을 안쪽으로 모아 위로 추켜올리는 표정을 만들어낸다.

마음대로 움직이지 못한다. 허풍쟁이를 시험해보고 싶을 때 또는 지나친 진지함을 떨쳐버리고 싶을 때, 위에 나온 근육 움직임을 만들 수 있는지 한번 시도해보라. 아니면 다른 사람을 상대로 어느 불쌍한 영혼이 이런 근육 움직임을 만들 수 있는지 시험해보라.

나는 여름캠프에 참가한 수십 명의 어린이, 강의실에 모인 수백 명의 대학생, 세미나에 참석한 수십 명의 중역, 너그럽게 받아주는 내 친구들, 심지어는 내 두 딸에게까지 이런 근육 움직임을 만들 수 있는지 해보라고 부탁했다. 수많은 실패와 일그러진 얼굴을 보았고, 불신에 찬 거절이나 더러는 얼굴 붉힘도 있었지만 결국 아무도 이 근육 움직임을 만들지 못했다. 에크만의 추론에 따르면 이 근육이야말로 감정을 정확하게 읽어낼 수 있는 믿을 만한 척도이다. 얼굴에 스쳐가는 이런 순간적인 움직임이 화, 두려움, 욕망, 사랑, 그리고 함축적으로는 사회적 진정성과 같은 특정 감정을 나타내는 신뢰할 만한 표시이다.

동정심이라는 감정을 생각해보자. 동정심은 애덤 스미스, 데이비드 흄David Hume, 찰스 다윈이 오래전에 추론했듯이 사회계약의 안정성을 확보하는 데 중심 역할을 하는 감정이다. 사회이론가들은 동정심이 개인의 자기이익을 뒷전으로 밀쳐놓고 자기를 희생하면서까지 다른 사람의 행복을 증진시키는 행동으로 나아간다는 이유에서 한때 동정심에 대해 많은 연구를 했다. 여기서 한 가지 의문이 든다. 진심 어린 동정심 또는 다른 사람의 행복을 위한 진정한 헌신을 선동가나 사이코패스, 장사치의 거짓 약속과 어떻게 구별할 수 있을까?

로버트 프랭크Robert Frank는 다른 사람의 동정심이나 협동 약속의 진정성을 두 가지 간단한 얼굴 근육 움직임(얼굴 움직임 부호화 시스템의 용어로 표현하면 AU1+AU4)을 단서로 판단할 수 있다고 했다. 동정하는 마음이나 상호 협력하려는 진심은 무의식적인 얼굴 표정으로 나타나며 이 표정은 속임수나 꾸밈, 흉내보다 훨씬 믿을 만한 근거가 된다.

〈사진 7〉에 제시된 얼굴 표정을 비교해보라. 왼쪽에 보이는 얼굴 표정은 의식적으로 만들어내기 힘들다. 이 표정이 나오려면 안쪽 눈썹을 모아 위로 비스듬히 올리는 움직임이 있어야 한다. 몇몇 실험에서

사진 7 | 동정심을 나타내는 진짜와 가짜

동정심을 표현하는
비스듬한 눈썹

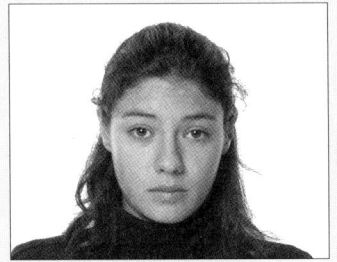

올라간 눈썹

밝혀낸 바에 따르면 보살핌의 행위와 연관된 신경계가 활성화되고 동정심이 생길 때 비로소 이 표정이 나온다고 한다. 오른쪽 얼굴 표정은 비록 형태상으로는 동정심의 표정과 매우 유사하지만 앞서 말한 두 가지 믿을 만한 무의식적 얼굴 근육 움직임이 보이지 않는다. 이는 얼굴 표정을 짓는 사람이 다른 사람의 행복에 관심을 갖고 있다는 믿을 만한 표시가 아니다(사실 눈썹을 올리는 움직임은 이해관계, 회의, 약함을 보여주거나 이야기 도중에 극적인 강조를 표현하는 등 많은 의미가 담긴 표시이다).

다윈은 우리의 감정 표현이 복잡한 사회적 행동(남을 때리거나, 달래거나, 음식을 먹거나, 포옹하거나, 도망가라고 소리치거나, 토하거나, 자기를 보호하는 행동)을 정제된 형태로 나타낸 상징이라고 주장했다. 그리고 에크만은 다윈의 주장을 한 단계 발전시켜서, 얼굴 근육이 만들어낼 수 있는 수천 가지 모습 중 몇 가지만 개인의 감정을 보여주는 믿을 만한 단서가 된다고 설명했다. 이로 미루어볼 때 몇 가지 얼굴 표정은 개인의 사회적 약속을 나타낸다. 이때 사회적 약속은 공격일 수도 있고 위로하는 마음일 수도 있으며, 때로는 사랑하는 사람끼리의 정절을 의미하기도 하고, 사회규범이나 도덕에 대한 관심을 보여주기도 한다.

개인의 입장에서 볼 때 감정은 비이성적인 것처럼 생각된다. 우리가 자제력과 평정심, 자율성과 자기이익을 추구하는 합리성을 유지하려고 최선을 다해도 어느 날 갑자기 감정 때문에 모든 노력이 수포로 돌아갈 때가 있다. 내 경우에는 강렬한 감정에 휩싸여 있을 때 금융전문가의 조언을 고려하거나, 단어 퍼즐을 풀거나, 내 행동에 따른 비용과 이익을 계산하는 등의 일을 잘 못한다.

그러나 장기적 관계에서는 자기이익에 대한 실리적 비용편익분석 cost benefit analysis을 고려하지 말아야 한다. 감정이 있기에 우리는 다른 사람의 행복이나 존경, 옳고 정당한 관계 유지를 위해 값비싼 헌신을 한다. 감정은 우리가 깊은 관심을 갖고 있다는 의사표시이며, 이러한 의사표시가 없다면 장기적 관계는 시들시들하다가 사라질 것이다. 마사 누스바움Martha Nussbaum은 《사고의 대변동Upheavals of Thought》에서 감정은 관용구와 같은 것으로, 우리는 이를 이용하여 다른 사람과의 관계를 조율한다고 주장했다. 감정이 없다면 아마 우리는 아무 관계도 맺지 못하는 외로운 세상에 살았을 것이다.

우리 몸을 만들어낸 착한 설계도

윌리엄 제임스William James(미국의 심리학자이자 철학자. '의식의 흐름 Stream of Consciousness' 이라는 용어를 처음 사용하였으며 빌헬름 분트Wilhelm Wundt와 함께 근대 심리학의 창시자로 불린다_옮긴이)의 집안에는 걸출한 인물이 많았는데, 다른 가족과 마찬가지로 그도 건강염려증 환자였다. 1884년에 제임스가 감정에 대한 급진적인 명제를 발표하게 된 것도 어쩌면 신체에 대한 과민반응 때문이었을지 모른다.

그의 명제는 감정에 대한 오래된 직관을 뒤집어놓았다. 엄밀히 말하면 감정에서 두뇌가 담당하는 역할을 뒤집어놓았다고 해야 할 것이다. 대다수는 우리가 감정을 불러일으키는 사건을 인지하면 감정 경험이 형성되며, 그런 다음 이 감정 경험이 신경계를 거쳐 사건에 대한 신체 반응을 낳는다고 주장했다. 예를 들어 서류 가방에 화장실 휴지가 묻은 채로 중요한 회의에 참가했다는 사실을 깨달았을 때 우리는 당혹감을 느낀다. 그리고 뺨과 목, 이마에 피가 몰려 얼굴이 벌겋게 상기되는 생리반응을 경험한다.

하지만 제임스의 명제는 감정 경험과 신체 반응의 순서를 뒤바꿔놓았다. 제임스는 다음과 같이 주장했다.

내가 제시하는 명제의 내용은 다음과 같다. 흥분을 일으키는 사실을 인지하고 난 뒤 바로 신체 변화가 일어나며, 이때 일어나는 특정 신체 변화에 대한 우리의 느낌이 바로 감정이다.

다윈의 경우에는 우리가 지닌 감정 목록이 마흔세 가지 얼굴 근육 속에 들어 있던 반면, 제임스의 경우에는 우리 신체기관에 감정 지도의 지형이 새겨져 있다고 할 수 있다. 정치적 분노든 영적 환희든 아니면 아이들이 노는 소리를 들을 때 느끼는 행복감이든 모든 주관적 상태는 저마다 독특한 '신체적 반향bodily reverberation' 속에 기록되어 있는 것이다.

실험 자료가 없었던 제임스는 사고실험에 의존했다. 그중 그의 주장을 가장 잘 보여주는 실험 내용은 다음과 같다. 심장 고동, 몸의 떨림, 근육 긴장, 몸이 따뜻해지거나 차가워지는 느낌, 손바닥에 땀이 나는 증상, 위장이 뒤틀리는 느낌 등 생리적 감각을 없애버리면 두려움이나 사랑, 당혹감 등 많은 감정 중 무엇이 남게 될까? 제임스는 감정 경험은 신체 반응을 거쳐 형성되기 때문에 생리적 감각이 없다면 인간은 (감정이 없는) 순수하게 지적인 상태에 놓일 것이라고 주장했다.

제임스의 분석과 가장 밀접한 연관이 있는 신체 조직은 바로 자율신경계ANS, autonomic nervous system이다. 자율신경계의 기본적인 기능은 끊임없이 변하는 외부 환경에 신체가 적응반응을 할 수 있게 신체 내부조건을 유지하는 데 있다. 말하자면 집 안의 오래된 난로라고 할 수 있다. 자율신경계는 에너지를 만들고 이를 신체 곳곳에 배분하여, 소화, 성관계, 투쟁·도주 반응, 단순한 공간 이동 등 우리의 가장 기본적인 신체 활동을 유지할 수 있게 한다. 자율신경계는 교감신경계sympathetic nervous system와 부교감신경계parasympathetic nervous system라는 두 개의 신경계로 나누어진다.

부교감신경계는 척추의 맨 위와 아래 부근에서 시작되는 신경을 포함한다. 부교감신경계는 심장박동수와 혈압을 낮추며, 몇몇 동맥을 확장시켜 혈액이 잘 흐르게 하고, 혈액량을 증가시켜 남성 생식기와 클리토리스를 발기시키며, 음식물이 잘 내려가게 한다. 또한 눈동자를 축소시키고(사랑의 느낌을 전하거나, 작은 눈동자의 표정을 지을 때), 소화샘, 침샘, 눈물샘을 자극하여 여러 가지 체액을 분비한다. 과학자들은 부교감신경계가 긴장 해소를 돕고 신체 에너지와 신체 기능을 회복시킨다고 생각한다. 또 부교감신경계 중 척추 맨 위에서 시작되는 부교감신경, 즉 미주신경vagus nerve은 보살피는 행위와 관련이 있는 것으로 여긴다.

교감신경계는 척추에서 시작되는 열두 개 이상의 신경 경로와 관련이 있으며 대체로 신체가 빠르게 움직이게 한다. 심장박동수와 혈압을 높이고, 심박출량(사람의 심장, 즉 심실에서 1분 동안 내보내는 혈액의 양_옮긴이)을 늘린다. 또한 대부분의 정맥과 동맥을 수축시키고, 소화 과정을 중단시키며, 성적 흥분의 일부를 이루는 생식기관의 수축과 관련이 있다. 또한 지방산을 혈액 속으로 흘려보내고 신체에 순간적인 에너지를 공급하며, 신체가 투쟁·도주 반응 태세에 들어가게 돕는다.

각기 다른 주관적 감정이 각기 다른 신체적 반향 속에 등록되어 있다는 제임스의 명제는 해부학적으로 볼 때 개연성이 있었다. 혐오감, 당혹감, 연민, 경외감 같은 각기 다른 감정은 심장과 폐, 동맥, 그 밖에 신체 곳곳에 퍼져 있는 여러 기관이나 샘(어떤 종류의 물질을 분비하거나 배설하는 세포 조직으로 선線이라고도 한다_옮긴이)이 각기 다른 형태로 활성화되는 과정에서 형성될 수 있다. 이 같은 제임스의 주장을 뒷받침하는 최초의 정확한 실험 자료는 100년이 지나서야 폴 에크만에 의해 우연히 발견되었다.

얼굴 움직임 부호화 시스템을 개발하기 위해 열심히 실험하던 에크만은 뭔가 이상한 점을 발견했다. 여러 가지 얼굴 근육을 움직이면서 이들 근육이 얼굴 표정, 눈썹의 위치, 코 주름, 입술 크기 등을 어떻게 변화시키는지 기록하는 동안 이 움직임들이 실제로 그의 느낌을 변화시켰던 것이다. 예를 들어 눈썹을 찌푸리면 심장박동이 빨라지고 혈압이 오르는 것 같았다. 콧등에 주름을 만들고 입을 벌리고 혀를 내밀면 심장박동이 느려지고 위장이 뒤틀리는 느낌이 들었다. 에크만은 놀라운 가능성을 깨닫게 되었다. 감정과 관련 있는 얼굴 근육이 움직이면 자율신경계가 활성화될 수 있다는 사실이었다.

그 후 에크만과 그의 동료 로버트 레빈슨Robert Levenson, 월리스 프리슨의 다소 낯설고 논란을 불러일으킬 연구가 이어졌다. 감정에 대한 제임스의 명제를 최초로 실험에 옮긴 것이다. 이 실험에 사용된 방법은 이후 지시에 따른 얼굴 동작DFA, directed facial action 과제로 알려졌는데, 실험참가자는 근육별 지시사항을 따라 하면서 에크만이 뉴기니에서 연구했던 여섯 가지 감정 표정을 얼굴로 표현한다. 예를 들면 특정 표정을 짓기 위해 다음과 같은 지시사항이 주어진다.

1. 코에 주름을 만든다.
2. 윗입술을 올린다.
3. 입을 벌리고 혀를 내민다.

참가자가 정확한 표정을 짓게 지도하기 위해서는 다소 별난 지시를 내려야 했다. "아니에요. 콧구멍을 벌리지 말고 코에 주름을 만들어요." "눈썹을 안쪽으로 모아 위로 올릴 때 눈을 씰룩거리지 마세요."

"입술을 옆으로 당길 때 이를 악물지 마세요." 참가자가 얼굴 근육을 움직여서 특정 감정 표현과 일치하는 표정을 지으면 10초간 이를 유지한다. 이 짧은 시간 동안 레빈슨은 그 얼굴 표정과 연관이 있는 자율신경계의 몇 가지 수치를 기록하는데, 나중에 이 수치는 알맞은 통제 조건과 비교된다.

일반적으로 알려진 바에 따르면 자율신경계는 너무 느리고 산만해서 감정 특유의 활성화 양상을 만들어내지 못한다고 여겨졌다. 사실 샤흐터와 싱어가 참가자에게 에피네프린 주사를 놓은 뒤 배우를 이용하여 화난 상황과 기분 좋은 상황을 연출하여 연구한 것 역시 자율신경계를 이같이 이해했기 때문이다. 그러나 지시에 따른 얼굴 동작 연구 결과는 이런 생각을 뒤집어놓았다. 작가로 이름을 떨친 형 헨리 제임스의 그늘에 가린 채 다소 수줍은 학자로 살았던 윌리엄 제임스가 이 연구 결과를 알았다면 논란을 불러일으킨 자신의 명제가 확인된 데 대해 상기된 얼굴 표정을 지었을 것이다.

연구 결과에 따르면 두려움, 화, 슬픔의 얼굴 표정을 짓는 동안에는 심장박동수가 한층 높아졌지만 혐오감을 나타내는 얼굴 표정을 짓는 동안에는 그렇지 않았다. 후자의 현상은 심장박동을 느리게 만드는 부교감신경계가 소화 과정에 관여했을 때에만 설명될 수 있다. 또한 두려울 때보다 화가 났을 때 손가락 체온이 올라간 점은 한층 더 미묘한 현상이라고 할 수 있으며, 우리가 화를 뜨거움에 비유하고('열 받는다') 두려움을 차가움에 비유하는 표현 방식('차가운 발')이 신체 감각에서 비롯되었다는 걸 의미한다. 화난 동안에는 혈액이 손 쪽으로 원활하게 흘러가며(아마도 자신을 화나게 한 상대의 목을 비트는 데 힘을 보태려는 목적인지도 모른다) 그 결과 손가락과 발가락의 체온이 올라간다. 두려움을 느끼는 동안에는 팔다리의 정맥이 수축되어 많은 혈액공급량이 가슴 부근에 머물러 있는데 이는 도주와 관련된 동작을 도우려는 것이다.

엄밀하게 따지면 이런 차이는 제임스가 사고실험을 하면서 머릿속으로 그린 감정 특유의 생리 표시와 동일한 것은 아니다. 실제로 많은 비판세력이 이 점을 지적하기도 했다. 하지만 이 연구 결과는 분명 한 걸음 나아간 것이었다.

그 후 레빈슨과 에크만은 생리학 설비들을 챙겨서 인도네시아 수마트라 서부로 향했고 그곳에 거주하는 미낭카바우Minangkabau족을 대상으로 유사한 실험을 실시했다. 미낭카바우족은 모계사회를 이루고 사는 회교도 민족이었다. 혐오와 두려움과 화 사이의 생리적 차이(혐오감은 심장박동이 느려지는 것과 관계가 있다), 두려움과 화의 생리적 차이(두려울 때보다 화났을 때 손가락 체온이 더 높다)가 다시 한 번 관찰되었다. 이 실험 결과는 얼굴 표정과 자율신경계 생리현상의 관계가 보편적이며, 설령 그 정도는 아니더라도 근본적으로 다른 문화에서도 이런 관계를 볼 수 있다는 사실을 의미했다.

또한 다른 연구에서 65세 이상의 사람은 지시에 따른 얼굴 동작 과제를 수행하는 동안 자율신경계 반응이 상대적으로 약하게 나타났다. 이는 나이가 들면 다른 감정 상태로 옮겨가는 일이나 특정 감정 상태에서 빠져나오는 일이 한결 수월해진다는 것을 의미했다.

특이한 내용을 담은 제임스의 명제는 다른 자율신경계 연구, 예를 들면 얼굴을 붉게 물들이는 홍조, 눈물, 등줄기를 타고 흐르는 소름, 가슴이 부푸는 느낌에 대한 다양한 연구를 촉발시켰다. 이런 연구들은 우리 감정이 몸속 신체기관의 현상으로 나타나며 심지어는 연민이나 경외감 같은 숭고한 감정 역시 마찬가지라는 점을 밝혀냈다. 그리고 이 같은 문제의식이 윤리적 감정, 즉 당혹감이나 연민 같은 감정으로 향하면서 한층 급진적인 내용으로 나아가기 시작했다. 바로 선善의 능력이 우리 몸 안에 내장되어 있다는 주장이었다.

감정, 도덕적 삶의 길잡이

상대방이 지닌 도덕 직관이 중요한 의미를 갖는다면 그에게 아래 적힌 내용을 큰 소리로 읽어줘라. 글을 읽어주는 대상이 식탁에 함께 앉아 있는 가족이 될 수도 있고 캠프파이어 주변에 비스듬히 누워 휴식을 취하는 오랜 친구일 수도 있다. 또는 회의 탁자에 둘러앉은 동료를 상대로 뜬금없이 읽어줄 수도 있을 것이다. 아래 글을 다 읽어준 다음 이야기 속 주인공이 처벌을 받아야 하는지 아닌지 상대의 생각을 물어보라.

한 남자가 매주 슈퍼마켓에 간다. 그는 갈 때마다 매번 포장된 닭고기를 구입한다. 그는 닭고기를 집으로 가져와 커튼을 친 뒤 이 닭 시체와 성관계를 갖는다. 그런 다음 닭고기를 요리하여 혼자서 먹는다.

여러분은 어떻게 생각하는가? 그를 감옥에 가둬야 할까? 소년야구단의 코치를 맡지 못하게 막아야 할까? 아니면 그의 집 뒷마당에 바비큐 연기가 피어오르자마자 그의 손목에 수갑을 채워야 할까? 아니면 이 심란하고 괴벽스러운 사생활을 그냥 무시해야 할까?

내가 이 이야기를 학생들에게 들려준 뒤 처벌 여부에 대해 그들의 의견을 구했을 때 학생들은 맨 먼저 혐오감부터 보였다. 그들은 의자에 앉은 채 반사적으로 몸을 움찔했고, 얼굴에는 다윈과 제임스가 말한 도덕적 혐오감이 완연한 모습을 드러내면서 윗입술은 올라가고 콧구멍은 커졌다. 또한 배 속에서는 위장이 뒤틀리고 심장박동이 느려지는 걸 느꼈다. 그런 다음 서구문화에서 살아가는 훌륭한 학생들답게 개인의 권리와 자유, 사생활 보호에 대한 시민적 교훈을 떠올렸다. 그리고 결국에 가서는 배 속의 불쾌한 느낌에도 이 사람이 처벌받지 말아야 한다고 결정했다. 개인이 자기 집 커튼을 내렸고, 요리책을 쓰거나 이웃 친구에게 함께 닭고기를 먹자고 하지 않는 한 자신의 사생활 공간에서 그런 요리(또는 성관계)를 할 권리가 있다는 주장이었다.

이와 같은 사고실험에서 사람들이 보이는 반응을 근거로 조너선 하이트Jonathan Haidt는 도덕 본능을 우선순위에 놓는 도덕 판단에 대한 새로운 견해를 내놓았다. 하이트는 옳고 그름, 미덕, 위해, 공정함에 대한 우리의 도덕 판단이 두 가지 과정의 산물이라고 주장했다. 첫 번째 과정(이는 지난 2,000여 년 동안 도덕 판단에 대해 이론을 정립시킨 사람들의 사고를 지배해왔다)은 매우 직관적인 것으로 느껴질 수 있지만 실제로는 복잡하고 심오한 추론 과정이다.

우리는 어떤 행동이 옳고 그른지 판단할 때 여러 가지 복잡한 추론 과정을 거치며 사회 전체에 미치는 영향, 비용편익분석, 동기와 의도, 권리와 자유와 의무에 대한 추상적 원리 등을 고려한다. 심리학에서는 이제껏 도덕 판단을 평가하는 과정에서 이와 같은 고차원적인 추론 과정에 특전을 베풀었다. 이를 가장 전형적으로 보여주는 사례가 바로 하버드대 심리학자 로렌스 콜버그Lawrence Kohlberg의 유명한 도덕발달이론theory of moral development이다.

콜버그는 자신의 논문 서두에 분명한 입장을 밝히면서, 최고 수준의 도덕 판단에는 권리와 평등과 위해에 관한 추상적 고려가 따라야 한다고 주장했다. 그의 연구에 따르면 그가 전 세계에서 연구 대상으로 삼았던 개인 중 겨우 2~3퍼센트의 사람만이 이러한 발달단계에 도달했다(이들은 대체로 교육수준이 높고 사회 상위계층에 속하는 남자들로, 콜버 그 자신과 같은 사람들이었다!).

두 번째 과정은 도덕 판단 가운데 좀 더 민주적 요소이며 심리과학에서는 거의 무시되어온 '본능'이다. 여러 감정을 통해 공평성, 위해, 미덕, 친절, 순수에 대한 즉각적인 직관이 전달된다. 닭과 성관계를 가진 남자 이야기를 듣고 여러분이 처음 반응을 보였을 때 이 반응 속에는 이종 간의 불결한 성행위 모습을 보고 생기는 감정, 즉 반감과 혐오감이 들어 있다.

내 첫 스승인 피비 엘즈워스Phoebe Ellsworth와 나는 한 연구에서 여러 사람을 상대로, 마치 에크만과 그의 동료들이 지시에 따른 얼굴 동작 과제에서 했던 것처럼, 얼굴 근육을 움직여 화난 표정이나 슬픈 표정을 짓게 했다. 그런 다음 참가자들이 제각기 표정을 유지하는 동안 그들이 장차 연애나 일, 재정 상태에서 겪게 될 문제의 책임 소재가 어디에 있는지, 다시 말해 문제의 원인이 다른 사람인지 아니면 사람과 관련이 없는 상황적 요인인지 신속히 판단하게 했다. 화난 표정을 지은 상태에서 책임 소재를 판단한 참가자들은 다른 사람으로 인해 부당한 일이 생겼다고 했다. 반면 슬픈 표정을 지은 상태에서 똑같은 판단을 했던 참가자들은 동일한 문제에 대해 책임 소재를 판단하면서도 사람과 관련이 없는 상황적 요인이나 운명 탓으로 돌렸다. 참가자들은 몸속과 얼굴 근육에서 생기는 느낌에 이끌려 책임 소재에 대한 도덕 판단을 내린 것이다.

하이트는 수천 세대에 걸쳐 인간의 사회적 진화가 이루어지는 동안 도덕 직관이 날카롭게 발달되어 연민, 감사, 당혹감, 경외감 등과 같이 몸으로 나타나는 감정 형태를 띠게 되었다고 판단했다. 감정은 도덕의 강력한 길잡이인 것이다. 감정은 우리 안에 큰 변화를 일으키며,

우리로 하여금 도덕사회의 토대, 예를 들어 공정함에 대한 관심, 의무, 미덕, 친절, 상호성을 보호하게 해주었다. 옳고 그름에 대한 관심이나 선행 능력이 우리 몸속에 내장되어 있었던 것이다.

이 내용에 확신이 들지 않는다면 조슈아 그린Joshua Greene과 그의 동료들이 한 신경영상 연구를 살펴보자. 이 연구는 도덕 판단의 감정적 요소와 이성적 추론 요소가 뇌의 각기 다른 영역을 활성화시키는 모습을 보여준다. 실험참가자는 각기 다른 도덕적 딜레마 또는 도덕과 관련 없는 딜레마 상황에서 특정 행위를 놓고 그것이 적절한 행위인지 아닌지 판단했다. 몇몇 도덕적 딜레마의 경우는 사람과 관련이 없어서 상대적으로 감정적 요소가 적었다.

예를 들어 '전차 딜레마' 상황에서 참가자들은 전차가 다섯 명의 사람을 향해 질주하고 있다고 상상한다. 만일 이대로 놔둘 경우 다섯 명은 죽을 것이다. 이들을 구하는 유일한 방법은 스위치를 눌러 전차가 다른 궤도로 벗어나게 하는 것인데, 전차가 다른 궤도로 갈 경우 다섯 명이 아닌 한 명이 죽게 된다. 이 상황에서 스위치를 눌러 다섯 명의 목숨을 구하는 것이 적절한 행동인지 묻자 참가자들은 별 다른 주저함 없이 그렇다고 대답했다.

감정을 불러일으키는 가상 상황으로 '인도교 딜레마'를 살펴보자. 역시 이번에도 질주하는 전차가 다섯 명의 목숨을 위협하고 있다. 그러나 이번에는 참가자가 전차 궤도를 가로지르는 인도교 위에 아주 뚱뚱한 낯선 사람과 나란히 서 있다고 상상한다. 참가자가 이 뚱뚱한 낯선 사람을 손으로 떠밀어 아래 전차길 위로 떨어뜨릴 경우 낯선 사람은 죽지만 그 결과 전차가 다른 궤도로 벗어남으로써 다섯 명의 목숨을 살릴 수 있다(참가자 자신의 몸무게로는 전차를 다른 궤도로 벗어나게 할 수 없다는 점도 함께 설명한다). 그렇다면 낯선 사람을 인도교 밑으로

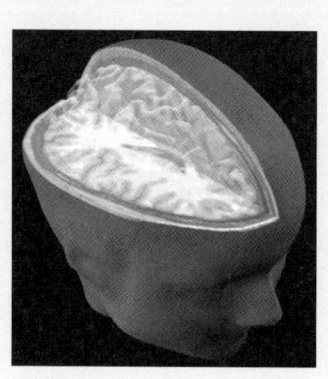

사진 8 | **도덕 판단과 뇌 영역**

그린의 연구에서 많은 감정을 불러일으키는 도덕적 딜레마 상황, 예를 들어 인도교 딜레마의 경우에는 뇌의 뒤쪽에 있는 두 정중선 영역, 즉 후측대상피질과 상측두고랑이 활성화되었다. 반면 사람과 관련이 적은 도덕적 딜레마일수록 뇌의 등쪽 전두 영역(앞의 오른쪽)이 활성화되었다.

밀어 떨어뜨리는 것은 적절한 행동일까?

실험참가자들이 이와 같은 종류의 몇 가지 딜레마에 대답하는 동안 기능성 자기공명영상으로 두뇌의 어느 영역이 활성화되는지 확인했다(〈사진 8〉 참조). 사람이 관련된 도덕적 딜레마 상황에서는 이전 연구들이 감정에 관여하는 것으로 밝혀낸 뇌 영역이 활성화되었다. 반면에 사람이 관련되지 않은 도덕적 딜레마나 도덕이 관련되지 않은 딜레마에서는 기억 활동과 연관이 있는 뇌 영역이 활성화되었으며, 이 뇌 영역은 깊은 사고가 필요한 추론에 깊이 관여한다.

아우슈비츠 가스실을 방문한 달라이 라마Dalai Lama는 망연자실한 채 인간이 저지른 끔찍한 잔혹상을 되새기면서 다음과 같이 말했다.

> 아우슈비츠에서 벌어진 것과 같은 사건들은 개인, 나아가 개인이 모여 이룬 사회가 인간의 기본적인 감정과 멀어진 채 그 느낌을 상실했을 때 어떤 일이 벌어지는지 아주 잔인하게 보여주는 사례다.

기본적인 도덕 감정을 삶의 지침으로 삼는지 아닌지에 따라 인간 문화의 방향이 협력 또는 대량학살로 갈릴 수 있다는 게 달라이 라마의 주장이다. 달라이 라마의 말이 실린 책에는 공자의 말도 인용되어 있었다.

자기 자신의 감정을 지침으로 삼을 수 있는 능력, 이것이야말로 인으로 가는 길에 놓여 있는 사항이다.

마사 누스바움 역시 현대 도덕철학의 방향성에 대해 강하게 반발하면서 감정의 한가운데에는 공평성, 위해, 권리, 순수, 상호성에 대한 가치판단이 포함되어 있다고 비슷한 의견을 주장했다. 여기에 언급된 다섯 가지야말로 도덕적·윤리적 삶에서 핵심이 되는 개념이다. 감정은 도덕적 추론의 길잡이이며, 빠르게 얼굴을 스치는 사회적 만남에서 우리를 윤리적으로 행동하게 이끌어주는 길잡이이다. 의미 있는 삶을 이루어가는 과정에서 이성과 강렬한 감정은 상호 협력자이다.

더 이상 적이 아니다

우리는 사회생활에서 감정이 차지하는 위치를 알아보기 위해 종종 사고실험에 의존한다. 자연 상태의 사고실험에서는 문화나 문명 이전, 총·균·쇠 이전의 인간은 과연 어떠했는지 알기 위해 우리 자신의 직관 깊숙한 곳까지 파고들어간다. 또한 도덕철학자 존 롤스John Rawls가 말한 '무지의 베일veil of ignorance' 같은 철학 훈련이나 명상에서 사용하는 것과 같은 이상적인 마음 상태의 사고실험에서는, 정신이 우리 자신의 욕망이나 우리가 맺고 있는 사회관계망의 영향을 받지 않는 상태에서 이상적으로 활동하고 있다고 상상하게 한다.

감정은 사고실험에서 그리 좋은 대접을 받지 못했다. 철학자들은 감정을 사회생활에서 철저하게 배제해야 한다고 일관되게 주장해왔다. 감정에 대한 적대적인 사고방식은 기원전 3세기 에피쿠로스 학파와 스토아 학파가 가장 명확하게 표현했다. 그 후 성 아우구스티누스와 사도 바울, 청교도를 거쳐 윤리적 삶을 주장하는 수많은 현대의 주장(예를 들면 아인 랜드)으로 이어졌다. 미국의 영향력 있는 심리학자 벌허스 F. 스키너Burhus. F. Skinner의 말에서도 이런 생각을 엿볼 수 있다.

> 감정이 쓸모없으며 우리의 평화로운 삶에 좋지 않다는 것을 우리 모두 알고 있다.

이 간단한 철학사가 다소 난해하게 느껴진다면 우리가 영어 표현에서 다른 사람에 대한 우리의 감정을 설명할 때 일상적으로 사용하는 비유를 살펴보자(〈표 7〉 참조). 언어학자 졸탄 커베체쉬Zoltán Kövecses와 조지 레이코프George Lakoff가 밝힌 바에 따르면, 우리는 감정을 (자기편으로 보지 않고) 적수라고 생각한다. 감정은 질병이다(건강의 원천

표 7 | **감정 표현에 사용되는 비유**

감정 = 적수	나는 슬픔에 맞서 싸운다. 열정이 나를 압도했다. 나는 웃음을 참을 수 없었다.
감정 = 질병	나는 사랑 때문에 아프다.
감정 = 광기	그는 분노로 제정신이 아니었다.

이 아니다). 감정은 광기의 형태다(이해력이 발휘되는 순간이 아니다). 우리는 사랑, 슬픔, 화, 죄의식, 수치심에 맞서 싸우며 이런 감정 때문에 아프고, 이런 감정 때문에 제정신을 잃고 미친다. 심지어 겉으로는 이익이 되는 것처럼 보이는 즐거움 역시 마찬가지다. 우리는 이 적수가 서구의 합리적인 정신을 가둬놓았다고 생각해왔다. 화, 사랑, 또는 감사를 친구라고 하면 어떨지, 건강의 한 형태로 또는 통찰력이나 명료함의 일종이라고 하면 어떨지 상상해보라. 특히 감정을 이성의 좀 더 숭고한 형태들과 나란히 놓고 비교할 때, 우리는 감정을 저급한 것으로, 세련되지 못한 것으로, 세상에 대한 원시적인 인식 방법으로 여긴다.

폴 에크만이 발표한 포레이족에 대한 연구 결과는 오래전부터 이어진 인간의 본성에 대한 가정을 근본적으로 재검토할 것을 요구했다. 그리고 정서과학은 감정이 우리의 얼굴 해부구조와 발성법, 자율신경계 반응과 두뇌 속에 어떻게 내장되어 있는지 비밀을 밝히기 시작했다.

이제 우리는 친구, 애인, 형제자매, 자식과 사회적 관계를 맺는 약속에서 감정이 그것을 뒷받침하는 힘이 된다는 것을 알게 되었다. 비록 질서 정연한 이성의 지배를 받지는 않지만 그럼에도 감정은 이성적이며, 그 자체로 원칙에 입각한 판단이다. 감정은 윤리적 삶을 뒤흔들지 않으며 우리를 도덕적 행동으로 이끄는 길잡이이고, 무엇이 중요한지 우리에게 일깨워준다. 연민, 당혹감, 감사, 경외감 같은 감정은 인의 비율을 높이며 우리를 의미 있는 삶으로 이끄는 실체이다.

다윈이 《인간과 동물의 감정 표현에 대하여》를 쓰기 위해 연구에 몰두하고 에크만이 뉴기니 섬까지 날아간 것은 감정의 기원에 대한 깊이 있는 통찰을 얻으려는 것이었다. 이제 이 같은 통찰은 인간 진화의 본질에 대한 새로운 통찰을 통해 얻게 될 것이다. 다음 장의 주제가 될 진화의 새로운 연구문헌은 우리보다 앞서 살았던 인류 조상들이 연민이나 당혹감, 경외감 같은 감정의 안내를 받으면서 생존과 번식, 그리고 자식이 생존 능력을 갖출 때까지 기르는 일을 얼마나 멋지게 해냈는지 보여줄 것이다. 진화는 인의 비율이 높은 사람에게 미소를 보냈던 게 아닐까 생각된다.

Chapter 04

가장 친절한 자가 생존한다

Survival of the Kindest

진화적 적응환경의 사회적 측면을 이해한다면 당혹감으로 얼굴이 붉어지는 현상이 어디서 생기는지, 왜 우리는 낯선 사람의 팔을 잠시 만지는 것으로 감사의 마음이나 연민 같은 친사회적 감정을 주고받을 수 있는지, 헌신적인 사랑이 혈액 속에 흐르는 특정 신경펩티드의 흐름으로 나타나는 것은 왜인지를 이해하는 데 필요한 탄탄한 토대를 마련할 수 있을 것이다.

Survival of the Kindest

1943년 11월, 미국 육군 중령 S. L. A. '슬램' 마샬 'Slam' Marshall은 일본군과 싸우기 위해 부대를 이끌고 태평양에 위치한 마킨 섬 해안가에 도착했다. 이후 나흘에 걸쳐 피비린내 나는 전투가 벌어졌고 미군은 드디어 섬을 점령했다. 마킨 섬에 평온이 이어지자 마샬 중령에게 한 가지 요청이 들어왔다. 병사들을 인터뷰하여 나흘간의 전투 상황을 세부적으로 명확하게 기록해 달라는 내용이었다. 요청에 따라 마샬은 제2차 세계대전 동안 유럽과 태평양에서 전투에 참가한 병사 수백 명을 대상으로 인터뷰를 진행했다. 더러는 교전 직후에 인터뷰가 이루어지기도 했다. 1947년 마샬은 이 인터뷰 결과를 정리하여 《총기 발사를 거부하는 사람들: 전쟁지휘의 문제 Men Against Fire: The Problem of Battle Command》를 출간했다.

마샬의 인터뷰를 통해 놀라운 사실이 밝혀졌다. 제2차 세계대전에 참전한 소총병 중 겨우 15퍼센트만이 전투 중 적을 향해 총을 발사했다는 사실이다. 병사 중에는 상관이 옆에 서서 고래고래 큰 소리로 명령을 내리고 총알이 귀 옆으로 스치고 지나가는데도 적을 향해 총을 쏘지 않겠다고 버틴 경우도 있었다.

이런 의미심장한 사실이 밝혀진 뒤 군대는 병사의 살상 훈련 방법을 근본적으로 바꾸었다. 보병 훈련에서는 사격이 사람을 죽이는 것이라는 개념을 심어주지 않았다. 사격 훈련 때 사람이 아닌 목표, 예를 들어 나무나 언덕, 자동차, 헛간, 오두막 같은 곳을 겨누어 총을 쏘게 했다. 그 효과는 탁월했다. 군대의 자체 평가에 따르면 베트남 전쟁에서 병사 중 90퍼센트가 적을 향해 총을 발사했다고 한다.

도덕 능력을 바라보는 세 가지 시선

찰스 다윈과 그의 절친한 학문적 동료 토머스 헨리 헉슬리Thomas Henry Huxley, 앨프리드 러셀 월리스Alfred Russel Wallace가 만일 마샬이 밝혀낸 사실(전쟁이 한창 벌어지는 뜨거운 열기 속에서 자신의 안전이 위협받는데도 많은 병사가 총격을 거부한 사실)에 대해 찰리 로즈Charlie Rose(미국의 텔레비전 프로그램 사회자이자 언론인_옮긴이)와 함께 토론하거나, C 스팬C-SPAN(미국 의회 회의 중계 및 공공 프로그램을 방송하는 비영리 위성 텔레비전 망_옮긴이)에 출연하여 논의했다면 이들은 아마 서로 다른 결론에 도달했을 것이다.

자연선택을 통한 진화론을 공동 발견한 앨프리드 러셀 월리스라면, 다른 사람의 행복을 염려하는 이 같은 마음이야말로 신이 인간의 호의적인 성향을 어떻게 만들었는지 보여주는 명백한 증거라고 받아들였을 것이다. 그는 인간의 신체는 자연선택을 통해 만들어지지만 우리의 정신 능력, 그중에서도 특히 선을 추구하는 능력은 '성령이라는 보이지 않는 우주'가 창조한다고 주장했다. 따라서 월리스라면 일종의 영적인 힘이 적을 향해 방아쇠를 당기지 않게 막아주었다고 믿었을 것이다.

영국의 유명한 학자 집안 출신인 토머스 헨리 헉슬리는 초기부터 진화론을 열렬히 지지한 진화론의 대변자였다. 옥스퍼드와 케임브리지 대학 학자들은 헉슬리에게 다윈의 불독이라는 별명을 붙이기도 했다. 마샬이 알아낸 사실을 헉슬리가 접했다면, 문화의 힘이 그런 행동을 만든 것이라고 규정했을 것이다. 헉슬리는 인간의 본성이 폭력적이고 이기적인 생존 투쟁 속에서 진화를 거쳐 만들어졌으며, 공격적이고 경쟁적이라고 봤다. 그에게 다른 사람의 행복을 증진시키는 이타적 행동, 예를 들어 적군에게 총을 쏘지 않는 행동, 공공생활에서 일상적으로 보이는 예의 바른 행동, 낯선 사람에게 베푸는 친절 등은 분명 교육과 훈련을 통해 길러진 것이며, 이는 진화를 통해 인간 본성의 핵심으로 자리 잡은 본능을 거스르게 문화의 힘이 작용한 것이다.

다윈 역시 두 동료와는 다른 결론에 도달했을 것이다. 아마 할 수만 있었다면 경험적 사실을 바탕으로 한 마샬의 보석 같은 발견 내용을 인간에 대한 자신의 첫 번째 저서 《인간의 유래Descent of Man》에 집어넣었을 것이다. 이 책은 《종의 기원》이 나오고 12년 후에 출간되었는데, 이 책에서 다윈은 사회적 본능(공감, 놀이, 집단에 대한 소속감, 자식 보육, 다른 사람에게 베푸는 아량, 다른 사람의 안부를 염려하는 마음의 본능)이 인간 본성의 일부를 이룬다고 주장했다. 온화하면서도 도발적인 다윈의 문체가 잘 드러난 다음 글에 그의 주장이 나타나 있다.

> 나는 다음 주장이 매우 개연성 높다고 생각한다. 즉, 부모와 자식 간의 사랑 등 두드러진 사회적 본능을 지닌 모든 동물은 지적 능력이 인간만큼, 또는 그에 가까울 만큼 발달하면 곧 도덕의식이나 양심을 획득할 것이다.

왜냐하면 첫째, 사회적 본능은 동물이 자기 동료로 구성된 사회 속에서 기쁨을 얻고 그들과 함께 일정량의 공감을 나누며 그들을 위해 여러 가지 봉사를 하게끔 끌어당기기 때문이다. 봉사는 아마도 특성상 본능에 가까운 결정적인 본성에 속할 것이다. 그게 아니라면 대체적으로 고도의 사회성을 갖춘 동물 대다수가 지닌 동료를 돕고자 하는 바람이나 마음가짐일 것이다.

하지만 이런 감정이나 봉사가 동일종에 속하는 모든 개인에게 확대 적용되는 일은 결코 없으며, 단지 동일 집단에 속하는 개인만을 대상으로 할 뿐이다. … 언어 능력을 획득하고 사회 구성원이 소망을 표현할 수 있게 되면, 공공선을 위해 각 구성원이 행동해야 하는 방식에 대한 공통된 의견이 자연스레 최고 수준의 행동 지침으로 자리 잡게 될 것이다. 하지만 우리가 공공 의견에 아무리 많은 무게를 두더라도 동료를 인정할 것인지 말 것인지에 대한 우리의 입장은 동정심 여부에 따라 결정되며, 앞으로 보겠지만 이 동정심은 사회적 본능의 본질적 부분을 이루며 사실상 주춧돌에 해당한다.

마지막으로 개인의 습관은 궁극적으로 볼 때 각 구성원의 행동을 이끄는 데 매우 중요한 역할을 할 것이다. 동정심이 함께 작용하는 사회적 본능은 여타 본능과 마찬가지로 습관을 통해 더욱 강력한 힘을 갖게 되며 그 결과 공동체의 소망과 판단에 따르게 될 것이다.

다윈은 우리의 도덕 능력이 동정심에 뿌리를 두고 있다고 보았다. 또한 도덕 능력은 동일 집단이나 가족 연관성에 따라 적용 범위가 제한되고(100여 년 뒤 이 내용은 '혈연선택설kin selection theory'로 체계화된다), 습관과 사회적 관습을 통해 강화된다고 보았다. 훗날 다윈은 이타주의 행동을 설명하면서 한층 더 강력한 주장을 펼쳤다.

위에 나온 것과 같은 행동은 다른 여타 본능이나 동기에서 비롯되었다기보다는 사회적 본능 또는 모성본능이 더 강한 힘을 발휘한 데서 비롯된 단순한 결과로 보인다. 왜냐하면 깊은 성찰의 결과라거나, 그 순간에 느끼는 기쁨이나 고통에서 비롯된 결과로 보기에는 이 행동이 너무나 순간적으로 튀어나왔기 때문이다. 그러나 그 어떤 대의명분이 가로막더라도 고통은 느낄 수 있으며, 심지어는 불행한 심정까지도 느낄 수 있을 것이다. 다른 한편 소심한 사람의 경우에는 자기보호 본능이 매우 강해서 스스로에게 어떤 위험을 감수케끔 몰아붙이지 못하며 어쩌면 그 대상이 자기 아이인 경우라도 마찬가지일 수 있다.

다윈의 주장에 따르면 선을 추구하는 진화된 성향은 자동적으로 재빨리 나오는, 잘 연마된 다른 반사작용과 더불어 표현된다. 느닷없이 큰 소리가 들릴 때 몸을 움츠린다든가, 어린아이를 붙잡는 반사작용 같은 것이 여기에 속한다. 이러한 성향은 소심한 사람들의 자기보호 성향, 즉 불이행 태도보다 훨씬 강하다. 일찍이 다윈은 인간의 사회적 본능을 인의 비율이 높은 상태로 분명하게 규정하고 있으며, 이 상태에서는 선이 악보다 강하다.

가상의 크로마뇽인 현장답사 기록

너무나 읽고 싶지만 안타깝게도 결코 읽을 수 없는 책이 있다. 예수의 자서전이 그렇고, 코트 주머니에 무거운 돌을 쑤셔 넣은 버지니아 울프가 우즈 강물에 서서히 가라앉는 동안 그녀의 머릿속에 떠오른 마지막 생각을 의식의 흐름 기법으로 서술한 이야기가 그렇다. 몇몇 유명한 베스트셀러가 아무리 유혹의 손길을 강하게 뻗치더라도 내가 읽고 싶은 도서목록의 맨 윗자리는 아마 크로마뇽Cro-Magnon인을 연구하는 어느 인류학자가 풍부한 자금을 들고서 아프리카와 유럽, 아시아를 돌아다니며 약 3만 년에서 5만 년 전에 살았던 우리의 가장 직접적인 인류 조상의 사회생활을 묘사해놓은 현장답사 기록이 차지할 것이다.

인류 조상의 삶을 보여주는 상세한 묘사가 있다면 우리의 진화적 적응환경EEA, Environment of Evolutionary Adaptedness을 훨씬 명확하게 밝힐 수 있었을 것이다. 진화적 적응환경이란 인류종이 진화해온 사회적·물리적 환경을 추상적으로 설명해놓은 것이다. 유전적 토대를 가진 몇몇 형질(음식이 부패했다고 알려주는 고약한 냄새가 날 때 이 음식을 먹지 않는다든가, 여성이 배란기에 들어섰을 때 매력을 풍기거나 성적 적극성을 보이는 특성)은 생존과 번식 경쟁에서 커다란 성공을 가져다주었고 인간 유전자 속에 암호화되었다. 그런가 하면 잠재적 배우자로부터 냉대받는 일이 점점 많아져 마침내 진화의 폐품 더미 속으로 재빨리 사라져간 형질도 있다.

만일 크로마뇽인 현장답사 기록이 있었다면 다윈이 우리의 도덕 능력을 진화론으로 분석할 때 그 내용을 더 풍부하게 채워주었을 것이다. 초기인류 조상의 사회생활과 관련해서 명확한 설명이 있었다면 유전자가 다음 세대까지 이어질 가능성을 줄이는 반복적인 사회적 상황(남자들 간에 공격성이 더욱 가열되는 데 따른 위험, 부정 또는 전략상의 간통이 횡행하는 현상, 아버지가 함께 하지 않을 경우 자식이 생존할 가능성이 줄어드는 것)에 대해 알려주었을 것이다. 아울러 유전자 복제 가능성을 늘리는 사회 성향(음식을 나누어 먹거나 자식을 보살피는 것, 여자나 남자가 사회 위계구조의 상층으로 올라가면 자원 및 배우자에 대해 우선적으로 접근하게 하는 사회 전략)에 대해서도 알 수 있었을 것이다.

진화적 적응환경의 사회적 측면을 이해한다면 당혹감으로 얼굴이 붉어지는 현상이 어디서 생기는지, 왜 우리는 낯선 사람의 팔을 잠시 만지는 것으로 감사의 마음이나 연민 같은 친사회적 감정을 주고받을 수 있는지, 헌신적인 사랑이 혈액 속에 흐르는 특정 신경펩티드(단백질처럼 생긴 작은 분자로, 신경이 정보를 주고받을 때 이 물질을 이용한다. 특정 방식으로 뇌 활동에 영향을 미치며 통각 상실, 보상, 음식 섭취, 학습 및 기억 같은 뇌 기능에 관여한다_옮긴이)의 흐름으로 나타나는 것은 왜인지를 이해하는 데 필요한 탄탄한 토대를 마련할 수 있을 것이다.

비록 안타깝게도 크로마뇽인 현장답사 기록은 없지만, 우리는 주어진 정보보다 한발 더 나아가는 다윈의 능력과 몇 가지 증거에 의존하여 진화적 적응환경을 머릿속으로 상상할 수 있다. 또한 우리와 가장 가까운 영장류, 특히 약 700만 년에서 800만 년 전에 인류종과 같은 조상을 두었던 침팬지와 보노보 연구에 의존할 수도 있다. 이 연구에서는 사회적 존재의 유사성(보살피는 행위나 위계구조)을 통해 영장류의 기본적인 사회 성향과, 친사회적 신경계 조직에 대해 알 수 있다. 짝짓기 형태의 차이 등 차이점을 통해서는 인간 설계의 세부사항이 어디서 유래하였는지 근원을 밝히고 인간 감정생활의 새로운 차원을 밝힐 수 있을 것이다.

빈약하나마 인류 조상에 대한 고고학 기록을 참조할 수도 있다. 여기서는 오래전 불을 피웠던 장소 부근에서 발견된 동물 뼈 더미의 의미를 해석하고, 호모 사피엔스 Homo sapiens의 뼈 구조가 어떻게 변했는지 살피며, 최초로 이루어진 시각예술과 음악을 살펴보는 작업이 흥미로운 토론을 제공할 것이다. 그리고 우리는 토론을 통해 초기인류 조상에 대한 기본적인 사실을 배울 수 있다.

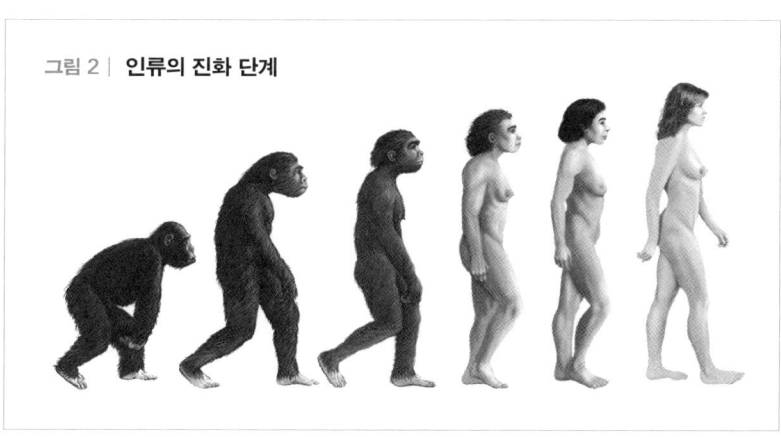

그림 2 | 인류의 진화 단계

　마지막으로 우리는 아마존, 아프리카, 뉴기니 섬의 깊숙한 오지에 위치한 현대 수렵채집 사회에 대해 상세하게 기록한 관찰 자료를 참조할 수 있다. 남아프리카 쿵산Kung San족 연구 등 수렵채집 사회의 사회생활에 대한 풍부한 묘사는 수만 년 전 우리 조상이 어떤 일상생활을 했을지 추적할 수 있는 실마리를 제공해준다.

　만일 우리에게 크로마뇽인 현장답사 기록이 있었다면 초기인류 조상이 30명에서 75명 정도의 집단을 이루어 가까이 붙어살았고, 거의 모든 시간을 함께 보냈다는 사실을 읽었을 것이다. 당시는 노동 분업도 확실했다. 여자는 남자에 비해 적게 돌아다니면서 일차 채집자로서 먹을 것을 찾아다니고, 성장기가 길어진 아이를 돌보았을 것이다. 반면에 남자는 시간 대부분을 사냥에 쏟았을 것이다. 구체적으로는 무기로 쓸 돌을 조각내고, 창을 만들고, 사냥감을 쫓고, 사냥감의 이주형태나 취약시기에 대한 정보를 나누었을 것이다. 물론 크로마뇽인 현장답사 기록은 여자와 남자의 신체 크기가 상대적으로 비슷했다는 점(오늘날 여자와 남자의 평균 신체 크기 차이는 대략 15퍼센트 정도이다. 반면 크로마뇽인보다 앞서 살았던 초기 인류종의 경우에는 남자가 여자보다 약 50퍼센트 가량 더 컸다)을 지적했을 것이며, 양성 간의 신체 크기 차이를 줄여줄 짝을 차지하려고 남자들끼리 벌인 치열한 경쟁에 대해서도 언급했을 것이다.

아마 몇몇 장에서는 초기인류 조상의 어두운 측면과 현대 인간이 지닌 불안 성향의 기원에 대해서도 설명했을 것이다. 크로마뇽인을 연구한 인류학자는 남자 간에 벌어지는 폭력의 일상성에 대해 서술할 풍부한 자료를 갖고 있었을 것이다. 호전적인 행위, 살인과 강간으로 이어졌을 다른 집단에 대한 습격과 관련한 광범위한 관찰 자료도 있었을 것이다. 아울러 전략적인 영아 살해가 일상적으로 벌어졌다는 점도 주제로 다루었을 것이다.

이와 동시에 우리의 크로마뇽인 인류학자는 몇몇 장을 할애하여 초기인류 조상의 삶에 나타난 사회적 특성에 대해 서술했을 것이며, 사회적 특성을 통해 당혹감, 연민, 사랑, 경외감 같은 감정의 기원을 밝히고 인의 능력이 어떠한 초기 형태로 나타났는지 밝혔을 것이다.

보살피거나 죽거나

보살피는 행위는 높은 수준의 영장류라는 걸 보여주는 보증수표이다. 크로마뇽인 현장답사 기록의 첫 장은 바로 보살핌 행위가 얼마나 보편적으로 이루어졌는지 서술하는 데 바쳐졌을 것이다. 프란스 드 발Frans De Waal(네덜란드의 영장류 학자이자 동물행동 학자_옮긴이)이 관찰했듯이 침팬지와 보노보는 집단 내 다른 구성원이 다치는 것을 목격하면 심한 고통을 느낀다. 그리고 선천적으로 앞을 보지 못하는 동료를 보호한다. 또한 신체장애로 몸을 잘 움직이지 못하는 동료와 상호작용할 때에는 놀이와 자원 배분, 움직이는 진로 등을 바꾼다. 이들 영장류는 우리와 마찬가지로 위해와 취약성에 적응하고 이에 알맞게 행동한다.

마찬가지로 초기인류의 진화적 적응환경에서 보이는 첫번째 특징은 보살핌이다. 다른 구성원을 보살피는 행위는 인류 조상의 사회집단 구성에 많은 변화를 요구했고, 초기인류는 그만큼 더 오랜 적응 과정을 거쳐야 했다. 인류 조상의 뼈를 연구한 결과 우리 조상은 영장류로서는 꽤나 긴 수명을 누렸으며 더러는 60세까지도 살았다는 사실이 밝혀졌다. 최초로 등장한 나이 든 영장류들은 어디에 가면 먹을 것을 구할 수 있는지, 자식을 어떻게 돌봐야 하는지, 기후가 어떤 양상으로 변하는지를 잘 알고 있던 반면에 삶을 유지하는 데 집단 내 젊은 구성원의 보살핌이 필요했다.

보살피는 행위가 보다 보편적으로, 보다 강도 높게 요구된 배경에는 초기인류의 자손이 보살핌에 의존하지 않으면 살아남을 수 없다는 특별한 사정이 깔려 있었다. 초기인류 조상은 진화를 통해 두뇌가 커졌다. 호모 에렉투스Homo erectus의 두뇌 크기는 이전 조상인 호모 하빌리스Homo habilis보다 50퍼센트나 더 커진 약 1,000cc 정도 되었다. 또한 우리 조상이 나무 위 생활에서 벗어나 아프리카 사바나를 두 발로 걸어 다니며 잡식동물로 살아가게 되면서 여자는 직립보행을 하기 위해 작은 골반을 갖게 되었다. 그 결과 초기인류는 출생 시 좁은 골반 사이를 빠져나오기 위해 완전히 자라지 못한 상태로 태어났다. 큰 두뇌를 갖고 세상에 나오지만 생존에 필요한 신체 조건과 기술은 거의 갖추지 못한 것이다. 그래서 다른 영장류 조상에 비해 훨씬 오랜 기간 의존생활을 해야 했기 때문에 초기인류의 사회조직은 근본적인 변화를 겪어야 했고 우리의 신경조직 역시 마찬가지였다.

멜빈 코너Melvin Konner는 《뒤엉킨 날개Tangled Wing》란 책에서 수

렵채집 단계의 사회생활에 대해 살펴보면서 집중적인 육아가 널리 이루어졌다고 지적했다. 아기를 보살피는 일은 일반적으로 어머니가 담당하지만 아버지, 젊은 여자 친척(이모, 자매), 여자애도 함께 참여했다. 이런 관심은 오늘날 벤저민 스폭Benjamin Spock(미국의 소아과 의사로 엄격함 대신 애정 어린 손길로 아이를 보살펴야 한다고 주장했다_옮긴이) 방식으로 훈련된 눈으로 볼 때에도 지나치게 과하다 싶을지 모른다. 그러나 수렵채집 문화에서는 당연했다. 다음은 쿵족이 아이를 어떻게 키우는지 코너가 관찰한 내용이다.

> (쿵족 아기는) 어머니 옆구리에 매달린 멜빵에 안겨서 지내는데, 똑바로 선 자세로 어머니의 살과 계속 맞닿은 채 생활한다. 다리로 기어 다니는 동작을 하고, 팔을 사용하여 머리를 자유롭게 움직이며, 손으로 잡는 등 여러 가지 반사 작용을 통해 아기는 어머니의 동작에 맞추어 몸을 조절하고 어머니의 살이나 옷에 눌려 질식당하는 일을 피한다.
> 아기의 움직임은 상태 변화를 나타내기도 하여, 어머니가 아기가 깰지, 배가 고프지 않은지, 용변을 볼지 예상할 수 있게 해준다. 멜빵이 아기의 엉덩이를 받쳐주기 때문에 아기는 어머니의 사회적 세계를 볼 수 있으며, 어머니 목에 매달린 물체, 손으로 하는 일, 어머니의 가슴도 볼 수 있다.
> 아기는 어머니와 편하게 눈을 마주칠 수 있으며 어머니가 일어서 있을 때에는 아기의 얼굴 높이가 아기에게 깊은 관심을 보이는 열 살 또는 열두 살 아이의 눈높이 정도가 된다. 이 또래 아이들은 아기와 얼굴을 마주 보면서 짧고 강렬한 상호작용을 시작하는 경우가 흔하다. 아기가 멜빵에 안겨 있지 않을 때에는 장작불 주위에 둘러

앉은 어른과 아이들이 아기를 손에서 손으로 옮기며 비슷한 상호작용을 주고받는다. 사람들은 아기의 얼굴과 배, 생식기에 입을 맞추고, 노래를 불러주며, 공중에 붕 띄워 올리는가 하면, 재미있게 놀아주고, 기운을 북돋아주며, 아기가 말을 이해하기 전부터 대화의 말투로 이런저런 이야기를 자세히 들려준다.

어머니는 아기가 태어난 첫해 동안 아기의 의존적 삶을 완전하게 받아주며 2년째 들어서도 아주 조금만 아이를 떼어놓을 수 있다. 보살핌은 끊임없이 이어지며, 아기가 약간만 보채도 바로 아기에게 달려가는 등 하루 내내 한 시간에 평균 네 차례씩 아기를 보살핀다. 아기가 태어나고 처음 두 해 동안 아기와 어머니가 가깝게 붙어 있기 때문에 어머니와 아기가 자주 떨어져 있는 문화에 비해 어머니는 훨씬 세심하게 반응한다.

보살핌은 인간의 생활방식이며, 동정심과 자식 사랑 등과 같은 감정의 형태로 오래전부터 신경계 속에 내장되어 있었다.

얼굴을 마주 대하고 사는 삶

초기인류의 진화적 적응환경에서 보이는 두 번째 특징은 사회 구성원이 지속적으로 얼굴을 마주하고 살아간다는 점이다. 우리가 혼자서 보내는 시간들, 예를 들어 출퇴근을 하거나 인터넷에 접속하거나 휴대 전화로 통화를 하거나 차 안에서 식사하면서 블랙베리(2002년 캐나다의 리서치 인 모션이 개발한 스마트폰_옮긴이)의 자판을 두드리는 시간을 떠올리며 착각해서는 안 된다. 우리가 혼자서 보내는 그 많은 시간은

사진 9 | 새끼 보노보와 침팬지

새끼 보노보(왼쪽)와 새끼 침팬지(오른쪽)는 사랑스러움을 불러일으키는 귀여움을 보여주기 때문에 그들을 보고 있으면 인간 아기를 볼 때와 비슷한 감탄사가 튀어나온다. 그러나 이들은 인간 아기에 비해 훨씬 일찍부터 자립 생활을 하고, 먹고, 안식처를 찾고, 혼자서 물리적 환경을 찾아내는 법을 익힌다.

사실 우리 종으로서는 완전한 궤도이탈 현상이다(아울러 현대의 많은 사회적 질병과 신체적 질병의 근원이기도 하다).

  초기의 인간은 생존과 번식이라는 기본 과제를 수행하기 위해 서로가 필요했다. 그들은 서로 얼굴을 맞대고 조화롭게 협력하는 상호작용을 통해 이 과제를 해결했다. 친척과 친구들이 번갈아 상대의 일을 도와주며 공동 협력 속에서 아이를 길렀으며 위에 인용된 멜빈 코너의 글이 암시하듯이 공동육아는 일상생활의 중심축이었다.

  고고학 유적 연구는 초기인류가 주된 식량이라 할 수 있는 고기를 얻기 위해 서로 협력해서 사냥했다는 증거를 찾아냈다. 초기인류가 사냥감으로 삼았던 동물들, 예를 들어 들소, 코끼리, 코뿔소 등과 비교할 때 우리 조상은 힘이 약하고 발이 느렸으며, 다른 포식자들과는 달리 송곳니와 발톱도 없었다. 초기인류가 지닌 장점은 공동작업과 협력에 있었다. 예를 들어 프랑스 피레네 산맥의 모란Mauran에서는 5만 년 전의 것으로 추정되는 대규모 들소 뼈 더미가 강가에서 발견되었는데, 무리를 이룬 네안데르탈인이 들소 떼를 절벽 아래로 몰아 떨어뜨려 죽인 것으로 추정된다.

초기인류의 사회생활에서는 일상적으로 협력이 요구되었다. 그래서 초기인류는 환경의 요구에 따라 정확성, 유연성, 반응성, 대역폭bandwidth(정보를 전달하는 속도_옮긴이)의 측면에서 다른 동물과 비교할 수 없는 탁월한 의사소통 능력을 갖추게 되었다. 다른 영장류와 달리 인간의 얼굴은 표정을 애매하게 가리는 털이 상대적으로 적었고(아마 아프리카 사바나 지대의 더운 기후 속에서 몸을 식힐 목적으로 털이 사라졌을 가능성이 크다), 이 덕분에 얼굴이 사회적 메시지를 전달하는 표지 역할을 하게 되었다. 또한 다른 영장류에 비해, 특히 눈 주변에 얼굴 근육이 다양하게 발달하여 얼굴 표정이 풍부한 어휘력을 갖게 되었다.

의사소통 능력이 진화하는 양상은 인간의 음성에서 두드러지게 나타났다. 초기인류가 두 발로 직립보행을 하게 되면서 인간의 발성기관은 급격한 진화 양상을 보였다. 인간은 영장류 조상에 비해 성도聲道(성대에서 입술 또는 콧구멍에 이르는 통로_옮긴이)가 길어졌다. 그 결과 혀가 뒤쪽 후두 부근에서 움직일 수 있는 공간을 많이 확보하게 되어 놀라울 만큼 다양한 소리를 낼 수 있었다. 예를 들어 대형 유인원은 몇 가지 종류로 꿀꿀거리는 정도밖에 소리를 내지 못하지만, 인간은 설득하고, 혼내고, 협박하고, 놀려대고, 위로하고, 달래는 소리를 낼 수 있다.

인간의 의사소통 능력이 진화하면서 더욱 광범위한 문화 능력, 다시 말해 인공물을 만들고, 모방하고, 언어를 이용하여 정보를 표현하고 알리는 성향도 함께 진화하였다. 침팬지나 보노보가 귀엽게 생기기는 했지만 이들의 사회를 면밀히 연구한 결과 이들에게서는 문화라 부를 수 있는 것이 발견되지 않았다. 이런 차이점에 기인하여 최근 많은 연구자가 인간이 지닌 모방, 상징적 언어, 기억, 근육의 공동 활동 능력이 다른 영장류와는 근본적으로 다르다는 사실을 밝히면서 다음과 같은 주장을 내놓고 있다. 인간은 기본적인 감정을 흉내나 모방, 의사소통을 통해 다른 사람에게 쉽게 전달할 수 있다. 그리고 연민과 사랑, 경외감 같은 감정 전달이 인간종의 사회 의식 및 윤리 지침의 토대가 되었고 각 개인을 협력집단으로 묶어주었다.

크로마뇽인 CEO

크로마뇽인을 연구하는 우리의 인류학자는 인간의 사회생활에서 세 번째 특징을 분석해냈을 것이다. 바로 위계구조다. 누가 누구와 함께 자는지, 누가 무엇을 먹는지, 누가 누구의 몸을 만지는지 등 초기 인간의 사회생활에서 매 순간은 계층화 양상을 보인다. 현대 인간의 경우 각 개인은 놀랄 만큼 쉽게 사회의 위계구조 속에 흡수된다. 캐머런 앤더슨Cameron Anderson과 함께 진행한 연구에서 우리는 대학 기숙사에 새로 들어간 학생들이 일주일만 지나도 누구의 지위가 높은지, 누가 존경을 받고 명성을 누리며 영향력을 행사하는지 거의 가려낸다는 사실을 알게 되었다. 또한 그들은 일주일만에 위계구조에서 지위가 낮은 사람이 누구인지도 대부분 알아냈다.

지위의 차이는 어린이에게서도 금방 나타난다(겉보기에 평등구조를 가진 것처럼 보이는 미취학 아동 집단에서도 두 살 때부터 위계구조가 관찰되었다). 또한 연령뿐 아니라 남성과 여성 모두에게서 동일한 양상이 나타난다. 여자 성인도 남자 성인에 못지않게 민첩하면서도 두드러지게 지위 서열을 만든다. 이 같은 사실은 프란스 드 발을 비롯한 몇몇 학자의 최근 연구에서도 꾸준히 확인되고 있다. 이들은 암컷 침팬지의 생활에서 뚜렷한 위계구조가 나타난다는 사실을 입증해 보였다. 영장류의 사회생활에서 위계구조가 특징으로 자리 잡게 된 커다란 이유는, 위계구조가 형성되어 있을 때 갈등을 최소화하면서 빠른 시일 내에 집단 구성원들 간의 자원 배분 문제를 결정할 수 있기 때문이다.

그러나 좀 더 높은 수준의 영장류와 초기인류의 위계구조는 다른 동물종과 큰 차이를 보인다. 높은 수준의 영장류와 초기인류는 지위가 낮은 구성원이 서로 동맹을 맺을 수 있다. 이 중 가장 대표적인 것이 둘씩 짝을 이루는 형태다. 이들은 동맹을 맺음으로써 지위가 높은 구성원들이 신체 크기나 힘을 이용해 누리는 많은 이점을 무력화할 수 있다. 게다가 인간은 지위가 낮은 구성원이 집단 내 다른 구성원의 지위를 평가하고 결정짓는 여러 형태의 사회적 의사전달 행위를 만들어냈다. 그 한 예로 뒷공론 같은 것이 있다. 연합과 동맹이 등장하고, 지위가 낮은 구성원이 힘을 가진 구성원에 대해 평가할 수 있게 되면서 힘의 우위를 갖는 구성원에게는 새로운 역할이 주어졌다. 이제 지위가 높은 구성원은 사회적 결속력을 높이고 집단의 공공 이익을 증진시키는 데 얼마나 많은 능력을 발휘하는가에 따라 힘의 정도가 결정되는 일이 많아졌다.

영장류의 정치 관계에 대한 프란스 드 발의 획기적인 연구에 따르면 지위가 낮은 구성원의 연합 능력이 점차 커지면서 '우두머리' 수컷과 암컷은 특권적 위치를 차지하고 유지하기 위해 사회지능social intelligence에 의존해야 할 필요성이 커졌다. 침팬지와 보노보, 초기인류의 우두머리들은 (지금도 그렇지만) 과거에도 물론 위협의 의미를 갖는 과시행동(가슴을 두드리거나 어금니를 꽉 물고서 마구잡이로 공격해대는 행동, 돌을 던지고 큰 소리를 지르는 행동 들)을 필수수단으로 사용했지만 다른 한편으로 새로운 능력도 갖춰야 했다.

지위가 높은 영장류는 집단의 주변부에 있는 거친 구성원을 원만하게 달래는 데 많은 시간을 들였다. 이들은 서로 적대적인 구성원을 함께 붙여놓는다든가 갈등 완화에 도움이 되는 털 손질 활동을 격려함으로써 갈등을 조정하는 존재가 되었다. 또한 좀 더 공정하게 자원을 분배하는 존재가 되었다.

내가 인간을 대상으로 진행한 연구에서도 비슷한 양상이 나타났다. 우리는 어린이와 젊은 성인 집단 내 남자와 여자의 위계구조에서 누가 짧은 시일 내에 높은 자리에 오르는지 연구했다. 그 결과 동료 집단의 눈으로 볼 때 높은 지위에 오르는 사람은 지배적인 성향을 보이거나, 힘을 과시하거나, 공포감을 불러일으키거나, 남을 헐뜯어 깎아내리는 유형이 아니었다(마키아벨리에게 미안하다는 사과의 뜻을 전한다).

실제로 사회 위계구조에서 높은 지위에 오르는 사람은 (자기이익을 위해 일하면서) 집단 내 다른 구성원의 이익을 증진시키는 사회지능을 갖춘 사람이었다. 권력은 사회관계에 헌신하는 사람에게 주어졌다. 내가 연구한 어린이나 젊은 성인 집단에서 결국 맨 윗자리에 오르는 사람은 사회적 에너지가 가득하고 사람들을 결집하며 장난삼아 어울리지 않는 행동을 하면서 재미있는 농담을 하거나, 괴로운 처지에 놓인 사람을 위로하는 이였다.

사회적으로 거부당하는 아이들에 대한 연구자료를 보면, 공격적으로 행동하거나 힘을 휘두르고 노골적인 형태의 위협이나 지배적 태도를 드러내는 악동은 사회 위계구조에서 낮은 지위로 밀려났다. 권력과 지위는 초기인류의 사회생활에서 필연적으로 나타나는 양상이지만 사회다윈주의보다는 사회지능에 기본 토대를 두고 있었다.

존재의 끊이지 않는 갈등

이제 크로마뇽인을 연구하는 우리의 인류학자가 분석해냈을 네 번째 특징을 살펴보자. 그는 초기인류의 사회생활에서 깨어 있는 일분일초가 대개는 갈등으로 점철되어 있다고 지적했을 것이다. 예를 들면 짝짓기 상대와 한정된 자원을 둘러싸고 같은 성별 간에 벌이는 뚜렷한 갈등에 대해 논하게 될 것이다. 초기인류의 사회구조는 점차 여자를 얻으려는 남자의 경쟁을 주축으로 돌아가게 되었다. 오래전 다윈이 추측한 대로 여자들 역시 풍부한 자원을 가진 남자의 관심을 끌기 위해 아름다움이라는 무기 경쟁에 뛰어들었다.

서로 이해관계를 다투는 논리는 세라 블래퍼 허디Sarah Blaffer Hrdy가 《어머니의 탄생Mother Nature》에서 탁월하게 보여주었듯이 부모와 자식 관계에도 적용된다. 부모가 들어주어야 할 여러 자식의 요구는 상호 경쟁 관계에 놓인다. 그 결과 부모는 어느 자식에게 자원을 쏟아부을지, 그리고 기근 같은 극한 상황(또는 오늘날의 정치 환경에서는 내전 상황)에서 어느 자식을 포기할지 전략적인 판단을 내려야 하며, 더러는 모든 자식의 경계심을 풀어줄 공리적 판단도 내려야 한다. 부모와 자식 간 갈등은 심지어 어머니와 태아 사이에서도 나타나며, 하버드 대학 진화생물학자 데이비드 헤이그David Haig가 유전학적·생리학적 차원에서 이를 입증한 바 있다. 이제 고혈압과 당뇨 등 임신 과정에서 나타나는 많은 병리 증상은 태아가 어머니의 신체에 상당한 희생을 강요하면서 이기적으로 영양을 공급받으려 하기 때문에 발생한다는 관점에서 새롭게 이해되고 있다.

형제자매 관계 역시 끊이지 않는 갈등으로부터 안전하지 않으며 때로는 갈등이 치명적인 양상으로 치닫기도 한다. 이는 내가 어느 날 밤 직접 목격한 일이기도 하다. 그날 나는 내 딸인 나탈리와 사라피나를 침대에 재운 뒤 가족 역학과 도덕 발달에 대한 강의를 준비하고 있었다. 나는 두 아이가 팔다리를 활짝 벌린 채 마치 우주에서 침대 위로 나란히 떨어진 것 같은 자세로 평화롭게 잠든 모습을 보면서 어깨가 들썩거릴 만큼 큰 웃음과 눈물을 안겨주는 사실을 마주하게 되었다. 미국 가족에 대한 관찰연구에 따르면 네 살과 두 살짜리 형제자매는 깨어 있는 동안 평균 11분마다 눈을 찌르거나, 이름을 고함쳐 부르거나, 머리카락을 잡아당기거나, 팔을 물거나, 볼을 할퀴는 등 서로 싸움을 벌이는 것으로 드러났다.

프랭크 설로웨이Frank Sulloway는 저서 《타고난 반항아Born to Rebel》에서 진화론을 토대로 할 때 이런 유형의 형제자매 갈등은 충분히 예상된다고 설명했다. 형제자매는 평균적으로 유전자의 50퍼센트를 공유하며 부모의 보호와 사랑에서 음식, 결혼 상대에 이르기까지 무수한 자원을 놓고 서로 경쟁을 벌인다. 특히 자원이 부족할 때 그런 양상을 보인다. 형제자매 갈등은 빈번하고 광범위하게 나타나며 때로는 치명적인 양상으로 치닫는다.

강남상어sand shark 형제자매는 태어나기 전 어미의 난관에서 서로 잡아먹다가 가장 배불리 먹은 상어 한 마리만이 살아남는다. 푸른 발부비blue-footed boobie(열대 및 아열대 바다에 서식하는 바닷새_옮긴이)는 형제자매 중 몸무게가 80퍼센트 이하로 줄어든 새가 있으면 둥지 밖으로 밀어내며 더러는 이 새를 부리로 쪼아 죽인다. 새끼 하이에나는 날 때부터 커다란 송곳니를 갖고 있는데 종종 이빨을 이용하여 갓 태어난 형제자매 하이에나에게 치명적인 상처를 입히기도 한다.

어찌 보면 인간의 사회생활 자체가 곧 갈등과 동의어라고 할 수 있다. 그러나 초기인류의 갈등은 진화를 통해 얻은 화해 능력으로 갈등에 대처한다는 점에서 다른 수많은 종과 뚜렷한 차이를 보인다. 이런 근본적인 통찰은 제인 구달Jane Goodall과 프란스 드 발의 연구관찰에서 시작되었다고 할 수 있다. 이들은 우리와 가까운 영장류가 공격적인 대립을 벌인 뒤 어떻게 화해하는지 자료를 통해 보여주었다.

구달과 드 발의 연구가 나오기 전에는 동물행동학자 콘라트 로렌츠Konrad Lorenz의 견해가 널리 퍼져 있었다. 그는 공격적인 대립을 벌인 양측은 가능한 한 서로에게서 멀리 떨어져 다른 곳으로 가버린다고 밝혔다. 그의 견해는 혼자서 생활하는 종, 예를 들어 공격이 시작되면 도망쳐버리는 골든 햄스터의 경우에는 들어맞는다. 또한 노랫소리를 이용하여 눈에 보이지는 않지만 귀로 들을 수 있는 영역을 만들어 충돌을 피하는 여러 새처럼 일정 영역을 점유하며 생활하는 종의 경우에도 들어맞는다.

그러나 상당수 포유동물의 경우 집단에서 도망가 혼자 생활한다든가 일정 영역을 점유하며 생활한다는 선택 방안이 진화의 측면에서 볼 때 성립되지 않는다. 초기인류 조상은 포식자로부터 스스로를 방어하고, 먹이를 사냥하며, 번식 및 자녀 양육을 위해 각 구성원이 서로 의존해야 했다. 따라서 갈등을 잘 중재하는 개인일수록 생존 및 유전자 복제에 성공할 확률이 높았다.

최근 연구에서 밝혀진 바에 따르면 과도한 공격 성향을 보이거나, 함께 어울리지 못하고 집단에서 배척당한 늑대는 번식 가능성이 낮고 죽을 확률이 높았다. 인간의 고립과 관련된 많은 생리적 문제(스트레스가 높아지고 질병에 대한 대응력이 약해지며 심지어는 수명이 짧아지는 현상)는 우리의 생존이 다른 사람과 건강하고 안정적인 유대관계를 맺는 데 달려 있다는 사실을 잘 보여준다. 갈등은 많은 손실과 고통을 안겨주지만 혼자서 살아가는 고독한 생존 방식보다는 훨씬 낫다. 인간은 사회생활에서 끊이지 않는 갈등을 겪으면서 그 갈등을 멈추고 위험요소를 제거하는 다양한 능력을 새롭게 습득했다. 갈등 완화의 표시를 보이고, 용서하고, 장난치고, 놀려대고, 소리 내어 웃는 행동 등이 모두 이러한 능력에 속한다.

깨지기 쉬운 일부일처제와 새 아빠

마지막으로 우리의 크로마뇽인 인류학자는 현장답사 기록의 아주 순결한 한 장을 영장류 조상의 음탕한 이해관계에 할애해야 할 것이다. 우리의 영장류 조상은 우리와 가장 가까운 영장류와 다른 생식기관을 가졌으며, 비비원숭이나 침팬지보다는 오히려 이곳저곳 노래 부르며 돌아다니는 솔새나 검은 방울새와 닮았다고 할 수 있다. 어떻게 보면 우리 영장류 조상은 지금부터 살펴볼 우리와 가까운 영장류에 비해 상대적으로 고상하다고 할 수 있다.

암컷 침팬지는 15세가 되어 성적으로 성숙하면 생식기 주변의 피부가 핑크색을 띠면서 성관계 준비가 완료되었다는 뜻을 널리 광고한다. 그리고 36일에 이르는 생리주기 중 10일간은 집단 내 거의 모든 어른 수컷과 하루에 수십 차례 교미를 한다. 수컷은 암컷과 관계를 맺기 위해 공격하고 교묘한 술책을 부리는 등 모든 것을 쏟아붓는다. 암컷은 대체로 독자적으로 새끼를 기르며 수컷은 공동체에 일정한 역할을 하기는 하지만 새끼를 위해서는 아무것도 하지 않는다. 게다가 수컷은 누가 자기 새끼인지도 모른다.

그다음으로는 이제 침팬지와 별개 종으로 인정받는 보노보가 있다. 보노보는 또 다른 성의 혁명을 열망하는 인간에게서 많은 부러움을 산다. 암컷 보노보는 수정 능력을 갖기 전 5년 동안 왕성한 성관계를 맺으며 자기 집단 내 많은 어른 수컷과 자유롭게 교미를 한다. 암컷 또는 수컷끼리의 동성 관계도 흔하다. 나이 어린 수컷이 나이 많은 암컷과 마치 성 교육 놀이 같은 성적 행동을 하기도 한다. 보노보 집단 내의 성적 접촉은 우정, 충돌 감소, 놀이의 토대가 된다.

영역 경계 없이 큰 집단을 이루며 양성이 함께 살아가는 종 중에서 초기인류를 제외하고는 일부일처제 성향이 한 번도 관찰된 적이 없다. 일부일처제 성향의 성 제도는 몇 가지 중요한 의미를 지닌다. 여자는 생리주기 내내 성관계를 갖게 진화되었다. 남자와 여자는 서로를 상대로 독점적인 성적 이해관계를 유지할 수 있다. 예를 들어 세계 문화를 개괄해 보면 조사대상으로 삼은 총 853개 사회 중 일부일처제를 공식정책으로 인정하는 곳은 16퍼센트에 불과하지만 일부일처제적 성관계는 가장 흔하게 나타나는 성관계 형태였다. 일부일처제적 성관계를 통해 남자는 자기 자식이 누구인지 알고 이들에게 자원과 관심을 돌리게 되었다.

크로마뇽인을 연구하는 우리의 인류학자는 이제 진화적 적응환경에서 사회적 환경은 다음 요소로 규정된다고 결론 내릴 것이다. 즉 보살피는 성향이 중대한 의미를 갖게 된 점, 얼굴을 맞대고 상호 협동하는 방식으로 사회적 교류가 형성된 점, 사회 위계구조의 격차를 줄이고 화해해야 할 필요성이 있었다는 점, 이해관계의 갈등을 끊임없이 중재해야 하는 점, 일부일처제 성관계로 나아가려는 성향이 나타났다는 점이다.

초기인류의 사회적 삶이 보여주는 이런 특성들이 도덕 감정을 낳았는데, 도덕 감정은 다윈에게는 관심의 대상이었지만 그에게 영감을 받은 후대의 감정과학에서는 오랫동안 무시되었다. 초기인류의 사회 생활에서 보이는 반복적인 사회적 상호작용(예를 들면 취약한 자식을 보살피는 것, 친척과 지인끼리 만나서 재미있게 노는 것, 지위 이동과 타협, 현재 또는 장차 관계를 맺을 성적 상대에게 구애 행위를 하거나 시시덕거리는 장난을 거는 것) 속에는 연민, 당혹감, 경외감, 사랑, 감사의 감정이 담겨 있다. 그리고 이 감정은 자연선택과 자웅선택(동물 한쪽이 번식에 필요한 배우자를 선택하기 때문에 그 선택 기준이 되는 형질이 차차 발달하는 것을 가리킨다_옮긴이)의 과정을 거치는 동안 우리의 신체와 사회생활 속에 내장되었다.

이 감정들은 인간 사회생활의 언어가 되었으며, 부모와 자식 관계, 배우자 관계, 동맹자 관계, 위계구조의 지배자와 종속자 사이의 관계, 짝짓기 관계를 맺을 때 종 특유의 특징적인 형태를 이루게 되었다. 그리고 이들 감정은 우리가 안정적이고 협력적인 공동체를 이루어 살아가는 윤리지침이 되었다. 이들 감정은 세 가지 일반 원리에 따라 작용하는데, 가장 똑똑한 수학자와 컴퓨터 해커를 경쟁시켜 적자생존에서 가장 우세한 전략을 알아내게 한 시합에서 이 같은 사실이 밝혀졌다.

되받아치기의 지혜

로버트 액설로드Robert Axelrod는 《협력의 진화The Evolution of Cooperation Robert》에서 다음과 같은 질문을 던졌다. 자기이익을 얻기 위해 무자비하게 행동하는 경쟁 환경에서 어떻게 협력이 나타날 수 있을까? 구성원들이 자기이익을 추구하는 사회집단에서 어떻게 연민, 경외감, 사랑, 감사, 다른 사람의 행복을 증진시키려는 강한 지향성 같은 것이 형성되고, 그 결과 자연선택을 통해 우리의 유전자와 신경계에 암호화되는 양상으로까지 나아갈 수 있었을까?

무자비한 경쟁 환경에서 나타난 놀라운 협력 행위가 자기방어와 자기이익에 관한 많은 가정을 뒤엎는 일이 종종 발생한다. 액설로드 역시 당혹스러울 정도로 놀라운 일을 경험한 적이 있었다. 제1차 세계대

사진 10 | 통설을 뒤엎은 인간의 협력
자기 보호와 이기심에 관한 가정과 달리 제1차 세계대전의 끔찍한 상황 속에서 영국과 프랑스 병사들은 적군인 독일 병사들과 사이좋게 지내기도 했다.

전에서 영국과 프랑스 병사들이 적군인 독일군과 이삼백 미터의 거리를 두고 서로 대치한 일이 있었다. 이들 사이에는 모든 것이 불타버리고 나무 한 그루 없는, 아무도 살지 않는 진흙 땅이 가로놓여 있었다. 한쪽의 잔인한 공격은 격렬하고 치명적인 상대방의 공격을 불러왔다.

그렇지만 악몽 같은 이 전멸의 땅에 협력이 등장했다. 양측은 몇 가지 특정 깃발을 나부끼면서 대치 상황이 아니라는 표시를 상대에게 전달했다. 또한 서로에게 총을 쏘지 않기로 구두 합의를 했으며, 상대에게 아무 해가 가지 않게 무기를 발사하는 방법을 고안하여 상대를 죽일 의사가 없다는 뜻을 표시했다. 이 모든 협력 전략 덕분에 병사들은 오랜 기간 평화롭게 식사와 휴식을 즐길 수 있었다. 전쟁을 벌이는 양측이 서로에게 형제애를 보이는 특별한 경우도 있었다. 곳곳에서 협력이 이루어졌기 때문에 지휘관은 병사에게 어서 죽음의 전투에 복귀하라고 명령해야 했다.

액설로드는 협력의 진화에 대한 궁금증을 해결하기 위해 전쟁에서 죄수의 딜레마 게임으로 관심을 옮겼다(〈표 8〉 참조). 액설로드는 서로 다른 개인 또는 단체들 간에 어떻게 협력관계가 생성되는지 연구하려고 토너먼트 시합을 열었다. 그는 이 시합에 냉전 전략가, 심리학자, 수상 경력을 가진 수학자, 컴퓨터 전문가, 게임광 들을 선수로 초청하였다. 참가자들은 앞선 게임에서 이러저러한 결과가 나왔을 때 특정 회차 게임에서 어떤 선택을 해야 할지 일일이 기록한 컴퓨터 프로그램을 만들어 제출했다.

액설로드가 실시한 첫 번째 토너먼트 시합에서 참가자가 제출한 각기 다른 열네 가지 전략이 나왔고, 200회차에 걸쳐 이들 전략끼리 대결을 붙였다. 각기 다른 전략 접근방법으로 무장한 개인들이 정면대결을 펼쳤다. 게임은 인간의 사회생활을 사실 그대로 반영했다. 중등학교 운동장에서 펼쳐지는 악동과 이타주의자의 대결이었고, 직장에서 펼쳐지는 권모술수와 따뜻한 마음의 대결이었으며, 외교정책 토론에서 펼쳐지는 강경파와 온건파의 대결이었다. 그리고 장차 제멋대로 생기는 돌연변이와 유전적으로 협력 아니면 경쟁을 선택해야 하는, 우리의 초기인류 조상의 대결이기도 했다. 누가 이겼을까?

바로 참가자 중 한 명인 아나톨 라파포트Anatol Rapaport가 제시한 '되받아치기 전략'이었다. 이는 순진할 정도로 단순한 내용이었다. 모든 대결상대와 첫 회차 게임을 벌일 때는 협력한다. 그런 다음 상대가 지난 번 회차에서 어떤 행동을 했든 이번 회차에서 상대에게 그 행동을 그대로 돌려주는 것이다. 지난 번에 상대가 협력했다면 이번엔 이쪽도 협력하는 식이다. 그러나 되받아치기 전략은 무조건 협력하는 전략이 아니었다. 상대가 경쟁을 선택하면 이쪽도 경쟁으로 응수했다. 배신은 배신으로 되갚아주는 것이다.

액설로드는 두 번째 토너먼트 시합을 열었다. 두 번째 시합은 뜨거운 호응을 얻어 예순두 개의 전략이 제출되었다. 시합에 새로 참가한

표 8 | **죄수의 딜레마 게임**

		상대방의 행동	
		협력	경쟁
나의 행동	협력	5, 5	0, 8
	경쟁	8, 0	2, 2

죄수의 딜레마 게임에서 참가자는 서로 협력할 것인지 경쟁할 것인지 단순한 선택만 해야 한다. 참가자 양측 모두 협력하면 둘 다 좋은 결과를 얻는다(우리 사례에서는 각각 5달러를 받았다). 만일 한쪽이 경쟁을 선택하고 다른 한쪽이 협력을 선택한다면, 경쟁한 쪽은 협력한 쪽을 희생시켜 많은 돈을 갖는다(우리 사례에서는 협력한 쪽이 0, 경쟁한 쪽이 8달러를 받았다). 그리고 양측 모두 경쟁할 경우에는 각각 2달러를 받는다. 자기이익을 극대화한다는 시각에서 볼 때 합리적인 행동은 경쟁하는 것이다. 그러나 문제는 무기 경쟁이나, 공유자원의 이용, 부부생활, 사업 관계에서 보듯이 서로 자기이익을 추구하는 경우에 양측 모두 더 나쁜 결과를 얻는다.

사람들은 모두 첫 번째 토너먼트 시합에서 되받아치기 전략이 승리했다는 사실을 알고 있었다. 모든 참가자는 자신의 수학적 알고리즘을 수정하고 컴퓨터 시뮬레이션을 활용하여 되받아치기를 이길 수 있는 새로운 전략을 만들었다.

두 번째 시합에서도 되받아치기 전략이 우세를 보였다(그러나 되받아치기 전략이 모든 전략을 상대로 승리한 건 아니다). 아마도 우리 안에 들어 있는 악의적인 마음은 맨 처음에 경쟁으로 시작해서 계속 경쟁으로 밀고나가는 전략이 되받아치기 전략보다 높은 점수를 얻었을 거라고 예상했을 것이다. 경쟁 전략은 맨 첫 회차에서 일단 협력하는 되받아치기 전략을 상대로 높은 점수를 확보할 수 있기 때문이다(물론 이 전략은 다른 경쟁 전략을 만나면 큰 어려움을 겪는다). 그러나 전체적으로 볼 때, 간단하면서도 인의 정신을 닮은 되받아치기 전략이 토너먼트 시합에서 각기 다른 전략을 펼친 집단을 상대로 가장 높은 성과를 거두었다.

왜 되받아치기 전략이 이겼을까? 이 전략에는 세 가지 원리가 깔려 있으며 이 원리는 의미 있는 삶을 장려하는 감정들, 즉 연민, 당혹감, 사랑, 경외감 같은 감정의 밑바탕에도 깔려 있다.

첫 번째 원리는 비용편익 역전cost-benefit revesal이라고 부를 수 있다. 다른 사람에게 베푸는 행위에는 비용이 지출되기 때문에 상대에게 협력하려는 마음에 제한이 생긴다. 다른 사람에게 자원을 제공하면, 예를 들어 음식이나 애정, 짝짓기 기회, 보호 등을 제공하면 자신의 비용이 든다. 결국 자신이 베푼 상대가 같은 정도로 되갚아주지 않는다면 베푸는 마음은 위험하게 이용될 우려가 있다.

따라서 베푸는 행위에 대한 비용편익 분석을 거꾸로 뒤집는 메커니즘이 인간 속에 내장되어 있어야 한다. 이 메커니즘은 다른 사람의 이익을 자기이익보다 우선순위에 놓을 수도 있고 다른 사람의 이익을 자기이익으로 뒤바꿔놓을 수도 있다. 되받아치기는 이러한 비용편익 역전의 원리를 구체적으로 보여주는 사례다. 되받아치기는 자기 자신만큼 다른 사람에게도 이익을 주고 협력하는 것으로 초기 설정되어 있다. 되받아치기는 남을 시기하지 않는다. 상대의 이익이 늘어난다고 해서 전략을 바꾸지 않는다. 또한 되받아치기는 용서한다. 그동안 상대의 비열한 배신이 오랫동안 지속되었더라도 처음 협력 행위가 등장하면 이어서 기꺼이 협력한다.

다른 사람의 행복에 관심을 갖는 만큼 의미 있는 삶을 일깨우는 감정이 생겨난다. 연민은 우리 마음을 변화시켜, 다른 사람이 행복해진 모습을 보면서 기쁨을 느낄 가능성이 높아지게 만든다. 경외감은 자기 자신에 대한 규정 자체를 변화시켜, 개인적 욕망과 선호에 강조점을 두던 규정 내용을 벗어나 자기를 다른 사람과 연결시킨다. 이런 감정과 관련된 신경계 영역과 신경화학물질(옥시토신)은 우리에게 신뢰와 장기적인 헌신을 장려한다. 즉 우리는 자신의 욕구를 충족하거나 자기 이익을 극대화하는 것 말고 다른 것에도 관심을 갖게 설계되었다.

두 번째 원리는 믿을 만한 동일성 확인 원리the principle of reliable identification라고 부를 수 있다. 이는 되받아치기에서 뚜렷하게 드러나는 원리이다. 여기에는 어떤 속임수도 없다. 마키아벨리식 가장도 없고, 전략적으로 잘못된 정보를 흘리는 일도 없다. 되받아치기 전략으로 5회전이나 10회전만 진행해도 다음 번 행동을 확실하게 예측할 수 있다. 포커 시합(요즘은 돌같이 굳은 얼굴을 하고서 속을 헤아리기 어려운 분위기를 풍기는 것이 대세다)과 달리 협력적 유대관계가 생겨날 때에는 호의적인 의도를 투명하게 드러내는 것이 현명하다. 협력적 개인이 선한 본성을 지닌 다른 개인과 선택적으로 상호작용할 수 있을 때 협력이 이루어지고 보다 왕성해질 가능성이 많다.

여기에 함축되어 있는 의미는 분명하다. 협력, 친절, 미덕은 신체를 통해 관찰할 수 있는 행동(얼굴 근육 움직임이나 간단한 발성, 손을 움직이는 방식이나 몸의 자세, 시선이 움직이는 모습)에 구체적으로 나타나며 보통 사람의 눈에도 감지되는 표시다. 당연한 말이지만 이렇게 미덕이 겉으로 드러나는 표시에는 쉽게 위장할 수 없는 무의식적 요소가 들어 있게 마련이며 사람들이 누구를 믿을지 사랑할지, 누구를 위해 희생할지 직관을 얻을 때 바로 이런 표시를 이용한다. 이 중심 전제(협력이 이루어지고 선한 행동이 나오기 위해서는 겉으로 드러나 보이는 신뢰와 협력의 표시가 있어야 한다는 전제)가 곧 연민, 감사, 사랑을 나타내는 비언어적 표현이 지닌 의도이다.

신체에 나타나는 친사회적 감정 지도가 과학을 통해 작성되면서 당혹감, 수치심, 경외감, 사랑, 욕망의 얼굴 표정이 새롭게 밝혀졌다. 신체 접촉 등과 같은 새로운 방식의 의사전달법이 연구되었고, 팔에 닿는 짧은 신체 접촉을 통해 감사, 연민, 사랑을 전달할 수 있다는 사실도 밝혀졌다. 우리의 일상적 삶에서는 지극히 짧은 상호작용이 매 순간 이어지는데 우리는 이 속에서 다른 사람의 호의적인 의도를 감지할 수 있게 만들어졌다.

마지막으로 되받아치기는 다른 사람의 협력을 이끌어낸다. 바로 전염성 있는 협력의 원리the principle of contagious cooperation다. 협력하고 베풀려는 마음은 경쟁적이고 이기적인 사람에게 쉽게 이용될 수 있다. 이 맥락에서 보면 착한 사람이 꼴찌가 될 것이다. 하지만 다른 사람에게서 친사회적 성향을 이끌어내고 협력관계를 조성할 수만 있다면 친절한 사람이 결과적으로 더 성공할 것이다.

연민, 당혹감, 경외감은 여러 가지 차원에서 전염성을 갖는다. 다른 사람의 미소를 알아본 사람은 비록 잠재의식 속에서라도 기분이 좋아지고 투쟁·도주 생리현상에서 멀어지는 변화를 보인다. 또한 다른 사람의 친절한 행동에 대해 이야기를 들을 때 우리 마음속에 샘솟는 느낌은 더 뚜렷한 형태를 띤다. 이때 우리는 가슴이 벅차오르고 소름이 돋으며 더러는 눈물을 흘리기도 한다. 조너선 하이트는 이를 가리켜 고양된 마음상태라고 부르며, 우리가 다른 사람의 선한 행동에 대해 이야기를 들을 때 용기와 기운을 얻게 만들어졌다고 주장했다. 신체 접촉을 통해 단 몇 초 만에 협력과 친절이 사람들 사이에 전달되고 물리적 공간 가득 퍼지게 된다는 것이다. 이처럼 의미 있는 삶을 일깨우는 감정들은 강한 전염성을 지녀 널리 전파되고, 우리 신경계 속에 암호화되어 저장되며, 마침내 의식으로 정착하여 하나의 문화적 관행으로 자리 잡는다.

이제 인의 비율을 높이고 의미 있는 삶을 일깨우는 감정에 대해 심도 있게 다룰 수 있는 토대가 마련되었다. 지금까지 우리는 감정에 대한 지배적인 견해가 어떤 것이었는지 그 지적 배경을 살펴보았다. 그리고 그 과정에서 감정을 파괴적이며 저급한 성향으로 파악하고, 대체로 욕망 충족에 초점을 맞춰 부정적인 인간 본성의 일부로 치부해 온 점도 짚어보았다. 또한 지난 30년간 밝혀진 감정의 세세한 특성을 살펴보았으며, 감정이 진정성을 드러내는 장치 역할을 하며, 우리 몸에 신체 현상으로 나타나고, 체계적인 방식으로 도덕 판단을 이끌어 낸다는 사실을 확인했다. 또한 이번 장에서는 어떤 진화적 적응환경을 통해 연민이나 감사 같은 감정이 생겨나게 되었는지, 이들 감정이 어떤 원리를 따르는지 살펴보았다.

이제 우리는 인간 설계의 새로운 측면을 밝혀줄 과학적 연구로 시선을 돌릴 것이다. 이 과학적 연구에서는 인간 선의 기원에 대한 다윈의 통찰, 즉 인간 선이 감정에 뿌리를 두고 있으며 이런 사회적 본능이 '다른 어떤 본능이나 동기'보다 훨씬 강할 수 있다는 입장에 신뢰를 보낸다.

PART 2

착함 본능을 일깨우는 인간의 새로운 언어

Chapter 05

갈등을 막는 예방주사
당혹감

Embarrassment

당혹감은 무례함이나 냉담함, 살인과 무슨 관계가 있을까? 이 물음에 대한 답을 얻기 위해 나는 마치 영화필름을 프레임 단위로 쪼개놓은 것처럼 인간의 사회생활을 관찰하는 눈을 길렀다. 이는 다윈에게서 영감을 얻은 것이며, 다름 아닌 마이브리지가 스틸사진에서 처음으로 개척한 방법이기도 했다.

Embarrassment

1860년 7월 2일 에드워드 마이브리지Eadweard Muybridge 는 샌프란시스코에서 미주리 주 세인트루이스로 향하는 역마차에 올라탔다. 마이브리지는 세인트루이스를 거쳐 유럽으로 갈 예정이었다. 그는 유럽에서 희귀한 책을 구해 형과 함께 운영하는 서점 책장을 가득 채울 생각이었다. 하지만 텍사스 북동 지방에서 끔찍한 일이 벌어졌다. 역마차 마부가 말을 통제하지 못하는 바람에 마차가 언덕 아래로 구른 것이다. 마이브리지는 마차 밖으로 튕겨나가 나무에 얼굴을 부딪쳐 전두엽 일부가 손상되었다. 전두엽은 우리가 힘든 결정을 내릴 때 감정을 근거로 삼아 판단하게 하는 뇌의 한 영역이었다.

사고 후 마이브리지는 잉글랜드에서 6년을 보낸 뒤 샌프란시스코로 돌아왔는데, 이 기간에 어떻게 지냈는지는 확실치 않다. 그는 미국으로 돌아와 유명한 사진작가가 되었고, 1872년에는 자기보다 스물한 살이나 어린 플로라 섈크로스 스톤Flora Shallcross Stone과 결혼했다. 하지만 이 결혼은 그의 인생을 예기치 못한 방향으로 이끌었다. 마이

사진 11 | 에드워드 마이브리지

브리지가 요세미티 계곡과 인디언 전쟁(18~19세기에 백인 이민자와 아메리칸 인디언 사이에 벌어진 일련의 전쟁_옮긴이)의 사진을 찍느라 몇 주일씩 집을 비우는 동안 아내 플로라는 멋쟁이 육군 소령 해리 라킨스Harry Larkyns와 함께 고급 극장과 식당을 자주 찾으며 만남을 가졌다.

이후 마이브리지의 아내 플로라가 남자 아기를 낳았는데, 이 아기는 마이브리지에게 기쁨보다는 불안한 의혹을 안겨주었다. 머지않아 그의 우려는 현실로 나타났다. 뒷면에 '리틀 해리'라고 쓴 아기 사진을 발견한 것이다. 아기 아버지가 해리 라킨스일 거라는 마이브리지의 의심은 아기 유모를 통해 사실로 확인되었고, 마이브리지는 걷잡을 수 없는 감정에 휩싸였다.

윤리적 뇌가 파괴된 사나이

마이브리지는 캘리스토가Calistoga행 기차를 타고 라킨스가 일하는 옐로 재킷 목장으로 향했다. 목장에 도착한 마이브리지는 현관으로 성큼성큼 걸어가 라킨스를 불렀다. 라킨스가 다가오자 마이브리지는 사무적인 말투로 인사를 건넸다.

"안녕하십니까? 소령. 내 이름은 마이브리지요."

그러고는 6연발 권총(스미스 웨스튼 No.2)을 꺼내 라킨스의 왼쪽 젖꼭지 아래 1인치쯤 되는 지점을 쏘았다. 라킨스는 상처를 움켜쥔 채 친구에게 달려가 쓰러졌고 그 자리에서 생을 마감했다. 이 장면을 지켜본 한 목격자가 마이브리지의 총을 빼앗은 뒤 그를 응접실로 데려갔다. 응접실에 들어간 마이브리지는 그곳에 있던 여자들에게 '방해해서' 미안하다며 사과했다.

결국 무죄 판결이 난 마이브리지의 유명한 재판에서 몇몇 증인은 역마차 사고로 그의 성격에 커다란 변화가 생겼다고 증언했다. 역마차 사고를 겪은 뒤 마이브리지가 다른 사람처럼 보였다는 것이다. 증언에 따르면 괴상한 행동을 하고 매사에 무관심하며 냉담하고 차가운 사람으로 바뀌었다. 말투와 옷차림도 이상했다. 그는 자주 씻지도 않았고 사교 모임도 좋아하지 않았다. 또한 그의 사진 작업에 자금을 제공하는 후원자와의 계약 관계를 지속적으로 유지하는 데도 어려움을 겪었다. 마이브리지는 괴상한 행동을 하면서도 조심성을 보이는 법이 없었고, 당혹감을 보이지도 않았다.

당혹감은 무례함이나 냉담함, 살인과 무슨 관계가 있을까? 이 물음에 대한 답을 얻으려고 나는 마치 영화필름을 프레임 단위로 쪼개놓은 것처럼 인간의 사회생활을 관찰하는 눈을 길렀다. 이는 다윈에게서 영감을 얻은 것이며, 다름 아닌 마이브리지가 스틸사진에서 처음으로 개척한 방법이기도 했다. 나는 2초라는 짧은 시간 동안 보이는 당혹감의 흐릿한 실체를 느린 화면으로 관찰하면서 그 속에 스쳐 지나가는 요소들, 즉 시선의 움직임, 고개가 아래로 향하는 움직임, 수줍음, 일그러진 미소, 목의 노출, 얼굴 위로 살짝 스치는 느낌 들을 연구했다.

나는 연구를 시작할 당시 당혹감은 혼란스러움과 좌절을 나타내는 것으로 생각했다. 그러나 내 연구 결과는 다른 이야기를 들려주었다. 앞서 언급한 당혹감의 요소들은 관계가 어긋나거나 공격적인 성향이 위험스레 상승하려는 조짐을 보일 때, 갈등 관계에 놓여 있거나 사회계약social contract(공동의 이익을 위한 사회적 합의_옮긴이)이 파괴된 사람들을 한데 묶어주는 뚜렷한 표시였다. 이 미묘한 표정은 우리가 다른 사람을 존중한다는 표시이자 도덕적·사회적 질서를 지키려는 진심을 보여주는 표시이다. 또한 다른 사람이 상황을 어떻게 받아들이는지에 대한 우리의 판단을 보여준다.

나는 당혹감이라는 얼굴 표정이 일종의 진화된 표시로서 다른 종에서도 그 흔적이 보인다는 점, 겉으로 보기에 사소해 보이는 이 감정이 윤리적 뇌를 들여다볼 수 있는 구멍이라는 점을 깨달았다. 마이브리지의 경우 140여 년 전 사고로 이 윤리적 뇌가 파괴되었던 것이다.

프레임으로 나누어진 세계

1866년 잉글랜드에서 캘리포니아로 돌아온 마이브리지 앞에는 급격한 변화의 시대가 펼쳐졌다. 증기기관, 철도, 공장, 사진 등 새로운 기술의 등장으로 시간과 공간 개념이 무너지고, 인간 교류의 일상적 리듬이 완전히 달라졌다. 마이브리지는 이처럼 인간의 사회생활이 해체되는 현대화 과정에서 사진작가가 되었다. 사진작가 마이브리지는 동물의 움직임을 연구한 것으로 널리 알려져 있다. 그는 팰러앨토Palo Alto에 있는 농장에서 릴런드 스탠퍼드Leland Stanford의 말을 촬영하면서

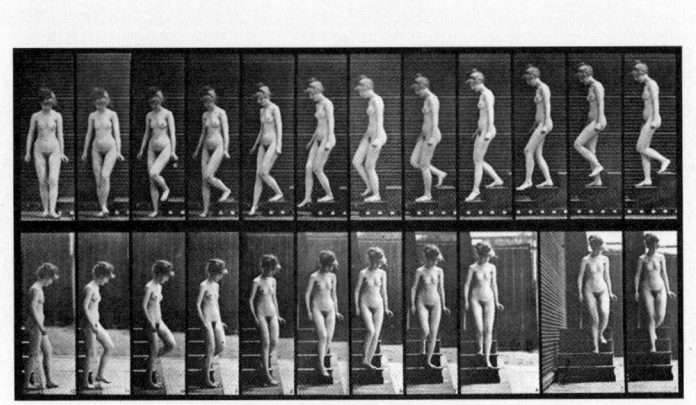

사진 12 | 움직이는 인체를 찍은 마이브리지의 사진

동물의 움직임에 집착하기 시작했다. 마이브리지는 펜실베이니아 대학에서 18개월 동안 미친 듯이 10만 장에 이르는 사진을 찍으면서 사람이 걷고, 달리고, 공중회전을 하고, 높이 뛰고, 원반을 던지고, 계단을 내려가고, 물을 붓는 모습을 프레임별로 한 동작 한 동작 포착했다.

더러는 알몸인 사람을 모델로 이런 사진을 찍기도 했다. 마이브리지가 찍은 사진에는 나체 여성이 공을 던지는 모습과 개에게 먹이를 주는 모습, 한쪽 다리를 잃은 소년이 의자에 앉고 일어서는 모습, 신체장애자가 걷는 모습, 반나체의 남자가 사격 연습을 하는 모습, 벽돌을 쌓는 모습, 35킬로그램짜리 바위를 던지는 모습 등이 담겨 있었다.

이처럼 프레임으로 나뉜 세계를 통해 마이브리지는 이전까지 인간의 눈에 포착되지 않았던 진실을 우리 눈앞에 펼쳐주었다. 그는 말이 달릴 때 네 발 모두 공중에 떠 있는 순간이 있는지 없는지, 가볍게 걷는 동안 팔과 다리가 어떻게 조화롭게 움직이는지, 무거운 물체를 던진 뒤 팔이 어떻게 뒤로 젖혀지는지를 보여주었다. 영화의 느린 화면

역시 마찬가지다. 마틴 스코세이지Martin Scorsese가 감독한 영화 성난 황소Raging Bull에는 1940년대 미들급 권투선수 제이크 라모타Jake LaMotta가 10대 소녀에게 처음으로 욕망을 품는 수영장 장면이 나온다. 이 장면은 소녀가 자기 발을 응시하며 한 발을 물속에 첨벙 담갔다가 다시 다른 발을 첨벙 담그는 모습을 느린 화면을 통해 몽환적으로 보여준다. 유혈이 낭자한 챔피언전에서 라모타와 슈거 레이 로빈슨Sugar Ray Robinson은 느린 화면으로 전개되는 몇 프레임 속에서 서로 가까이 눈을 맞댄 채 자신들의 부어터진 눈과 일그러진 얼굴을 보면서, 또한 스트로보스코프stroboscope(주기적으로 깜박이는 빛을 쬠으로써 급속히 회전 또는 진동하는 물체를 마치 정지한 것처럼 관측, 촬영하는 장치_옮긴이)로 촬영한 흐릿한 펀치 사이로 서로를 바라보면서, 폭력이 오가는 속에 서로를 존중하는 마음이 있음을 깨닫는다.

프레임으로 나뉜 세계는 다윈에게 인간의 얼굴 표정이 어떻게 우리와 가까운 영장류의 표정에서 비롯되었는지, 어떤 선택압 속에서 수많은 인간 감정이 생기게 되었는지 알려주었다. 또한 폴 에크만과 월리스 프리슨은 프레임으로 나뉜 세계에 7년의 시간을 바친 결과 얼굴 움직임 부호화 시스템을 개발했다.

나는 1990년에 박사 후 연구원으로 폴 에크만의 인간상호작용연구소Human Interaction Laboratory에 첫발을 들여놓으면서 프레임으로 나뉜 세계에 들어가게 되었다. 이 연구소에서 맡은 첫 과제는 탈무드처럼 엄청난 내용이 담긴 얼굴 움직임 부호화 시스템을 익히는 일이었다. 앞서 말했듯이 이 시스템을 익히기 위해서는 100시간 동안 온갖 잡념을 멀리한 채 시야가 흐릿해질 정도로 집중해야 했다. 70쪽에 걸친 빼곡한 매뉴얼 속에는 우리 눈에 보이는 모든 얼굴 움직임이 특정 움직임 단위(AU), 또는 복수의 얼굴 움직임이나 조합으로 표시되어 있었다. 또한 별도의 교육용 비디오테이프를 보면서 에크만이 개별 얼굴 근육을 움직이는 모습을 관찰하고 몇 가지 중요한 얼굴 움직임의 조합을 배워야 했다. 이 조합은 얼굴 표정의 기본 원리와 주기율표를 보여준다. 회의적이고 멍한 느낌을 전달하는 바깥쪽 눈썹 올림(AU2), 입술을 섬세하게 한데 모으기(AU8), 슬픈 느낌의 안쪽 눈썹 올림(AU1), 부루퉁한 입술 삐죽거림(AU22), 화나서 아래눈꺼풀을 팽팽하게 당김(AU7) 같은 식으로 정리되어 있다.

샌프란시스코에 있는 내 아파트에서 인간상호작용연구소까지 걷는 동안 프레임으로 나뉜 세계는 마치 섬광처럼 터지며 내 앞에 AU12S(미소), AU4S(찡그림), AU5S(노려보기), AU9S(콧등 주름), AU29S(혀 내밀기)를 보여주었다. 나는 눈앞에 펼쳐지는 붐비는 세계 속에서 진화의 과거를 보여주는 흔적이 정지 화면으로 고정되어 있는 것을 보기 시작했다. 두 명의 10대 아이가 전차를 기다리면서 시시덕거리는 모습, 남편과 아내가 카페 탁자에 앉아 조바심을 보이는 가운데 둘 사이에 화가 곪아가는 모습, 피크닉 담요에 누워 있는 엄마와 9개월짜리 아기가 서로 따뜻한 시선을 주고받는 모습에서 나는 수백만 년에 걸친 진화의 산물, 즉 인간을 서로 묶어주는 긍정적 감정의 흔적들을 보기 시작했다.

언젠가 나는 길거리 농구를 하려고 삐걱거리는 녹슨 그네 옆에서 운동화 끈을 매고 있었다. 긴장한 모습의 한 어머니가 여덟 살짜리 딸을 그네에 태운 채 밀고 있었다. 그네를 타고 높이 올라가는 여자애는 눈썹이 올라간 채 팽팽하게 긴장해 있었다. 아이의 눈은 냉담한 빛을 띠었고 입은 옆으로 길고 팽팽하게 당겨져 있어 만성적 불안 징후를 보였다. 그네가 다시 내려와서 내 시야 속으로 들어왔을 때에도 여전히 그 표정 그대로 굳어 있었다. 이런 표정은 어머니의 얼굴에서도 희미하게 나타났다. 이 짧은 순간 동안 여자애가 경험한 삶의 불안이 분명하게 나타났다. 이렇게 연구소 밖에서든 안에서든 관찰을 통해 영감을 얻게 된 나는 순간적으로 짧게 스쳐가는 당혹감의 표정 속에 담겨 있는 윤리의식의 진화적 기원을 보기 시작했다.

새로운 감정 표시를 발견하다

나는 일종의 통과의례로 에크만과 함께 놀란 사람의 얼굴 움직임을 부호화하는 첫 번째 프로젝트를 진행했다. 놀람이란 개인이 신문을 읽거나, 베이글을 먹거나, 따뜻한 모래 위에서 소설책을 읽는 꿈을 꾸는 등 특정 상황에 젖어 있다가 이 상황이 갑자기 뚝 끊길 때 순간적으로 스치는 반응이다. 놀람의 기능은 개인의 지각계에 불쑥 끼어든 시끄러운 소리가 어디서 오는지 주의를 기울이도록 정신과 심리를 되돌리는 데 있다.

놀라는 반응에는 눈 깜박임, 뺨의 긴장, 주름진 눈썹, 쫙 펴진 입술, 뻣뻣한 목, 움찔하는 어깨와 머리, 이렇게 일곱 가지 움직임이 관여한다. 그리고 이 움직임은 250밀리초(1밀리초는 0.001초이다_옮긴이) 동안 순간적으로 나타난다. 이를 부호화하는 일은 거의 고문과도 같다. 마치 유성이 나타난다는 정보를 가지고, 유성이 나타나는 정확한 위치와 시간 그리고 우아하게 사라지는 시간과 장소를 기록하려고 하늘을 바라보는 일과 같다. 나는 왜 놀라는 반응을 부호화하는 데 그 귀중한 시간을 바쳤을까? 내 시선을 둘 만한 다른 대단한 놀이가 없었던 것일까?

나중에 밝혀졌듯이 250밀리초 동안 나타나는 놀라는 반응은 개인의 기질을 알려주는 지표, 특히 개인이 위협과 위험에 대해 얼마나 격정하고, 민감하게 반응하며, 경계를 늦추지 않는지 정도의 차이를 보여주는 지표 역할을 한다. 놀라는 반응 강도는 전형적으로 눈 깜박임의 강도로 측정되는데 많이 놀라는 사람은 불안과 무서움도 더 많이 경험한다. 이들은 더 심하게 긴장하고 신경과민의 정도도 심하다. 또한 미래 전망도 더 비관적이다. 놀라는 반응은 퇴역군인이 외상 후 스트레스 장애를 어느 정도 보이는지 파악하는 훌륭한 도구가 되기도 한다.

혹시 신경과민이 지나치다 싶은 사람과 함께 사는 문제로 걱정이라면 상대방을 놀라게 한 뒤 자료를 수집해보라. 방법은 간단하다. 상대가 잔에 와인을 따르는 동안 살금살금 다가가 탁자 위에 두꺼운 책을 쿵 내려놓고 관찰하면 된다. 만일 상대가 놀란 나머지 두 팔을 마구 휘저으며 비명을 지른다면, 이 몇 초간의 장면을 통해 그가 삶의 시련과 일상의 스트레스에 대해 어떻게 대처할지 많은 것을 알 수 있다.

내가 부호화 작업의 대상으로 삼았던 실험참가자는 캘리포니아 대학교 버클리 캠퍼스의 학부생들이었다. 실험참가자는 방에 혼자 앉아 가만히 모니터를 응시하고 있었다. 나는 참가자에게 긴장을 풀고 다음 과제가 주어질 때까지 기다리라고 했다. 기다리는 동안 참가자는 일종의 해리성 상태로 빠져들면서 멍 하니 갖가지 상념 속을 헤매고 있었다. 실험참가자가 오이디푸스 콤플렉스가 실제로 의미하는 바가 무엇인지, 길모퉁이에 있는 정신분열증 시인은 뭐라고 소리치고 있는지, 그날의 높은 기온은 지구온난화를 보여주는 또 하나의 징후인지 하는 두서없는 생각 속에 잠겨 있을 때, 갑자기 펑! 하면서 120데시벨의 백색소음white noise이 총알처럼 빠르게 뚫고 지나갔다. 그러면 그야말로 총천연색의 놀라는 반응이 나타난다. 참가자들은 굳은 얼굴로 자기도 모르는 새 움찔했고, 하마터면 의자에서 떨어질 뻔한 사람도 있었다.

그때 나는 뜻밖의 사실을 발견했다. 놀라는 반응이 지나고 난 뒤 첫 프레임에서 사람들은 몸과 마음이 순간 닫혔다가 다시 작동된 것처럼 정화되고 깨끗하게 씻긴 듯이 보였다. 이건 놀라는 반응이 가져오는 기능이었다. 그런 다음 이어진 프레임에서 사람들은 시선을 옆으로 돌렸다. 뭔가 아는 듯이 무안해하는 표정이 얼굴 가득 퍼졌다. 사람들은 누가 엉덩이에 똥침을 놓거나 귀에 대고 음란한 말을 속삭이기라도 한 것 같은 표정이었다. 그다음에는 다윈도 실제로 알아차리지 못한 비언어적 표현이 잠깐 나타났다. 참가자들은 시선을 아래로 떨구고 고개와 몸을 다른 데로 돌리면서 자기를 의식하는 어색한 미소를 보였다. 몇몇은 얼굴을 붉히기도 했고, 더러는 뺨이나 코를 한 손가락으로 또는 두 손가락으로 만지기도 했다.

나는 실험에 참가한 여섯 명의 표정이 담긴 비디오클립을 들고 서둘러 아래층 연구실에 있는 에크만을 찾아갔다. 에크만은 2~3초의 짧은 기록을 검토하는 동안 처음에는 고개를 좌우로 까딱까딱 하더니 그다음에는 얼굴에 미소를 띠면서 아래위로 짧게 까딱까딱 했다. 에크만은 뉴기니 섬 포레이족에게서 이 표정을 보았던 것이다. 그는 감정 표시가 어떠한 진화 과정을 거쳐왔는지 대강의 줄거리를 알고 있었다. 고개를 돌려 나를 바라보는 에크만의 눈이 반짝거렸다. 비디오 클립 속에는 이제껏 이 영역에서 알아차리지 못했던 감정 표시가 들어 있었던 것이다.

빨개진 얼굴을 도표화하다

나는 우선 사람들을 당혹스럽게 만드는 일부터 시작했다. 이는 연구자의 상상력 중 장난스런 면을 마음껏 펼쳐도 좋다고 허가증을 내주는 일이었다. 실험실에서 당혹감을 연출하려고 우리는 대학생들에게 친구들이 보는 앞에서 고무젖꼭지를 빨라고 시켰다. 또 어떤 학생들은 수영복 차림으로 손에 클립보드를 든 채 기록을 했다. 그런가 하면 어떤 실험에서는 사진을 한 장이라도 더 찍고 싶은 탐욕스런 마음에 아이들에게 과도한 칭찬을 퍼부으면서 사진기를 눌러댔다(18개월 이전의 아이들은 매고 있는 턱받이를 없애기만 해도 쉽게 주의를 끌 수 있었다. 하지만 이 아이들은 아무리 관심을 퍼부어도 태연한 반응을 보일 뿐이었다. 반면에 18개월이 지난 아이들은 이렇게 관심을 퍼부었을 때 당혹감을 보였다). 그뿐이 아니었다. 아마도 가장 굴욕스런 실험이 아니었을까 싶은데, 실험참가자들은 극적인 손짓을 하면서 모리스 앨버트의 노래 필링스 Feelings를 불렀다. 게다가 며칠 후에 다시 실험실에 모여, 이 닭살 돋는 영상을 다른 학생들과 함께 봐야 했다.

내가 당혹감에 대한 연구를 시작하기 전 펜실베이니아 대학의 폴 로진Paul Rozin은 두 가지 새로운 방법을 추천했는데, 그전까지 나로서는 감히 사용할 엄두를 내지 못한 방법이었다. 첫 번째 방법에서는 우선 실험참가자 한 명을 엘리베이터에 태웠다. 이 엘리베이터가 다음 번에 서면 한 무리 사람들이 타게 되는데 그전에 나는 엘리베이터 안에 몰래 방귀 냄새를 뿌려놓았다. 그 뒤 새로운 사람들이 눈썹을 올린 채 의혹의 눈길을 보내면서 엘리베이터에 타는 동안, 실험참가자가 당혹감 때문에 몸 둘 바를 모르고 쩔쩔매는 모습을 관찰했다. 두 번째 방법에서는 내가 실험참가자에게 가래가 가득 묻은 손수건을 건네면 실험을 위해 몰래 심어둔 다른 사람이 참가자에게 그 손수건을 사용하라고 했다.

이 방법들은 연극적인 성향을 지닌 내 마음에 쏙 드는 것들이었지만 연구용으로는 모자람이 있었다. 연구에 적합한 당혹감 연출에는 일정한 제한이 따랐다. 우선 프레임별 분석을 통해 얼굴 움직임을 부호화할 수 있게 참가자의 얼굴이 어느 정도 정지 상태를 유지해야 했다(몸이나 고개를 움직일 경우 얼굴 근육 움직임이 흐릿하게 뭉개질 수 있다). 또한 당혹스런 일을 겪은 뒤 참가자가 얼굴 근육을 움직이지 않아야 했다. 그래야 순수하게 당혹감에 수반되는 움직임만 추출해낼 수 있기 때문이다.

나는 이런 제한조건을 감안하여 실험참가자가 엄격한 교관 같은 실험자의 지도 아래 어려운 얼굴 표정을 짓게 했다. 그리고 이를 비디오테이프에 담았다. 우리가 요구한 얼굴 표정은 다음과 같다(주변에 지켜보는 사람이 없으면 직접 시도해보라).

1. 눈썹을 올린다.
2. 한쪽 눈을 감는다.
3. 입술을 오므린다.
4. 뺨을 부풀린다.

실험자는 훈련교관의 날카로운 눈을 유지하면서 참가자가 요구사항에서 벗어날 때마다 곧바로 이를 지적했다("눈썹을 계속 올리고 계세요.", "지금 눈이 깜빡거려요. 그냥 한쪽 눈만 계속 감고 계세요.", "이제 입술을 다물어요. 그렇다고 힘을 주어 입술을 늘이며 다물지 말고 입술을 오므리세요.", "뺨을 부풀리는 것도 잊지 마시고 혀는 내밀지 마세요." 등). 대체로 참가자들은 30초 동안 힘들게 노력한 후에 표정을 완성했는데, 그런 후로도 10초 동안 그 표정을 유지해야 했다. 참가자의 얼굴 근육이 떨렸고 미소를 끝까지 유지하려고 버티는 동안 이들은 특징적인 징후를 보였다.

영원히 비디오테이프에 기록될 자신의 모습이 어떨지 상상하면서 힐끔힐끔 미심쩍은 곁눈질을 하는 것이었다. 이들은 마치 맥주를 마시고 취한 포파이가 거절당할 것이 분명한데도 올리브가 입 맞춰 주기를 기대하며 입술을 쭉 내밀고 있는 것 같은 모습이었다. 또한 괴상한 농담이나 부조리 연극의 한 장면 같기도 했다. 이런 표정으로 10초 간 버티고 난 뒤 참가자는 이제 휴식을 취하라는 지시를 받았다. 휴식 이후 몇 밀리초라는 짧은 시간이 바로 내가 애초에 노렸던 목표이다. 이때 비로소 당혹감의 표정이 나타난다.

비디오테이프를 손에 넣은 나는 사방이 크림색 벽과 서류함으로 둘러싸이고 전기 플러그와 전선, 비디오테이프가 가득한 에크만 연구소의 부호화 방에서 여름 내내 지냈다. 20밀리초 동안의 시선 움직임을 도표화하고, 당혹스런 어색한 미소의 특징을 나타내는 특정 근육의 움직임을 식별해내는 등 15초짜리 필름을 부호화하는 데 30분이 걸렸다. 그 당시 대다수 과학자는 당혹감의 표시가 일련의 혼란스런 행동으로 뒤범벅되어 나타난다고 여겼다. 실제로 내 실험참가자들은 다소 흔들리고 불확실하며 정리되지 않은 모습을 보였다.

그러나 프레임별로 나누어 세밀하게 분석한 결과 전혀 다른 그림이 나타났다. 이 그림은 다윈의 영향을 받아 분석해낸 감정 표현의 그림과 일치하였다. 다윈의 영향을 받은 견해에서 볼 때 감정 표현이란 우리가 특정 행동에 나설 것임을 무의식이 있는 그대로 보여주는 것이다. 예를 들어 화난 표정은 곧 공격적인 행동이 나타날 가능성이 있다는 것을 다른 사람에게 알려주며, 값비싼 대가가 따를 공격적 부딪침을 막기 위한 행동을 다른 사람에게 촉구한다. 이 관점에서 볼 때 감정 표현이란 고도로 조절된 정형화된 행동 형태이며, 사회적 상호작용에 미치는 이로운 효과를 바탕으로 수천 세대에 걸친 진화 과정에서 다듬어져왔다. 진화를 거쳐 다듬어진 표정은 순식간에 대개는 2~3초 만에 나타났다가 사라진다. 이처럼 감정 표현이 짧은 순간 동안 나타나는 이유는 부분적으로는 특정 얼굴 근육의 움직임이 유지될 수 있는 시간이 제한되어 있기 때문이다.

또 다른 이유는 특정 얼굴 표정을 통해 해결하려는 요구의 긴박성 때문이다. 예를 들면 포식자가 다가오고 있다든가, 어린애가 위험한 곳으로 달려가고 있다든가, 많은 구혼자 가운데 가능성 있는 상대가 순간적으로 관심을 보인다든가 하는 경우이다. 무의식적인 감정 표현은 감정과 관계없는 표정에 비해 여러 가지 순간적인 역동성을 보인다. 무의식적인 감정 표현은 짧은 순간 겉으로 드러나지만, 감정 표현의 시작과 끝 사이에서 점진적인 표정 변화를 거친다. 이와 달리 상냥한 미소나 입을 삐죽거리는 표정, 강렬한 눈빛으로 쳐다보는 표정, 도발적으로 입술을 내미는 표정 등은 순식간에 얼굴에 나타나 몇 분, 몇 시간, 며칠, 어떤 안타까운 영혼의 경우에는 평생 동안 지속될 수도 있다.

당혹감을 나타내는 요소로 도표에 기록된 것들은 2~3초 만에 순간적으로 스쳐 지나가는 표시이지만 고도로 조절된 양상을 띤다. 어색한 얼굴 표정을 한동안 짓고 있던 참가자는 그 후 0.75초 이내에 시선을 아래로 내리고, 그다음 고개를 옆으로 (대개는 왼쪽으로) 돌린 뒤 다시 0.5초 이내에 시선을 아래로 내리고 목을 드러낸다. 이렇게 고개를 아래로 왼쪽으로 움직이는 동안 미소를 띠는데, 대개 이 미소는 2초간 유지된다. 미소의 시작과 끝에 마치 책을 바로 세워 정리하는 북엔드처럼 다른 입술 움직임이 각기 나타나는데, 이는 미소를 제어하는 동작이다. 대개는 입술을 빨거나 입술을 꽉 누르거나 입술을 오므리는 움직임을 보인다.

또한 고개가 아래 왼쪽으로 향해 있는 동안 몇 가지 이상한 움직임

사진 13 | 당혹감을 나타내는 표정

을 보인다. 두세 번 힐끗거리며 위를 올려다보고 종종 얼굴을 만지기도 한다. 이와 같이 3초간 이어지는 일련의 행동은 혼란스런 움직임이 뒤범벅된 것과는 거리가 멀다. 여기에는 타이밍이 있고, 패턴화된 형태가 있다. 또한 진화를 거쳐온 신호의 전반적인 흐름이 있고, 부드럽게 점진적으로 시작되었다가 부드럽게 점진적으로 끝난다.

갈등을 치유하는 당혹감

미소, 비웃음, 혀 날름 내밀기, 눈썹 씰룩거리기 등 얼굴 표정 속에 담긴 깊은 의미를 이해하기 위해 연구자들은 다윈이 처음으로 시도했던 작업, 즉 다른 생물종의 표정으로 관심을 돌릴 수 있다. 다른 동물을 관찰함으로써 오늘날 우리가 목격하는 많은 표정 속에 담겨 있는 심층적인 힘의 작용을 알아낼 수 있다. 또한 특정 표정이 나오게 되는 상황(음식을 나눠 먹거나, 경쟁자와 싸우거나, 마구 난동을 피우거나, 연약한 자식을 돌보는 상황)을 알게 된다. 그리고 표정은 빙산의 일각일 뿐이며 그

바탕에는 더 복잡한 행동 체계, 예를 들어 음식을 먹고, 새끼에게 모유를 먹이고, 공격하고, 방어하는 행동 체계가 자리 잡고 있다는 것을 알게 된다.

키스를 생각해보자. 이를 얼굴 움직임 부호화 시스템 용어로 말하면 입술을 내밀어 깔때기 모양으로 만드는 단순한 동작(AU18과 AU22)을 일컬으며, 이 움직임이 좀 더 선정적인 단계로 들어갔을 때에는 혓바닥 내밀기(AU29)로 표현된다. 문화권이 달라지면 키스 방법도 달라진다고 알려져 있다. 아마존 부족이나 소말리아 사람은 공공장소에서 키스를 거의 하지 않거나 전혀 하지 않는다. 또한 입맞춤의 대상이 친구인지, 정치인인지, 아이인지, 애인인지에 따라 각기 다른 입맞춤 방법이 있다. 키싱사이트닷컴kissingsite.com을 방문해 보면 애인끼리 나누는 키스 방법이 아래턱을 핥는 방법에서 가만히 숨결을 주고받는 방법까지 열세 가지나 된다는 것을 알 수 있다. 게다가 개개의 극단적인 방식도 존재한다. 어느 이탈리아 커플은 무려 31시간 18분 33초 동안 키스를 했다. 1991년 알프레드 울프람Alfred Wolfram은 미네소타에서 열린 르네상스 박람회에서 8시간 동안 8,001명과 키스하기도 했다.

키스가 이처럼 어마어마한 다양성을 보인다는 사실을 접하고 나면 아마 평화를 상징하는 V자 손가락 표시나 블랙베리, 포크, 넥타이처럼 키스도 문화의 인공물이라고 생각하고 싶은 마음이 들 것이다. 키스를 하는 문화가 있는가 하면 그렇지 않는 문화도 있으며, 각기 다른 문화권 사람들은 키스를 활용하는 방법에도 큰 차이를 보인다. 사실 몇몇 인류학자들은 키스에 대해 그런 주장을 펴기도 한다. 그들은 고대 동굴 벽화에 키스하는 모습이 남아 있지 않다는 점을 근거로 제시하며, 인류는 기원전 1,500년경 키스를 발명했고 그 후 인도를 기점으로 점차 서쪽으로 확산되었다고 주장한다. 특히 로마인이 황제의 반지나 다른 생물에 입을 맞추는 등 수많은 공공의식에 키스를 접목시켜 유럽 전역으로 널리 확산되었다고 한다.

이런 주장은 우리가 생물종 비교연구를 통해 알아낸 사실을 무시하고 있다. 우리의 영장류 조상은 어린아이가 음식물을 소화시킬 수 있게 음식물을 미리 씹어서 부드럽게 만든 뒤 입맞춤을 통해 아이에게 먹였다. 이레노이스 아이블 아이베스펠트Irenäus Eibl-Eibesfeldt는 산업화 이전 문명을 연구하여 이 같은 사실을 입증한 바 있다. 부모와 자식 간에 음식물을 나눠 먹는 것이 애초 키스가 생기게 된 진화적 배경일 것이다. 영장류는 협력적인 삶의 방식 속에서 이러한 보상적 행동을 친선관계의 행동으로 확대시켰다. 이들은 다른 사람이 좀 더 가까이 다가오게 유인하려는 표시로 입맛을 다시며 입술을 내밀었다(《그림 3》 참조). 인간의 키스는 우리와 가까운 영장류가 음식을 나눠 먹던 행동에서 유래한 것이다.

그럼 당혹감 표시에서 나타나는 시선 회피, 고개 돌리기, 얼굴 만지

그림 3 | 입술을 삐죽 내밀고 있는 영장류

기, 수줍은 미소는 어떤 진화적 힘으로 생겨났을까? 나는 인간이 아닌 영장류에게서 나타나는 갈등 완화 및 화해에 대한 연구에서 이 물음에 대한 답을 찾았다. 프란스 드 발은 오랫동안 마카크macaque(아시아와 아프리카에 서식하는 짧은꼬리원숭이_옮긴이), 침팬지, 보노보 등 여러 영장류가 싸운 뒤에 보이는 행동을 연구했다. 이 연구가 나오기 전까지는 하나의 명확한 가정이 여기저기 분산된 가설 속에 들어 있었다. 공격적인 싸움을 벌인 뒤 양쪽은 가능한 한 서로 멀리 떨어질 것이며, 이는 자기를 방어하는 안전한 적응행위라는 가정이었다.

하지만 드 발은 널리 알려진 가정과는 다른 행동 형태를 목격했다. 그가 관찰한 영장류들은 싸우고 나서 서로 멀리 떨어지는 게 아니라 오히려 가까이 붙어서 많은 시간을 보냈다. 영장류는 생존과 번식이라는 기본 과제를 서로 의지해서 풀어가야 하기 때문에 이런 행동 형태를 보이는 이유를 쉽게 이해할 수 있다. 드 발은 좀 더 세밀하게 관찰하면서 영장류가 싸우는 동안에 어떻게 화해하고 협력 관계를 회복하는지 알아냈다.

공격을 하거나 싸우는 동안 힘이 약한 쪽이나 패한 쪽이 먼저 다가가 치아를 드러내면서 싱긋 웃거나 고개를 숙이거나 뭐라고 중얼거리며 말을 붙이는 등 순종적인 행동을 보인다. 이런 행동은 친화적인 털 손질, 신체 접촉, 포옹을 부르며 서로 싸우던 양측을 화해시킨다. 인간이 아닌 영장류는 이런 식으로 화해 과정을 거치면서 불과 몇 초 만에 목숨을 위협하던 싸움을 끝내고 서로의 등을 두드리면서 애정 어린 포옹을 나눈다.

나는 푸른 발 부비에서 2,000킬로그램이나 나가는 코끼리바다표범에 이르기까지 여러 생물종을 대상으로 갈등 완화 및 화해 과정을 연구한 마흔 편의 글을 검토했다. 그리고 그 과정에서 당혹감의 진화적 기원을 정확히 찾아냈다. 당혹감은 화해의 표시이며, 거리감이 있거나 공격 가능성이 있는 상황에서 사람들을 한데 묶어주는 감정 표시였다.

다윈이 했던 방식대로 당혹감을 행위별로 나누어 살펴보자. 시선 회피는 중단을 의미하는 행위다. 지속적으로 눈을 마주치는 감정 표시는 현재 하고 있는 일을 지속시키지만 시선 회피는 빨간 신호등처럼 지금까지 일어난 일을 중단시킨다. 우리 실험에서 당혹스러워했던 참가자들은 얼른 시선을 피함으로써 이전 상황에서 빠져나왔다. 그들은 명백한 이유 때문에 상황 종결을 표시한 것이다. 당혹감은 우리의 평판을 더럽히거나 사회적 위치를 위험하게 만드는 행동에 뒤이어 생긴다. 예를 들어 결례되는 행동, 신분 혼동(누군가의 이름이 생각나지 않는 것), 사생활 방해(샤워 부스에 사람이 있는데 욕실에 들어간 것), 신체 통제력 상실(방귀를 뀌거나 비틀거리는 것) 등이 여기에 속한다.

그러면 고개를 돌리고 아래로 숙이는 것은 어떻게 된 일일까? 돼지, 토끼, 비둘기, 메추라기, 아비阿比, loon(아빗과의 바닷새로 크기는 갈매기와 비슷하며 발에는 물갈퀴가 있다_옮긴이), 도롱뇽 등 다양한 생물종은 갈등을 완화하고자 할 때 고개를 아래로 숙이거나 옆으로 돌리거나 아래위로 흔들거나 몸을 움츠리는 자세를 취한다. 이런 행동은 신체 크기를 줄이고 자신의 취약 부위를 드러낸다(사람이 당혹감을 표시하는 경우에 드러내는 취약 부위는 목과 경정맥이다). 또한 자신이 약하다는 것을 나타낸다. 다윈 역시 어깨를 으쓱하는 행동에 대해 비슷한 분석을 내놓았다. 어깨를 으쓱하는 행동에는 대체로 무지(지적인 측면에서 약점이다)를 인정하는 의미가 내포되어 있으며 지배를 나타내는 몸 부풀리기 자세와 반대 모습이다. 다른 종이 취하는 갈등 완화 행위와 마찬가지로 당혹감 표시 속에는 약함, 겸손, 사양이 담겨 있다.

당혹스런 미소에는 미묘하게 변형된 단순한 이야기가 들어 있다.

미소는 애초 영장류가 두려움으로 얼굴을 찡그리거나 치아를 드러내고 싱긋 웃는 웃음에서 비롯되었다. 동물원에 가서 침팬지나 마카크를 관찰해보라. 힘이 약한 놈이 강한 동료 옆으로 다가갈 때 바보처럼 싱긋 웃는 모습을 볼 수 있을 것이다. 그러나 당혹스런 미소는 단순한 미소와는 약간 다르다. 당혹스런 미소를 지을 때는 입 근육이 움직여 다른 모양의 미소를 만들어낸다.

당혹스러울 때 가장 많이 나타나는 것은 힘을 주어 입술 주름을 옆으로 펴는 미소로 이는 금지의 표시다. 사람들은 거리에서 낯선 사람을 만나면 종종 이같이 살짝 미소를 지으며 서로에게 인사를 한다. 입술을 내미는 동작 역시 흔히 볼 수 있다. 이 동작은 일종의 가벼운 키스 같은 것으로, 2~3초간 당혹스런 미소를 지으며 화해를 시도하는 동안 이 미소를 치장하려는 행동이다. 많은 영장류는 화해하면서 성적인 동작을 취하기도 한다. 엉덩이 내보이기, 생식기 만지기, 생식기끼리 접촉하기, 성행위를 하듯 올라타기 등이 대표적이다.

인간은 공격 흐름을 차단할 때 음란한 방법을 동원하지 않는 대신에 당혹감을 드러내는 동안 입술을 살짝 내미는 등 애정의 표시를 보여주면서 마음을 따뜻하게 하고 다른 사람을 가까이 불러들인다. 이성에게 연애를 걸거나 구애할 때 당혹스런 표정이나 수줍은 미소가 꽤 자주 이용되는 이유도 바로 이 때문이다.

당혹감의 표시 중에서 얼굴 만지기는 가장 설명하기 힘든 동작이다. 몇몇 영장류의 경우 갈등을 완화하려 할 때 얼굴을 가리는 일이 있다. 심지어는 토끼도 앞발로 코를 문지른다. 인간의 얼굴 만지기에는 많은 기능이 숨어 있다. 얼굴을 만지는 동작이 스스로를 진정시키는 작용을 할 때가 있는가 하면(뒷머리를 반복적으로 두드리는 동작) 상징적인 의미를 지닐 때도 있다(눈 안쪽을 문지르는 동작은 슬픈 느낌을 주고,

공작 꼬리처럼 머리카락을 펼쳐서 날리는 동작은 이성을 유혹하는 느낌을 준다). 얼굴을 만지는 동작이 마치 무대 커튼 같은 작용을 하여 사회생활이란 드라마에서 한 막이 끝나고 다음 막이 시작됨을 알리는 의미를 지니기도 한다. 어떤 정신분석학자는 우리의 자아의식이 어디론가 사라져버린 것 같은 사회적 만남 속에서 자신이 존재한다는 사실을 스스로에게 일깨우려고 얼굴을 만진다고 주장하기도 했다.

인간의 당혹감 표시에서 얼굴을 만지는 동작이 어떤 유래를 갖고 있는지 알려주는 한 가지 단서를 한 실험참가자에게서 엿볼 수 있었다. 그녀는 원래 놀라는 반응을 연구하는 실험에 참가했던 사람인데, 놀라는 반응을 보이고 난 뒤 (마치 공격을 피하는 것처럼) 고개를 당겨 어깨를 으쓱하고는 두 손을 번쩍 올렸다. 얼굴을 만지는 것은 손으로 눈을 가리는 동작이 보여주듯이 특정 상황에서 벗어나려는 의미가 담겨 있는가 하면 마치 방어 자세의 나머지 동작을 취하는 것처럼 보이기도 한다. 자기방어 역시 당혹감 속에 들어 있는 한 가지 요소였다.

다른 종에게 나타나는 갈등 완화의 표시를 살펴보는 동안, 수천만 년에 이르는 영장류 진화 과정에서 이러한 행위가 형성된 사회적 배경이 뚜렷한 모습을 드러냈다. 이 간단한 행위 속에는 금지, 약함, 겸손, 성적 유혹, 방어의 표시가 한데 어우러져 있으며, 이 모든 것이 한데 엮여 2~3초 동안의 행위로 나타난다. 이 행위 속에 담긴 과제는 갈등을 중재하고, 많은 희생이 따르는 공격이나 갈등을 예방하며, 사람들을 결속시키고, 협력적 유대관계를 회복하는 것이다. 우리는 당혹스러울 때 아마 혼자만 소외된 채 문제점을 안고 있는 것처럼 느낄지도 모른다. 하지만 이런 복잡한 감정을 느끼고 이를 행위로 표현하는 것은 용서와 화합을 불러오는 원천이 된다. 아울러 보완의 의미도 분명히 있을 것이다. 당혹감이 없다는 것은 사회계약을 저버렸다는 것을 의미하기 때문이다.

도덕적 의무감을 보여주는 희미한 징후들

가장 가까운 관계가 스피드데이트(독신 남녀가 애인을 찾으려고 여러 사람을 돌아가며 잠깐씩 만나 보는 행사_옮긴이)와 같은 방식으로 정해진다고 상상해보라. 누구를 평생의 친구로 삼을지, 누구를 배우자나 직장 동료로 선택할지 정하기 위해 딱 한 가지 질문만 할 수 있다면 어떤 질문을 던질 것인가? 어머니에게 정기적으로 안부 전화를 겁니까? 기르는 고양이를 어떻게 대합니까? 개미를 밟지 않으려고 몸을 휙 틀어본 적 있습니까?

이 같은 사고실험이 다소 황당하게 느껴질지도 모르지만 사실 이 방법은 협력의 진화적 기원을 분석하는 것과 매우 유사하다. 다른 사람과의 관계에서 착하게 행동하다 보면 많은 희생이 따르고, 마음이 인색한 사람에게 이용당할 가능성이 있다. 협력에 희생과 위험이 따르는 상황에서 우리는 성실과 정직, 친절과 진실성을 보여주는, 말로 표현되지 않는 미묘한 표시를 찾게 된다.

내가 만일 스피드데이트 같은 낯선 도덕 세계에 참여한다면 나는 상대에게 최근에 당혹감을 느낀 경험을 말해 달라고 할 것이다. 그런 다음 시선을 집중해서 상대의 얼굴에 당혹감이 서서히 번져가는 모습을 자세히 관찰할 것이다. 당혹감이란 낯선 사람과의 관계에서 보이는 정중함, 매너, 사회 관습이라고 할 수 있는데, 사회생활의 피상적인 측면과 밀접하게 관련된 감정을 내가 이토록 신뢰하는 이유는 무엇일까?

당혹감 속에는 개인이 다른 사람의 판단에 대해 어떤 존중 의식을

사진 14 | 도덕적 영웅의 미소

부처 조각상 　　　 간디 　　　 달라이 라마 성하

갖고 있는지 알려주는 짧은 진술이 들어 있기 때문이다. 또한 우리를 한데 묶어주는 규칙에 대해 개인이 어느 정도 배려하는지도 당혹감을 통해 알 수 있다. 시선 회피, 고개 옆으로 숙이기, 수줍은 미소, 그리고 (몇몇 사람에게서 보이는) 얼굴을 만지는 행위는 개인이 도덕 질서에 대해 어떤 책임의식을 갖고 있는지 보여주는 가장 유력한 비언어적 단서다. 사회학자 어빙 고프먼Erving Goffman의 표현을 빌리면 당혹감이라는 비언어적 단서는 "헌신 행위이며… 이 속에서 행위자는 상대와 자신의 관계를 알고 분명히 확인한다."

이러한 가설(당혹감의 표시가 도덕적 의무감을 나타내는 희미한 징후라는 가설)을 검증할 수 있는 한 가지 방법이 있다. 도덕적 영웅을 연구하여 그들이 일반인과는 다른 당혹감과 겸손을 보이는지 알아보는 방법이다. 다시 말해 도덕적 영웅이 마음속에 품어온 겸손과 경의, 존중 의식이 일상적인 얼굴 표정에 나타나 있는지 살펴보는 것이다. 사람들은 간디나 달라이 라마 같은 사람들의 미소 속에 깊은 겸손이 담겨 있는 것을 보고 큰 충격을 받는데, 이들의 표정을 살펴보면 내가 입증해 보인 당혹감의 요소들, 즉 시선 회피, 입술 옆으로 펴기, 살짝 머금은 미소 등이 나타난다.

나는 또 다른 극단적인 사례, 즉 폭력 성향을 가진 사람도 살펴보기로 했다. 내 명제는 단순하다. 당혹감 표시가 다른 사람에 대한 존중 의식과 도덕적 의무감을 반영한다면 상대적으로 당혹감을 보이지 않는 사람에게서는 반사회적 행동 성향이 나타나며, 가장 극단적인 형태로는 폭력성이 나타날 것이다. 이 가설을 검증할 첫 번째 연구에서 나는 폭력 성향을 보이는 젊은이들에게 초점을 맞추었다. 이들은 임상 연구에서 외면화 성향을 가진 사람(공격적인 행동을 저질러 자기 안의 혼란을 겉으로 드러내는 사람)으로 알려져 있으며, 싸움을 하고, 남을 괴롭히고, 물건을 훔치고, 방화를 하고, 공공시설 파괴를 일상적으로 저지른다.

나는 열 살짜리 소년들이 백과사전에 답이 나와 있는 질문('기압계란 무엇인가?', '찰스 다윈은 누구인가?' 등)에 답하면서 대화식 지능검사를 받는 동안 이들을 관찰했다. 지능검사 문항은 모든 아이가 몇 가지 틀린 답을 내놓게 구성되어 있었다. 이 연구에 참가한 아이들은 학문적 내용에 대답하지 못할 때 감정적인 반응을 보였다. 화를 내며 노려보는 아이도 있었고, 불안감 때문에 눈썹이 팽팽하게 당겨진 모습을 보인 아이도 있었다. 그리고 가장 대표적으로 나타난 모습은 이제 우리가 익히 알고 있는 당혹감의 징후들이었다. 도덕적 의무감과 관련해서 내가 내린 가설대로 사회에 잘 적응한 아이들이 가장 당혹스런 표정을 보였으며, 이들이 지능검사가 실시되는 동안 보여준 지배적 반응 역시 당혹감이었다.

이들은 자신의 성취 결과에 대해 걱정하는 마음을 보였는데 아마도 교육제도에 대한 깊은 존중 의식에서 비롯되었을 것이다. 이와 달리 외면화 성향을 가진 아이들은 당혹감을 거의 보이지 않았으며 전혀 보이지 않는 아이도 있었다. 그 대신 성질을 내거나 더러는 화난 표정을 짓기도 했다(한 소년은 실험자가 검사실을 나가자 카메라를 향해 손가락질을 하기도 했다). 미묘하게 스쳐 지나가는 당혹감의 표시는 우리가 사회적·도덕적 질서와 더 큰 선에 대해 어느 정도 의무감을 갖고 있는지 보여주는 확실한 지표였다.

신경과학자 제임스 블레어James Blair는 이른바 '후천적 사이코패스', 즉 뇌 손상으로 반사회적 성향을 보이는 사람들을 연구하여 당혹감과 폭력성에 관련된 이 연구를 더욱 진전시켰다. J. S.라는 이니셜을 가진 한 환자는 전기 기술자였는데 50대 중반의 어느 날 갑자기 쓰러져 의식을 잃었다. 병원에 입원한 그는 난폭하게 성질을 부리는 것으로 유명했다. 다른 환자에게 가구를 던지기도 하고, 여자 환자가 무서워서 비명을 지르는데도 그녀가 타고 있는 휠체어를 거의 롤러코스터와 같은 속도로 밀고 방향을 획획 바꾸거나 유턴을 하기도 했다. 여자 간호사를 더듬는 것은 거의 일상적인 일이었고, 한 번은 바퀴 달린 환자용 들것을 타고 병원 복도에서 서핑을 하기도 했다.

블레어의 연구에서 J. S.는 학습 능력이나 얼굴 인식 능력, 얼굴을 보고 여자인지 남자인지 인식하는 능력에서는 정상적인 모습을 보였다. 손뼉을 치거나 그의 이름을 소리 내어 부를 때에도 정상적인 생리 반응을 보였다. 또한 삽화 속에 간단하게 묘사된 인물의 행동을 설명할 때에도 정상적인 능력을 보였고, 다른 사람의 심리 상태를 이해하는 점에서도 일반적인 문제를 앓고 있는 것 같지 않았다.

J. S.에게는 다름 아닌 당혹감이 결여되어 있었다. 그에게 각기 다른 상황에 놓인 가상의 인물과 그에 어울리는 감정을 연결하게 했다. 상을 받는 등 행복한 상황에 놓인 인물도 있었고 일자리를 잃는 등 불행

한 상황에 놓인 인물도 있었다. 그런가 하면 카페에서 미끄러져 탁자 사이에 그대로 나자빠진 당혹스런 상황도 있었다. J. S.는 행복이나 불행의 느낌을 가상의 인물과 거의 정확하게 연결시켰다. 그는 성취나 상실에 관련된 감정을 추론해낼 수 있었던 것이다. 그러나 당혹스런 상황을 당혹감과 연결시켜야 할 때에는 한 번도 제대로 해내지 못했다.

블레어는 J. S.가 화난 표정과 혐오스런 표정을 담은 슬라이드 사진을 보고 어떤 반응을 보이는지도 연구했다. 이런 종류의 표정은 종종 도덕적 반감을 나타내며 우리에게 당혹감을 불러일으킨다. 그럼 도덕적 반감의 징후를 보고 J. S.는 어떤 반응을 보였을까? 그는 그 징후를 통해 전달되는 감정의 실체를 인식하는 데 커다란 어려움을 겪었다. 비교군 참가자들과 달리 그는 피부 전도 반응, 즉 손가락 피부 밑에 있는 작은 땀샘에서 땀이 나는 반응도 보이지 않았다. 그의 신체는 다른 사람의 판단에 반응하지 않았다.

J. S.는 안와전두피질에 손상을 입었는데, 안와전두피질이란 두개골의 눈구멍이 있는 부위에 들쭉날쭉하게 솟아 있는 전두엽을 말한다. 이 부위는 주로 추락 사고나 자전거 또는 오토바이 사고로 손상되는 경우가 많은데, 추락하는 동안 뇌가 밀치락달치락 하면서 눈구멍 뒤편의 뼈에 부딪쳐 파이기 때문이다. 이 부위의 손상이 J. S.의 추론 능력에는 아무 해를 입히지 않았지만 당혹감을 느끼는 능력을 파괴한 것이다. 실제로 그는 그보다 더 큰 것도 잃어버렸다. 상대를 달래고, 상대와 화해하며, 상대를 용서하고, 사회적·도덕적 질서에 참여하는 능력을 잃어버린 것이다.

이 두뇌 부위에 대해 좀 더 심층적인 연구가 나온다면 에드워드 마이브리지가 나무에 부딪쳤던 운명의 날에 그의 몸 안에서 어떤 변화가 일어났는지도 알려줄 수 있을 것이다.

마이브리지의 염치없는 두뇌

에드워드 마이브리지는 사고 후 의식을 되찾았을 때 이상한 기분이 들었다. 냄새나 맛을 느낄 수 없었고 하나의 물체가 둘로 보이는 복시 현상도 나타났다. 마이브리지 자신이 표현했듯이 그는 "생각이 뒤죽박죽 혼란스러웠다." 이 혼란스런 생각의 한 가운데 자리 잡고 있던 것이 아마 다른 사람과의 관계 단절이라는 새로운 증상이었을 것이다. 이 증상은 사람들을 서로 묶어주는 섬세한 협력 행위와 관습이라는 풍부한 연결망이 갑자기 보이지 않는 상태라고 할 수 있었다.

J. S.와 마찬가지로 마이브리지가 손상을 입은 안와전두피질은 도덕 감정과 관련된 명령중추라고 볼 수 있다. 해부학적으로 볼 때 안와전두피질은 중뇌의 한 부분인, 작은 아몬드 모양의 편도체가 보내는 정보를 받는데, 편도체는 대상이 좋은지 나쁜지 1밀리초 만에 무의식적으로 판단을 내린다. 또한 안와전두피질은 고통과 위해를 판단하는 데 관여하는 대상피질이 전달하는 정보도 받는다. 그리고 안와전두피질은 부드럽게 팔을 어루만지면 활성화되는데, 이는 이 부위가 사람 간의 신체 접촉을 탐지한다는 것을 나타낸다. 사람의 신체 접촉은 친밀하고 평등한 관계에 대한 정보나 감사, 연민을 전달하는 데 매우 중요한 역할을 한다. 또한 안와전두피질은 우리가 연민을 느낄 때 활성화되는 미주신경의 정보도 받는다.

이처럼 다양한 기능을 담당하지만 정말 신기하게도 안와전두피질 손상은 언어와 기억, 감각 처리 과정을 손상시키지 않는다. 이는 J. S.에 대한 블레어의 연구에서도 드러난 사실이다. 이 부위가 손상된

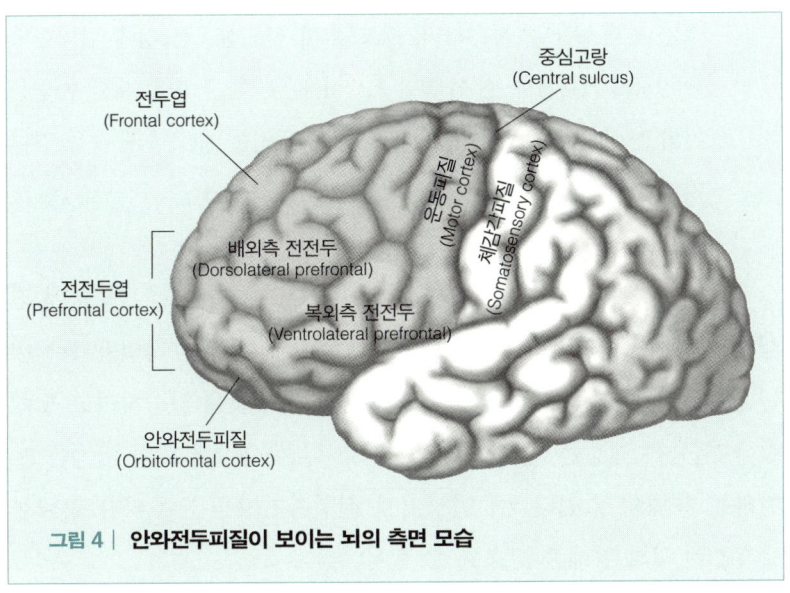

그림 4 | 안와전두피질이 보이는 뇌의 측면 모습

환자는 어느 문법학자라도 만족할 만큼 유창하게, 가장 까다로운 논리학자도 만족할 만큼 설득력 있게 말할 수 있다. 차가운 이성은 아무런 손상을 입지 않은 채 여전히 예전 상태를 유지한다. 그러나 안와전두피질이 손상된 사람은 충동적인 사이코패스로 바뀌기 쉽다.

우리는 이 부위가 손상된 사람들에 대한 사례연구를 통해 이 같은 사실을 확인할 수 있다. 이들 가운데 가장 유명한 사람이 피니어스 게이지Phineas Gage다. 그는 버몬트에 있는 러틀랜드 앤 벌링튼 철도회사에서 작업하던 도중 6킬로그램 정도 되는 철근 조각이 왼쪽 볼 아래로 들어가 두개골 위쪽 끝으로 관통하는 사고를 당했다. 게이지는 사고를 당하기 전까지 모든 이로부터 한결같이, 사려 깊고 신뢰할 만하고 훌륭한 사람이라는 평가를 받은 청년이었다. 하지만 이 사고는 그를 전혀 다른 사람으로 바꿔놓고 말았다. 게이지를 돌보았던 의사 존 할로우John Harlow는 게이지에 대해 이렇게 기록했다.

그는 변덕스럽고, 불손하며, 때로는 지극히 상스런 것에 탐닉한다 (이전까지 그에게서 볼 수 없던 모습이다). 또한 동료에 대한 존경을 거의 보이지 않으며, 자신의 욕구와 충돌하는 충고나 구속을 견디지 못한다.

제니퍼 비어Jennifer Beer 및 로버트 나이트Robert Knight와 함께 진행한 안와전두피질 환자 연구에서 우리는 냉정한 추론 작업을 잘해내는 이 환자들이 당혹감의 기술을 잃어버렸다는 것을 입증하려고 노력했다. 이들은 갈등을 완화하고 조정하고 다른 사람에 대한 걱정을 표현하는 능력이 없었다. 이 연구에서 실험참가자들은 우리가 준비한 당혹스런 덫과 장애물 코스를 잘 헤쳐나갔다.

우리는 우선 실험참가자들이 낯선 사람에게 자신의 개인적인 경험을 털어놓게 했다(이런 과정을 거치면 실제 관계에 어울리지 않게 친밀감을 느낄 가능성이 높아진다). 그런 다음 참가자들에게 방금 만난 매력적인 여자 실험자에게 별명을 붙이거나 화를 돋우는 이야기를 지어내 여자 실험자를 놀려보라고 했다. 그리고 마지막으로 당혹감을 비롯한 여러 가지 감정이 담긴 얼굴 표정 사진을 환자들에게 보여주고 그들의 반응을 관찰했다.

우리가 연구 대상으로 삼았던 환자들은 험한 눈초리를 한 길거리의 사이코패스처럼 조심성 없는 충동을 드러내며 이 과정을 빠르게 밟아나갔다. 개인적 경험을 털어놓는 감정 과제를 수행할 때 비교군 참가자들은 누군가의 이름이 생각나지 않거나 농담을 제대로 이해하지 못해서 당혹스러웠던 일에 대해 이야기했다. 반면에 안와전두피질 환자들은 낯선 사람과의 만남이라기보다는 치료 과정에 어울릴 법한 경험을 이야기했고, 더러는 성적인 경험까지도 자세히 설명했다. 친밀함의 경계를 넘어 도가 지나치면 상대가 당혹스러울 수 있으므로 자제해야 하는데도 이들은 자제하는 모습을 보이지 않았다. 한 환자는 새로 알게 된 사람, 즉 실험자에게 자신이 겪은 당혹스런 일에 대해 다음과 같이 말했다.

"나는 여자 친구와 함께 상점 탈의실에 있다가 발각되어서 당혹스러웠던 적이 있어요."

낯선 사람을 놀려대는 과정에서도 안와전두피질 환자들은 적절하지 않은 방식을 사용했고, 더러는 음란한 방법을 동원하기도 했다. 이들이 생각해낸 별명에는 늘 실험자를 겨냥한 성적 암시가 담겨 있었다. 한 환자는 자신과 실험자에게 적당한 기회가 주어지자 둘이 실제로 어느 정도까지 깊은 관계를 맺을 수 있을지에 대해 농담했다. 비교군 참가자들과 달리 안와전두피질 환자들은 상대를 놀리거나 기이한 행동으로 상대를 도발할 때조차 당혹감을 보이지 않았다.

마지막으로 다른 사람의 감정을 판단하는 과정에서 안와전두피질 환자들은 사진을 보면서 행복, 즐거움, 놀람 같은 얼굴 표정은 잘 판단하면서도 당혹감을 알아보는 데는 서툴렀다. 이들은 다른 사람이 괴로워해도 전혀 반응을 보이지 않는 사이코패스와 비슷한 반응을 보였다.

당혹감은 부도덕한 행동에 대해 경고하고 우리가 사회의 조화를 깨뜨리지 않게 막아준다. 당혹감은 우리가 잘못된 행동을 했다는 깨달음과 다른 사람의 판단에 대한 존중 의식을 표현한다. 또한 용서와 화해의 일상적인 행동을 불러일으키는데, 이 용서와 화해가 없다면 우리 사회는 사리사욕을 추구하는 아귀다툼으로 넘쳐날 것이다. 추론 영역에서는 아무 문제가 없었던 안와전두피질 환자들은 이 같은 당혹감의 기술을 상실했고 더불어 겸손의 미묘한 윤리도 잃어버렸다.

겸손의 윤리

철학자들은 은유를 사용해서 도덕 감정을 설명하는데, 인간을 공동의 대의 아래 결속시키는 생동하는 자연이 은유의 중심에 놓이는 경우가 많다. 영국 계몽주의 철학자들은 동정심과 같은 도덕 감정이 어떤 보이지 않는 힘의 장을 만들어 개인을 한데 묶어준다고 보았다. 중국 철학자 노자老子는 미덕을 가진 삶의 방식, 즉 도道가 물과 같아서 경쟁하지 않으면서 모든 것에 닿아 있다고 보았다. 당혹감은 파도와 같다. 파도는 우리와 주변 사람을 땅으로 내동댕이치지만 우리는 주변 사람을 끌어안고 웃으며 일어난다.

당혹스런 표정에 관한 연구 자료를 수집하고, 다른 종이 갈등을 완화하고 조정하려고 취하는 행위을 추적하면서 분석해낸 당혹스런 표정의 간단한 행위(시선 회피, 고개 숙이기, 어색한 미소, 얼굴 만지기)는 협력의 언어이며, 말로 표현되지 않는 겸손의 윤리이다. 존중이 담긴 이 스쳐 지나가는 표정을 통해 우리는 다양한 갈등을 사전에 막는다. 우리는 갈등이 산재해 있는 상황을 헤치며 살아간다(좁은 공간에 있을 때, 일상적인 대화의 주제를 바꾸고자 할 때, 음식을 나누어 먹을 때 사람들이 얼마나 일상적으로 당혹감을 보이는지 관찰해보라). 이를 위해 우리는 생활 속에서 감사와 보답의 마음을 표현한다. 또한 주의를 딴 데로 돌리거나 좋지 않았던 일을 패러디하여 체면을 살려줌으로써 당혹스러운 상황에 처한 사람을 일시적인 곤경에서 구해준다.

당혹감은 겸손의 윤리를 지탱하는 토대다. 당혹스런 표정을 보임으로써 인의 비율에서 분모에 들어가는 사건(결례, 화나게 하는 말, 사생활 침해)을 전환시켜 화해와 용서를 위한 기회(인의 비율에서 분자에 들어가는 경험)로 바꿔놓는다. 바로 그 순간에 보이는 경의의 행동을 통해 우리는 다른 사람을 존중하고, 또한 이렇게 함으로써 강해진다. 우리가 살아 있고 인의 마음으로 가득 차는 순간은 다정하고 약한 순간일 때가 많다. 노자는 다음과 같이 말했다.

> 사람은 태어날 때 부드럽고 약하며
> 죽는 순간에 딱딱하게 굳는다.
> 나무와 풀 등 모든 사물은 살아 있는 동안 부드럽고 섬세하며
> 죽으면 시들고 말라버린다.
> 그러므로 딱딱하게 굳어 있는 것은 죽음의 동반자이며
> 부드럽고 약한 것은 삶의 동반자다.
> 딱딱한 나무는 부러질 것이다.
> 강하고 커다란 것은 열등하지만, 부드럽고 약한 것은 우월하다.

Chapter 06

행복의 문을 여는 열쇠
미소

Smile

우리와 유사한 탄소 기반 화학과정을 거쳐 다른 지적 생명체가 탄생했고, 우리에게 그들과 소통할 단 한 번의 정보 송출 기회가 주어진다고 가정해보자. 우리가 다른 지적 존재에게 선을 행할 능력이 있다는 것을 어떻게 전달할 수 있을까? 음양의 기호를 보낼 것인가?

세티 프로젝트SETI PROJECT, Search for Extra-Terrestrial Intelligence Project(외계지능탐사 프로젝트)는 지구 밖에 존재하는 지적 생명체와 의사소통을 시도한 가장 큰 프로젝트였다. 세티의 한 지부는 인류학자, 수학자, 물리학자, 매체 및 커뮤니케이션 전문가를 한데 모아 놓고 한 가지 흥미로운 문제를 해결하려 했다. 인간 종의 이타적 능력을 알리기 위해 무한한 우주에 어떤 상징기호를 보내야 하는가 하는 문제였다.

우리와 유사한 탄소 기반 화학과정을 거쳐 다른 지적 생명체가 탄생했고, 우리에게 그들과 소통할 단 한 번의 정보 송출 기회가 주어진다고 가정해보자. 우리가 다른 지적 존재에게 선을 행할 능력이 있다는 것을 어떻게 전달할 수 있을까? 음양의 기호를 보낼 것인가? 동그란 눈과 작은 입, 자그맣게 볼록 솟은 턱을 가진 아기 이미지를 보낼 것인가? 음성을 이용하여 의사소통하는 강력한 능력이 우리에게 있으니 소리에 의존할 수도 있을 것이다. 시원한 웃음소리는 어떨까? 마음을 달래주는 긴 숨소리, 명상에 사용하는 소리, 아니면 아이와 부모가 주고받는 달콤한 속삭임은 어떨까?

　세티 학자들이 토론한 질문 속에는 이번 장의 중심 내용이 고스란히 반영되어 있다. 초기인류 조상은 채집한 식물과 열매, 씨앗을 나누고, 사냥한 고기를 서로 분배하고, 연약한 자식을 돌보고, 경계를 늦추지 않는 경쟁자와 잠재적인 배우자 사이로 지나다니는 동안 가까이 붙어서 생활하거나 일할 경우가 점점 많아졌다. 그렇다면 이처럼 곳곳에 갈등 요인이 산재한 상황을 협력적인 방식으로 헤쳐나가려면 대체 어떤 행동을 해야 했을까? 고대 그리스인은 그들 나름의 해답을 갖고 있었는데, 그 해답은 바로 이번 장의 중심 주제가 될 미소다.

미소의 기원을 찾아서

　앵거스 트럼블Angus Trumble이 《미소의 짧은 역사A Brief History of the Smile》에서 상세하게 서술했듯이 그리스 장인들은 기원전 3세기에서 5세기 사이에 쿠로스The Kouros를 조각하기 시작했다. 쿠로스는 그리스 본토, 소아시아, 에게 해 섬 등지에서 발견된 실물 크기의 조각상으로 매우 역동적인 모습을 띠고 있다. 똑바로 선 자세에서 왼발을 살짝 앞으로 내디디고 있는데, 부드럽게 주먹 쥔 손에서는 단호한 의지가 풍긴다. 그러나 쿠로스 조각상에서 가장 시선을 사로잡는

사진 15 | **아나비소스의 쿠로스**

것은 바로 미소이다. 쿠로스의 미소는 겸손하고 차분하며 기대에 부푼 듯한 느낌을 주면서도 그 안에 절제된 기쁨이 가득하다.

당시 쿠로스는 선의 상징기호로 여러 용도에 쓰였다. 특히 쿠로스는 신에게 제물을 바치는 곳에서 흔히 볼 수 있었는데, 이는 세속적인 삶을 살아가는 고대 그리스인이 운명의 장난을 다스리는 높은 곳의 힘에 공경의 뜻을 전달하기 위한 것이었다. 또한 장례식에서도 흔히 볼 수 있었는데(물론 이러한 의식을 치를 만한 경제적 능력을 지닌 사람들에게 해당되는 이야기지만), 죽은 자의 모습을 상징하기도 하고 죽은 자의 영혼을 지키는 신을 상징하기도 했다. 그리스인에게 쿠로스란 영혼이 인간의 모습을 하고 나타난 것을 의미했다.

진화론적 분석에서도 인간의 미소에 대해 비슷한 이야기를 들려준다. 미소는 진화 과정에 나타난 적응 도구 가운데 협력을 촉구하는 가장 강력한 도구였다. 미소는 50~60미터 밖에서 볼 수 있으며, 과학에서 밝혀냈듯이 뇌의 보상중추를 활성화시킨다. 또한 미소를 짓는 사람이나 미소를 보는 사람 모두에게서 스트레스와 관련된 생리 증상을 완화시킨다. 미소는 사회생활의 거친 모서리를 부드럽게 다듬어주고 호의적인 분위기를 조성한다. 진정한 미소는 다른 사람 안에 들어 있는 선을 최고 수준으로 끌어올리며, 영장류 진화 과정에서 최초로 등장한 인의 행위 중 하나였다.

미소에 대한 진화론적 분석에서 핵심이 되는 것은 두 가지 물음에 대해 해답을 찾는 일이다. 첫 번째 물음은 단순하지만 놀랍고도 성가실 정도로 논쟁의 씨앗이 되곤 했다. 바로 미소의 의미는 무엇인가 하는 물음이다. 사람들은 우리가 상상할 수 있는 거의 모든 상황에서 미소를 짓는다. 사랑하는 사람을 보았을 때도, 징역형이 선고되었을 때도, 아이스크림을 먹을 때도, 친한 친구의 형편없는 요리를 먹을 때도, 임신 소식을 들었을 때도, 끔찍한 질병 소식을 접했을 때도, 복권에 당첨되었을 때도, 올림픽 경기에서 패했을 때도 사람들은 미소를 짓는다.

미소에 해당하는 영어 단어도 '미소smile', '싱긋 웃음grin', '선웃음 smirk', '환한 표정beam' 등 여러 개가 있다. 하지만 미소를 구분하는 다양한 단어들은 사실 미소의 풍부한 복잡성을 가리는 빈약한 개념에 지나지 않는다. 우리는 얼굴 해부구조와 진화론적 분석에 시선을 돌릴 때 미소의 의미를 제대로 이해하게 된다.

하지만 미소의 기원을 찾는 과정에는 또 다른 심층적인 질문이 기다리고 있다. 바로 인간 행복의 근원이 무엇인가 하는 물음이다. 우리의 직관과 수십 가지 과학 연구에서 말하듯이 진정한 미소가 행복과 동의어라면 미소가 생기게 된 사회적 환경을 밝히기 위해 시간을 거슬러 올라가는 과정은 곧 인간 행복의 기원을 밝히기 위해 시간을 거슬러 올라가는 과정이 될 것이다. 또한 이 여정은 찰스 다윈의 직관적 통찰에서 시작될 것이며, 우리와 유연관계를 지닌, 보다 평등주의적인 영장류의 미소 연구를 살펴보는 데서 끝날 것이다.

아이들의 웃음 때문에 생긴 착각

다윈은 자기 아이들의 감정적 삶이 어떻게 발달하는지 그 과정을 상세하게 기록했다. 웃음이 생기는 과정을 주의 깊게 관찰하고 기록하는 동안 다윈은 미소의 기원을 밝혀줄 믿을 만한 패턴을 발견했다. 그의 아이들은 약 50일째 되는 날부터 미소를 짓기 시작했다. 그 후 시간이 지나고 다윈이 과학자이자 헌신적인 아버지로서 아이를 간질이는 등 즐겁게 해줄 때면 대략 2개월쯤부터 웃음의 초기 징후, 즉 '조그맣게 헤헤 하는 소음'이 나타나기 시작했으며, 숨을 토해내는 동안 이런 소리가 조직적으로 입에서 나왔다.

그는 자기 아이들을 관찰한 내용을 토대로 미소는 웃음이 나타나기 시작하는 흔적이라고 결론 내렸다. 그런 다음 이 추론 위에서 미소의 형태학적 기원, 즉 '미소를 지을 때 입꼬리가 위로 올라가거나 입술이 옆으로 당겨지는 등 왜 특징적 형태가 나타나게 되었을까? 즐겁다는 것을 표현할 때 왜 눈썹이 순간적으로 씰룩거리거나, 뺨이 떨리거나, 콧구멍이 벌름거리거나 하지 않고, 또는 얼굴 근육을 이용해서 표현할 수 있는 수천 가지 표정 형태 중에 다른 모습을 취하지 않고 지금과 같은 형태를 통해 즐거움을 표현하게 되었을까?' 하는 문제에 대해 답을 내놓았다. 다윈이 제시한 답은 두 가지 주장 속에 들어 있다.

첫째는 반대의 원리를 따른다는 것이다. 우리가 기분 좋은 느낌을 널리 알리는 행위로 미소를 짓는 이유는, 입술이 부드러운 곡선 모양을 그리고 입꼬리가 올라가는 미소의 형태가 분노를 드러낼 때 보이는 입술 모양, 즉 입술을 앙 다물거나 입꼬리가 밑으로 처지거나 치아를 드러내는 모양과 반대이기 때문이다. 다윈의 주장에 따르면 미소는 그와 정반대인 표정, 즉 분노와 반대되는 감정 상태를 표현한다.

두 번째 내용은 다윈이 얼굴 표정을 포함한 신체 행동에 대해 분석한 내용과 일치한다. 즉 미소를 지을 때 입꼬리가 올라가거나 입이 옆으로 길게 펴짐으로써 웃을 때 숨을 토하거나 소리를 내는 등의 행동을 가능하게 해준다는 것이다.

그러므로 애벌레가 나비가 되고 도토리 열매가 도토리나무가 되듯이 미소는 웃음이 시작되는 첫 단계라고 다윈은 파악했다. 다윈의 견해는 단순하면서도 꽤나 그럴듯하게 보여 미소에 대한 궁금증을 품은 이들에게 뭔가 깊은 만족을 안겨준다. 어쩌면 그리스인이 옳았는지도 모른다. 그들은 인간의 감정적 삶에 두 가지 길이 있다고 보았다. 하나는 분노, 두려움, 비극적 상실과 관련된 슬픔, 위협, 부정 등과 같이 운명을 바꿔놓는 심각한 비극적 감정 영역이고, 다른 하나는 웃음에 바탕을 둔 유쾌하고 즐거운 감정으로 규정된 희극적 감정 영역이다. 열광, 희망, 감사, 사랑, 경외감 등 모든 긍정적 심리상태는 아마도 현재 상황을 다른 시각에서 바라볼 수 있는 능력에서 비롯되었을 것이며, 이러한 능력이야말로 웃음의 필수조건이다.

하지만 다윈의 견해가 지극히 단순하고 만족스러울지라도 사실은 그릇된 주장이다. 영장류 동물학자 사인 프루쇼프트Signe Preuschoft는 미소와 웃음의 관계를 정리한 다윈의 명제를 검증하려고 인간이 아닌 여러 영장류가 미소나 웃음과 비슷한 표정을 짓는 모습을 면밀히 살펴보았다. 그 결과 미소와 웃음은 매우 다른 사회 상황에서 표현되며, 의도하는 목적도 매우 다르다는 것을 알게 되었다. 미소와 웃음은 초기 영장류 생활의 각기 다른 영역에서 시작되었으며, 그 후 별개의 진화 궤도를 거쳐 인간의 감정 목록과 신경계에 이르렀다.

미소, 신비의 베일을 벗다

프루쇼프트는 영장류, 그중에서도 특히 마카크종을 주의 깊게 관찰하면서 친선관계와 협력의사를 전달하는 수많은 표정을 목록으로 정리했다. 이 목록에는 입술을 내밀거나 입맛을 다시는 표정도 포함되었다(다윈도 이 표정에 대해 서술했다). 이 표정은 세 살짜리 꼬마가 도움을 청할 때 입술을 쭉 내미는 표정의 전신이며, 물론 키스의 전신이기도 하다.

영장류가 친선관계를 맺으려고 할 때 가장 흔히 보이는 표정이자, 인간의 미소와 웃음을 이해하는 데 핵심이 되는 표정은 '조용히 치아

사진 16 | 침팬지의 미소
왼쪽 침팬지는 조용히 치아를 드러내는 표정의 고전적인 형태를 보여주는데, 이 표정은 인간 미소의 전신이다. 오른쪽 침팬지는 간지럼을 참지 못하고 바닥에 누운 채 즐거운 표정을 지으며 인간 웃음의 전신을 보여주고 있다.

를 드러내는 표정'과 '긴장을 푼 상태에서 입을 크게 벌리는 표정'이다(〈사진 16〉 참조). 영장류는 가령 힘 센 영장류에게 다가가는 등 싸움과 공격 가능성이 매우 높은 상황에서 갈등을 완화하고 순종적인 모습과 약한 모습, 사회적 두려움을 표현하기 위해 조용히 치아를 드러내는 표정을 짓는데, 이 표정은 여러 종에게서 두루 나타난다. 조용히 치아를 드러내는 표정은 순종적인 영장류에게서 가장 전형적으로 나타나며, 대개는 어깨와 목이 긴장되거나 얼굴 주위를 손으로 휘젓는 등 방어 동작을 동반한다. 고맙게도 이러한 표정과 동작은 종종 힘센 원숭이에게 털 손질과 포옹 등 화해 행위를 불러일으켜 갈등을 완화시킨다.

인간의 경우 공손한 미소를 지을 때 조용히 치아를 드러내는 표정을 짓는다. 공손한 미소는 다른 사람의 배려에 대한 사려 깊은 관심, 또는 두려운 관심을 나타낸다(〈사진 17〉 참조). 이 미소를 짓는 데에는 두 가지 근육 움직임이 관여한다. 입꼬리를 위로 당기는 대광대근과 아랫입술을 옆으로 당기는 입꼬리 당김근, 이 두 가지다. 나는 오래전 놀려대기를 연구할 때 실험상으로는 처음으로 공손한 미소를 마주하였다. 당시 연구에서 나는 같은 동아리 동료 학생 네 명에게 서로를 놀려보라고 했다. 이 실험에 참가한 네 명 중 두 명은 동아리에서 지위가 낮았고 다른 두 명은 지위가 높았다. 지위가 낮은 학생은 북적대는 도시에서 살아아가는 젊은이가 흔히 쓰는 상스럽고 모욕적인 말을 서로에게 퍼부어대는 동안 공손한 미소를 열 번 정도 보여주었다. 네 명 모두 실험 내내 유쾌한 시간을 가졌지만, 지위가 낮은 학생은 공손한 미소를 지으면서 자기 지위가 낮다는 것을 확인시켜 주었다.

한편 프루쇼프트는 긴장을 풀고 입을 크게 벌리는 표정이 관찰되는 영장류의 종류는 훨씬 적다고 지적한다. 이 표정을 전후하여 숨을 헐

사진 17 | 공손한 미소

공손한 미소는 입꼬리 당김근을 당겨 아랫입술을 옆으로 길게 늘이기 때문에 다른 형태의 미소와는 차이가 있다. 그런데 공손한 미소의 사례로 등장하는 사람은 왜 영국인뿐일까? 영국에서 생활해본 내 직관으로 볼 때, 영국인은 공손한 태도나 경의를 표하는 행위와 관련한 정교한 체계가 발달되어 있어 그 결과로 공손한 미소가 발달한 것으로 보인다.
영국인이 다른 문화권 사람에 비해 공손한 웃음을 정말 더 잘 짓는지, 아니면 클레이애니메이션 주인공이나 왕위 계승자에게만 나타나는 정형화된 모습인지 확인하려면 입꼬리 당김근에 대한 많은 과학적 연구가 이루어져야 할 것이다.

떡거리고, 호흡이 스타카토식으로 뚝뚝 끊기는 현상이 나타나며, 더러는 우우 하는 소리나 울부짖음 같은 발성, 난폭한 몸동작이 발작적으로 나타나기도 한다. 긴장을 풀고 입을 크게 벌리는 표정은 분명히 영장류 단계에서 보이는 인간 웃음의 전신이라고 할 수 있다.

그러나 이보다 더 중요한 사실이 있다. 프루쇼프트는 긴장을 풀고 입을 크게 벌리는 표정이 조용히 치아를 드러내는 표정과는 근본적으로 다른 사회 상황 속에서 나타난다고 밝혀냈다. 긴장을 풀고 입을 크게 벌리는 표정은 영장류의 현란한 놀이 행위(서로 쫓고, 코를 맞대고, 깨물고, 이리저리 공중제비를 넘고, 나뭇가지 사이를 뛰어다니는 행위)를 전후해서 등장한다.

영장류에게서 나타나는 이 두 가지 표정과 관련해서 프루쇼프트가 분석한 내용을 보면, 다윈에게 아무리 열렬한 신뢰를 보내는 사람이라도, 미소를 웃음이 시작되는 첫 단계로 파악하는 다윈의 가설을 계속 받아들이기 힘들다. 우리가 지닌 놀이 능력이 긍정적 감정의 가장 기본적인 요소라는 기분 좋은 추론 역시 더 이상 유지될 수 없다. 그 대신 우리는 미소와 웃음이 서로 다른 진화론적 기원에서 비롯되었다는 결론을 내려야 한다. 미소는 친화와 협력의 마음으로 다가가고자 할 때 이를 촉진하기 위해 생겨난 반면에, 웃음은 놀이와 가벼움을 촉진하기 위해 생겨났다. 이 두 가지는 각기 다른 경로를 지닌 긍정적 감정을 상징하며, 의미 있는 삶의 각기 다른 측면을 상징한다.

미소의 표현 양식

나는 대학교 1학년 여름방학 때 캘리포니아 펜린Penryn에 있는 집에 머물면서 독학으로 클래식 기타를 배워보기로 했다. 펜린은 작은 시골 변두리 지역이었다. 두 주일 동안 손가락이 부르트도록 클래시컬 개스Classical Gas라는 곡을 연습했는데, 어머니는 이에 진저리를 쳤다. 결국 일주일 뒤 나는 갈색 폴리에스테르에 황금빛 아치 표시가 달린 맥도널드 제복을 입고, 햇볕에 탄 행락객을 상대로 햄버거와 감자튀김, 치킨 너겟, 끈적거리는 아이스크림선디를 주문받고 갖다 주는 서빙을 했다. 이들은 시에라네바다 산맥 기슭에 있는 바위 계곡이나 시끄러운 수상스키 호수에서 술을 마시며 흥청망청 즐기기 위해 가는 길이었다.

매일 오전 11시 10분이 되면 우울해 보이는 갈색 눈에 링컨처럼 짧은 구레나룻을 기른 중년 남자가 이상한 구두 소리를 내면서 카운터 앞으로 걸어와 똑같은 주문을 했다. 손이 닿기만 해도 부서지는 빵과 회색 패티 외에 아무것도 넣지 않은 햄버거 네 개 그리고 블랙커피가 전부였다. 그는 매일 정확하게 36분 동안 점심 식사를 했으며, 그동안 나는 열두 번 이상 그의 잔에 커피를 리필해 주어야 했다. 그는 내 운명에 가해진 시시포스Sisyphos의 논평과도 같았다. 내 음악 경력을 훼손하는 최저 임금, 그리고 여름 한철 즐겁게 놀 수 있는 기회를 놓쳐버린 데 대한 신랄한 논평이었다. 마음씨 좋고 낙천적인 지배인이 맥도널드 소책자에서 바로 튀어나온 것 같은 지침을 내려주었다. 그냥 미소를 지으라는 것이다. 나는 얼굴에 미소를 띠고 단골손님의 스티로폼 잔에 또 다시 커피를 리필해주러 가면서 마음 깊이 억눌린 기분이 들었다.

그 당시 내 얼굴에 보였던 미소는 진화를 통해 생긴 미소도 아니고, 앞으로 우리가 살펴보게 될 개인 간의 호의를 조장하는 그런 미소도 아니었다. 정확히 말해서 나는 서비스 산업의 미소, 즉 고객은 항상 옳으며 판매가 항상 먼저라고 알리는 미소를 날리고 있었던 것이다. 사회학자 앨리 러셀 혹실드Arlie Russell Hochschild는 이런 미소는 수많은 서비스업에서 요구하는 감정 노동의 일부이며, 인간 노동의 소외를 보여주는 빙산의 일각이라고 주장한다. 예를 들어 상점 계산원이 카운터에서 미소 띤 얼굴로 고객에게 인사를 하면 고객은 더 큰 만족감을 느낄뿐더러 실제로 돈을 소비할 가능성도 올라간다고 한다. 그러나 이렇게 순이익이 올라가는 동안 근로자들은 바깥 세상에 표현하는 감정과 마음속으로 느끼는 감정 사이에 심각한 단절을 경험한다.

이러한 단절은 내 동료 앤 크링Ann Kring이 정신분열증에 대한 최근 연구에서 밝힌 내용과 유사성을 보인다. 정신분열증과 무감정증후군에 대해 오랫동안 믿어온 가정과 달리, 정신분열증 환자는 우리가 느끼는 감정을 똑같이 느끼지만 감정을 얼굴에 드러내지 않을 뿐이라는 사실이 밝혀졌다. 서비스 산업의 업무는 일종의 정신분열증을 양산한다. 마음속으로 아무리 공허함과 소리 없는 절망, 깊은 권태로움을 느끼더라도 세상을 향해 언제나 만족의 미소를 보여줘야 하기 때문이다.

그렇다면 내가 맥도널드에서 보였던 웃음에서부터 오래된 친구 사이에, 또는 부모와 아이 사이에 나누는 사랑스런 미소까지 이 모든 것을 망라하는 행동 범주(미소)에 대해 어떻게 일관된 분석을 할 수 있을까? 미소에 관한 실험 자료를 얼핏 훑어보면 이 안에는 역설적인 사실들이 담겨 있다. 사람은 이겼을 때 미소를 짓지만 졌을 때에도 미소를 짓는다. 팔다리가 잘리는 공포영화를 볼 때에도, 사탕을 먹을 때에도, 적수를 마주했을 때에도, 아픔을 느낄 때에도, 사랑하는 사람에게 애정을 느낄 때에도 마찬가지이다.

이에 대한 대답을 내놓은 것은 바로 폴 에크만이다. 그는 입꼬리에 관심을 두지 않고 영혼의 샘인 눈으로 시선을 돌렸다. 행복 근육이라고 할 수 있는 눈둘레근의 움직임을 따라가면 미소가 등장하는, 다양하고 더러는 역설적이기까지 한, 상황이 아닌 미소의 표현양식 자체가 관심의 초점이 된다. 눈 주위를 둘러싸고 있는 이 근육을 당기면 뺨이 올라가고 아래 눈꺼풀에 주머니가 생기며, 사람들이 그토록 염려하는 눈가 주름살이 만들어진다. 이 주름은 행복을 보여주는 확실한 표시이지만 보톡스 산업은 인간 표정의 표현양식에서 이를 지워버리려 애쓰는 중이다. 사람들은 보톡스 주사를 맞고 나면 더 예뻐 보인다고 생각할지 모르지만 상대방은 그의 마음속에 들어 있는 기쁨, 사랑, 헌신을 확인할 수 있는 단서가 적어진다.

에크만은 대광대근 및 눈둘레근과 관련이 있는 미소를 가리켜 '뒤셴 미소Duchenne smile' 또는 '디 미소D smile'라고 불렀다. 이 명칭은 눈둘레근의 가시적인 활동 흔적을 가장 먼저 발견한 프랑스 신경해부학자 기욤 벤저민 아망 뒤셴Guillaume Benjamin Amand Duchenne(1806~1875)을 기리기 위한 것이다. 행복 근육, 즉 눈둘레근이 움직이지 않은 미소는 '넌뒤셴 미소non-Duchenne smile' 또는 '넌디 미소non-D smile'로 불렀다. 뒤셴 미소와 넌뒤셴 미소의 미묘한 차이를 알고 싶으면 〈사진 18〉에서 어느 것이 뒤셴 미소이고 어느 것이 넌뒤셴 미소인지 직접 확인해보라(답은 187쪽에 나와 있다).

수십 가지 과학연구에서는 눈둘레근의 움직임 여부를 기준으로 미소를 구분하는 작업이 얼마나 중요한지 논하고 있다. 형태상으로 볼 때 뒤셴 미소는 눈둘레근이 움직이지 않는 다른 미소와 많은 차이를 보인다. 뒤셴 미소는 1~5초 동안 지속되며 입꼬리 양쪽이 똑같은 정도로 올라간다. 반면 아마도 부정적인 상태를 숨기고 있을, 눈둘레근이 움직이지 않는 미소는 아주 짧은 순간(250밀리초) 동안 나타날 때도 있지만 아주 오랜 기간 지속되기도 한다(비행기 승무원이나 패스트푸드점

사진 18 | 미소 퀴즈: 뒤센 미소와 넌뒤센 미소를 찾아라.

종업원은 평생 예의 바른 미소를 짓는다). 넌뒤센 미소는 얼굴 양쪽으로 근육을 움직이는 강도 면에서도 불균형을 보일 가능성이 많다.

뒤센 미소는 전두엽 왼쪽 앞부분의 활성화와 연관이 있는데, 이 부위는 긍정적인 감정 경험을 하는 동안 선택적으로 활성화된다. 이와 달리 넌뒤센 미소는 뇌의 오른쪽 앞부분의 활성화와 연관이 있는데, 이 부위는 부정적인 감정 경험과 연관이 있다. 생후 10개월 된 아기는 엄마가 다가갈 때 환한 얼굴로 뒤센 미소를 짓는 반면 낯선 사람이 다가가면 경계하는 넌뒤센 미소를 짓는다.

한 가지 더 중요한 사실이 있다. 몇몇 연구 결과에 따르면 뒤센 미소와 넌뒤센 미소는 외형상으로는 짧은 2~3초간 눈둘레근 움직임

표 9 | 뒤셴 미소와 넌뒤셴 미소에 담긴 감정

	뒤셴 미소	넌뒤셴 미소
즐거움	.35*	-.25*
화	-.28*	.09
고통	-.49*	-.16
두려움	-.31*	.04

에서만 차이를 보이지만, 실제로는 전혀 다른 감정 경험을 나타낸다고 한다. 정신적 외상 연구에서 선구적 역할을 한 조지 보난노George Bonanno와 나는 배우자가 죽은 지 6개월 된 중년 성인들을 인터뷰했다. 우리는 이들에게 죽은 배우자와의 관계가 어땠는지 6분 동안 설명해 달라고 부탁했다.

나는 여름 내내 이들의 인터뷰가 담긴 비디오테이프를 보면서 뒤셴 미소와 넌뒤셴 미소가 나타나는 것을 부호화했다. 그런 다음 우리는 배우자와 사별한 실험참가자가 인터뷰를 하면서 느낀 즐거움과 화, 고통과 두려움에 대해 진술한 소감 내용을 뒤셴 미소와 넌뒤셴 미소에 대한 측정치와 연결시켰다(우리는 실험참가자가 이야기를 마친 직후 소감을 받아 놓았다).

참가자들이 보인 뒤셴 미소나 넌뒤셴 미소에 대한 측정치와 인터뷰 직후 수집한 소감 진술 사이에 어떤 연관성이 있는지 〈표 9〉에 나타나 있다. 플러스 점수는 이들이 6분간의 인터뷰 동안 특정 미소를 많이 보일수록 왼편에 적힌 특정 감정을 더 많이 느꼈다는 것을 나타낸다. 마이너스 상관 수치는 반대 상황, 즉 참가자가 뒤셴 미소나 넌뒤셴 미소를 많이 보일수록 왼편에 적힌 특정 감정을 더 적게 느꼈다는 것을 나타낸다. 별표 표시는 여기에 나타난 상관관계가 우연히 나온 것이라기보다는 통계적으로 의미를 지닌다는 것을 나타낸다.

이 자료에서 인상적인 내용은 눈둘레근이 움직이는 매우 짧은 뒤셴 미소가 대화 도중 즐거운 기분을 증가시키고 화와 고통, 두려움을 감소시키는 것과 관련이 있었다는 점이다. 넌뒤셴 미소는 반대의 경험 패턴, 즉 즐거운 기분을 감소시키는 반면에 부정적인 감정은 전혀 감소시키지 않는 것과 관련이 있었다.

여러 가지 미소를 분류할 때 맨 처음 크게 둘로 나뉘는 분기점이 뒤셴 미소인가 넌뒤셴 미소인가 하는 점이다. 뒤셴 미소는 눈둘레근과 관련이 있고 기분 좋은 느낌과 호의를 동반한다. 앞으로 보겠지만 뒤셴 미소에 다른 움직임이 결합하면 사랑, 경외감, 욕망 같은 각기 다른 긍정적 상태를 상대에게 전달할 수 있다. 하지만 넌뒤셴 미소 속에는 마음속의 부정적인 상태를 숨기기 위한 노력이 담겨 있다. 에크만은 《얼굴의 심리학Emotions Revealed》에서 넌뒤셴 미소를 다시 분석하여 어지러울 정도로 많은 미소 목록을 만들었으며, 이 안에는 마음 아픈 미소, 두려움의 미소, 경멸에 찬 미소, 순종적인 미소 등이 포함되어 있다.

25년 전 여름, 매일 어김없이 찾아오던 단골손님에게 햄버거 네 개와 커피를 갖다 주던 시절에 뒤늦은 사춘기를 겪고 있던 내 얼굴에는 눈둘레근이 움직인 흔적을 전혀 찾아볼 수 없었을 것이라고 확신한다. 아마 에크만이 그 당시 나를 만났다면 나는 그에게 매우 쉬운 사례가 되었을 것이다. 내키지 않는 맥도널드식 미소를 지으면서 대체 어떤 부정적 상태를 숨기려고 했을지 에크만은 쉽게 알아보았을 것이다. 그리고 그 부정적 상태 속에는 절망과 좌절, 경멸 등이 섞여 있었을 것이다.

내가 마침내 일을 그만두고 친구들과 함께 산에 올라 계곡 물 속으로 뛰어들었을 때 분명 내 얼굴에는 뒤센 미소가 흘러넘쳤을 것이다. 에크만의 분석에서 영감을 얻은 많은 연구가 밝혀낸 바에 따르면, 뒤센 미소는 사회생활을 이어주는 아교풀 구실을 하며, 내가 근심 걱정 없던 시절을 그리워하게 만드는 우정 또한 이 뒤센 미소에서 시작된다.

사회의 초콜릿 같은 미소

1980년대 발달심리학자 에드 트로닉Ed Tronick과 제프 콘Jeff Cohn, 티파니 필드Tiffany Field는 산후우울증이 엄마와 아이의 상호작용에 어떤 영향을 미치는지를 연구하여, 산후우울증이 엄마의 긍정적 정서를 약화시킨다는 사실을 밝혀냈다. 산후우울증을 겪는 엄마는 미소 짓는 회수가 줄어들고, 억양에 따뜻한 느낌이 덜 묻어났으며, 아이의 행동을 보고 긍정적인 감정을 보이는 회수도 줄었다. 그리고 산후우울증을 겪는 엄마와 함께 지낸 아이는 상보적인 행동을 보이는 경향(이 아이들은 잘 흥분하고 괴로워하며 불안해했다)이 있었다.

사실 이 같은 결과는 우리 모두 직관적으로 느끼고 있던 내용이다. 우울한 산모의 방에 함께 있으면서 그녀의 긍정적 감정이 무뎌지고 아이에 대해서도 무관심한 모습을 지켜본 친구나 부모들은 미소와 달콤한 속삭임, 신체 접촉, 장난스런 표정, 눈썹을 움직이면서 관심을 보이고 기운을 북돋우는 표정 등을 주고받는 것이 부모와 아이의 활기찬 에너지에 얼마나 중요한지 잘 알고 있다.

> **미소 퀴즈 정답:** 184쪽에 실린 미소 퀴즈에서 위쪽 남자의 경우에는 오른쪽이 뒤센 미소이고 아래 남자의 경우에는 왼쪽이 뒤센 미소이다.

그러나 과학의 입장에서 보았을 때, 어머니의 긍정적 감정 목록이 줄어들어 아이가 흥분과 불안을 느낀다는 연구 결과 속에는 이와 반대되는 다른 설명이 섞여 있다. 어쩌면 잘 흥분하고 까다로운 아이가 어머니의 긍정적 정서를 무디게 하고 우울증을 가져왔을지도 모른다. 아니면 애초부터 부모와 아이의 상호작용에서 미소와 달콤한 속삭임, 신체 접촉과 놀이가 잘 이루어지지 못하게 하는 유전적인 성향을 둘 다 갖고 있을지도 모른다. 그것도 아니면 부모와 아이 두 사람 모두의 감정 상태가 보다 심층적이고 구조적인 원인, 예를 들어 저임금 노동, 빈곤, 폭력 남편, 또는 집 나간 남편 때문에 생긴 결과일 수도 있다.

앞의 세 연구자는 부모와 아이의 상호작용에서 미소와 무뎌진 긍정적 정서가 각기 어떤 역할을 하는지 자세히 연구하기 위해 한 가지 방법을 개발했는데, 이는 무표정 방법론still-face paradigm으로 널리 알려졌다. 이 실험은 매우 단순하지만 강력하다. 실험에 참가한 엄마는 아기, 가령 9개월 정도 된 아기와 함께 있으면서 얼굴에 어떤 표정도 보여서는 안 된다(젊은 엄마에게서 볼 수 있는 흔한 표정, 즉 미소 같은 것도 보여서는 안 된다).

이 실험 환경에서 아기는 이리저리 다니는 동안 장난감 로봇이나 코끼리 솜 인형, 동물 소리를 내는 화려한 색상의 물건들 쪽으로 다가갈 때, 엄마의 얼굴에 뭔가 환경과 관련된 표시가 나타나지 않는지 쳐다본다. 아기는 엄마의 얼굴 근육 움직임을 통해 무엇이 안전하고 재미있으며 호기심을 갖고 탐색해볼 만한지, 무엇이 그렇지 않은지에 대한 정보를 구하는 것이다. 이때 엄마는 돌 같은 표정으로 아무 반응도 보이지 않은 채 가만히 앉아 있는다.

실험 결과는 놀라웠다. 미소가 사라진 환경에서 아기는 더 이상 환경을 탐색하지 않았으며 새로운 장난감이나 놀이기구에도 다가가지

| 그림 5 | **테라스의 유쾌한 모임** Merry Company on a Terrace

네덜란드 화가 얀 스테인Jan Steen(1626~1679)은 인간의 미소와 웃음을 가장 탁월하게 그려낸 화가이다. 뉴욕 메트로폴리탄 미술관에 걸려 있는 '테라스의 유쾌한 모임' 속에는 여러 가지 웃음과 미소가 날카롭게 포착되어 있다. 가장 먼저 눈에 띄는 가운데에 위치한 아가씨는 스테인의 두 번째 아내(첫 번째 아내는 일찍 죽었다)가 모델인데 수줍은 미소를 짓고 있다. 고개를 옆으로 돌린 채 시선만 정면을 향하고 있다. 왼쪽 위에 있는 광대(우스꽝스런 모자에 소시지를 달고 있다)는 음탕하게 혀를 내민 채 미소 짓고 있으며, 자세히 들여다보면 옆에 있는 여자의 입술이 살짝 앞으로 나와 있는 것을 알 수 있다. 앞으로 그녀 마음속에 애정이 생길 가능성이 있다는 것을 나타낸다. 살짝 미소를 띠고 있는 류트 연주자는 시선을 위로 향하고 눈썹이 올라간 미묘한 모습을 보이고 있는데, 이는 황홀한 상태를 나타낸다. 또한 맨 왼편에 흰 모자를 쓴 신사는 스테인의 자화상인데, 이 신사의 표정에는 우리가 다음 장에서 다룰 웃음의 갖가지 기쁨이 나타나 있다.

않았다. 아기의 상상력이 닫혀버린 것이다. 아기는 곧 흥분 상태를 보이며 고통스러워했고, 더러는 등이 활처럼 휘면서 자지러지게 울었다. 아기는 자꾸 엄마 쪽으로 다가가 소리를 내거나 신체 접촉을 하거나 미소를 지으면서 엄마를 자극해, 무감각 상태에서 빼내려고 시도한다. 그러나 여전히 아무 표정도 보이지 않는 엄마의 모습에 곧 체념하게 된다. 이제 아기는 엄마 근처에 가지 않고 시선을 마주치려고도 하지 않으며, 끝내는 무관심과 무감각 상태에 빠진다.

물론 이보다 증상이 덜 하기는 하지만 어른에게도 똑같은 일이 벌어진다. 밝혀진 바에 따르면 우울증 환자의 친구는 서로의 상호작용이 그다지 보람된 일이라고 여기지 않으며 관계를 유지하기 힘든 경우도 많다. 얼굴이나 목소리에 긍정적 감정이 거의 실리지 않은 개인과 대화를 나누는 동안 실험참가자들은 상대에게 반응을 보이는 사회적 행동(유쾌한 웃음, 미소, 고개 끄덕거리기, 이해한다는 시선 주고받기 등의 행동)을 잘 보이지 않으며 대화에서 별로 보람을 느끼지 못한다.

미소, 내 식대로 표현하면 뒤센 미소는 우리가 일상생활에서 소통하는 상호작용(부모와 아이 사이, 처음 만나 연애를 시작하려는 사이, 그저 말없이 앉아 있는 친구들 사이의 상호작용)에 강조점을 찍어주며, 우리 사회에 초콜릿과도 같은 구실을 한다. 어린아이 그리고 착한 어른은 맛있는 초콜릿을 기다리는 동안 힘이 솟아 뭐든 하려고 할 것이다. 저 잡초도 벨 것이고 햄스터 우리도 청소할 것이며 한없이 이어지는 지루한 이야기에도 귀 기울여주고 직장에서 하기 싫은 일도 얼른 끝낼 것이다.

미소의 효과도 마찬가지이다. 어린아이는 다른 무엇보다 이 미소라는 포상이 있는 곳을 향해 가며 부모도 목마르게 이 포상을 얻고자 한다. 한 연구에서 다음과 같은 실험을 했다. 한 살짜리 아기를 절벽 사진 가장자리에 앉혀 놓고, 유리가 덮여 있는 가파른 절벽 면 건너편에는 엄마가 앉게 한다. 그러면 아기는 얼핏 위험해 보이기도 하고 지나갈 수 있을 것처럼 보이기도 하는 이 애매한 장면에 대해 정보를 구하려고 즉시 엄마의 얼굴을 바라본다. 이때 엄마가 두려움을 보이면 단 한 명의 아기도 유리 위를 기어 건너편으로 가지 않는다. 캘리포니아 대학 버클리 캠퍼스의 조 캄포스Joe Campos가 밝혀낸 바에 따르면 어머니가 미소 짓는 경우에는 대략 80퍼센트의 아기가 혹시 있을지도 모르는 위험을 감수하면서 열심히 유리 면 위를 기어 어머니의 미소가 있는 따뜻하고 마음 놓이는 곳으로 갔다.

이제 미소를 짓는 사람에 대해 살펴보자. 바버라 프레드릭슨Barbara Fredrickson과 로버트 레빈슨은 스트레스를 느끼는 사람이 뒤셴 미소를 지으면 심혈관 자극 수준이 안정된 기준선까지 빠르게 내려간다는 사실을 멋진 연구를 통해 밝혀냈다. 내 생각으로는 다윈이 지적했듯이 뒤셴 미소를 짓는 사람은 숨을 강하게 내뱉기 때문에 스트레스와 관련된 생리현상이 진정되는 것으로 판단된다. 또한 사람이 뒤셴 미소를 짓는 동안 전두엽의 왼쪽 영역, 즉 보상과 관련된 정보를 처리하고 목적 지향적인 행동을 하게 하는 영역이 활성화된다는 사실도 이를 뒷받침한다.

미소가 상대방, 즉 미소를 바라보는 사람에게 미치는 영향은 훨씬 더 극적이다. 울프 딤베르그Ulf Dimberg와 아르네 외만Arne Öhman은 실험참가자가 의식적으로 인지할 수 없는, 엄청나게 빠른 속도로 얼굴 표정 이미지를 보여주는 방법을 처음으로 시도했다. 역행 차폐 기법the backward masking paradigm으로 알려진 이 실험에서는 대개 정말로 짧은 시간, 가령 100밀리초 동안 얼굴 표정(예를 들면 화난 표정이나 미소)이 담긴 슬라이드 사진을 보여주었다. 미소 사진을 보여준 직후에는 무표정한 얼굴이나 의자 사진 등 실험참가자가 미소 이미지를 의식적으로 떠올릴 수 없게, 미소 이미지를 지울 사진을 바로 보여주었다. 실험참가자는 방금 전 어떤 이미지를 보았는지 확실하게 말하지 못했다. 무의식 차원에서만 미소(또는 비교군 얼굴 표정)를 지각한 것이다. 그렇지만 이런 식으로라도 미소를 본 사람은 그 자신이 미소를 지을 가능성이 높고, 만족과 행복감을 더 많이 느낀다고 한다. 어떤 연구에서는 심혈관 증상이 좀 더 안정된 것으로도 나타났다. 이들 역시 방금 무엇을 보았는지 몰랐지만 미소를 봄으로써 행복감이 커졌다.

좀 더 깊이 들어가 보자. 리처드 데푸Richard Depue와 지닌 모론 스트루핀스키Jeannine Morrone-Strupinsky는 상대방 얼굴에서 뒤셴 미소를 보았을 때, 상대에게 다정하게 다가가 친선관계를 쉽게 맺을 수 있게 하는 신경전달물질인 도파민이 분비된다고 주장했다. 한 가지 사례로 이성애 성향을 지닌 남성이 매력적인 여성의 미소를 보았을 때 도파민이 분비된다. 미소는 서로 상대에게 거리낌 없이 다가갈 수 있게 해주며, 주고받는 미소 속에 친밀한 분위기가 형성되면 더욱 친근한 행위(신체 접촉이나 부드러운 속삭임)가 나오기 시작한다. 그리고 이런 행위는 마음을 부드럽고 차분하게 만들어주고, 체내에 아편 성분이 분비되게 한다(이 성분은 따뜻함, 평온함, 친밀함을 강하게 불러일으킨다).

그네를 타고 있는 어린아이와 아버지, 방 한쪽에서 시시덕거리며 놀고 있는 남녀, 직장이나 데이트 장소에서 최근에 있었던 일을 이야기하면서 웃음을 나누는 두 친구, 문을 열고 들어가거나 뷔페 식당에서 에그롤을 집을 때 낯선 사람과 부딪혀 누가 먼저 할 것인지 멈칫거리는 두 사람, 이러한 상황에서 뒤셴 미소를 주고받는 모습을 볼 때면 사회적 즐거움이 갖는 소박함을 느끼지 않을 수 없다. 1~2초 동안 두 사람이 미소를 주고받으면서, 이처럼 작지만 보편적인 예절을 존중하면서 그날의 삶을 이어간다. 이들의 몸 안에서는 도파민과 진정제가 조화를 이루며 분비된다. 스트레스로 인한 심혈관 반응은 줄어들고 신뢰와 사회적 행복감이 상승한다.

미소는 사회적 삶의 디저트와 같은 것이다. 미소는 협력을 나타내는 네온 불빛 신호로 진화되었으며, 친근함과 친선관계를 도모하려는 개인들 간의 사회적 만남 속에 깊이 아로새겨져 있다. 상황에 어울리는 적절한 미소는 인의 비율에서 분자를 키우는 데 관여하며 행복한 삶으로 이어지는 입구 구실을 한다. 내가 험난한 사회에 첫발을 내딛으려는 여자대학 졸업생의 1960년도 졸업앨범을 분석하면서 검증하고자 했던 가설 내용도 바로 이것이었다.

삶의 과정에서 스쳐가는 순간들

라벤나 헬슨Ravenna Helson은 여성의 삶에 대한 연구를 개척한 선구자이다. 헬슨은 1950년대에 그때까지 심리학에서 완전히 무시되다시피 했던 여성의 지적 창의성에 관심을 가졌으며, 수학과 물리학 분야의 여성 선구자들을 인터뷰를 했다. 그 뒤 헬렌은 정체성의 발달과정이라는 주제에 학문적 상상력을 쏟기 시작했다. 남성의 정체성 및 삶의 과정에 대해서는 거의 모든 추적 연구가 이루어진 상태였지만, 인류의 절반이 평생에 걸쳐 어떤 발달을 거치는가는 여전히 밝혀지지 않은 상태였다.

베티 프리단Betty Friedan의 《여성의 신비The Feminine Mystique》가 출간되기 몇 년 전인 1959년에 라벤나 헬슨은 밀스 추적 연구를 시작했다. 이 연구는 1959년과 1960년에 밀스 대학을 졸업한 여성 약 110명을 대상으로 이후 50년 동안의 삶을 추적한 것으로 여성의 삶에 대해 가장 긴 시간 동안 이루어진 추적 연구였다. 이 연구로 여성이 삶을 살아가는 동안 정체성이 변하는 과정과 변하지 않고 그대로 남는 과정에 대한 근본적인 사실들이 발견되었다.

1999년 라벤나는 흥미로운 제안을 들고 내 연구실을 찾아왔다. 그녀는 자신의 제자 리앤 하커LeeAnne Harker와 함께 밀스 실험참가자가 대학을 졸업할 때 보여준 미소가 이후 30년에 걸친 삶에 대해 무엇을 말해주는지 연구할 의향이 있는지 물었다.

어느 한 순간(셔터가 열리는 불과 몇 밀리초 동안), 그것도 매우 인위적인 상황(낯선 사진사 앞에서 졸업앨범 사진을 찍는 상황)에서 수집한 표현행위가 개인의 삶에 대해 뭔가 의미 있는 내용을 실제로 예견할 수 있을 거라는 전제는 개인의 삶을 학문적으로 연구할 때 지켜야 할 가장 신성한 규칙에 어긋나는 일이었다. 개인을 연구할 때에는 한 사람의 행위에 대해 여러 차례에 걸쳐 매우 다양하고 명확한 상황 속에서 표본을 추출하는 것이 규범으로 정해져 있다. 대표성을 갖는 관찰 표본을 추출할 때 그 사람이 어떤 인물인지 신뢰할 만한 추론을 확보할 수 있기 때문이다.

사람들이 누구와 결혼하는지, 어떤 친구와 여행을 가는지 알고 싶다면 여러 상황에 놓인 그들을 관찰해야 가장 적절한 도움을 받을 수 있다. 그들이 잠을 제대로 자지 못한 어느 아침 언짢은 상태일 때, 갈등으로 스트레스를 받고 있을 때, 고통을 느낄 때, 어머니나 전 배우자와 함께 있을 때, 일이 아주 잘 풀릴 때, 칵테일파티에서 재치 있는 답변을 내놓으며 빛을 발하고 있을 때 등 여러 모습을 봐야 한다. 졸업앨범 사진 하나를 기준으로 삼는 것은 대강 짐작으로 가늠해봐도 많은 문제점을 안고 있었다.

또한 정지된 사진만으로 근육 움직임을 판별해낸다는 것 역시 문제였다. 그동안 얼굴 표정에 대한 모든 연구는 비디오나 영화 필름을 토대로 이루어졌으며, 활동사진에서는 얼굴에 나타나는 변화의 시작과 끝 그리고 그 속에 담긴 얼굴 근육 움직임이 분명하게 드러난다. 예를 들어 뒤센 미소를 확인하려면, 눈가에 주름이 생기고 뺨이 위로 올라가며 눈꺼풀이 내려가는 모양이 보여야 하고, 시간의 흐름 속에서 이런 움직임이 나타났다가 사라지는 모습을 확인할 때 가장 정확한 판단을 할 수 있다.

여러 문제점이 있고 연구에 뒤따를 어려움이 충분히 예상되었지만 나는 이 연구에 참여했다. 그리고 굽힐 줄 모르는 의지를 지닌 리앤 하커와 함께 눈둘레근뿐만 아니라 광대근이 움직인 증거를 꼼꼼하게 살피면서 일주일 동안 여성 110명의 졸업앨범 사진을 부호화했다. 또한 각 여성의 미소가 어느 정도 따뜻한지 0에서 10까지 점수를 매겼다. 그런 다음 리앤과 나는 미소의 따뜻한 정도를 나타내는 수치와, 라벤나가 밀스 동창생을 상대로 수집해놓은 보물 같은 자료 사이의 연관성을 찾아보았다. 밀스 동창생들은 27세, 42세, 52세가 되던 해에 더러는 비행기를 타고 먼 거리를 날아오기도 하면서 라벤나의 연구실을 찾아왔고, 이때 라벤나가 귀중한 자료를 수집해 놓았다. 이 자료에는 일상적 스트레스의 정도, 성격, 원만한 결혼생활 여부, 중년의 나이로 접어들면서 각자 생각하는 행복과 삶의 의미 등이 포함되어 있었다.

따뜻한 미소가 가져다주는 삶의 이점에 대해 우리가 알아낸 사실과 밀스 졸업생의 미소 분석 결과는 서로 들어맞을 것이고, 이 연구 결과를 읽는 여러분은 얼른 책장으로 달려가 졸업앨범을 찾아볼 것이다.

따뜻한 뒤센 미소는 인의 비율을 높여주고 의미 있는 삶을 살게 도와준다. 20세에 좀 더 따뜻하고 뚜렷한 뒤센 미소를 보여주었던 밀스 졸업생은 이후 30년에 걸친 일상생활에서 불안이나 두려움, 슬픔, 고통, 절망이 적은 것으로 확인되었다. 미소는 불안과 고통을 완화시켜

주는데, 아마도 미소가 스트레스와 관계된 심혈관 자극에 영향을 미친 덕분에 이런 결과를 가져오는 것으로 생각된다. 또한 뚜렷한 뒤셴 미소를 짓는 사람은 주변 사람들과 더 강한 유대감을 느끼는 것으로 확인되었다. 미소가 굳은 신뢰와 친밀감을 유발하도록 도와주기 때문이다.

아울러 여성의 미소에 따뜻함이 담겨 있을 때 자신의 목표가 이루어질 것이라는 긍정적인 기대감이 상승하는 것으로 예상할 수 있었다. 따뜻한 미소를 보여준 여성은 이후 30년 동안 상대적으로 안정된 생활을 했으며, 정신의 집중도가 높았고, 뚜렷한 목표 지향적인 삶을 살았다. 절망과 불안에서 창의성과 성과가 나온다고 말하는 사람들의 이야기를 모두 무시하라. 결코 그렇지 않다. 수십 개에 달하는 과학적 연구가 밝혀낸 사실에 따르면 긍정적인 감정을 느끼는 사람이 더 창조

사진 19 | 밀스 추적 연구에 참여한 여학생
이 사진은 우리가 부호화 작업을 했던 것이다. 왼쪽에 보이는 밀스 졸업생은 광대근의 움직임에서 3점, 눈둘레근의 움직임에서 4점을 받아 모두 7점의 점수를 받았다. 오른쪽에 있는 여성은 광대근의 움직임에서 3점, 눈둘레근이 살짝 움직인 데서 1점을 받아 모두 4점의 점수를 받았다.

적이고 생산적이며, 종합적이고 유연한 사고를 보인다고 한다. 우리가 연구대상으로 삼은 여성들 중 따뜻한 미소를 보여준 여자들은 일생을 살아가는 동안 긍정적인 감정이 안겨주는 이러한 이점을 누렸다.

밀스 졸업생의 인간관계에 대한 연구 결과는 더욱 놀라웠다. 우리는 졸업생들을 캘리포니아 대학 버클리 캠퍼스로 보내 낯선 사람들과 하루를 보내게 했다. 낯선 이들 중에는 과학자 집단도 포함되어 있었으며, 이들 과학자는 밀스 졸업생의 인상에서 받은 개인적인 느낌을 글로 작성했다. 따뜻한 미소를 보여주었던 여성들은 과학자에게 우호적인 인상을 심어주었고. 미소가 긍정적인 사회적 만남을 가져다줄 수 있다는 사실을 확인시켜주었다.

결혼생활에 대해 살펴보면 따뜻한 미소를 보여준 여성들은 대개 27세 무렵에 결혼하여 이후 30년 동안 만족스런 결혼생활을 꾸려가는 편에 속했으며, 중년이 될 때까지 독신생활을 한 경우는 드물었다. 경멸감을 갖거나 끊임없이 트집 잡고 상대방을 비판하는 등 부정적인 감정을 보이면 결혼생활에 나쁜 영향을 미친다는 주장에 대해서는 이미 많은 사실이 밝혀져 있다. 존 가트먼John Gottman과 로버트 레빈슨은 배우자가 심한 경멸감과 방어적 태도를 보이고 심한 비판을 하거나 발뺌하는 경우에 부부가 이혼에 이르게 된다는 사실을 92퍼센트의 정확성으로 예측한 바 있다. 부정적 감정은 결혼생활에 독이 된다. 그렇다면 행복한 부부생활은 어떨까? 가트먼과 그의 동료들은 연구를 통해 존경심, 친절, 유머가 결혼한 부부 사이의 갈등을 효과적으로 해결하는 데 도움이 된다는 사실을 입증했다. 물론 우리 연구에서도 따뜻한 미소를 보여줬던 여성들은 건강한 결혼생활을 했다.

마지막으로, 20세에 따뜻한 미소를 보여준 여성들은 52세가 되어 삶을 돌아봤을 성취감이 더 큰 것으로 나타났다. 긍정적 감정을 잘 표현하는 여성들은 젊은 시절과 중년을 지나는 동안 심리적·육체적 문제를 적게 겪었으며 그만큼 삶에 대한 만족감이 더 컸다.

이 연구 결과를 읽고 있는 여러분은 지금쯤이면 몇 가지 생각을 하고 있을 것이다. 가장 중요하게 다가오는 것은 자신의 졸업앨범 사진이 과연 어떤 모습이었던가 하는 물음일 것이다(나는 어느 졸업앨범 사진에서 실크 디스코 셔츠에 벨벳 나비넥타이를 맨 채 다소 어색한 미소를 띠고 있었다). 그리고 이보다 더 중요한 것은 여러분의 배우자가 어떤 모습이었을지 하는 점이고, 이를 알아보기 위해 분명히 가족 물품이 담긴 종이 상자를 뒤지게 될 것이다. 왜냐하면 오래된 졸업앨범이 우리의 행복에 대해 많은 것을 말해줄 수 있기 때문이다.

어쩌면 누군가가 이 연구 결과에 대해 의문을 제기할 수도 있다. 연구에 참여한 여성들이 자신의 실제 생활 그리고 그에 대한 자신의 생각을 솔직히 말했을까 하는 점이다. 자신이 다른 사람과 유대감을 지닌다고 말하며, 자신의 인생 과제를 잘 완수했고 결혼생활이 행복하다고 말하지만 실제로는 이들의 삶이 불안과 자기기만, 절망이 뒤범벅된 정신상태일 수 있다는 것이다. 물론 다른 사람에게 자신의 삶에 대해 사회적으로 바람직한 내용만을 전달하려는 경향은 실제 어느 정도 존재하며, 우리가 참여 여성의 이런 경향을 통계적으로 통제할 때 비로소 모든 연구 결과가 유효성을 가질 수 있다. 하지만 따뜻한 미소가 그저 겉으로만 다른 사람들에게 호감을 갖는 것이든 진심으로 호감을 갖는 것이든 삶에 긍정적인 이점을 가져다 준다는 사실에는 변함이 없다.

그럼, 아름다운 미인의 경우는 어떨까? 신체적 매력은 많은 친구를 끌어모으고 직장에서 승진을 안겨주는 등 많은 이점을 갖는 것으로 입증되었다. 그러므로 아름다운 밀스 졸업생이 따뜻한 미소를 지었을 가능성이 있다. 즉 우리가 관찰한 결과가 뒤셴 미소 속에 담긴 따뜻함 때문이 아니라 그들의 아름다움 때문에 생겼을 가능성이 있다. 아니면 이번 연구에서 드러난 따뜻한 미소의 이점이 그저 외적 미모의 문제였을 수도 있다.

우리는 대학생들에게 우리가 연구 대상으로 삼은 밀스 졸업생 110명의 외모에 대해 평가해 달라고 했다. 평가 결과 미인으로 분류된 밀스 졸업생의 경우 실제로 다른 사람에 대해 더 강한 유대감을 가지며 불안을 덜 느끼고 행복감은 더 큰 것으로 나타났다. 하지만 중요한 것은 우리가 실험참가자에게서 아름다움의 요소를 통제한 경우에도 비슷한 결과가 나왔고, 따뜻한 미소를 짓는 여성은 장차 불안을 덜 느끼고 타인에게 따뜻한 마음을 가지며 보다 큰 능력을 발휘하고 행복한 결혼생활과 개인의 행복을 누리는 것으로 예측되었다는 점이다. 따뜻함과 친절은 신체적 아름다움과는 다른 문제였다.

행복의 기원과 미소

때로는 가장 단순한 물음이 아무 방도를 찾을 수 없을 만큼 대답하기 어려울 때가 있다. 한 번은 내가 가르치는 대학원생 한 명이 느닷없이 다음과 같은 질문을 한 일이 있다.

"그러니까 선생님은 감정을 연구하시는 거군요. 한 가지 묻고 싶은 게 있는데요, 오르가슴을 느끼면 왜 기분이 좋은가요?"

나는 오피오이드opioid니 도파민이니 옥시토신이니 이런저런 이름을 갖다대며 더듬더듬 말을 이어가다가 그만 얼굴을 붉히고 버벅거리며 뭐가 뭔지 알 수 없는 상태에 빠져들었다.

그 대학원생은 행복과 기쁨의 기원에 대해서, 즉 행복과 기쁨이 어디서 오는지, 행복과 기쁨을 구성하는 기본 요소가 무엇인지 물었던 것이고 내 대답은 제대로 된 대답이 아니었다. 뇌나 신체에서 나오는 전기화학신호는 경험의 본질에 대해 만족스런 대답이 될 수 없으며, 이 물음처럼 행복과 기쁨의 근원에 대해 묻는 경우에 마땅한 대답이 될 수 없다. 그렇다면 진화적 맥락에서 볼 때, 어떤 진화 과정을 거쳐서 미소가 사회생활에서 중심적 역할을 하게 된 것일까? 행복은 어디에서 오는 것일까?

다윈의 천재성은 오늘날 우리 눈에 보이는 행동 형태(애정과 순종을 나타내는 행동 형태, 웃음과 미소의 행동 형태)를 묘사하고, 이처럼 순간적이지만 정확하고 확실한 내용을 가진 의도된 행위에 대해 진화적 시간을 거슬러 올라가며 깊은 근원을 추적했다는 점에 있다. 이와 같은 진화적 분석을 통해 드러난 바에 따르면, 영장류의 가장 초기적 형태의 미소는 지위가 낮은 자가 지위가 높은 자에게 다가갈 때, 또는 목을 위협하는 공격이나 털이 부숭부숭한 손등으로 내리치는 강한 공격이 두려울 때 지위가 낮은 자가 보여주는 복종의 표시다.

미소의 기원을 찾아가는 우리의 연구를 이쯤에서 끝냈다면 아마 다음과 같은 결론에 도달했을 것이다. 미소의 기원은 위협을 줄이기 위한 시도에서 비롯되며, 자신이 파괴될지 모른다는 두려운 불안에서 나오고, 힘이 약한 개인이 의지할 수 있는 가장 효과적인 전략으로 복종에 바탕을 두고 있다. 그리고 이 결론에 함축된 바에 따르면 행복은 결국 우리 생존을 위협하는 요소를 헤쳐나가기 위한 시도에서 부수적으로 생긴 결과일 뿐이다.

이 결론을 우디 앨런Woody Allen 가설이라고 이름 붙이자. 우디 앨런은 자신의 멋진 영화에서 고통과 행복과 사랑이 한데 뒤얽힌 모습을 잘 묘사한 바 있는데, 아래 인용문 속에 그 특징이 잘 포착되어 있다.

사랑은 고통이다. 고통을 느끼지 않으려면 사랑하지 말아야 한다. 하지만 그럴 경우 사랑하지 않는 데 따른 고통이 있다. 따라서 사랑은 고통이며 사랑하지 않는 것도 고통이며 고통스러워하는 것도 고통이다. 행복하려면 사랑해야 한다. 그러므로 행복하려면 고통스럽고, 고통은 사람을 불행하게 한다. 결국 행복하기 위해서 사람은 사랑하거나 고통을 즐기거나 너무 많은 행복에 눌려 고통을 느껴야 한다.

물론 우디 앨런은 자신의 코미디 속에 이런 모습을 표현하며 아주 유쾌한 효과를 끌어냈다. 나는 인간의 행복과 사랑과 정신적 고통의 부조리를 보면서 웃기 위해 그의 최근 코미디 작품이 개봉되는 첫날 밤에 그의 열렬한 팬들과 함께 영화를 볼 계획이다. 우디 앨런 가설은 어쩌면 그의 희극적 상상력이 나오는 원천일 뿐일 수도 있다. 그러나 인간 행복의 중심에 불안과 두려움이 가로놓여 있다는 이 가설은 실제로 행복의 기본 요소, 기본 성분과 관련하여 오래전부터 서구에서 이어져 내려온 가정이었다.

이 견해는 우리가 긍정적인 감정을 느끼는 경험의 중심에 위협과 불안이 있다고 주장한다. 즉 우리가 느끼는 긍정적 감정은 절망과 두려움과 분노 같은 부정적 감정을 아래 깔고 있으며, 이 부정적 감정으로부터 생성되는 한편 이 부정적 감정에 대해 해독제 구실을 한다는 것이다.

예를 들어 1960년대에 감정에 대한 과학적 연구를 내놓는 데 일조했던 실반 톰킨스Silvan Tomkins는 분노와 두려움 같은 부정적 감정 상태가 중단되면서 미소와 웃음에 보이는 긍정적 감정이 나타난다고 주장했다. 한 가지 예로 재미있다는 느낌과 웃음은 분노가 끝나면서 생긴다. 누군가가 우리의 분노를 일으키면 우리는 심장박동수가 올라가고 근육이 긴장하고 금방이라도 주먹을 날릴 태세이다가, 어느 순간 분노가 가라앉으면 분노의 반反물질이라고 할 가벼움과 즐거움이 온몸으로 전해진다.

거슬러 올라가서 더 많은 영향력을 지녔던 지성계의 선임자들과 이 추론을 연결시킬 수도 있다. 프로이트는 여러 가지 이타적 행동, 여러 가지 즐거운 경험이나 상상력의 발현(소설 창작, 예지몽, 정신을 고양시키고 관점을 변화시키는 농담)이 부적절한 성적 충동이나 지나친 공격 및 파괴 성향에 대한 인간의 근본적 불안을 물리치게 하는 기제라고 보았다. 정신을 고양시키는 소설 작품을 쓰거나 남은 음식을 거지에게 주는 동기가 바로 신경 불안을 덜기 위한 것이라고 여긴 것이다.

프로이트가 빅토리아 시대의 문화 환경에서 살았고 빅토리아 문화가 그의 이론화 작업에서 가장 비옥한 토양이 되었기 때문에 이런 견해를 갖게 된 것으로 생각할 수 있다. 그런데 우디 앨런 가설은 최근의 과학 탐구에서도 발견된다. 사회심리학에서 많은 영향력을 가진 공포관리이론Terror management theory에서는 지적 창조 활동이나 철학적·영적 전통, 집단 축제 같은 오래된 문화 형태, 예술 또는 정치 집단에 헌신하는 활동 등 많은 고귀한 활동이 결국은 인간의 필연적인 죽음과 관련된 불안에서 비롯되었다고 주장한다. 이런 활동은 우리가 육체적 죽음을 초월하여 살 수 있다는 가능성을 심어주기 때문이다.

부모와 자식의 애착관계에 대한 연구에서는 부모와 자식 사이, 친구 사이, 연인 사이의 유대관계를 촉진하는 근본적인 감정이 불안이라고 가정한다. 아기가 미소 짓고, 옹알거리고, 앙앙 소리 내어 부모를 깔깔 웃게 만드는 것은 혼자라는 위험 속에 버려질지 모른다는 두려움 때문에 부모를 가까이 불러들이는 것이라고 한다. 또한 연인이 서로 어루만져주고 자기들만의 친근한 별명을 부르거나 독특한 목소리를 내는 것도 바로 혼자라는 위험 속에 버려질지 모른다는 두려움 때문이라고 한다.

우디 앨런 가설은 원죄와 타락에 대한 유대교와 그리스도교의 사고방식에 깊은 뿌리를 두고 있다. 이러한 사고들에서 바라본 인간 본성은 악하며 죄가 많고 타락해 있다. 따라서 진정한 행복은 현재의 삶 속에 있지 않으며 육신으로부터 벗어나 육신이 썩을 때 생긴다고 본다. 행복은 육체의 죄악에서 벗어난 자유로운 영적 상태, 즉 내세에 존재한다. 다시 말해 하나님과의 영적 교감 속에 들어 있다는 것이다. 현재 순간을 버릴 때, 지상의 욕망으로부터 자유로워질 때 행복이 생긴다. 심리학에서 사용하는 친근한 용어로 말하면, 탐욕과 불안, 분노 같은 부정적 상태가 더 이상 지속되지 않을 때에만 행복을 찾을 수 있다.

가장 흔히 보는 얼굴 표정, 즉 미소의 진화 과정에 대해 시간을 거슬러 올라가면서 정확한 이해를 얻고자 했던 탐구를 끝맺으려는 순간 우리는 행복의 근원에 대한 또 다른 견해를 접하게 된다. 우리에게는 아직 대답해야 할 한 가지 물음이 남아 있다. 영장류에게서 최초로 나타난 미소이자 복종의 태도와 긴밀하게 연관된 표정, 즉 조용히 치아를 드러내는 표정은 어떤 과정을 거쳐 행복의 표시인 뒤셴 미소로 진화하게 되었을까? 우리는 이제 사인 프루쇼프트의 섬세한 관찰 내용으로 돌아갈 것이다. 이 관찰 내용은 미소가 불안 및 방어로부터 벗어나 오늘날과 같은 표정으로 정착되는 과정을 밝히는 데 도움이 된다.

프루쇼프트가 알아낸 바에 따르면, 엄격한 위계구조를 이루고 사는 붉은털원숭이 같은 마카크종은 조용히 치아를 드러내는 표정과 긴장을 풀고 입을 크게 벌리는 표정을 짓는 경우가 매우 한정되어 있다. 미소의 전신에 해당되는, 조용히 치아를 드러내는 표정은 갈등 완화를 나타낼 때에만 짓는다. 이들처럼 지위를 의식하는 원숭이들 사이에서 미소는 불안 및 방어와 긴밀하게 연관되어 있다.

그러나 토기안 마카크처럼 상대적으로 평등한 마카크종도 있다. 이들의 위계구조는 다소 평평한 형태를 띠며 권력은 평등하게 분배된다. 이러한 사회적 조건은 초기인류나 현대 수렵채집 사회에서 보이는 위계구조와 상당히 유사해서, 권력 차이가 크지 않고 평등 관계가 더 두드러진다. 평등한 영장류 집단에서는 먹이를 나눠 먹는 일이 많으며 지위가 낮은 자들끼리 협력하는 일이 흔하고, 힘을 주장하기보다는 타협을 통해 사회생활을 영위해 나간다.

프루쇼프트는 계층화가 뚜렷하지 않은 마카크 집단에서 조용히 치아를 드러내는 표정이 새로운 용도로 쓰인다는 사실을 밝혀냈다. 긴장 완화의 목적도 있지만 상대를 안심시키거나, 서로 사귀거나 화해할 때 조용히 치아를 드러내는 표정을 짓는다는 것이다. 이는 표준적인 진화의 원리이다. 즉 조용히 치아를 드러내는 표정 등과 같은 적응 형태가 좀 더 광범위한 맥락에서 새로운 용도로 사용됨으로써, 변화하는 선택압에 맞춰 적응하게 해주는 것이다.

영장류의 평등이 널리 이루어지면서 조용히 치아를 드러내는 표정은 두려움이나 복종을 정확하게 대변하는 것에서 벗어나 애정 어린 협동과 친선관계를 촉진하는 새로운 사회적 맥락으로 확대되어 나타난다. 이 표정은 친근한 의도를 보여주는 표시가 되며, 가까이 다가가 협동하는 행동 과정, 예를 들어 털 손질이나 포옹, 악수 같은 행동 과정을 불러오는 촉진제 역할을 한다. 평등한 영장류 집단에서 조용히 치아를 드러내는 표정은 친화적이고 기분 좋은 만남을 가져다주었다.

인간의 행복이 신체상으로 나타나는 표시가 뒤센 미소다. 뒤센 미소는 오늘날 우리가 생각하기에 행복과 직결되는 길이라고 여겨지는 상황에서 생겨나지 않았다. 뒤셴 미소는 감각적 쾌락을 느끼는 경험, 예를 들어 크로마뇽인이 신선한 고기나 잘 익은 열매를 먹는 상황에서 시작된 것이 아니다. 또한 초기인류가 사회적 지위 상승을 즐거워하는 상황에서 생긴 것도 아니다. 최초의 뒤셴 미소는 개인이 중요 자원을 축적해 놓고 즐거워하면서 생긴 것도 아니다. 실제로 크리스토퍼 보엠Christopher Boehm은 수렵채집 사회의 위계구조 연구를 요약하면서, 이 사회 구성원들은 자원의 급작스런 증가에 대해 대단치 않게 여겼다고 썼다.

영장류 진화 과정에서 뒤셴 미소는 특히 비슷한 또래끼리 친근함과 애정을 나타내는 최초의 어휘가 되었다. 개인이 협동과 친밀관계를 이루기 위해 서로에게 다가가는 순간에 높은 인의 비율과 행복의 근원이 들어 있었다. 우리의 초사회적인 성향은 협동 의도를 보여주는 다목적용 표시를 필요로 할 뿐만 아니라 뒤셴 미소와 같이 눈에 확연히 보이고 분명한 것, 또한 낯선 존재가 팔을 들어 최초의 주먹을 휘두르는 시간보다도 더 빠르고 효과적으로 갈등을 사전에 막고 협동관계를 알릴 수 있는 것을 필요로 했다. 이 장의 서두에서 제기한 인을 행하는 인간의 능력을 어떻게 하면 가장 효과적으로 전달할 수 있는가 하는 물음에 대해 진화가 내놓은 대답은 고대 그리스인이 생각한 대답과 같았다. 바로 미소였다.

Chapter

07

웃으면 복이 오는 과학적 근거
웃음

Laughter

웃음이 초기인류의 진화 과정에서 중요한 진화적 변화를 상징한다는 주장이 얼핏 억지스럽게 생각될지 몰라도 사실이 그렇다. 이는 진화학자 매슈 제바이스와 데이비드 슬론 윌슨이 내놓은 주장이다. 진화상으로 볼 때 웃음은 도구 제작이나 농업 활동, 마주 보게 할 수 있는 엄지손가락, 자기 표현, 모방, 가축 사육, 직립보행, 상징적 언어 등과 동등한 지위를 주장할 만하다.

Laughter

1982년도 영화 불을 찾아서*Quest for Fire*에서 불운한 네안데르탈인 남자 세 명은 습지에 사는 종족 곁을 떠나 불을 찾아 나선다. 이 시기에 불이란, 우연히 얻어지는 식량과 집단 내 위계구조의 원천이었다. 세 여행자는 불을 찾아가는 동안 칼이빨 호랑이saber-toothed tiger를 피하고 거대한 매머드mammoth를 만나는가 하면 배가 불룩 튀어나오고 붉은 털을 가진 네안데르탈인 소부족의 잠재적인 공격을 물리치기도 한다. 그러다 이들은 마지막에 벌인 엉뚱한 장난으로 다른 종류의 초기 인간 한 명을 구조하게 된다. 자신들보다 진화된 호모 하빌리스 여자였다. 그녀는 골격 구조와 안면 형태가 섬세했으며 온몸을 카펫처럼 뒤덮는 털도 없었고 같은 종족을 나타내는 패턴화된 그림으로 몸을 장식했다.

이 여자는 세 남자를 이끌고 자신이 사는 마을까지 원시시대의 쥘과 짐*Jules and Jim*(프랑수아 트뤼포가 감독한 영화로 두 남자와 한 여자의 삶과 사랑을 그린 작품이다_옮긴이)식 여행길에 오른다. 이 여정에서 네안데르탈인과 호모 하빌리스의 몇 가지 차이점이 뚜렷하게 부각된다. 호모 하빌리스는 특별한 도구를 개발했다. 구멍이 뚫린 작은 판과 둥근 막대기인데 필요할 때면 언제든지 이 막대기를 비벼서 불을 피울 수 있었다. 이는 우둔한 네안데르탈인도 알아볼 만큼 근본적인 혁신이었다.

네안데르탈인은 꿀꿀 소리, 신음 소리, 으르렁 소리 정도밖에 내지 못한 반면에 호모 하빌리스는 훨씬 복잡한 발성법을 지녔다. 또한 호모 하빌리스는 원시 물감을 이용하여 몸을 치장했으며, 아주 정겨운 막다른 골목과 비슷한 형태의 정교한 오두막에서 살았다. 호모 하빌리스는 식물을 재배하고 가축을 길렀는데, 이는 제레드 다이아몬드Jared Diamond가 주장하듯이 인간 문화의 진화 과정에서 결정적인 의미를 지닌다. 또한 호모 하빌리스는 얼굴을 맞대고 성관계를 가졌으며 소리 내어 웃었다.

웃음의 탄생

영화 속 한 장면에서 네안데르탈인 세 명과 이들의 새로운 배우자는 빛이 듬성듬성 새어 들어오는 나무 그늘 아래 누워 털을 손질하기도 하고 주변 경관을 둘러보거나 날아다니는 벌레를 잡아먹기도 했다. 그러던 중 어디선가 느닷없이 돌멩이 하나가 날아와 네안데르탈인 남자의 툭 튀어나온 이마에 맞고는 튕겨 나갔다. 이마에 상처가 생긴 남자는 주변을 대충 둘러보고는 이내 무심해졌다. 호모 하빌리스 여자는 이 모습에서 가장 단순한 형태의 유머를 발견하고는(나는 어린 시절 남동생의 머리에 도토리나 올리브, 캔디 등 별로 위험하지 않은 것들을 툭툭 던지곤 했다) 갑자기 웃음을 터뜨렸다. 하지만 세 명의 네안데르탈인은 여자의 입술 사이로 터져나오는 기이한 소리가 무슨 의미인지 이해하지 못했다.

웃음이 초기인류의 진화 과정에서 중요한 진화적 변화를 상징한다는 주장이 얼핏 억지스럽게 생각될지 몰라도 사실이 그렇다. 이는 진화학자 매슈 제바이스Matthew Gervais와 데이비드 슬론 윌슨David Sloan Wilson이 내놓은 주장이다. 진화상으로 볼 때 웃음은 도구 제작이나 농업 활동, 마주 보게 할 수 있는 엄지손가락, 자기 표현, 모방, 가축 사육, 직립보행, 상징적 언어 등과 동등한 지위를 주장할 만하다. 웃음은 사회조직의 커다란 변화를 보여주는 진화상의 특징이며 여기에는 신경계의 변화가 수반된다. 포유동물은 소리로 의사를 전달하는 능력이나 놀이 등 웃음의 재료를 갖고 있다는 점에서 파충류와 구분된다(도마뱀 가족이 우리가 언어를 먹는 모습을 보고 울부짖거나 귀 뒤의 상처 때문에 그르렁거리는 걸 들어본 기억이 있는가?).

더욱 놀라운 점은 고릴라, 침팬지, 보노보 등 우리와 가까운 영장류의 웃음과 인간의 웃음이 매우 다르다는 점이다. 가장 기본적인 의미에서 볼 때 유인원의 웃음은 인간의 웃음과 닮았다. 긴장을 풀고 입을 크게 벌리는 표정과 헐떡이는 발성법은 우리에게 매우 익숙하다. 이들은 우리와 비슷한 상황, 예를 들어 누가 몸을 간질이거나 서로 뒹굴며 놀 때 웃는다.

인간과 마찬가지로 침팬지와 원숭이는 장난을 통해 갈등을 해소할 수 있는 발달기(청년기)나 하루 중 특정한 때(먹이를 주기 위해 다가올 때) 입을 크게 벌리는 표정을 잘 보인다. 그러나 침팬지와 원숭이의 웃음은 인간의 웃음과 달리 숨을 들이마시고 내쉬는 패턴과 좀 더 밀접하게 연결되어 있다. 침팬지와 원숭이는 짧고 반복적이며 숨 한 번 헐떡이는 식으로 웃음을 내보내며 웃음소리의 변화도 다양하지 않다.

이와 대조적으로 인간의 웃음은 놀라울 정도로 다양하며 복잡하다. 인간의 웃음은 독자적으로 하나의 언어를 이룬다. 비웃는 웃음, 시시덕

대며 희롱하는 웃음, 단조로운 웃음, 당황스런 신음 같은 웃음, 찌르는 듯한 웃음, 긴장감을 가진 웃음, 행복한 느낌을 가득 담은 웃음, 조용하고 머리가 환해지는 웃음, 가슴을 활짝 벌리고 힘차게 웃는 웃음, 자신의 특권과 계급적 지위를 드러내는 웃음, 경멸 섞인 웃음, 투덜거리거나 불퉁거리는 것과 별반 다르지 않은 웃음 등이 있다. 웃음에 대해 단순한 이론적 체계를 세울 수 없는 것도 이러한 이질성 때문인데, 이를 분석하다 보면 우리가 왜 웃는지 그 이유에 대한 답으로 이어진다.

웃음과 관련된 아주 재미있는 사실들

T. C. 보일T. C. Boyle의 소설 《드롭시티Drop City》에는 히피 공동체가 나온다. 자유로운 연애와 자발적인 의식을 열렬히 신봉하고 자연에 몰입해서 살아가는 이 공동체는 캘리포니아 주 소노마 카운티에 위치한 복합도시 '드롭시티'를 떠나 훼손되지 않은 자연의 마지막 보루인 알래스카로 향한다. 이 여정은 그들만의 자유로운 연애가 갖가지 갈등을 일으키기도 하고, 자동차가 고장 나는가 하면, 열정과 황홀감에 취한 공동체에서 누가 설거지를 할 것인지를 놓고 지극히 세속적인 타협이 벌어지는 등 번잡한 매일의 연속이다. 그런데도 그들에게는 도처에 웃을 일이 가득하다. 보일이 그들의 웃음을 묘사해놓은 부분에는 웃음과 관련된 몇 가지 통찰이 담겨 있다.

그러나 스타의 웃음소리가 그의 귀에 들렸다. 그가 다른 뭔가를 찾기 위해 밤의 어둠 속으로 걸어가는 동안 바로 그의 귀에까지 제대로 날아와 확 꽂히는, 단단하면서도 거친 웃음이었다.

그녀가 처음 보인 반응은 웃음이었다. 음악 같은 선율을 띠면서 멀리 울려 퍼지는 웃음이었고 이 웃음소리로 인해 공간이 점차 부풀어 오르더니 흡사 콘서트홀처럼 변했다.

그러자 그는 킬킬대며 웃기 시작했다. 그것은 낮고 부드러우면서도 숨 가쁘게 밀려 나오는 공기 소리였으며 어쩌면 노랫소리가 되어 첫 두 소절 정도 이어졌을 수도 있었다.

그가 계단을 내려올 때 신경질적으로 웃는 어설픈 소리가 들리더니 이내 소리가 높아지면서 휘파람과 야유 소리가 뒤섞인, 어찌 해볼 도리조차 없는 거친 폭풍으로 바뀌었다. 그러는 동안 문이 닫히고 놈은 버스에 올라타 기어를 넣은 뒤 캐나다의 불빛을 향해 출발했다.

짐이 뭐라고 말하자 스타가 웃음을 터뜨렸고, 그러자 모두들 웃었다. 심지어는 그도, 마르코도 웃었다. 그러나 그는 자신이 무슨 일로, 무엇 때문에 웃는지 몰랐고, 이 상황에서 웃는 게 과연 적절한지조차 알지 못했다.

또다시 모두들 웃었다. 데일 머레이도 다른 사람들처럼 내내 나지막한 소리로 웃었다.

갑자기 그가 웃기 시작했다. 개가 꿈꾸다가 깜짝 놀라 깰 만큼 높고 날카로운 웃음소리였다. 그는 고개를 들고는 옆으로 비스듬히 마르코를 쳐다보았다.

"씀씀이가 정말 헤픈 사람이군." 그녀가 말했다. 그녀의 웃음소리는 강 저편까지 길게 이어지더니 강둑에 부딪혀 튕기듯 되돌아왔다.

그 후 그는 메리가 찢어질 듯한 소리를 내는 걸 들었다. 아니, 어쩌면 그건 리디아에게서 나온 소리인지도 모른다. 그리고는 그의 존재 자체가 이 세상에서 가장 우습다는 듯이 그들 세 사람 모두 날카롭게 이어지는 긴 웃음소리를 냈다.

몇몇이 히죽거리며 웃는 소리가 났고 한두 명은 신경질적인 웃음소리를 냈다.

그러나 그들은 삼림순록의 혀와 에스키모 아이스크림을 먹었다(에스키모 아이스크림은 삼림순록 지방에 설탕 반 톤을 넣고 휘저어 거품을 낸 뒤 신 베리를 흩뿌려 놓은 것이었다. 팬이 맛을 보았다. "아이스크림이야, 형, 아이스크림." 조 보스키가 이렇게 말하면서 팬에게도 먹어보라고 부추겼지만 팬은 입안에 있는 것을 도로 손바닥에 뱉었다. 방 안 모든 이가 불꽃이 일듯이 엉덩이를 들썩이며 웃었다. 세상에서 가장 재미있는 일이야, 백인).

파멜라는 그녀를 한 번 쳐다보고는 웃음을 터뜨렸다. 파멜라는 너무 웃겨서 컵을 내려놓아야 했고, 눈은 반쯤 감겼고, 고개가 어깨에서 떨어지지 않게 받치려는 듯이 양손을 관자놀이 쪽으로 가져갔다.

웃음과 관련해서 아마도 가장 기본적인 사실이면서 맨 먼저 지적해야 할 사항은, 찢어질 듯한 웃음이든 고함소리 같은 웃음이든 히죽거리는 웃음이든 야유하는 웃음이든 날카로운 휘파람 소리 같은 웃음이든, 거의 모든 웃음은 사회적이라는 사실이다. 대략적으로 웃음은 혼자 있을 때보다 여럿이 어울려 있을 때 30배 정도 더 자주 터져나온다. 웃음이 사람들을 맺어주는 방식을 이해하기 위해서는 개인의 마음 경계선 바깥까지 범위를 확대해야 한다.

웃음은 전염된다. 웃음은 다른 사람들에게 퍼져 나가고 다른 사람들을 씻어주며 창처럼 사람들 속에 꽂히고 방 안을 특정한 분위기로 가득 채우며 납득할 만한 이유 없이도 다른 사람들을 웃게 만든다. 《드롭시티》에서 웃음은 늘 한바탕 좌중을 돌아 폭포를 이루고 폭풍을 일으킨다. 방 안은 콘서트홀처럼 웃음소리로 가득 차오른다.

웃을 때 사람들은 고개를 젖히고 엉덩이를 들썩이며, 웃는 동안 온몸의 자세가 흐트러진다. 웃는 사람은 어떤 동작도 제대로 취할 수 없다. 나는 간지럼을 타느라 어쩔 줄 몰라 하는 딸들에게 몇 가지 기본 동작, 예를 들어 휘파람을 불거나 윙크를 하거나 혓바닥을 내미는 동작을 해보라고 했지만 비슷하게 보이는 동작조차 취하지 못했다. 웃음이 터지는 동안 신체는 움직임이 없는 비현실적 세계 속으로 빠져든다.

또한 웃음은 미묘하게 우리의 호흡과 얽혀 있다. 보일의 묘사에서 웃음은 늘 입 밖으로 공기를 내뱉는 과정을 동반한다. 몇몇 병적인 예외가 있기는 하지만(1970년대 시트콤 돌아온 걸 환영해, 고터Welcome Back, Kotter에 등장하는 머브 그리핀Merv Griffin, 아널드 호셰이크Arnold Horshack), 웃을 때에는 거의 항상 숨을 내뱉는다. 이 단순한 사실은 우리가 웃음을 이해하는 데 있어 부수적인 것처럼 보일지 몰라도 사실은 가장 근본적인 사항이다. 그 이유는 다음과 같다.

호흡과 심장박동은 신체의 가장 기본적인 리듬이다. 두 리듬은 아카펠라 그룹의 가수처럼 서로 어울리며 제 역할을 한다. 숨을 들이마

그림 6 | 류트를 연주하는 얀 스테인의 자화상
이 그림은 웃을 때 온몸의 긴장이 풀리고 흐트러지는 상태를 멋지게 포착해 놓았다. 스텐은 첫 아내가 젊은 나이에 죽는 등 수많은 비극적 경험을 했는데도 웃음을 훌륭하게 표현해냈다.

실 때 심장박동수가 상승하고, 숨을 내쉴 때에는 심장박동수가 떨어지며 혈압이 내려가고 긴장이 풀린다.

이러한 폐-심장의 역동성은 책 제목(《숨을 내쉬기를 기다리며Waiting to Exhale》)이나 경구('숨을 깊이 들이쉬라')에 등장하기도 하고 초등학교 수업시간의 윤리 격언('숨을 들이마시고 열을 세라')에 나오기도 하며, 농구 시합에서 승부가 걸린 프리드로우free throw를 시도하는 선수에게 코치가 들려주는 충고(선수들은 단계적으로 숨을 내쉰다)나 요가의 오래된 호흡법에도 나온다. 숨을 내쉬면 투쟁·도주 생리, 특히 심장박동수가 줄어들고 몸이 차분하게 진정된다. 실제로 1970년대와 1980년대에 나온 일련의 연구에서는 단지 깊은 호흡을 하는 것만으로도 혈압이 내려가고 스트레스와 불안이 감소하며 차분하게 진정되는 효과가 있다고 밝혀낸 바 있다.

각기 다른 웃음의 스펙트럼 사진(음향 기호)을 분석한 바 있는 로버트 프로빈Robert Provine은 툭툭 끊기면서 폭발적으로 치솟는 신호를 찾아냈는데, 이는 우리 귀에 "하, 하, 하" 또는 "티, 히, 히"라고 들린다. 이 폭발적 반응은 평균적으로 약 0.75초 동안 지속되며, 전형적인 웃음 '발작'에서는 이러한 '반응'이 서너 차례 등장한다. 프로빈은 이런 폭발적 반응의 기초가 되는 것이 깊은 한숨이라고 밝혀냈다. 웃음은 원시적인 호흡법이며, '숨을 깊이 들이쉬라'는 경구에 따른 최초의 호흡법이다. 침팬지와 보노보가 입을 크게 벌리는 표정을 지을 때 그들은 투쟁·도주 생리에 변화를 주어 공격 가능성을 줄이고 놀이와 친선관계의 기회를 열어가고자 하는 것이다.

웃음의 과학

우리는 웃음과 관련한 몇 가지 사실을 확인했다. 웃음은 거의 항상 사회적이라는 점, 온몸에 힘이 빠지고 긴장이 풀린 상태로 들어간다는 점, 웃음은 호흡과 연결되어 있다는 점이다. 그러나 아직 우리는 가장 단순한 물음에 대해 답을 얻지 못했다. 웃음의 의미는 무엇인가? 놀라울 만큼 다양한 인간의 웃음을 하나로 묶어주는 것은 무엇인가? 한숨짓든, 혀 내밀기든, 눈썹 꿈틀거리기든, 얼굴 붉히기든, 한 가지 범주의 표현 행위를 이해하기 위한 단서는 과학자가 그 범주에 포함되는 다양한 행위를 이어주는 원칙을 찾아냈을 때 나타난다. 그런 면에서 우리는 웃음의 복잡한 음향학에 대해 이처럼 수고스런 작업을 해놓은 조 앤 바초로프스키Jo-Anne Bachorowski에게 감사해야 한다.

폐 주변 근육이 수축되면서 밀려난 공기가 인간의 발성기관(〈그림 7〉

참조)을 거치는 동안 성대의 움직임을 통해 공기에 진동이 생긴다. 성대가 떨리는 속도에 따라 소리의 높고 낮음이 정해지고, 이 소리는 목을 거쳐 혀의 섬세한 놀림, 입술 모양(입이 크게 벌어지는지, 아니면 이를 꽉 물고 있는지 등등), 비관이 열린 정도에 따라 공명 및 분절 등의 부가적인 음향 특성을 갖게 된다. 연구자는 복잡한 소리를 스펙트럼 사진으로 수집하여 여러 가지 기준을 끌어낸 뒤 웃음, 한숨, 신음, 끙끙거림, 집적거림의 음향적 특징을 정리한다. 이 기준에는 소리의 속도, 높낮이, 크기, 높낮이 변화, 소리 끝부분이 올라가는지 내려가는지 등이 포함된다.

바초로프스키는 최초로 웃음을 가지고 이 복잡한 음향 분석을 실시한 사람이었다. 그녀는 친구는 물론 낯선 사람들이 로빈 윌리엄스를 바라보거나 재미있는 게임을 함께 즐기거나 그저 소소한 잡담을 나누는 동안에 내는 웃음소리를 녹음했다. 바초로프스키는 수천 가지 웃

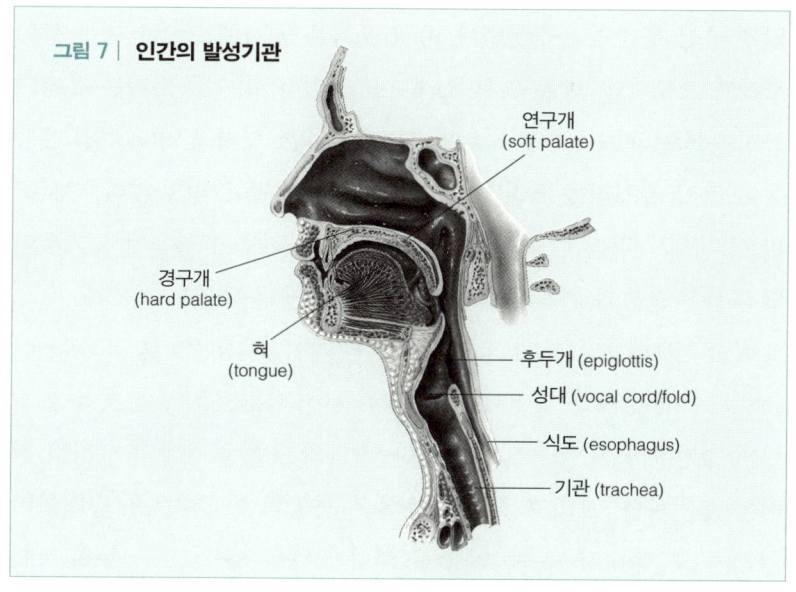

그림 7 | 인간의 발성기관

음을 정밀 분석하느라 시력까지 나빠지면서 웃음 사전의 첫 단계를 이루어냈다. 그녀의 웃음 사전에는 깔깔거리는 소리, 쉿쉿 소리, 숨소리가 섞이는 헐떡거림, 콧김을 내뿜는 소리, 꿀꿀거리는 소리, 감미로운 음향 구조를 띤 노래 같은 웃음소리가 있었다. 후에 프로빈은 남자보다 여자가 더 많이 웃는 경향이 있다는 사실을 알아냈는데, 바초로프스키가 웃음 분석이란 방대한 작업을 해낼 수 있었던 데에는 일정 정도 성의 역할도 있다고 생각했다. 불쌍한 원숭이인 남자는 여자와 비교했을 때 그저 콧김을 내뿜거나 꿀꿀거리는 소리를 더 자주 내는 경향이 있을 뿐이다.

웃음의 기본 음향을 정밀 분석한 바초로프스키는 이 힘든 작업을 통해 웃음의 깊은 의미와 인간 진화에서 웃음이 등장한 이유에 관한 세 가지 단서를 찾아냈다. 첫 번째 단서는 웃음이 지닌 놀라운 다양성을 이해하는 데 도움을 준다. 바초로프스키는 웃음에 음색이 있다는 걸 발견하고 웃음을 성대가 진동하면서 나오는 유성 웃음과 그렇지 않은 무성 웃음으로 구분했다. 유성 웃음은 공기 속으로 퍼지는 동안 소리가 오르락내리락하면서 노래처럼 들린다. 이 웃음소리는 우정과 동지애를 전하는 초대장으로 받아들여지지만, 쉿쉿 소리나 콧김 내뿜는 소리, 꿀꿀거리는 소리 등과 같은 무성 웃음은 그렇지 않다. 그토록 많은 미소가 뒤셴 미소와 넌뒤셴 미소로 나뉘듯이 웃음에도 기쁨이 담긴 유성 웃음과 기쁨이 담기지 않은 무성 웃음이 있는 것이다.

밀란 쿤데라Milan Kundera는 《웃음과 망각의 책The Book of Laughter and Forgetting》에서 웃음에 대해 놀라운 사색을 펼치면서 웃음을 천사의 것과 악마의 것으로 나누었다. 악마의 웃음은 세계의 합리적 질서를 부정한다. 그리고 천사의 웃음은 사물의 아름다움을 긍정하며 연인, 친구, 동료가 세속적인 것을 떠나 고양된 정신으로 공동의 목표를 이루도록 묶어준다. 유성 웃음은 쿤데라가 말하는 천사의 웃음이며 무성 웃음은 악마의 웃음이다. 하지만 두 가지 웃음 모두 사회계약에서 매우 중요한 의미를 지닌다.

바초로프스키는 각 개인의 웃음소리가 어떻게 오케스트라에 속한 각기 다른 악기 소리처럼 서로 어울릴 수 있는지 분석하는 과정에서 중요한 두 번째 사실을 발견했다. 낯선 사람의 웃음소리와 달리 친구들의 웃음소리는 처음에 각기 다른 소리로 시작되지만 어느새 소리가 서로 겹쳐지고 뒤섞여서 각자의 음향 특성이 서로 닮아간다. 바초로프스키는 이 웃음 이중주를 답가 웃음antiphonal laughter이라고 보았다. 답가 웃음은 사람들을 따뜻한 애정으로 묶어준다. 유머와 가벼운 행동을 접한 뒤 이에 반응을 보이는 친구들은 음향 공간 내에서 웃음을 공유할 공동의 자리를 재빨리 찾아낸다. 답가 웃음이 이어지는 2~3초 동안 이들의 마음은 하나가 된다.

마지막으로 바초로프스키는 자음이나 모음과 대조할 때 웃음소리가 음향 공간 내에서 어느 위치에 놓이는지 알아냈다. 아주 놀라운 발견이었다. 웃음소리는 '아'와 '이' 같은 모음과는 다른 음향 공간에 위치했다. 우리는 웃음소리를 글로 옮길 때 '하, 하, 하' 또는 '히, 히, 히' 같은 표현을 쓰지만 실제로 웃음의 음향 구조는 우리가 이 신비로운 행위를 표현할 때 갖다 쓰는 모음의 음향 구조와 확연히 달랐다. 발성기관의 특정 영역은 인간의 언어를 구성하는 모음과 자음 소리를 내며 사회생활의 많은 부분이 이 언어 속에서 이루어진다. 그러나 발성기관에는 또 다른 음역이 있었고, 거기에는 언어와는 기원도 다르고 기능도 전혀 다른 또 다른 형태의 소리, 즉 웃음소리가 있었다.

바초로프스키가 밝혀낸 사실로 미루어볼 때 인간 진화 과정에서 웃음은 언어보다 먼저 생겼으며 약 400만 년 전 원시적 형태로 처음 나타났을 것으로 보인다. 이는 인간이 모음과 자음을 합쳐 음소를 만들고 음소가 다시 단어와 문자가 되기 훨씬 이전의 일이다. 웃음 과학의 지도적 인물 중 하나인 빌발트 루흐Willibald Ruch는 웃음에 관련된 최근의 신경과학 자료를 종합 정리한 바 있는데, 이 자료에서도 인간의 웃음이 진화 과정에서 나타난 사실에 대해 비슷한 결론을 내리고 있다.

루흐는 웃음에 관련된 수많은 뇌 연구를 종합 정리했다. 이 중에는 병적 웃음과 뇌의 상관관계에 초점을 맞춘 연구 자료도 있었다. 예를 들어 가성연수효과pseudobulbar affect('감정실금'이라고도 하는 불안정한 정서 상태를 말한다_옮긴이)라고 알려진 증후군을 앓는 사람들은 별로 우습지 않은 자극, 예를 들어 고개를 갸우뚱하는 모습, 손의 움직임, 대화 중의 사소한 논평 같은 것에도 느닷없이 웃음을 터뜨린다.

또 다른 연구에서는 뇌의 특정 영역에 가해지는 전기자극 이후에 웃음이 나오는 것으로 관찰되었다. 사람들이 웃을 때에는 대뇌피질 아래 영역과 변연계 및 뇌간이 활성화되는데, 뇌간은 접합부로 알려진 영역으로 수면 및 호흡에 관여한다. 이들 영역은 진화상으로 볼 때 언어와 관계된 대뇌피질보다 훨씬 오래전에 생겼으며, 이와 같은 사실로 미루어볼 때 웃음의 심층적 의미는 호흡과 깊은 관련이 있다는 걸 확인할 수 있다.

웃겨야 웃는 건 아니다

웃음은 사회적이며 전염성이 있다. 웃음은 폐 깊숙한 곳에 있는 공기를 비워내며, 심장박동수와 혈압을 떨어뜨리고, 투쟁·도주 반응에 관련된 근육을 약화시킨다. 웃음은 우리를 평온한 심리 상태로 이끈다. 이런 사실은 웃음의 의미에 대한 오래된 생각, 즉 웃음은 유머에 대한 반응이 외부 행동으로 표출된 것이라는 생각과 아주 잘 들어맞는다. 유머는 웃음만큼이나 해부하기 어렵지만 우스운 행위가 지닌 표준 구조에 대해서는 합의된 견해가 있다. 유머에는 긴장과 다의성을 불러일으키는 모순적 내용이 나란히 놓이고, 개념적인 통찰이나 촌철살인의 어구 같은 형태로 이 모순이 해결되면서 웃음이 터진다.

하지만 웃음이 긴장을 줄여준다는 견해는 로버트 프로빈이 수집한 몇 가지 냉철한 자료와 충돌을 일으켰다. 프로빈은 연구소라는 제한된 공간에 틀어박히거나 책상 앞에 앉아 추상적이고 개념적인 분석에 매달리지 않고 현실세계 속에서 들리는 웃음소리에 자신의 날카로운 귀를 갖다댔다. 프로빈은 대학생 조사원 세 명을 시켜 쇼핑몰이나, 다정한 대화가 오가는 길모퉁이, 대학생들이 모여 앉아 농담을 주고받는 카페테리아 등지에서 몰래 웃음소리를 녹음하게 했다. 세 명밖에 안 되는 웃음수집원은 모두 1,200개가 넘는 웃음소리를 녹음해왔다. 프로빈은 이 속에 담긴 에피소드를 이야기로 옮겨 적은 뒤 웃음이 터지기 전에 사람들이 나눈 이야기를 상세히 분석했다.

웃음소리에 앞서 흔히 유머가 등장했다. 다음 말을 듣고 어느 누가 웃지 않을 수 있겠는가? 고개가 젖혀지고 눈이 감기며 온몸이 흐느적거리도록 킬킬거리지 않을 사람이 누가 있겠는가?

그녀는 또래끼리 추는 포크댄스에서 박사학위라도 따려고 한다니까.

너, 방금 방귀 뀌었구나!

그 불쌍한 남자애는 꼭 자기 아버지처럼 생겼어.

그들이 물었을 때 존은 이 다음에 자라서 새가 되고 싶다고 말했다.

너는 같은 종種하고만 데이트를 하니?

내가 옷을 벗기 전에 그런 거니, 아니면 벗은 다음이었니?

그걸 옷이라고 봐야 하는 거니, 아니면 대피실이라고 생각해야 하니?

그러나 웃음이 터지기 전에 나온 말 중에서 유머가 들어 있는 말은 겨우 10~20퍼센트 정도밖에 되지 않았다. 프로빈이 알아낸 중요한 사실은 유머가 아닌 어떤 내용의 말 뒤에라도 웃음이 터질 수 있다는 것이다. 유머와 무관하게 터진 웃음이 80퍼센트가 넘었다. 다음에 나온 말을 보자. 이 말이 나온 뒤 바로 웃음이 터졌다.

네가 무슨 말을 하는 건지 알아.

우리 모두 잘되면 좋겠어.

이 문제는 내가 처리할 수 있어.

내가 전에 너한테 그렇게 말했잖아.

정말이야?

이 말을 왜 나한테 하려는 건데?

대체 무슨 뜻으로 이러는 거니?

이 말들은 데일리쇼The Daily Show, 세터데이 나이트 라이브Saturday Night Live, 로빈 윌리엄스Robin McLaurin Williams, 학교마다 있는 익살꾼, 유행하는 농담처럼 곧바로 박장대소를 터뜨릴 만한 내용은 아니다. 여기 적힌 말들이 예외적인 것이라면 그냥 무시해버릴 수 있을 것이다. 그러나 유머와 관계없이 대화상의 특정 내용이 웃음을 일으키는 일은 결코 예외가 아니라 늘상 일어난다. 이제 우리에게는 웃음에 대해 좀 더 체계적이고 정확한 이론화 작업이 필요하다.

협력의 스위치

그렇다면 깔깔거리는 웃음, 너털웃음, 쉿 하는 웃음, 킬킬거리는 웃음, 콧김 내뿜는 웃음, 노랫소리 같은 웃음 등 우리가 매일 듣는 웃음소리, 아니 그 정도까지는 아니더라도 마음이 흐뭇하고 기쁜 날 듣는 웃음소리를 개념적으로 한데 묶어주는 것은 무엇일까?

오래전부터 내려오는 명제(유머)로는 설명되지 않는다는 사실을 앞서 살펴보았다. 일상 속에서 터지는 웃음의 많은 부분, 아니 거의 대다수가 유머로 설명되지 않는다. 그래서 바초로프스키와 그녀의 동료 마이클 오우렌Michael Owren이 찾아낸 답은 협력이었다. 바초로프스키와 오우렌은 통찰력 있는 분석을 통해 웃음은 집단생활에 필수적인 협력적 유대를 쌓는다고 주장했다. 이는 두 가지 메커니즘을 통해 이루어진다.

첫 번째 메커니즘은 전염성이다. 우리는 다른 사람의 웃음소리를 듣고 따라 웃으면서 기쁨과 가벼운 기분을 경험한다. 웃음이 지닌 전염성 때문에 방송국은 텔레비전에 방청객 웃음소리를 도입했다. 프로빈은 이러한 역사를 자신의 책《웃음Laughter》에 상세히 설명했다. 최근에 신경과학에서 밝힌 바에 따르면 우리가 다른 사람의 웃음소리를 들으면, 거울 뉴런mirror neurons이 표현 행동을 나타내면서 뇌에서 웃음을 자극하는 행동 성향과 경험을 재빨리 활성화시킨다.

구체적으로 설명하면 웃음은 듣는 사람의 운동피질 가운데 한 영역, 즉 보조운동영역이 활성화되게 자극한다. 보조운동영역을 떠난 뉴런 다발은 뇌도(측두엽의 측열에 깊게 놓여 있는 삼각형 모양의 뇌 부위_옮긴이)와 편도체로 가서 환희와 재미의 느낌을 자극한다. 우리가 다른 사람의 웃음소리를 들을 때 이 거울 뉴런계는 마치 듣는 사람이 웃고 있는 것처럼 작용한다.

웃음을 통해 협력적 유대관계가 쌓이는 두 번째 메커니즘이 있다고 바초로프스키와 오우렌은 주장한다. 즉 웃음은 상호 이익이 되는 만남(직장이나 부엌에서 이루어지는 성공적인 협력, 친구 사이의 성공적인 협력, 육아의 성공적인 협력)을 보답으로 안겨준다. 웃음은 감사의 표시이자 함께 처해 있는 상황에 대한 이해를 공유한다는 뜻을 나타낸다. 또한 웃음은 서로에게 즐거움을 불러일으킨다. 각 개인이 발성기관의 특정 부위를 통해 만들어낸 인증 웃음을 짓는다면 웃음은 서로 간의 신뢰를 돈독히 하면서 협력적 만남이 가져다주는 독특한 보상의 의미를 갖는다.

이 이론은 웃음에 대한 깊은 통찰을 제공한다. 웃음은 단순히 육체나 마음의 내적 상태를 알려주는 판독 정보가 아니다. 불안과 고통이 끝났다거나 환희나 가벼운 기분, 유쾌한 기분이 용솟음친다는 것을 알려주는 데 그치는 것도 아니다. 한발 더 나아가 웃음은 간질임, 야단법석, 농담 등과 같은 놀이의 상호작용 속에서 생겨나 다른 사람들에게 협력적 반응을 불러일으키는 풍부한 사회적 신호의 의미도 갖는다. 협력으로서의 웃음은 경험 자료 문헌 여기저기에 흩어져 있어 연결고리가 없어 보였던 사실들을 하나로 연결시켜 설명해준다.

팔레스타인과 이스라엘의 협상 담당자들이 함께 웃음을 나눈 뒤, 교착 상태에 놓였던 협상이 공동의 기반을 확인하고 타협하는 방향으로 극적 전환을 이루었다. 임원진을 대상으로 한 내 연구에서도 협상 초기에 가족이나 여행, 호텔 방, 골프 시합 등을 주제로 돌파구를 여는 농담이 오가고 웃음이 흐르면 서로에게 이익이 되는 거래가 성사되도록 분위기가 형성된다는 사실이 밝혀졌다. 직장 생활에 대한 연구에서도 회사 동료들은 잠재적 갈등(많은 사람이 있는 공간이나 팀 미팅 때, 또는 동료의 작업을 비판할 때 생길 수 있는 갈등)을 해결하고자 할 때 자주 웃는 것으로 드러났다. 갈등을 불러오는 서로의 문제점을 이야기하면서 웃음을 주고받는 연인은 둘의 친밀한 관계에 더 큰 만족을 느꼈다. 낯선 사람들이 우연한 대화를 주고받을 때 웃음을 나누면 서로에게 더 많은 호감을 느낀다. 답가 같은 웃음을 나누는 친구들은 더 가깝고 친밀한 감정을 느낀다.

중동 협상이나 임원들이 불꽃을 튀기며 가격을 흥정하는 자리, 낯선 사람들이 이야기를 주고받는 자리에서 웃음이 발휘하는 영향력은 부부 관계에도 그대로 적용된다. 존 가트먼이 밝혀낸 바에 따르면 결혼 후 평균 7.4년 만에 이혼한 부부의 경우 경멸이나 분노 같은 부정적 영향이 특히 파경으로 이어졌고 한다. 결혼 후 평균 13.9년 만에 이혼한 부부의 경우 이들 관계의 종말을 예고했던 것은 바로 웃음의 부재였다. 분노와 경멸은 결혼 초기 단계에 매우 해로운 영향을 미친다. 연인 관계 역시 웃음의 결핍 때문에 각자 제 갈 길을 가게 된다. 웃음이 제공하는 친밀한 유대관계를 위한 협력틀이 존재하지 않고 그에 수반되는 기쁨이 없는 경우에 연인들은 타인이 되고 만다.

웃음은 아마 협력을 가져오는 위대한 스위치일 것이다. 웃음은 분위기를 만드는 장치이며, 사회적 상호작용을 신뢰와 협력, 호의에 기반을 둔 공동협력의 만남으로 변화시킨다. 아마도 결혼의 맥박 소리는 배우자끼리 나누는 웃음소리에서 들을 수 있을 것이다. 나는 아침에 일어나 두 딸이 답가 웃음을 나누며 깔깔거리는 소리를 들을 때, 그날은 좋은 아침이 될 거라 기대한다. 그리고 두 딸이 서로 다른 삶의 방식으로 살아가더라도 상대적으로 자매간의 갈등이 없을 거라고 생각한다. 아마도 함께 웃음을 나눈 내력만큼 좋은 관계가 이어질 것이다.

그러나 이 이론은 좀 더 정확성을 갖출 필요가 있다. 우리는 선물, 부드러운 손길, 칭찬, 약속, 넉넉히 베푸는 행위 등 여러 가지 방법을 이용해서 서로 협력하기 때문이다. 웃음은 분명 특정 종류의 협력과 연관이 있을 것이다.

웃음을 협력이라고 파악하는 가설의 반례가 선뜻 떠오른다. 악동들은 모욕을 안겨주는 공격적인 행동을 하면서 늘 웃는다(*심슨 가족The Simpsons*에 등장하는 악동 넬슨이 "하, 하" 하고 웃으면서 신경이 곤두서는 웃음소리를 내는 걸 들어보라). 이라크의 도시 아부 그라이브Abu Ghraib의 몇몇 고문기술자는 고문당하는 사람을 보고 웃는다고 한다. 또한 토머스 홉스Thomas Hobbes는 웃음이란 '다른 사람에게 꼴사나운 모습이 나타나는 걸 알아본' 뒤에 '갑자스런 영광'을 느끼는 것이며, 이 영광 때문에 사람들은 '갑자기 스스로에게 갈채를 보내게 된다'고 썼다. 아귀다툼을 벌이는 세상에 대해 홉스가 묘사한 내용을 보면 웃음에 대한 그의 견해가 그리 놀라울 것도 없다.

웃음에 대해 더 정확한 개념 정리를 하기 위한 단서는 웃음의 기원 속에 들어 있다. 즉 아이들에게 놀이와 웃음이 생겨나는 과정, 그리고 이 과정에서 사회적·개념적으로 획득하는 내용 속에 단서가 있을 것이다.

놀이, 상상력 그리고 웃음

어린아이가 언어를 습득하는 과정은 매우 놀랍다. 아이는 여섯 살이 될 때까지 하루에 10개 정도의 단어를 배우며 여섯 살이 될 무렵에는 대략 1만 3,000개가 넘는 단어를 구사한다. 부모가 파격 언어를 쓰는 등 부모로부터 충분한 정보를 얻지 못한 경우에도 아이는 복잡한 문법의 구절을 만들 줄 안다. 그래서 스티븐 핑커Steven Pinker는 이 고도의 능력을 가리켜 언어본능language instinct이라고 일컬었다.

그러나 아이가 얼마나 빨리 언어 규칙을 어기는가 하는 점 역시 그에 못지않게 놀랍다. 특히 나이 어린 아이들이 표현의 기본 규칙을 무너뜨리는 경향에는 뚜렷한 발달상의 규칙성이 나타난다. 아이들은 단어가 특정 물체를 지칭해야 하며 물체는 특정 단어로 표현되어야 한다는 기본 개념에서 벗어난 소리를 곧 내기 시작한다. 바로 이러한 표현상의 어긋남 속에서 우리는 웃음의 핵심 의미를 발견한다. 즉 웃음은 현실이 아닌 또 다른 세계가 존재할 수 있다는 것을 나타낸다. 웃음은 이 가상세계로 들어가는 초대장이며, 문자적 의미와 격식을 갖춘 사회적 만남의 요구가 정지되는 지점이다. 웃음은 인간 상상력의 풍경 속으로 들어가는 티켓이다.

앨런 레슬리Alan Leslie는 가상세계가 전개되는 과정을 분석하면서 아이들이 즐겨 하는 가상놀이의 세 가지 종류에 대해 상세하게 설명한다. 아이가 단어와 그 단어가 지칭하는 대상 사이의 상응 규칙을 어떻게 깨는가에 따라 가상놀이가 정해진다. 아이는 가상세계에서 대상을 다른 것으로 대체하면서 대상의 진짜 의미 대신 대상의 비문자적 의미nonliteral meaning를 사용한다. 어린아이의 가상놀이 세계에서는 바위가 빵이 되고, 물안경이 핸드폰이 되며, 베개가 성벽이 되고, 침실은 교실이 되며, 손위 여자형제는 시시한 록스타가 되거나 아이들이 거실에서 운영하는 야채가게의 잔소리꾼 늙은 부인이 된다.

두 번째 형태의 가상놀이에서 아이는 문자적 의미가 아닌 특성을 대상에 갖다 붙인다. 내 두 딸이 각각 다섯 살, 세 살이었을 때 나는 일 년 중 많은 시간을 갖가지 무도회에서 그들과 함께 춤을 추는 왕자로 지냈다. 두 딸은 내게 특정 트레이닝복을 입으라 고집했고, 이 트레이닝복이 중세시대 왕자가 입던 타이츠의 부드러운 아름다움을 지닌 것으로 생각했다. 가상의 특성을 부여하여 이루어지는 놀이 형태는 이후 도깨비나 다정한 고릴라 등 다른 신분으로 바뀌었는데 나로서는 이쪽이 훨씬 더 편안했다. 이 모든 가상의 신분은 내 신체 상태나 유감스러운 올챙이배 등을 염두에 두고 고심한 끝에 만들어졌다.

세 번째 가상놀이 형태에서는 어린아이의 세계가 상상 속의 물체로 가득 찬다. 아이들은 존재하지 않는 것들, 예를 들어 공주의 오목한 손바닥에 들어 있는 성배, 검, 마법의 양탄자, 사악한 마녀, 같은 목적을 가진 동지 들을 그저 머릿속으로만 상상한다.

18개월 정도가 되면 가상세계가 체계적인 특성을 띤다. 모든 형태의 가상세계에는 항상 조직적으로 웃음이 수반된다. 또한 가상세계는 단어를 이용하여 다양한 대상을 지칭하는 능력이 개발되게 이끌어준다. 아이들은 단어와 대상의 일대일 관계에서 자유로워지면서 단어가 다양한 의미를 지닐 수 있다는 사실을 배운다. 그리고 하나의 대상이 여러 가지가 될 수 있다는 점도 배운다. 바나나는 바나나일 수도 있고, 전화가 될 수도 있으며, 도깨비 코도 되고 남자의 성기(부모와 함께 있지 않을 때에만 가능하다)도 될 수 있다.

가상놀이의 자유 속에서 아이들은 대상이나 행동, 존재를 바라보는 다양한 시각이 있다는 것을 깨닫는다. 아이들은 자기중심적인 정신 상태에서 벗어나게 되고 다른 사람의 생각이나 주장이 자기 것과 확연히 다르다는 것을 알게 된다. 아이들이 이 정도의 이해력과 인식론적 통찰의 단계로 올라서게 하는 것이 웃음이다.

가정에서 형제끼리 가상놀이를 하거나 부모와 아이가 장난치며 뒹굴거나 아이들이 놀이터에서 노는 모습을 연구한 발달심리학자들은 웃음을 통해 신뢰감 속에서 놀이를 시작하고 놀이의 틀을 세울 수 있다고 한다. 술래잡기를 하거나 온 집안을 어지르며 장난 칠 때, 또는 어이없는 말장난을 하거나 이야기를 꾸며낼 때 아이나 부모에게서 웃음이 터져나온다. 언어학자 폴 드루Paul Drew는 가족 구성원과 주고받는 짓궂은 상호작용이 어떻게 전개되는지 면밀하게 분석하여 이들의 상호작용이 웃음을 통해 이루어진다는 사실을 밝혀냈다. 웃음은 놀이와 상상력과 가상세계로 들어가는 통로다. 또한 웃음은 문자적 의미가 무시되는 세상으로 가는 초대장이며, 이 세상에서는 존재나 대상, 관계의 실체가 일시적으로 정지되고 기꺼이 다른 존재, 다른 대상, 다른 관계를 즐긴다. 숨어 있다가 아이를 놀래주는 장난을 하거나, 괴물과 공주, 다리 밑에 숨어 있는 도깨비, 우주비행사가 되어 즐기는 몇 시간의 가상놀이는 감정이입과 도덕적 상상력에 이르는 길이다.

웃음은 작은 휴가이다

웃음을 통해 아이에게 가상세계를 만드는 능력과 그 세계 속으로 들어가는 능력이 생긴다고 할 때 우리는 웃음과 관련한 하나의 가설에 이르게 된다. 이를 휴가로서의 웃음 가설이라고 부르자. 이 명칭은 코미디언 밀턴 버를Milton Berle을 기리기 위한 것이다. 그는 코미디언으로 활동하는 동안 줄잡아 적게 말해도 수백만 번의 웃음을 목격한 증인이라고 할 수 있다. 버를은 웃음의 신비를 한마디로 표현하여 "웃음은 그 순간 휴가를 다녀오는 것"이라고 말했다. 프랑스 사람들이 오르가슴을 작은 죽음이라고 한다면 웃음은 작은 휴가다.

버를의 가설 속에 담긴 지혜는 '휴가vacation'의 어원 속에도 들어 있는데, 이 어원은 함축적인 이야기를 담고 있다. vacation의 언어학적 역사를 거슬러 올라가면 라틴어 vacare에 이어진다. 이 말은 '비어 있다, 자유롭다, 한가하다'란 뜻으로 활동이나 의무가 공식적으로 중지된 상태라고 할 수 있다. 그렇다면 웃음은 공식적이며 진실한 의미의 중지를 나타낸다. 또한 웃음은 사실이라고 가정된 것 외에 다른 것이 있을 수 있고 존재가 가벼워지며 진지하지 않아도 되는 특정 단계의 상호작용을 가리킨다. 사람들은 웃을 때 자기 행동의 진지한 요구나 함축된 의미 같은 것들로부터 벗어나 잠시 휴가를 즐기는 것이다.

그렇다면 지금까지 밝혀진 사실과 추론을 한데 엮어 작은 휴가 가설을 정리해보자. 웃음은 영장류의 진화 과정에서 침팬지와 보노보가 입을 크게 벌리고 노는 표정으로 시작되었다. 이 표정은 틀에 박힌 일상에서 벗어나 장난스러움으로 이어지는 시작점이 된다. 웃음의 특성, 즉 웃음소리와 웃음의 기능 및 느낌은 오래전 다윈이 관찰했듯이 신체 행동에 그 뿌리를 두고 있다. 웃음은 숨을 내쉬는 활동과 긴밀하게 연관되어 있으며, 스트레스 생리현상과도 깊은 관계가 있다. 발성기관에는 웃음을 위한 특별한 소리 영역이 따로 있으며, 웃음은 언어보다 훨씬 먼저 생겼고, 호흡을 조절하는 신경계인 뇌간의 활동과 관련 있다. 웃음만의 고유 음향 공간은 다른 사람들에게 웃음과 기쁨을 불러일으키고, 서커스나 극장 등과 같이 가상과 상상력의 장이 펼쳐지는 사회적 영역을 지정해준다. 어린아이의 가상놀이에서 그들이 마주한 현실세계에 대해 다른 시각을 갖게 하는 장난스런 과정도 웃음이 있기에 가능하다. 웃음은 가상세계로 들어가는 티켓이며, 문자 그대로 이해되는 진실과 진지한 의무의 세계가 강요하는 중압감과 온갖 거추장스러운 것, 무거운 짐을 벗어놓고 2~3초 동안 휴가를 떠나는 것이다.

죽음을 향한 웃음

내 친구이자 동료인 조지 보난노는 어쩌다 보니 대학에서 연구 활동을 하게 된 사람이다. 그는 기차를 타고 다니면서 워싱턴 주에서 사과를 따는가 하면 공동체 생활을 하기도 하고 애리조나에서 간판을 그리기도 했다. 그러던 어느 날 즉흥적으로 지역 대학에서 글쓰기 강의를 듣기로 했다. 조지가 첫 번째 글을 제출하자 강사는 바로 조지를 알아보았고, 곧 예일 대학에서 박사학위를 따기 위한 속성 코스를 밟게 되었다.

트라우마Trauma에 대해 전통적인 입장을 지지하는 사람이라면 아마도 조지가 글쓰기 강의를 듣지 않았더라면 좋았을 거라고 생각할지도 모르겠다. 전통적인 입장에서는 트라우마를 겪은 모든 사람이 오랫동안 부적응과 불안, 고통, 우울증을 겪는다고 보았다. 하지만 조지는 15년 동안 여러 문헌과 거듭되는 연구를 통해 트라우마에 대해 새로운 사실을 알게 되었다. 트라우마를 겪는 상당수의 사람들이 고통과 혼란을 겪기는 하지만 큰 구도에서 볼 때 꽤 잘 살아가고 있었다. 이들은 뼈저린 아픔과 숨 막힐 듯한 갈망으로 고통스러운 시기를 보내지만, 시간이 흐르면 다시 예전만큼 행복한 삶을 누렸으며 어떤 면에서는 조금 더 현명해져 있었다.

조지는 물음을 던졌다. 사람들이 자신의 삶을 뒤바꿔놓을 정도로 강력한 트라우마에 적응할 수 있는 이유는 무엇일까? 우리는 이 물음에 대해 웃음이라고 답할 것이다. 웃음은 사랑하는 사람을 떠나보내거나 생활 기반을 잃은 데서 생기는 깊은 슬픔, 갈피를 잡지 못하는 불안 등에서 벗어나 잠시 휴가를 떠나게 해주기 때문이다.

우리는 이 주장을 확인하기 위해 가족과 사별한 사람에게 웃음이 어떤 작용을 하는지 알아보는 연구를 시작했다. 우리는 배우자의 죽음을 겪은 지 여섯 달 정도 된 사람 45명을 연구실로 데려왔다. 이들에게 여섯 달이라는 사별의 기간은 뼈아픈 고통의 시간이었다. 배우자의 죽음 이후 이들은 가벼운 우울증과 혼란, 외로움, 엉망진창이 된 삶 속에 남겨졌다. 결혼생활이 가져다주었던 일상의 리듬은 이미 깨져버렸다. 하루 동안 있었던 일이나 간밤에 꾼 꿈의 한 장면, 친구나 사랑하는 사람이 들려주었거나 보여준 재미있는 일, 직장 일 등을 주제로 주고받는 대화도 모두 사라졌다. 가정 일을 함께 나누던 한쪽이 없어진 탓에 세금 납부, 저녁 식사, 쇼핑, 자동차 수리 등 일상적인 삶을 꾸려나가는 데도 종종 어려움을 겪었다. 과거가 남겨놓은 사진이나 옷, 냄새, 소리 등 배우자를 떠올리게 하는 것들이 그리움을 불러일으키며 마음을 무겁게 짓눌렀다.

과연 사별한 사람들이 한창 트라우마에 시달리는 동안에도 웃음은 새로운 의미를 찾는 자극제가 되고, 의미 있는 삶으로 나아가는 길을 열어줄 수 있을 것인가?

실험참가자 45명이 샌프란시스코에 있는 조지의 연구실로 찾아갔다. 그곳은 나무 바닥에 격자 유리창이 있는 오래된 빅토리아식 건물

2층이었다. 조지는 예비 단계로 몇 가지 간단한 이야기를 나눈 뒤, 참가자에게 죽은 배우자와의 관계가 어떠했는지 말해 달라고 했다. 참가자에게는 죽은 배우자와 어떻게 지냈는지 이야기할 6분의 시간이 주어졌다.

어느 블루스 쇼에서 처음 만난 이야기, 거칠 것 없이 살았던 젊은 시절, 아이를 키우면서 겪은 일, 곧 다가올 불행의 징조와 처음 맞닥뜨린 일, 아이들이 병든 어머니와 함께 병원 침대에 누워 있던 일 등을 말했다. 한 남자는 조지의 요청에 6분 동안 그저 흐느끼며 숨을 몰아쉴 뿐 한마디도 하지 못했다. 나는 다른 한 여성도 기억에 남는다. 그녀의 남편은 심란했던 시댁 방문을 마치고서 조증을 겪은 뒤 자살했다. 자유낙하와도 같은 이 비극적 추락 이야기가 끝날 무렵 연구실 창턱에서 구구 구구 비둘기 울음소리가 들렸다.

조지가 실험참가자의 지나온 삶에 대한 다음 단계 연구를 계획하는 동안(조지는 참가자가 지난 몇 년 동안 어떤 삶을 살았는지 조사하여 행복도를 평가했다) 대화 장면을 녹화한 비디오테이프를 보내왔다. 나는 여름 내내 비디오 부호화실에 틀어박혀 얼굴 움직임 부호화 시스템을 이용하여 6분짜리 대화를 부호화했다. 한 사람 분량의 대화를 부호화하는 데 여섯 시간이 걸렸다.

매일 여덟 시간씩 죽음에 대한 이야기를 들으면서 마음 깊은 곳의 감정을 부호화하느라 완전히 기진맥진했고 스스로가 초라하게 느껴졌다. 참가자들은 거의 모두 분노, 슬픔, 두려움 등 부정적 감정을 수도 없이 보여주었고, 가끔은 혐오감을 드러내는 일도 있었다.

우리가 제기한 물음은 이제껏 한 번도 제기된 적이 없는 단순한 것이었다. 의학적으로 볼 때 불안과 우울 증상이 건강한 정도로 보이지만 계속되는 사별의 고통으로 다시 일상생활로 돌아가기 힘들 것으로 판단될 때, 앞으로 이들이 배우자의 죽음에 건강한 모습으로 적응해나갈 것이라고 예고해주는 감정은 무엇인가? 또한 사별의 고통에 건강하게 적응해나가지 못할 것이라고 예고해주는 감정은 무엇인가?

전통적인 사별 이론은 두 가지 확실한 예상을 내놓는다. 이 견해는 상실이 가져온 심적 고통을 '끝까지 겪어내고', 분노를 표출하여 카타르시스를 일으켜야 한다는 프로이트식 입장을 근거로 한다. 이 견해는 분노와 슬픔 같은 부정적 감정을 얼마나 많이 표출시키는가에 따라 사별의 고통에서 벗어날 수 있는지가 정해진다고 예상한다. 그리고 긍정적 감정의 표현은 눈앞의 현실을 부정하고 트라우마의 실체를 의도적으로 회피하려는 병적 징후이며 오히려 슬픔 해소를 저해한다고 본다.

그러나 우리 입장은 이와 정반대였다. 웃음은 참가자들이 잠시나마 상실의 고통에서 벗어나 다른 시각을 접하고 자신의 삶을 조금 떨어져서 바라보며, 숨을 깊이 들이마시면서 평화의 순간을 찾을 수 있게 해준다는 것이 우리의 입장이었다. 우리가 알아낸 첫 번째 연구 결과가 웃음에 대한 우리 견해를 뒷받침해주었다. 사별 후 6개월, 14개월, 15개월이 지난 시점에 측정한 결과, 웃음(미소도 포함된다)은 슬픔의 '감소'를 예고해주었다. 죽은 배우자 이야기를 하는 동안 기분 좋은 뒤셴 미소를 보여준 참가자는 이후 2년 동안 불안과 우울 증세가 덜했고 일상생활도 훨씬 잘 유지했다. 반면에 분노를 더 많이 표출한 사람은 이후 2년 동안 불안과 우울 증상이 좀 더 심했고 일상생활에서도 어려움을 겪었다.

우리의 연구 결과가 죽음 자체의 성격과 깊은 연관이 있다는 반대 주장이 있을 수 있다. 아마도 웃음을 많이 보여준 사람은 배우자가 좀 더 편안한 죽음을 맞이해서 애초에 느끼는 슬픔의 강도가 덜했기 때문에 좀 더 쉽게 적응할 수 있었다는 주장이다. 우리는 사별에 대한 경험적 연구를 통해 죽음의 성격이 유족에게 중요한 영향을 미친다는 것을 알고 있다. 갑작스런 죽음, 배우자에게 커다란 경제적 부담을 안겨준 죽음은 슬픔을 오래 연장시키고 적응 과정에 더 큰 어려움을 안겨준다. 또한 우리는 개인이 처음에 느낀 슬픔의 강도가 이후 적응 과정에서 어느 정도 어려움을 겪게 될지 예고해준다는 것을 알고 있다. 하지만 웃음이 가져다준 이점은 반대 주장이 제기한 가능성만으로는 잘 설명되지 않았다. 우리 연구에서 기분 좋은 웃음을 보여준 사람은 그렇지 않은 사람과 비교할 때 배우자 죽음의 특성(갑작스런 죽음인지, 경제적 부담을 안겨주었는지 여부)이나 슬픔의 강도 면에서 별반 다르지 않았다.

죽음을 겪은 뒤 웃음을 보여준 사람들은 애초부터 슬픔을 쉽게 극복할 수 있는 사람이었다는 주장도 있을 것이다. 웃음과 적응 과정의 연관성을 보여주는 우리의 연구 결과는 단지 개인의 기질적 행복이 낳은 결과일 뿐 웃음이 가져온 감정의 역동성이나 시각 변화의 이점이 아닐 수도 있다는 것이다. 이 주장 역시 근거 없는 것으로 밝혀졌다. 우리 연구 과정에서 웃음을 보여준 사람들의 기질적인 행복감은 정도 면에서 웃음을 보여주지 않은 사람과 다르지 않았다.

이러한 결과에 고무된 조지와 나는 웃음의 이점을 뒷받침할 근거를 더 찾아보기 위해 연구를 지속했다. 죽은 배우자 이야기를 하는 동안 보여주는 웃음이 어떻게 개인의 적응력 향상과 관련이 있는 것일까? 우리가 관찰한 내용은 웃음을 작은 휴가로 보는 가설과 아주 잘 맞아떨어졌다. 우리는 처음 분석을 시작하면서, 개인이 겪은 사별의 고통이 자극의 생리적 지수 중 하나인 심장박동수에 어떤 흔적을 남기는지 살펴보았다.

웃음을 보여준 사람과 웃음을 보여주지 않은 사람은 비슷한 심장박동수를 나타냈다. 그러나 웃음을 보이지 않은 사람이 느끼는 심적 고통은 심장박동수의 증가와 밀접한 연관을 가지는 반면, 웃음을 보여준 사람이 느끼는 고통은 스트레스와 관련된 생리 지수와 분리되어 있었다. 비유적으로 말해서 웃음은 배우자의 죽음으로 받은 스트레스에서 벗어나 휴가를 가는 것이었고, 스트레스와 관련된 생리의 긴장으로부터 자유로워지는 것이었다.

다음으로 우리는 사별한 사람들의 대화를 옮겨 적은 뒤 이들이 무슨 이야기를 할 때 웃음을 보였는지 확인했다. 이번에도 역시 전통적인 사별 이론의 견해와는 다른 사실을 확인할 수 있었다. 웃음은 흔히 생각하듯 트라우마를 부정하는 징후가 아니라, 상상력을 통해 트라우마를 바라보는 시각이 새롭게 바뀌고 있음을 보여주는 지표였다. 우리는 실험참가자들이 상실, 그리움, 불공평, 불확실성 등 사별과 관련이 있는 몇 가지 실존적 주제에 대해 언급한 내용을 부호화했다. 또한 "나는 알게 되었어요", "이러한 점에서 보면", "되돌아보면" 등 시각의 변화를 보여주는 문구도 부호화했다.

웃음을 보여준 실험참가자는 삶의 공평하지 않은 종결, 혼자 가족을 돌보는 어려움, 친밀감의 상실 등 죽음의 불공평함에 대해 이야기하는 일이 많았지만 이런 말을 할 때면 시각 변화를 나타내는 문구가 뒤따랐다. 웃음은 배우자의 죽음을 바라보는 시각이 변화하는 과정의 한 부분이었다. 또한 삶에 대한 새로운 이해로 들어가는 입구였다. 웃음은 순간적으로 지혜가 빛나는 번개이며 각 개인이 한걸음 물러나 자신의 삶과 인간 조건을 더 넓은 시각에서 바라보는 순간이었다.

마지막으로, 우리가 조사한 자료에서는 웃음이 가져다주는 사회적 이점도 드러났다. 사별을 겪은 사람 중 웃음을 보여준 이들은 현재 시점에 중요한 의미를 지니는 타인과 좋은 관계를 갖는 것으로 나타났다. 이들은 새로운 사람을 만나는 데도 적극적인 모습을 보였다.

웃음 = 열반

붓다Buddha가 깨달음에 이르는 과정은 매우 험난했다. 붓다는 유복한 가정, 아내와 아이가 안겨주는 안락한 생활을 버려야 했다. 또한 열반에 도달하기 위해 오랫동안 방황하며 여러 가지 수련을 쌓았다. 붓다는 금식으로 앙상한 뼈만 남는 등 수행 생활로 죽을 고비를 넘기기도 했다. 그러다 마침내 삶의 고통이 자기중심성과 욕망에 뿌리를 두고 있으며, 일단 이러한 환상에서 벗어나면 자기 안에서 선이 생긴다는 깨달음에 이르렀다. 따뜻한 친절, 연민, 올바른 말과 행동, 평화, 말로 설명할 수 없는 기쁨을 깨달은 것이다. 깨달음 속에서 붓다는 분명 긴 숨을 내쉬었을 것이다. 내가 장담하건대 붓다의 얼굴에는 분명 웃음도 있었을 것이다.

닙바나Nibbana(니르바나Nirvana), 즉 열반의 원래 의미는 '불을 끄다'이다. 여기서 '불을 끄다'는 열반에 들어가지 못하게 가로막는 이기적인 욕망의 불꽃을 끄는 것을 가리킨다. 나는 열반의 의미 속에는 '불을 끄다, 숨을 내쉬다, 웃다'라는 뜻이 들어 있는 것으로 생각하고 싶다.

붓다의 이미지는 종종 얼굴 가득 웃음 띤 모습을 보인다. 달라이 라마가 전 세계 국가 지도자와 나란히 서 있는 모습을 살펴보라. 그들은 모두 몸이 흔들릴 정도로 웃는 모습을 보인다. 불교 스승들은 12세기와 13세기 일본에서 집대성한 화두 100가지를 이용하여, 이성적인 의식 상태에서 벗어나 깨달음의 기회를 열고자 했다. 의도적인 것이겠지만, 널리 알려진 화두는 역설적인 내용으로 되어 있다.

부처를 만나면 부처를 죽여라.

손바닥을 마주치면 소리가 난다. 한 손으로는 어떤 소리가 날까?

다른 많은 화두에는 어처구니없는 유머가 들어 있다. 이 화두들은 제자들을 웃음으로 이끈 덕분에 지금까지 전해진다.

부처란 무엇인가. 부처는 1,300그램쯤 되는 아마포다.

부처란 무엇인가. 마른 똥이다.

웃음은 열반으로 들어가는 첫걸음일 수도 있다. 사람들은 웃는 동안 사회생활의 갈등으로부터 벗어나 휴가를 즐긴다. 사람들은 숨을 내쉬고, 불을 끄며, 이들의 몸은 투쟁하거나 도주할 수 없게 평화로운 상태로 나아간다. 사람들은 새로운 시선으로 거리를 유지하면서 자신들의 삶을 다른 각도에서 바라본다. 웃음은 거울 뉴런 망에 불을 댕겨 불과 몇 밀리초 만에 다른 사람에게 전파된다. 이렇게 함께 하는 웃음 속에서 사람들은 서로의 몸을 만지고, 눈을 마주 보며, 근육의 움직임과 호흡을 같은 리듬으로 만들고, 친밀한 놀이의 영역을 즐긴다. 웃음을 통해 갈등은 완화되거나 더러는 해소되기도 한다. 계층 간에 타협이 이루어지고 매력과 친밀감이 생긴다. 이렇게 갈등, 긴장, 좌절 등 인의 비율에서 분모에 해당하는 부분이 사라진다. 사람들은 평화로운 상태에서 서로에게 더욱 가까이 다가간다.

Chapter

08

아슬아슬한 마음의 줄타기
놀려대기

Tease

암컷 공작이 처음으로 관심을 보이는 순간 어떤 상황을 맞게 될까? 수컷 공작의 볼품없는 엉덩이가 코앞을 스쳐가는 경우가 다반사다. 도대체 조류 예절이라고는 찾아볼 수 없을 만큼 그렇게 무례하게 행동하는 이유가 무엇일까? 많은 영장류가 성적 자극을 위해 엉덩이를 보여주곤 하는데, 수컷 공작도 암컷을 성적으로 자극하려고 엉덩이를 보여주는 것일까?

Tease

수컷 공작은 아름다운 꼬리로 유명하다. 수컷 공작의 꼬리는 자신이 유전적으로 건강하다는 표시이며, 수수하고 볼품없는 암컷 공작을 유혹할 때 힘을 발휘한다. 그러나 수컷 공작이 구애하면서 꼬리를 펼쳐 보이는 동안 얼마나 도발적으로 행동하는지에 대해서는 별로 알려져 있지 않다. 암컷 공작이 관심을 보이며 접근하기 시작하면 수컷 공작은 마치 콧대 높은 여학생처럼 아주 쌀쌀맞게 등을 획 돌린다. 그런 다음 등 뒤에서 호기심 어린 눈으로 바라보는 암컷 공작 앞에 꼬리를 활짝 펼쳐 보인다. 암컷 공작이 처음으로 관심을 보이는 순간 어떤 상황을 맞게 될까? 수컷 공작의 볼품없는 엉덩이가 코앞을 스쳐가는 경우가 다반사다.

도대체 조류 예절이라고는 찾아볼 수 없을 만큼 그렇게 무례하게 행동하는 이유가 무엇일까? 많은 영장류가 성적 자극을 위해 엉덩이를 보여주곤 하는데(특히 비비원숭이가 가장 극단적인 사례를 보여준다), 수컷 공작도 암컷을 성적으로 자극하려고 엉덩이를 보여주는 것일까?

아모츠 자하비Amotz Zahavi와 아비삭 자하비Avishag Zahavi는 자신들의 놀라운 저서 《장애 원리The Handicap Principle》에서 그렇지 않다고 주장한다. 이들 조류학자는 수컷 공작이 그저 암컷 공작을 시험하는 것이라고 한다. 수컷 공작은 암컷 공작의 성적 관심에 대해 정보를 모으려고 암컷 공작을 자극하고 놀려대는 것이다. 암컷 공작이 자기 얼굴 앞에 내밀어진 엉덩이를 보고 진지한 관심을 보이면서 얼른 수컷 앞쪽으로 돌아 나오면, 수컷은 암컷이 아무에게나 관심을 갖거나 그저 이야기나 나누자는 게 아니라 자기에게 정말로 관심이 있다는 것을 알게 된다. 반대로 암컷이 바로 관심을 보이지 않거나 잠시 주변을 어정거려도 아무 반응이 없을 경우, 수컷은 암컷이 자기에게 전혀 관심이 없다는 부정적인 정보를 얻게 된다. 수컷은 이 정보를 이용하여 암컷과 짝짓기를 할 것인지 말 것인지 판단한다.

진심을 확인하는 리트머스

혹시 우리 인간은 연애 과정에서 이렇게 도발하고 놀려대지 않을 만큼 진화했다고 생각하는 사람이 있을지도 모르겠다. 그래서 문학작품에 등장하는 연인의 대화를 소개한다. 셰익스피어의 작품 《헛소동 Much Ado About Nothing》에 나오는 베아트리체Beatrice와 베네디크Benedick의 대화다. 두 사람은 이 대화에서 서로에 대한 애정을 처음으로 밝힌다.

베네디크	난 이제 당신이 말해주기를 간절히 원해요. 당신은 나의 나쁜 점 가운데 어떤 점에 이끌려 처음에 나를 사랑하게 되었나요?
베아트리체	그 모든 것 때문이지요. 나쁜 점들이 너무도 빈틈없는

	상태를 보이고 있어서 그 어떤 좋은 점도 비집고 들어가 섞일 자리가 없지요. 그런데 당신은 처음에 내 좋은 점 가운데 어떤 것에 이끌려 나를 향한 사랑을 앓게 되었던가요?
베네디크	사랑을 앓는다고 했나요! 정말 멋진 표현이군요! 난 정말 사랑을 앓고 있어요. 내 의지와는 반대로 당신을 사랑하고 있으니까요.
베아트리체	당신 마음과 다르다는 거겠지요. 아, 불쌍한 마음이여, 당신이 나 때문에 당신 마음을 괴롭히는 거라면 난 당신 때문에 당신 마음을 괴롭히게 될 겁니다. 난 내 친구가 미워하는 것은 결코 사랑하지 않을 테니까요.
베네디크	당신과 나는 너무 많은 걸 알고 있어서 평화롭게 서로의 마음을 구하지 않는군요.

놀려대기 행위가 동물 세계에 아주 널리 퍼져 있다는 사실에 비추어보면 도발과 놀려대기 행동이 인간의 사회적 진화 과정에서 중요한 의미를 갖는다는 것을 알 수 있다. 어린 원숭이는 근처에 있는 나이 든 원숭이의 꼬리를 슬쩍 잡아당기면서 놀려 먹는다. 미식축구 선수가 시합 직전에 패드를 두드리면서 금방이라도 공격과 방어 태세에 돌입할 것처럼 도발적인 행동을 하듯이, 아프리칸 와일드독과 난쟁이 몽구스도 사냥을 시작하기 전에 서로의 등 위를 뛰어넘으면서 한바탕 장난기 섞인 도발 행위를 한다.

인간의 경우에는 아기가 젖을 먹으려고 입술을 오므릴 때 엄마가 아기에게서 젖을 빼앗는 행동을 할 것이다. 그런가 하면 어른들은 골이 난 아기를 도발하기 위해 얼굴을 숨겼다가 까꿍 하고 놀래주는 장난을 칠 것이다. 10대 아이들은 악의적인 별명을 붙이거나 성적 특징이 반영된 색다른 모방 행동을 보임으로써, 친구들이 특정 이성에 대해 호감을 느끼는지, 성 경험이 있는지 알아본다. 인간의 사회생활에서는 음식 먹기, 인사, 위로, 희롱, 감사의 표시만큼이나 성적인 표현이 자주 등장한다.

놀려대기는 서구문화에서 오래전부터 말썽거리로 여겨졌다. 로마시대에는 말라 카르미나mala carmina라는 욕설로 된 시나 노래를 법으로 금지한 적이 있다. 오늘날에도 공립중학교 운동장과 직장에서 다른 사람을 놀리는 행위가 금지되어 있다. 대학에서는 언어규범을 통해 이를 자제시킨다. 놀려대기와 비슷한 범주에 속한다고 할 수 있는 빈정거리기 역시 결코 좋은 평판을 안겨주는 덕목이 아니다.

문학비평 서클에서 널리 읽히는 글 중에 〈1990년대 문학 비평 규정 Regulations for Literary Criticism in the 1990s〉이 있는데 7번 규정을 보면 '빈정거리는 말투를 쓰지 마라'고 되어 있다. 이 규정 아래에 적힌 근거를 보면 '위대한 문학은 우리에게 목적의 진정성을 요구한다. 무례한 웃음이나 농지거리는 허용되지 않는다'고 되어 있다. 사회비평가 제드디아 퍼디Jedediah Purdy는 예일 대학교를 막 졸업하고 쓴 《평범한 것을 위하여For Common Things》에서 아이비리그 파티에서 칵테일을 마시면서 주고받는 조롱 섞인 빈정거림을 멀리하고 진정성을 갖자고 주장한 바 있다.

놀려대기가 위험을 안고 있는 것은 분명하다. 직장에서 구제 불능일 정도로 행실이 나쁜 사람이나 중등학교 악동이 마지막으로 호소하는 방어수단이 바로 '그저 조금 놀려댔을 뿐'이라는 주장이다. 그러나 면밀히 조사해보면, "난 그저 조금 놀려댔을 뿐이에요"라고 주장한 말이 실질적으로 가리키는 것은 놀려대기와 거리가 먼 공격과 강압이다. 악동은 남의 것을 훔치고, 주먹을 휘두르고, 발로 차고, 욕을 하고, 괴롭히고, 창피를 준다. 이들은 놀려댄 것이 아니다. 성적 행실이 나쁜 자들은 남의 몸을 더듬고, 추파를 던지고, 무례하게 굴며, 더러는 위협하기도 한다. 이런 행동은 별 효과를 보지 못하는 희롱일 뿐이다.

이와 달리 놀려대기는 분명 극단적이긴 해도 다른 사람을 도발하는 장난의 한 형태이다. 우리는 놀려대기에 담긴 장난스런 도발을 통해 사회생활의 애매한 부분을 협상하려는 것이다. 서열을 정할 때, 사회 규범을 얼마나 충실히 지키는지 시험할 때, 혹시 이성적 관심을 품고 있는지 알아볼 때, 일과 자원을 둘러싼 갈등을 처리할 때 사람들은 놀려대기를 한다. 이를 이해하기 위해서는 먼저 놀려대기와 가장 밀접한 연관을 갖는 일종의 보편적인 제도, 즉 광대나 익살꾼, 나아가 언어철학에 대해서 살펴봐야 한다. 그 과정에서 우리는, 인간이 다른 사람을 놀려댈 때 신체와 표상심representational mind을 얼마나 기발하게 이용하는지 보여주는 목소리 음역과 일정 패턴의 의미론을 발견할 것이다.

광대의 천국

1449년 1월 19일 스코틀랜드인은 '페이넷 광대 격리 법안the Act for the Away-Putting of Feynet Fools'을 통과시켰다. 이 법은 거짓으로 어릿광대와 궁정광대 행세를 하는 개인에 대한 처벌 규정을 정해놓은 것이다. 처벌 내용은 귀를 기둥에 대고 못질을 하고 손가락을 절단하는 것이었다. 중세와 초기 르네상스 시대에 광대는 중요한 직책이었다. 궁정광대는 더러 경제 및 외교 문제에 조언자 역할을 하기도 했다. 또한 중국, 중동, 유럽 등지에서 광대는 왕과 왕비가 있는 궁전 내에서 상당한 지위를 누렸다. 공적 영역에서 광대가 두드러진 역할을 하는

그림 8 | 궁정광대를 묘사한 판화
궁정광대는 바보 같은 복장, 외모, 춤, 말 등을 이용하여 권력층을 조롱했다.

것은 인간 사회의 보편적인 모습으로, 그 역사는 아주 오래전인 아즈텍, 마야, 북미 원주민 사회까지 거슬러 올라간다.

비어트리스 오토Beatrice Otto가 《광대는 어디에나 있다Fools Are Everywhere》에서 풍부하고 상세하게 설명한 바에 따르면 궁정광대는 가난한 집안 출신이다. 광대는 흔히 외모나 태도 면에서 특이한 모습을 지니고 있으며, 도시의 멋진 남자보다는 꼽추, 난쟁이, 아주 못생긴 사람들이 이 필수불가결한 역할에 적합한 후보가 된다(그 결과 광대는 배우자나 자원을 얻기 위한 경쟁에서 일찌감치 밀려나 있다). 또한 광대는 음악가, 시인, 곡예사, 춤꾼 등의 창조적 재능을 타고나기도 한다.

광대는 한눈에 알아볼 수 있을 만큼 우스꽝스런 복장을 했다. 수수께끼, 엉덩방아 찧기, 농담, 신랄한 조롱과 함께 익살스런 표정을 지으면서 이들은 힘 있는 자들을 풍자했다. 주로 왕실, 왕실과 혈연관계를 맺은 측근들, 특히 교회가 풍자 대상이 되었다. 광대는 현실과 다른 대안의 세상을 보여주었다. 이들은 현실을 반대로 돌리고 인습적인 지혜를 거꾸로 뒤집었다. 가난하고 짓밟힌 사람들을 대변하는 경우도 많았다(실제로 정치적 팸플릿은 광대의 활동에서 시작되었다). 위대한 궁정 광대 나스루딘Nasrudin은 이렇게 말했다.

"나는 이 세상을 거꾸로 살았다."

대략 10년 전 내가 놀려대기에 대한 연구를 처음 시작할 당시, 이 분야는 중세 광대의 통찰에서 많은 것을 얻었다. 놀려대기가 무엇인지 그 본질을 말해주는, 장난스럽고 도발적인 논평이 바로 중세 광대에게 구현되어 있었다. 스치는 바람 같은 이 현상을 섣불리 구체화하여 정의내리면 놀려대기를 과학적으로 연구하는 데 오히려 지장을 주었다. 비언어적 현상은 대개 웃음의 미묘한 타이밍이나 소리의 음역 또는 속도의 변화를 통해 다층적인 의미가 드러나는데, 과학자가 비언어적 현상을 자연 언어, 즉 우리가 사용하는 단어로 옮길 때 흔히 이런 일이 생겼다.

놀려대기가 '장난스런 공격 행위'라는 점에는 전반적으로 의견이 일치한다. 그러나 모든 유형의 장난스런 공격이 놀려대기는 아니다. 하포 막스Harpo Marx(1920년대에서 1960년대까지 활동한 미국의 코미디 영화배우_옮긴이) 흉내를 내면서 돈을 벌려고 하다가 뜻하지 않게 기차 승객의 코를 팔꿈치로 치는 등 의도하지 않은 장난스런 공격은 분명히 놀려대기가 아니다.

일반적인 의미에서 놀려대기를 장난이라 보는 것도 좀 애매하다. 어린이가 즐기는 많은 형태의 놀이, 예를 들어 역할놀이(아이들이 공주나 닌자가 되어 노는 것), 집 안을 난장판으로 만들기, 포스퀘어나 꼬리잡기 같은 규칙을 갖춘 운동장 놀이, 스쿨버스에서 왁자지껄하게 떠드는 의례적인 농담과 말장난 등도 놀려대기는 아니다. 어른의 놀이 역시 마찬가지다. 우리는 놀려대는 것과는 다른 방식으로, 재미있는 이야기를 하고 장난기 섞인 재치 있는 대답을 주고받으며 악의 없이 조롱을 던지기도 한다.

장난스런 공격이라는 개념으로는 광대가 보여주는 익살 맞은 동작의 신랄함을 모두 담아낼 수 없다. 나는 동료 앤 크링Ann Kring과 리사 캡스Lisa Capps와 함께 과학적 탐구에 더 어울리는 용어로 놀려대기를 정의한 바 있다. 우리는 '놀려대기란 뚜렷한 기록으로 남지 않는 장난스런 표시와 함께 의도적으로 도발하는 행위'라고 정의하였다. 놀려대기 속에는 의도적으로 감정을 도발하고 다른 사람의 진심을 떠보려는 행위가 들어가기 때문에 우리는 공격이라는 단어 대신 도발이라는 단어를 사용했다. 옆구리 찌르기, 익히 알려진 볼 꼬집기, 혀 내밀기 등과 같은 몇몇 신체적 행동이나 언어 속에는 도발의 의미가 확실하게 드러나 있다.

재미있게 놀려대는 것은 사회적 백신과도 같다. 백신은 독소를 약하게 하거나 균을 죽여 만든 병원체(예를 들어 천연두)인데, 이를 사람 몸속에 주사하면 면역계가 자극을 받아 반응한다. 병원체를 인식한 몸은 병원체에 저항할 수 있는 항체를 생성하여 염증을 일으키는 등 방어반응을 한다. 이처럼 놀려대기는 상대의 감정 체계를 자극하여 상대가 갖는 사회적 관계의 진정성을 드러내고자 한다.

놀려대기에서 말로 표현되지 않는 부분은 더욱 신비한 요소이며, 우리는 이런 언어적 행위를 가리켜 기록으로 남지 않는 표시라고 일컬었다. 기록으로 남지 않는 표시는 비언어적 행동으로서 적대적인 도발 행위 전체에 감돌듯 흐르며, 겉으로 내뱉는 말의 의미를 그대로 받아들이지 말고 장난으로 받아들여야 한다고 신호를 보낸다.

지금까지 우리는 문자 의미 그대로 전달되는 의사전달과 그렇지 않은 의사전달에 대한 철학적 설명을 바탕으로 놀려대기의 원리를 알아보았다. 이는 광대의 익살 맞은 동작을 구성하는 철학 원리이며, 동시에 현자와 악동의 차이를 드러내는 철학 원리이다.

이것, 그렇지만 이것이 아닌 것

1960년대 중반에 철학자 폴 그라이스Paul Grice는 화용론話用論(화자, 청자, 시간, 장소 등으로 구성되는 맥락과 관련하여 문장의 의미를 체계적으로 분석하려는 의미론의 한 분야. 화자와 청자의 관계에 따라 언어 사용이 어떻게 바뀌는지, 화자의 의도와 발화의 의미는 어떻게 다를 수 있는지에 대해서도 연구한다_옮긴이)에서 기본 틀을 형성하는 의사전달의 일반 원칙을 네 가지로 정리했다(폴 그라이스의 대화 격률Gricean maxims이라고도 한다_옮긴이).

그라이스에 따르면 진지한 의사전달에서 문자 의미 그대로 받아들여지는 말은 네 가지 일반 원칙을 가능한 한 철저하게 지켜야 한다(《표 10》 참조). 자연스러운 의사전달을 위해 말은 질Quality과 관련된 규정을 지켜야 한다. 즉 진실하고 정직하며 증거를 기반으로 해야 한다. 또한 적절한 정보를 제공해야 하며(이는 양Quantity과 관련된 규정이다), 스트렁크Strunk와 화이트White가 규정한 실패, 즉 말이 너무 많거나 뜻이 명료하지 않을 정도로 지나치게 간결한 데서 생기는 문제점을 피해야 한다(스트렁크와 화이트는 《영어 글쓰기의 기본The Elements of Style》이라는 책의 공동 저자이다_옮긴이).

그리고 말은 상호 연관성을 유지하여 주제에서 벗어나지 말아야 하며, 주제에서 벗어나는 여담이나 관련 없는 말, 의식의 흐름 같이 상상이 난무하는 말로 흘러가서는 안 된다. 마지막으로 말은 방식에 관련된 규정을 지키면서, 직접적이고 명확해야 하며 요점이 있어야 한다 (내가 이 원칙을 어겼다면 미안하게 생각하는 바이다).

이 네 가지 단순한 규정을 지키는 발언은 글로 기록될 수 있으며 문자 의미 그대로 받아들여진다. 생명이 위독한 환자에게 몸 상태를 설명하는 의학박사는 기록으로 남는 의사전달의 네 가지 규정에 따라야 한다. 재산에 예기치 않은 손실이 생긴 사실을 알리는 투자상담사 역시 이와 같은 규정을 따라야 한다. 이런 순간에 과장이나 고의적인 거짓말, 환상적인 묘사, 명백한 반복, 주제에서 벗어난 여담, 횡설수설, 기발한 은유나 애매모호한 시적 표현을 쓰는 것은 적절치 않다.

사회생활의 많은 부분, 예를 들어 사랑을 고백하거나, 사업상의 거래를 마무리하거나, 직장에서 다른 사람의 일을 평가하거나, 벌겋게 달궈진 버너나 광견병에 걸린 개 쪽으로 아장아장 걸어가는 아이를 가르치는 일은 이와 같이 문자 의미 그대로 받아들여지고 기록으로 남는 의사전달 영역에서 이루어진다.

반면 우리가 의도적으로 그라이스의 일반 원칙을 어길 때 우리는 자신의 말이 다른 뜻으로도 해석될 수 있음을 암시한다. 우리가 쓰는 단어를 사용하여 '이것'을 지칭하면서, 그와 동시에 그라이스의 일반

표 10 | 폴 그라이스가 규정한 의사전달의 일반 원칙

언어학적 원칙	척도	원칙 위반
질	진실	과장, 환상적 묘사
양	정보 제공	군더더기, 반복, 과도한 생략
관계	연관성	주제에서 벗어나는 말
방식	명확성	애매모호성, 완곡한 표현, 은유

원칙을 어겨 '이것이 아닌 것'을 지칭함으로써 우리 말 속에 담겨 있을지 모르는 또 다른 의미를 가리킨다. 우리는 명백한 거짓을 말하거나 진실을 과장함으로써(이는 양의 규정에 어긋난다) '이것이 아닌 것'을 나타낸다. 가령 체계적인 반복을 통해 너무 많은 정보를 제공하거나 또는 너무 적은 정보를 제공하는 경우 양에 관련된 규정에 어긋난다. 우리는 관련이 없는 말을 질질 끌면서 연관성의 규정을 어길 수도 있다. 또한 방식에 관한 규정을 어기고 명확성과 직접성이 부족한 여러 가지 언어 행위(관용 어법, 은유, 완곡한 언급)를 사용할 수도 있다.

사회생활에서 진실한 말이 중요한 것과 마찬가지로, 문자 의미 그대로 전달되지 않는 의사전달의 영역 역시 중요하다. 짧은 말이 그 속에 들어 있는 단어의 뜻과는 정반대 의미를 지닐 수 있다(풍자나 반어). 또한 말이 지닌 협소한 의미의 경계를 뛰어넘는 의사전달 행위를 통해 서로 관련 없는 개념을 연결시킬 수도 있으며(은유), 우리가 하는 말에 무한한 미적 쾌감을 가진 다층적인 의미를 부여할 수도 있다(시적 표현).

그라이스가 규정한 일반 원칙과 놀려대기가 어떤 연관성을 갖는가 하는 점은 매우 역설적이게도 언어학자 브라운과 레빈슨이 1987년에 쓴《공손한 어투Politeness》에 잘 나타나 있다. 브라운과 레빈슨은 화자가 청자나 자기 자신에게 당혹감을 안겨줄 수 있는 말을 할 때 어떻게 자기 말이 공손하게 들리게 하는지를 세계의 다양한 언어 속 사례를 통해 꼼꼼하게 입증해 보였다. 이들의 견해에 따르면 그라이스의 네 가지 일반 원칙을 체계적으로 어길 때 공손한 어투가 된다.

뭔가를 요청하는 간단한 행위를 살펴보자. 잠시 시간을 내달라거나, 길을 가르쳐 달라거나, 순무를 건네 달라거나, 예고편이 나오는 동안 너무 큰 소리로 말하지 말라고 부탁하는 경우, 자칫 잘못하면 갈등이 생길 수 있다. 요청을 받는 입장에서는 뭔가를 강요당하는 것이고, 자신이 무능력하거나 교양 없거나 사회 관습에 개의치 않는 사람으로 비칠 위험이 있다. 또한 요청을 하는 입장에서는 주제넘게 나서는 사람이나 무례한 사람으로 비칠 위험이 있다. 그래서 사람들은 요청으로 생길 수 있는 충격을 완화하고, 그 밖에 권고나 비판 등 자칫 무례하게 보일 수 있는 가능성을 줄이기 위해 그라이스의 일반 원칙을 어기고 좀 더 공손한 어투로 의사를 전달한다.

가령 금요일 밤 라인댄스(한정된 공간에서 많은 사람이 춤을 출 수 있게 움직임을 정해놓은 춤_옮긴이) 모임에 친구를 초대했는데, 친구가 춤을 추면서 팔꿈치를 마구 휘두르며 과도하게 흥분한 모습을 보인다고 하자. 이럴 경우 그에게 자제해 달라는 뜻을 전하기 위해 간접적인 질문을 던질 수 있고("네가 춤추는 모습을 직접 본 적이 있니?"), 수사적 물음을 던지거나("전에 라인댄스 춰본 적 있니?"), 은유를 사용하거나("와우, 넌 꼭 요란한 원숭이처럼 소리 지르는구나"), 완곡한 어법을 쓸 수 있다("넌 정말 대단한 광대가 될 수 있겠어"). 이처럼 우리는 공손하게 자기 의사를 전달하기 위해 진실한 의사전달의 일반 원칙을 어긴다. 문자 의미 그대로 전달되지 않는 의사전달의 배경과 원리를 바탕으로 놀려대기를 면밀하게 살펴보면 놀려대기와 우리가 살펴본 공손한 어법이 놀랄 만큼 밀접한 연관성을 갖고 있다는 사실이 드러난다.

놀려대기의 기술

그라이스의 일반 원칙을 체계적으로 어길 때 놀려대기는 광대의 풍자처럼 장난스런 천재성을 띠게 된다. 첫 번째 원리는 과장이다. 과장의 원리는 그라이스가 정리한 질에 관한 규정을 어김으로써 놀려대기에 장난스러운 특성을 불어넣는다. 놀려대기는 풍부한 세부 설명이나 과도할 만큼 무례한 내용, 과장된 특징 묘사 등을 포함하기도 한다. 어느 화목한 가정을 대상으로 한 연구에서 어머니는 어린 아들이 우물거리며 분명하게 말하지 않을 때 그를 '말 주둥이horse mouth'라고 불렀다.

우리는 목소리의 높낮이를 과장되게 변화시킴으로써 상대를 놀려댄다. 상대의 애처로운 모습을 높은 톤의 목소리로 흉내 내면서 조롱하고, 상대가 잠시 둔한 모습을 보이면 느리고 낮은 톤으로 조롱한다. 부모들은 모음을 길게 늘이고 소리의 높낮이를 과장하여 "내- 것!"이라고 발음하는 식으로 아이들의 지나친 소유욕을 놀려댄다. 또한 다른 사람의 습관적인 버릇을 과장되게 흉내 내어 놀리기도 한다.

과장은 다즌스 게임playing the dozens을 이해하는 핵심이기도 하다. 다즌스 게임은 상대방과 상대방의 가족에 대해 흔히 쓰이는 관행화된 욕을 늘어놓는 흑인들의 게임이다. 사회학자 로저 에이브러햄스Roger Abrahams는 1960년대 초반에 2년 동안 필라델피아 도심에서 흑인 아이들과 함께 살면서 이를 자료로 정리했다. 그는 흑인 남자아이, 특히 여덟 살에서 열다섯 살 사이의 아이들이 표준적인 놀려대기 방법에 많이 의존한다는 것을 밝혀냈다. 흑인 남자아이들은 친구와 같이 있을 때만 관행화된 욕을 하며, 이는 공격의 의미를 갖기보다는 전적으로 도발의 재미와 놀이로서 의미를 지닌다.

에이브러햄스가 관찰한 바에 따르면 다즌스 게임은 남자아이들이 도시 빈민가에서 겪는 일상화된 적대행위에 맞서는 일종의 방어수단이다. 그들은 다즌스 게임을 통해 낯가죽을 두껍게 만들고 서로의 성적 정체성을 탐구하기도 한다. 다즌스 게임은 랩의 전신이며, 리듬이나 반복 등 문자와 상관없는 다른 의미 기호와 과장을 이용한다.

우리 엄마에 대해 말하지 마. 그러면 난 아주 돌아버릴 거야.
너네 엄마가 얼마나 많은 남자를 두었는지 잊어버리지 마.
한 명도 아니고, 두 명도 아니고,
너 같은 사내놈 여덟 명이나 두고 있었지.

난 쌀 그릇 같이 생긴 어떤 곳에서 니 엄마와 그 짓을 했지.
아이 둘이 불쑥 튀어나오더니 주사위를 던지더군.
한 명은 칠, 또 한 명은 십일이 나왔지.
빌어먹을, 그 애들은 천국에 가지 못할 거야.

놀려대기에서 반복은 고전적 요소이며, 그라이스의 일반 원칙에서 양에 관련된 규정을 어긴다. 친구가 우리에게 정말 호기심이 많은 사람이라고 말한다면 우리는 자부심을 느끼며 얼굴을 붉힐 것이다. 그런데 친구가 정말, 정말, 정말, 정말, 말도 안 될 만큼 대단히 호기심이 많은 사람이라고 말한다면 신경에 거슬리기 시작하면서 일전에 했던 것처럼 팔꿈치를 거칠게 활용하는 수상한 코 마사지법을 사용해볼까 생각할 것이다. 그리고 친구가 정말로 하고 싶은 말이 뭔지 의심하기 시작할 것이다.

일상생활에서 쓰는 상투적 문구를 리듬감 있게 반복 사용하면 훌륭한 놀려대기가 된다. 예를 들어 부모는 "이것도 싫고 저것도 싫으시겠지"하며, 아이가 밥상 앞에서 보이는 반란을 조기에 진압하고 아이들이 성가신 이의 제기를 못하게 선수 치면서 가볍게 응수한다.

또한 우리는 방식에 관련된 규정, 즉 직접성과 명확성의 규정을 깨뜨리는 방법으로도 놀려댄다. 기발한 별명이나 특정 관계에서만 사용하는 그들만의 문구 등 관용적 표현도 놀려댈 때 흔히 이용하는 요소이며, 대상이 가진 개성과 자칫 문제가 될 만한 특성에 초점을 맞춘다. 또한 노래하는 것 같은 음성, 크고 빠른 목소리, 극적 요소가 들어간 한숨, 평소보다 소리가 커지거나 작아지는 발성 등 몇 가지 음성 신호를 이용하여 방식에 관한 규정을 깨뜨리기도 한다.

이 모든 행위는 직접성과 명확성의 어법에서 벗어난다. 기록으로 남지 않고 직접적이지도 않은 윙크도 물론 이 범주에 들어간다. 윙크는 눈을 맞대고 똑바로 바라보는 시선의 진지하고 진실한 태도에서 벗어나며 상대를 비스듬한 시선으로 쳐다보는데, 이렇게 함으로써 모든 게 눈에 보이는 그대로가 아니라는 의미를 나타낸다.

우리는 과장이나 반복, 관용적 표현을 사용함으로써, 또는 모음을 길게 늘이거나 말의 빠르기와 높낮이를 변화시킴으로써, 또는 혀 내밀기, 적절한 때 터져나온 웃음소리, 다른 사람을 재미있게 풍자하는 표현 등을 이용함으로써 진지한 의사전달의 일반 원칙을 깨뜨린다. 그리고 그 결과물로 놀려대는 효과를 얻는다. 우리는 상대를 도발하는 한편, 이런 도발 행위를 꼭 문자 의미 그대로 해석하지 않아도 된다는 뜻을 교묘하게 전달한다. 우리가 하는 말이 꼭 액면 그대로의 뜻은 아니며 우리가 하는 행동을 장난으로 받아들여도 된다는 의미를 전하는 것이다.

언어학자 허브 클락Herb Clark이 관찰한 바에 따르면, 우리는 놀려대기를 통해 상호작용의 기본 틀을 장난스럽고 진지하지 않은 범위에서 일어날 법한 것으로 설정한다. 가볍게 놀려대는 것은 일종의 게임이자 극적인 퍼포먼스이며, 놀려대는 동안 주고받은 웃음을 통해 여러 갈등(서열 구조상의 경쟁자 갈등, 연인의 갈등, 각자의 지위를 찾으려는 형제 사이의 갈등)은 재미있는 협상으로 바뀐다. 또한 기발한 방법으로 놀려대는 동안 우리는 상대를 살짝 도발하여 진심을 떠보기도 한다.

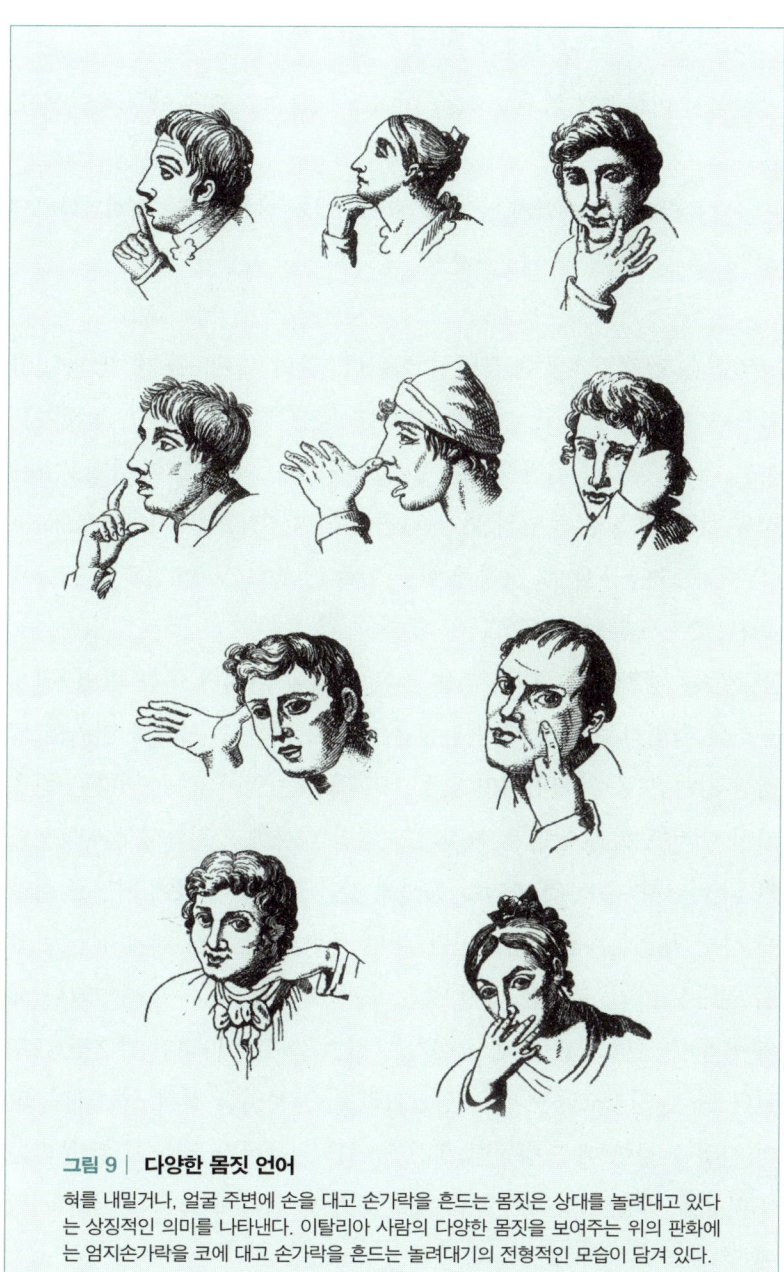

그림 9 | **다양한 몸짓 언어**

혀를 내밀거나, 얼굴 주변에 손을 대고 손가락을 흔드는 몸짓은 상대를 놀려대고 있다는 상징적인 의미를 나타낸다. 이탈리아 사람의 다양한 몸짓을 보여주는 위의 판화에는 엄지손가락을 코에 대고 손가락을 흔드는 놀려대기의 전형적인 모습이 담겨 있다.

공손하게 고함치기, 공손하게 투덜대기

철학자 버트런드 러셀Bertrand Arthur William Russell은 이렇게 말했다.

> 물리학에서 에너지가 근본 개념인 것과 마찬가지로 사회과학에서는 권력이 근본 개념이다.

권력은 인간관계의 기본적인 힘이다. 권력 위계구조가 제대로 서 있으면 자원을 모으고, 자손을 기르고, 공동체를 보호하고, 짝짓기를 하는 데 꼭 필요한 집단행동을 쉽게 조직할 수 있다. 또한 위계구조는 자원 할당 및 노동 분업의 판단 기준이 되며(권력층에게 유리한 방향으로 이루어지는 경우가 많다), 그에 속한 사람들을 보호한다(반면에 위계구조에 속하지 않은 사람에게는 위험대상이 된다).

공동체 생활에서 위계구조는 많은 이점을 가져다 주는 반면, 위계구조를 확립하는 협상 과정에 많은 대가가 따른다. 서열과 지위를 둘러싼 갈등은 종종 치명적인 양상으로 치닫는 일이 많다. 커다란 턱을 가진 수컷 무화과 말벌은 짝짓기와 영역 다툼에서 상대를 물어 반 토막 내 버린다. 수컷 몇 마리가 동시에 같은 무화과에 앉게 되면 순식간에 사생결단의 싸움이 벌어진다. 어떤 무화과 열매 한 개에서 암컷 말벌 열다섯 마리, 부상을 입지 않은 수컷 열두 마리, 이미 죽었거나 배와 흉부에 구멍이 뚫린 채 죽어가는 말벌 마흔두 마리가 발견된 적도 있다. 수컷 일각고래는 같은 성별끼리 작은 무리를 지어 사는데, 무리의 서열을 정할 때 드릴처럼 생긴 엄니를 이용한다. 어느 수컷 무리는 60퍼센트 이상이 엄니가 부러졌고, 대부분 머리에 상처가 있거나 턱에 엄니 조각이 박혀 있었다.

서열을 정하는 데 엄청난 대가가 따르자 많은 종은 대결 방식을 바꾸는 방향으로 나아갔다. 그들은 상징적인 형태로 서로 힘을 과시하고, 많은 희생이 따르는 물리적 충돌 대신에 뭔가를 보여주는 방식으로 서열을 정한다. 붉은 사슴 수컷은 가을 발정기 때 울음소리로 서열을 정한다. 그들은 큰 소리로 빠르게 울부짖는 수컷이 몸집이 크고 힘도 셀 것이라고 여긴다. 이 시합에서 이긴 수컷은 암컷이 가득한 커다란 하렘harem(이슬람 세계에서 가까운 친척을 제외한 일반 남성의 출입이 금지된 장소로, 보통 궁궐 내의 후궁이나 가정의 내실을 가리킨다_옮긴이)에서 진화적 이점을 맘껏 누린다. 부디 쾌락도 함께 누리기를 바란다. 하렘을 차지하기 위해 수컷은 새벽이 올 때까지 몇 시간이고 계속 큰 소리로 울부짖는다. 때로는 살이 빠질 정도로 온힘을 다해 동료를 이기려 한다. 그래도 서로 맞붙어 싸움을 벌이면서 부상과 죽음의 위험을 무릅쓰는 것보다는 이 방법이 훨씬 낫다.

많은 개구리와 두꺼비는 울음소리의 굵기를 이용해 서열을 정하는 것으로 널리 알려져 있다. 한 실험에서는 옆에 있는 수컷 개구리가 확성기처럼 굵은 울음소리를 낼 때 다른 수컷 개구리가 그 개구리를 공격하지 않는 것으로 나타났다. 커다란 성대에서 울려나오는 굵은 울음소리를 막강한 힘의 상징으로 받아들인 것이다.

인간의 경우에는 놀려대기가 수사슴이나 개구리의 울음소리 같은 것이라고 생각할 수 있다. 즉, 집단 구성원이 서열을 정하기 위해 사용하는 상징적 수단이다. 놀려대기는 서열이나 명예를 놓고 벌이는 폭력적 대치 상황 등 다른 대안에 비해 분명히 좋은 방법이다. 나는 이 추론을 확인하기 위해 내 제자였던 에린 히리Erin Heerey와 함께 놀려대기가 지위 겨루기에 이용되는 모습을 포착하고자 했다. 그런데 락커룸이나 선수 대기실, 맥주 파티 같은 데서 잘 나타나는, 짧은 지위 겨루기를 어떻게 연구실에서 포착할 것인가 하는 문제가 있었다. 사람들에게 놀려대기 경험을 글로 적어 내라고 하면 놀려대기의 가장 핵심이 되는 부분, 즉 놀려대기에 장난스런 분위기를 불어넣는 기록으로 남지 않는 비언어적 표현을 놓치게 될 게 뻔했다.

사회적 위계구조의 형성 과정을 추적 연구하고 자연 집단에서 놀려대기가 어떤 역할을 하는지 조사하는 방법도 있다. 실제로 리치 새빈 윌리엄스Ritch Savin Williams는 1970년대에 남자아이의 여름 캠프에서 이 방법을 이용해 멋진 연구를 진행한 적이 있다. 그의 연구 결과를 보면 열 살에서 열두 살 사이의 남자애들 중 맨 위 서열에 속하는 아이들은 지배적인 수사슴이 그렇듯이 다른 애들에 비해 더 많이 놀려대면서 자신의 높은 지위를 확실히 하려 했다. 그러나 우리는 미묘하고 아주 짧은 비언어적 표현, 밀착 녹화 방법을 사용해야 할 만큼 기록으로 남지 않는 표시를 놀려대기에서 포착하고 싶었다.

그래서 우리는 별명 놀려대기를 연구하기 위한 한 가지 새로운 방법을 고안했다. 바로 별명 연구방법nickname paradigm이다. 별명은 친밀한 관계를 보여주는 보편적인 언어 표시로, 건강한 결혼생활, 친구 관계, 농담을 주고받는 삼촌과 조카 사이, 직장인 사이에 자연스럽게 나타난다. 별명은 버릇이나 단점, 비정상적인 특성에 초점을 맞추지만, 문자 의미 그대로 전달되는 의사전달의 일반 규칙을 깨뜨림으로써 사랑스런 방식으로 도발한다. 별명은 계획적으로 과장, 반복(두운), 은유(사람을 동물이나 음식과 동일시하는 표현이 대표적이다)를 사용한다. 별명은 놀이와 가상세계 속으로 도피할 수 있는 공간을 제공하며, 놀이와 가상세계에서는 상대의 화를 돋우지 않으면서 장난스럽게 비판하고 조롱할 수 있다.

우리가 만든 별명 연구방법은 우선 임의로 선택한 이니셜 두 개(A와 D나 T와 J, L과 I 등)를 실험참가자에게 제시한다. 그런 다음 실험참가

표 11 | 스포츠계와 정계 출신 인물들의 별명

무하마드 알리 MUHAMMAD ALI	루이빌의 입 THE LOUISVILLE LIP
조 루이스 JOE LOUIS	갈색 폭격기 THE BROWN BOMBER
로베르토 듀란 ROBERTO DURAN	노마스 NO MÁS*
제이크 라모타 JAKE LAMOTTA	성난 황소 RAGING BULL
Y. A. 티틀 Y. A. TITTLE	흰머리수리 THE BALD EAGLE
샤킬 오닐 SHAQUILLE O'NEAL	빅 아리스토텔레스 BIG ARISTOTLE
케빈 맥헤일 KEVIN MCHALE	블랙홀 THE BLACK HOLE
잭 니클라우스 JACK NICKLAUS	황금 곰 THE GOLDEN BEAR
래리 존슨 LARRY JOHNSON	할머니 GRANDMA MA
비외른 보리 BJORN BORG	얼음 보리 ICE BORG
조 브라이언트 JOE BRYANT	젤리빈 JELLY BEAN
크리스 에버트 CHRIS EVERT	리틀 미스 포커페이스 LITTLE MISS POKER FACE
켄 로즈웰 KEN ROSEWALL	근육 MUSCLES
존 얼웨이 JOHN ELWAY	미스터 에드 MR. ED
야로미르 야그르 JAROMIR JAGR	퍼프 넛츠 PUFF NUTS
키스 우드 KEITH WOOD	성난 감자 THE RAGING POTATO
윌리엄 페리 WILLIAM PERRY	냉장고 THE REFRIGERATOR
찰스 바클리 CHARLES BARKLEY	리바운드의 둥근 산 THE ROUND MOUND OF REBOUND
파우 가솔 PAU GASOL	스페인 파리 THE SPANISH FLY
앤서니 웹 ANTHONY WEBB	스퍼드 SPUD
조지 W. 부시 GEORGE W. BUSH	부시 43 BUSH 43, 두바야 DUBYA, 관목 THE SHRUB, 무관심한 조지 UNCURIOUS GEORGE
빌 클린턴 BILL CLINTON	컴백 키드 THE COMEBACK KID, 첫 번째 흑인 대통령 THE FIRST BLACK PRESIDENT, 빤질이 윌리 SLICK WILLIE

리처드 닉슨RICHARD NIXON	교활한 딕TRICKY DICK, 철로 된 뿔IRON BUTT, 미친 수사THE MAD MONK
조지 워싱턴GEORGE WASHINGTON	늙은 여우THE OLD FOX, 농부 대통령THE FARMER PRESIDENT
존 애덤스JOHN ADAMS	보니 조니BONNY JOHNNY, 필요 없는 각하YOUR SUPERFLUOUS EXCELLENCY, 둥글둥글HIS ROTUNDITY
에이브러햄 링컨ABRAHAM LINCOLN	정직한 에이브HONEST ABE, 일리노이 원숭이THE ILLINOIS APE, 위대한 해방자THE GREAT EMANCIPATOR

* '즉시, ~ 하자마자'라는 의미의 스페인어

자가 이 글자를 이용하여 자신이 놀리고 싶은 대상의 별명을 만들고, 사실이든 허구든 이런 별명을 짓게 된 부수적인 설명도 덧붙이게 했다. 우리는 이 과정을 녹화했지만, 실험참가자가 자신의 이야기가 혹시 상스럽거나 음탕하게 보일까 봐 염려하는 일이 없도록 안심시켰다. 우리가 녹화 내용을 인터넷에 올리거나 할머니 집에 보내는 일은 결코 없을 거라고 약속했다.

놀려대기가 어떻게 지위 겨루기의 기능을 하는지 살펴보기 위해 나는 우등생 마이크 브래들리Mike Bradley를 실험에 참가시켰다. 그는 위스콘신-매디슨 대학의 한 동아리 회원으로 똑똑한 젊은이였다. 마이크의 도움으로 우리는 이 동아리 회원 네 명을 연구실로 데려와 우리가 만든 실험 방법대로 서로를 놀리게 했다.

네 학생은 오대호 폭포 북부지역에 단풍이 들고 낙엽이 떨어지는 가운데 막 집단 정체성이 형성되기 시작하던 10월에 찾아왔다. 이 중 두 학생은 동아리 내 기존 회원으로 지위가 높은 '적극 활동 회원'이었고, 다른 두 학생은 이제 갓 동아리에 들어와 입회 서약을 마친 지위가 낮은 학생이었다. 놀려대기에 대한 연구에 참여하게 될 거라는 이야기를 듣자 지위가 높은 적극 활동파는 입맛을 다셨고 지위가 낮은 신참은 시선을 떨구더니 앞으로 무슨 일이 벌어질지 직감하면서 뭔가 아는 듯한 미소를 지으며 고개를 저었다.

동아리 회원들은 상스럽고 희화적인 문구를 마구 쏟아내며 한도 끝도 없이 서로를 놀려댔다. 역사와 문화를 떠나 어느 곳에서든 들을 수 있는 흔한 욕과 비슷한 내용이었다. 위대한 풍자작가 라블레Rabelais는 제빵사와 양치기 사이에 벌어진 싸움에서 어떤 별명들이 나왔는지 묘사한 일이 있는데, 이 싸움에서 두 사람은 과장('똥 밭'), 반복되는 두운('대가리가 당근처럼 생긴 미친놈crazy carrot-heads', '거드름이나 피우는 졸장부mincing milksops'), 간접적으로 빗대는 은유('불쌍한 물고기 같은 놈poor fish') 등을 써가면서 아주 재미있게 그라이스의 일반 원칙을 깨뜨렸다.

> 수다쟁이, 뻐드렁니, 대가리가 당근처럼 생긴 미친놈, 악당, 똥밭, 촌뜨기, 교활한 사기꾼, 게으른 시골뜨기, 허황된 몽상가, 술고래, 허풍선이, 아무 짝에도 쓸모없는 놈, 멍청이, 열매 껍질 깎이, 거지, 좀도둑, 거드름이나 피우는 졸장부, 남 따라하는 흉내쟁이, 게으름뱅이, 얼간이, 입 벌리고 있는 놈, 오두막집에 사는 놈, 불쌍한 물고기 같은 놈, 수다쟁이, 우쭐대는 원숭이, 이빨에서 덜커덕거리는 소리가 나는 수다쟁이, 가축이나 몰고 다니는 똥 같은 놈, 똥 묻은 양치기

실험참가자들은 자기 지역 사투리를 써가면서 '쓸모없는 멍청이', '쬐그만 고자', '인간 파리', '똥구멍 같은 놈', '뚱뚱한 암캐나 끌고 다니는 녀석', '술주정뱅이 같은 놈' 등의 별명을 만들어냈다. 놀려대는 내용 속에는 동아리의 안정을 깨뜨릴지 모르는 일탈 행위에 대해 훈계하는 내용이 구석구석 들어 있었다. 과도한 음주에 대한 내용이 많았으며, 놀려대는 내용 중 줄잡아 4분의 1 정도는 앞뒤 이야기의 문맥과 그

다지 연결되는 것도 아닌데 상대의 성기에 대한 언급이 들어갔다.

한 신참에 대해 이야기하다가 그를 '타코 존'이라고 부르게 된 내력이 나왔고, 그 바람에 그가 패스트푸드 음식점 타코 존에서 열린 심야 파티에서 바카디(럼을 베이스로 사용한 조금 쓴맛이 나는 칵테일_옮긴이) 열여덟 잔을 마신 뒤 사라졌다가 변기 옆에 널브러진 채 성기를 쥔 모습으로 발견된 일을 모두 알게 되었다. 이를 통해 동아리 회원들은 서로에게 술을 너무 많이 마시지 말라는, 그리고 성기를 남들에게 보이지 말라는 도덕적 경계선을 알리고 있었던 것이다.

실험 장면을 녹화한 비디오테이프를 보면서 심층적인 부호화 작업을 할 때는 공격적인 놀려대기에 초점을 맞추었다. 공격적인 놀려대기는 보통 수치심을 안겨주는 내용을 담고 있어 판별해내기 쉬웠다. 아울러 상대방에게 상처를 덜 주면서 놀려대기 위해 이용하는, 기록으로 남지 않는 표시에 대해서도 부호화 작업을 했다. 기록으로 남지 않는 표시로는 목소리 변화, 재미있는 표정, 웃음, 은유 및 과장이 사용되었다. 30초에서 40초 동안 이어지는 놀려대기를 부호화하는 데 서너 달이 걸렸고, 우리는 지위와 놀려대기의 연관성에 대해 명확한 결론을 얻었다. 〈표 12〉에 나와 있듯이 지위가 높은 활동파는 모든 사람을 공격적이고 도발적인 방식으로 놀렸고, 특히 지위가 낮은 신참을 놀릴 때는 더 적극적이었다.

지위가 낮은 신참은 지위가 높은 활동파에게는 기분을 맞춰주려 애썼지만 다른 신참을 놀릴 때는 날카로운 이빨을 드러내면서 칼날을 휘둘렀다. 또한 신참 중 인기 있는 학생, 가령 카리스마나 매력을 지니고 있어서 들어온 지 얼마 되지 않아 뚜렷하게 부상하는 학생을 놀릴 때에는 좀 더 기분 좋은 방식을 취했다. 학기 초 집단이 형성되기 시작하는 몇 주일 내에 30초짜리 놀려대기를 통해 뚜렷하게 서열 순위가

표 12 | 지위와 놀려대기의 연관성

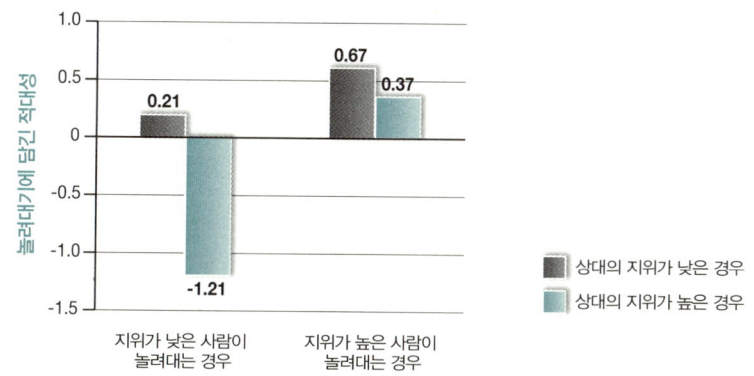

지위가 낮은 사람이 지위가 높은 사람을 놀려댈 때에는 자제하는 모습을 보인 반면, 지위가 높은 사람이 지위가 낮은 사람을 놀려댈 때는 더 적대적인 양상을 띠었다.

매겨졌다.

이 실험에서 서로를 놀려대며 주고받은 말을 글로 옮겨 읽어보면, 실험 때 무례한 언동이나 공격이 난무하고 어쩌면 주먹도 한두 차례 오고 갔을 거라고 예상하기 쉽다. 그러나 이들 네 명은 미친 듯이 웃으면서 하나가 되었다. 서로의 등을 두드리기도 하고 장난스럽게 서로를 밀치기도 했다. 이들은 가짜로 공격하는 시늉을 하면서 괴성을 지르고 서로를 찌르기도 했다. 또한 아주 짧게 스치듯 서로의 시선을 마주 보았다.

나는 20년 동안 연구를 하면서 수천 명의 실험참가자를 상대했지만 이번 연구에서는 두 가지 이례적인 일이 있었다. 하나는 연구에 참여하지 않았던 다른 동아리 회원들이 내 사무실로 전화를 걸어 자신들도 이번 연구에 참여할 수 있는지 문의한 일이었다. 또한 실험참가자 두 사람이 다음 기회에 또 다시 연구에 참여할 수 있을지 물어온 일도 있었다(그래서 나는 과학에서 왜 단독 실험참가자를 대상으로 한 독립적인 관찰이 필요한지에 대해 다소 지루한 설교를 늘어놓아야 했다).

실험에 참가한 동아리 회원들은 굴욕적인 별명으로 불리고 괴팍한 성생활과 성기 노출에 관한 창피한 이야기를 주고받았음에도, 다른 회원보다 자신이 놀려대고 또 놀림을 받았던 세 회원을 훨씬 더 호의적으로 생각한다고 말했다. 어떻게 이럴 수 있는 것일까? 그 답은 웃음과 당혹감에 대한 부호화 작업에서 밝혀졌다. 놀리는 사람과 놀림을 받는 사람이 번갈아 웃음을 주고받거나 같이 웃는 일이 많아질수록 이들은 서로에게 호감을 가졌다. 놀림을 당하는 사람이 얼굴을 붉히고 미묘하게 당혹감을 표시한 뒤(시선을 회피하거나, 얼굴을 만지거나, 고개를 옆으로 돌리며 숙이는 등) 두 사람이 화해의 눈빛으로 시선을 마주치는 일이 많아질수록 놀린 사람은 놀림을 당한 사람에게 호감을 갖는다.

좋은 분위기에서 놀려대기를 하면, 갈등이 내재된 관계(이 경우에는 위계구조 내의 서열 순서)를 재미있고 원만하게 풀어가기 위한 토대가 마련된다. 또한 장난스런 도발이 이런 토대 역할을 할 경우에 놀려대기는 짧은 순간 감정(함께 하는 웃음, 다른 사람의 당혹감을 풀어주고 싶은 마음)을 분출시키며, 사람들은 이 과정을 통해 더 큰 인을 향해 나아가게 된다.

즐거운 전쟁

몇 년 전 나는 캘리포니아 몬테레이 부근의 시원한 모래사장 해변에서 가족과 함께 휴가를 즐기고 있었다. 나는 모래성도 쌓고 파도타기도 즐기고 얕은 물구덩이에서 모래톱 게를 찾기도 했다. 그때 멕시코계 미국인 10대 아이들이 햇빛 가득한 나의 평화로운 공간 속으로 들어왔다. 파란 바지와 곱게 다림질한 흰 셔츠 차림의 가톨릭계 학교

학생들은 교사의 인솔을 따라 한쪽은 남학생 줄, 또 한쪽은 여학생 줄, 이렇게 두 줄로 맞추어 질서 정연하게 해변가로 걸어왔다. 교사가 학생들에게 자유시간을 주고 자리를 비우자, 아이들은 순식간에 시끌벅적 떠들면서 10대들답게 서로 놀려대며 장난치기 시작했다.

남학생 다섯 명과 여학생 여섯 명은 서로 짓궂게 놀려대는 즐거움에 이끌려 마치 분자처럼 서로 똘똘 뭉쳤다. 이들은 한도 끝도 없이 서로 꼬집고, 머리를 쓰다듬고, 손가락으로 찌르고, 부둥켜안고, 이름을 부르고, 고함을 치면서 놀았다. 파도 소리의 리듬감을 타듯이 남학생 두 명이 한 여학생을 붙잡아 팔다리를 나누어 들고는, 모래사장을 오가는 물결 위에서 그네라도 태우듯이 흔들었다.

새침한 여학생 세 명이 한 남학생 곁으로 살금살금 다가가더니, 허리춤에 흘러내려온 남학생의 바지를 밑으로 끌어당기려 했다. 이 남학생은 손으로 모래를 집어 던지며 완강히 맞섰다. 학생들의 목에서는 물방울이 흘러내렸고 바지에는 모래가 묻었으며 얼굴에도 해초가 달라붙었다. 그러다가 어느 순간 갑자기 서로 뒤엉켜 큰 더미를 만들기도 했다. 어떤 여학생은 한 남학생에게 기습적으로 다가가 바지 속에 죽은 게를 집어넣었다. 그러다 교사가 버스에 올라타라고 소리치자 아이들은 다시 차분한 모습으로 돌아가 남학생 한 줄, 여학생 한 줄 나란히 두 줄을 이루어 걸어갔다.

학생들이 출발하자 당시 다섯 살이던 내 딸 세리피나가 물었다.

"아까 그 언니는 왜 바지 속에 게를 집어넣은 거예요?"

"남학생이 좋아서 그런 거지."

내가 대답했다. 이 대답을 들은 세라피나는 도무지 이해할 수 없다는 표정이었다. 그래서 나는 사람이 누군가를 좋아할 때 그를 어떻게 놀리는지에 대해, 그라이스의 일반 원칙이니, 기록되지 않은 언어의 장난스런 영역이 어떠니 하면서 잘 알아들을 수 없는 말을 한참 늘어놓았다. 그리고 우리는 종종 자기 진짜 의도와는 반대되는 말이나 행동을 하기도 한다고 말해주었다. 나는 세라피나가 10대 아이들의 드라마를 보면서 놀려대기가 친밀한 관계에서 얼마나 중요한 역할을 하는지 지혜를 얻기 바랐다.

우리 종의 생존에서 친밀한 유대관계만큼 중요한 관계는 없다. 또한 이 관계만큼 온통 갈등투성이인 것도 없고, 이 관계만큼 쉽게 깨지는 것도 없다. 가까운 사이는 시작부터 끝나는 순간까지 온통 갈등과 희생, 타협해야 할 문제로 요동친다. 이루 말할 수 없을 만큼 약하고 두뇌가 큰 자손을 기르기 위해서는 혼자의 보살핌만으로는 어림없다. 따라서 우리는 자손 때문에 장기적으로 보살피는 관계에 묶이게 되는데 우리와 가까운 영장류에서는 이런 유례를 찾아볼 수 없다.

자녀와 집안일, 주택대출금 같은 것들이 몰려오면 부부는 마치 이도 저도 아닌 집안에서 그저 온갖 일에 시달리기만 하는 매니저가 되어, 한 위기를 넘기면 또 한 위기가 기다리는 듯한 기분을 느끼게 된다. 《헛소동》의 레나토가 지적했듯이 가까운 사이란 일종의 '즐거운 전쟁'이다.

그래서 우리는 놀려대기를 연구하여 가까운 사이에서 생기는 많은 문제를 해결하고자 했다. 사람은 남녀 간에 서로 희롱하고, 상대방의 애정과 성적 관심을 알아보기 위해 서로 놀려댄다. 모니카 무어Monica Moore는 쇼핑몰에서 은밀히 10대 아이들을 관찰한 적이 있는데, 이들은 무리 지어 어슬렁거리고 다니다가 한 번씩 멈춰서 서로 놀려댔다. 어린 남자와 여자는 가던 방향을 계속 바꾸면서 다른 사람의 진로 방향으로 끼어들어 상대를 꼬집고, 간질이고, 손가락으로 찌르고, 끌어안는 등 상대와 신체적 접촉을 갖고 짧게 눈빛을 나누기 위한 기회를 만들어냈다. 물론 자기를 의식하는 10대 시절이라서 매우 자제하는 양상을 띠었다.

10대 아이에게 상대를 놀려대는 행동은 상대가 자기에게 관심이 있는지 속마음을 알아내려는 한 편의 연극이다. 속마음을 알려주는 징후로는 발갛게 상기된 얼굴, 입술 오므리기, 달콤한 말투, '소리 내어 웃는' 웃음 등이 있다. 놀려대기는 잠재적인 구애자끼리 서로를 시험하고 도발하는 장난스런 세계의 입구와 같다.

현대 사회의 10대들이 신체 접촉에서 지금보다 많은 제한을 받았다면 아마 《헛소동》에 등장하는 베네디크와 베아트리체가 처음 만났을 때 유난스럽게 말싸움을 벌였던 것처럼 말싸움에 많이 의지했을 것이다. 《헛소동》에 등장하는 말싸움은 두 사람이 장차 사랑에 빠질 것임을 분명하게 보여준다.

베아트리체	그런데도 당신이 계속 이야기할 수 있을까 싶네요. 베네디크 씨. 아무도 당신을 알아보지 않네요.
베네디크	아, 친애하는 오만한 아가씨! 아직도 살아있었네요?
베아트리체	베네디크 씨처럼 오만함을 살찌게 해줄 거리가 있는데 어떻게 오만함이 사라질 수 있겠어요? 정중한 예의가 기거하는 곳에 당신 같은 사람이 들어온다면 정중한 예의 자체가 오만으로 바뀌게 되지요.
베니디크	그렇다면 정중한 예의가 일종의 변절자군요. 하지만 당신만 빼고 모든 숙녀분이 나를 좋아하는 것은 확실해요. 게다가 나는 내가 냉담한 마음의 소유자가 아니라는 사실을 내 마음속 깊은 곳에서 깨달았으면 좋겠어요. 왜냐면 나는 아무도 진심으로 사랑하지 않기 때

	문이에요.
베아트리체	여자들에게는 정말 다행스런 일이군요! 그렇지 않았다면 나쁜 구혼자 때문에 여자들이 얼마나 고생했겠어요! 하느님에게, 그리고 내 차가운 피에게 감사할 일이지요. 그런 점에서 난 당신과 같은 기질이에요. 나를 사랑한다고 맹세하는 남자의 말을 듣느니 차라리 개가 까마귀를 보고 짖는 소리를 듣는 편이 낫지요.
베네디크	하느님, 이 아가씨가 계속 저런 마음으로 살아갈 수 있게 해주세요. 그래야 이 신사든 저 신사든 운명으로 예정된 찌푸린 얼굴을 보지 않고 살아갈 수 있지요.
베아트리체	찌푸린 얼굴 때문에 더 나빠지는 건 없어요. 게다가 그건 바로 당신 얼굴이기도 하지요.
베네디크	아, 보기 드문 앵무새 선생이시군요.
베아트리체	내 새 같은 혀는 야수 같은 당신 혀보다는 낫지요.
베네디크	내 말이 당신 혀처럼 그렇게 빨리, 그렇게 계속 지칠 줄 모르고 달릴 수 있으면 좋겠어요. 하지만 부디 당신이 하던 대로 계속 해요. 나도 그랬지요.
베아트리체	당신은 언제나 노쇠한 말의 속임수로 끝맺는군요. 그런 당신을 오래전부터 알고 있었지요.

    시간이 지나고 성적 상대가 서로 하나가 되어 일상생활을 공유하게 되면, 각 상대는 도발적인 별명이나 놀려대기 공격 등 각자만의 개인적인 관용어법을 만들어낸다. 각 상대는 서로의 성적 습성이나 신체 기능, 잠버릇, 식사 습관, 자기 나름의 믿음에 따라 선호하는 헝클어진 머리 스타일 등 결혼생활의 습관과 관련해서 놀려대기 공격을 전개한

다. 이러한 놀려대기 공격에서 상대의 기행이나 괴상한 취미가 극단으로 치달을 경우에는 문제가 되지만, 보통은 오로지 상대만이 알아볼 수 있는 사랑스런 기벽으로 평가된다. 결혼한 부부를 대상으로 실시한 어떤 연구에서는 풍부한 어휘를 사용하여 놀려대는 부부일수록 더 행복하고, 부부 관계에 대한 장기적인 전망 역시 더 나은 것으로 드러났다.

서로 사랑하는 연인끼리 별명을 부르거나 놀려대는 것은 둘만의 친근감을 나타낼 뿐만 아니라, 두 사람이 장난스러운 분위기 속에서 서로 타협하여 갈등을 풀어갈 수 있는 가상의 영역을 제공하기도 한다. 이를 실험으로 확인하기 위해 오랫동안 함께 지내온 부부에게 별명 연구방법을 설명하고 서로를 놀리게 했다. 이들이 만들어낸 별명의 약 25퍼센트에는 상대를 음식(사과 경단)이나 작은 동물에 비유하는 등 사랑에 대한 보편적인 은유가 들어 있었다. 가까운 사이에 벌이는 즐거운 전쟁에서도 다시 한 번 놀려대기가 가져다준 이점이 확인되었다.

서로에 대한 만족감이 큰 부부일수록 놀려대기도 더 잘했다. 이들은 서로 놀려대는 15초의 시간 동안 기록으로 남지 않는 표시들, 다시 말해 과장, 흉내 내기, 장난스런 억양, 높낮이의 변화, 혀 내밀기, 일그러진 표정을 훨씬 잘 사용했다. 이들은 둘만의 친밀한 삶에서 문자 의미 그대로 통하지 않고, 기록에 남지 않는 차원의 영역을 만들어냈다. 이들은 흔쾌히 이 영역 속으로 옮겨 가서 경박함과 주고받는 웃음, 가상 영역의 가벼움을 즐겼다. 이 밖에 이들이 서로를 놀려대는 15초의 장난스러움을 통해 장차 6개월 뒤 이들 부부가 얼마나 행복할지 예측할 수 있다는 사실도 알아냈다.

또 다른 연구에서 우리는 각 상대가 서로를 비판하는 엄격한 경우에 대해 살펴보았다. 우리는 이들이 심각한 문제(돈 문제나 장래 약속, 부정, 함께 시간을 보내는 방법의 문제)를 둘러싸고 옥신각신하는 동안 구체적인 매 순간을 확인했다. 오랜 시간 이들은 서로에 대해 어느 배심원이나 지역 연설가라도 만족할 만한 논리 정연한 글이나, 기록으로 남겨지고 문자 의미 그대로 사용되는 산문투로 비판했다. 그런가 하면 또 어떤 때는 놀려대는 식으로 비판하기도 했다. 물론 이럴 때는 과장된 내용으로 요구를 전달하거나, 장난스럽게 상대를 흉내 내거나, 별명을 부르거나, 분노나 좌절감을 조롱하는 식으로 행동했다.

우리가 연구한 부부 관계의 두 경우 모두 상대가 어울려 다니는 몇몇 불량스런 친구나 지나친 낭비벽에 대해 비판하는 등 내용은 동일했다. 하지만 서로를 장난스럽게 놀려대는 부부는 기록으로 남지 않는 표시를 이용하여 말하려는 내용의 심각하지 않은 측면을 부각시키는 등 문자 의미 그대로 받아들여지지 않는 방식으로 비판했다. 그리고 이들은 직접적이고 설득력 있지만 궁극적으로 상대의 화를 돋우는 방식으로 서로를 비판한 부부에 비해 갈등을 겪은 뒤 오히려 관계가 돈독해졌다고 느꼈다. 또한 상대에 대한 신뢰감도 깊어졌다. 이 비교 연구에서 나타나듯이 갈등을 장난스럽게 희화화시키면, 자칫 가까운 사이를 무너뜨릴 수 있는 독한 비판에 대해 일종의 해독제 역할을 한다. 결국 놀려대기는 즐거운 전쟁으로 이끌기 위한 전투 방식인 것이다.

놀이터 역설

1999년 아돌프 히틀러Adolf Hitler의 생일이기도 한 4월 20일 콜로라도 주 리틀턴에 위치한 콜럼바인 고등학교에서 희대의 끔찍한 사건이 벌어졌다. 에릭 해리스Eric Harris와 딜런 클리볼드Dylan Klebold가 반자동 총기와 총격 대상자 명단을 들고 들어가 동료 학생 열두 명과 교사 한 명을 죽인 뒤 자신들도 목숨을 끊었다. 이 사건을 계기로 미국 사회에서는 봇물 터지듯 자기성찰이 이루어졌고, 이 분위기 속에서 미국인은 총기와 게임, 약에 대해 조용히 문제를 제기했다.

해리스와 클리볼드는 99개가 넘는 폭탄장치를 만들었고 어른들 모르게 엄청난 화기를 모아놓고 있었다. 그들은 둠이라는 폭력 비디오 게임에 흠뻑 빠져 있었는데, 크레이그 앤더슨Craig Anderson과 브래드 부시맨Brad Bushman의 연구에 따르면 따뜻한 동정심을 줄이고 공격 성향을 강화시킨다고 한다. 우울증이 심해질 때마다 처음에는 졸로프트Zoloft에, 이후에는 루복스Luvox에 의존하던 해리스는 점차 살인과 자살에 대한 생각을 키워나갔다.

콜럼바인 총기 난사사건의 직접적인 여파가 남아 있던 어느 날, 나는 그곳에서 상담가로 일했던 누군가의 전화를 받았다. 해리스와 클리볼드는 콜럼바인 고등학교에서 학생들에게 괴롭힘을 당했고, (몇몇 사람들의 주장에 따르면) 학교 당국에서는 이 사실을 묵인했다고 한다. 그는 놀려대기가 좋은 것이라는 내 연구 결과를 보고, 학생들 사이의 괴롭힘을 용인하는 게 아니냐며 깊은 우려를 나타냈다. 그의 우려에 대한 나의 대답은 괴롭힘은 놀려대기와 아무 관계가 없다는 것이다. 괴롭히는 사람들은 대개 폭력적인 행동을 보인다. 이들은 상대에게 심한 고통을 주고, 때리고, 윽박지르고, 훔치고, 횡포를 부린다. 하지만 우리가 지금까지 살펴보았듯이 놀려대기는 전혀 성격이 다르다.

우리는 이보다 더 미묘한 문제에 부딪쳤는데, 바로 '놀이터의 역설the paradox of the playground'이라는 것이다. 어느 초등학교든 좋으니 놀이터를 15분 정도 둘러보라. 그러면 아주 가볍고 장난스런 놀려대기에서부터 좀 더 심한 놀려대기까지 온갖 종류의 놀려대기를 볼 수 있을 것이다. 아이들은 놀려대기 본능을 갖고 있다. 이는 아주 일찍부터 나타난다(어느 영국 심리학자는 한 건방진 9개월짜리 아기가 할머니가 코 고는 모습을 아주 즐겁게 흉내 내는 것을 관찰한 바 있다). 성인의 경우처럼 놀려대기는 정을 돈독하게 하고 서로 간의 깊은 우정을 나타낼 수 있다. 하지만 다른 한편으로 놀려대기는 아주 나쁜 결과를 가져올 수도 있다. 일례로 비만 아동을 놀려대는 경우, 아이의 자기 존중감에 영원히 지워지지 않는 상처를 남기는 것으로 밝혀졌다.

그럼 생산적인 놀려대기와 상처를 입히는 놀려대기를 구분 짓는 것은 무엇일까? 우리는 연구를 통해 어떤 경우에 놀려대기가 잘못된 방향으로 나아가는지 네 가지 교훈을 알아냈다. 이 교훈은 놀이터와 직장 모두에서 적절히 활용될 수 있을 것이다. 첫 번째 교훈은 놀려대기 속에 담긴 도발 내용과 관련된 것이다. 해로운 놀려대기는 신체적으로 고통을 주며, 개인 정체성에서 취약한 부분을 대상으로 삼는다(예를 들어 젊은 사람의 실연 상처 등). 반면 장난스런 놀려대기는 신체적으로 고통을 주지 않고 배려심을 보이면서 상대의 정체성에서 그리 심각하지 않은 부분을 건드린다(예를 들어 젊은 사람이 웃을 때 보이는 남다른 습성 등).

짓궂게 괴롭히는 행동과 관련된 자료에서 이런 사실이 입증된다. 갈비뼈를 쿡쿡 찌르고, 머리를 쥐어박고, 살을 꼬집는 등 짓궂게 괴롭히는 행동은 상대를 아프게 하며 금기시되는 내용을 주제로 상대를 놀린다. 하지만 가벼운 내용으로 상처를 주지 않고 적당하게 잘 놀리는 경우에는 그렇지 않으며, 상대를 도발하면서도 기분 좋게 하는 방법을 알아낸다.

두 번째 교훈은 기록으로 남지 않는 표시, 즉 과장, 반복, 음성 패턴의 변화, 재미있는 얼굴 표정 등이 나타나 있는가와 관련 있다. 우리는 놀려대기를 연구하는 과정에서 같은 내용의 도발이라도 놀라울 정도로 다양한 비문자적 언어와 기록으로 남지 않는 표시 등을 섞어서 도발하는 경우에는 상대에게 분노를 일으키지 않으며 유쾌한 기분과 기쁨, 사랑의 마음을 상승시킨다는 것을 알게 되었다. 반면 동일한 내용이라도 이런 표시가 나타나지 않는 도발은 상대에게 분노와 모욕감을 불러일으켰다. 긍정적인 놀려대기와 적대적인 공격을 구분하기 위해서는 기록으로 남지 않는 표시가 들어 있는지 잘 듣고 살펴야 한다. 이 표시는 가상과 놀이의 영역으로 들어가는 티켓과 같다.

세 번째 교훈은 사회적 상황과 맞물려 있다. 개인적 농담, 비판적인 논평, 예사롭지 않게 오랫동안 쳐다보는 시선, 어깨와 목 사이 지점을 손으로 만지는 행위 등은 설령 같은 행위라도 사회적 상황에 따라 완전히 다른 의미를 지닌다. 이러한 행위를 하는 사람이 친구인지 아니면 적인지에 따라, 또한 공식적인 자리인지 비공식적인 자리인지, 공간에 단 둘이 있는지 아니면 친구 여럿과 함께 있는지에 따라 이러한 행위는 전혀 다른 의미로 해석된다. 또한 놀려대기가 어떤 의미로 해석되는지에 중요한 영향을 미치는 것은 바로 권력이다. 권력 불균형이 있는 경우, 특히 대상이 강압 때문이든 상황 때문이든 기본적으로 적절한 반응을 할 수 없는 경우에는 상처를 입히는 놀려대기가 생겨난다.

나는 동아리를 대상으로 한 연구 작업에서 놀려대기가 이어지는 20초 동안의 얼굴 표정을 부호화할 때 권력이 낮은 회원의 얼굴에서 두려움의 표시가 스치는 것을 발견했다. 이 표시는 권력이 낮은 사람이 불안, 편도체 과민반응, 스트레스 호르몬 코르티솔 등 위협 체계를 발동시키는 것과 같으며, 위협 체계가 만성적으로 활성화될 경우에는 건강상의 문제와 질병을 일으킨다. 심한 경우에는 수명마저 단축시킬 우려가 있다. 짓궂게 괴롭히는 행위는 상대가 대응하지 못하게 지배적인 양상을 띠면서 놀려대는 것이라고 할 수 있다. 권력 불균형의 특징을 보이는 남녀 관계에서 놀려대는 행위는 종종 짓궂은 괴롭히기의 형태를 띤다. 하지만 놀려대기 기술이 있으면 상호성과 대등한 주고받기가 이루어진다. 놀려대기를 잘하는 사람은 남들도 자신을 놀려댈 수 있게 해준다.

마지막으로 기억해야 할 것은 다른 많은 것과 마찬가지로 놀려대기 역시 나이가 들면 더 잘할 수 있다는 점이다. 세상과 관련된 모순적 내용을 이해하는 능력 면에서 볼 때 아이들은 대략 열 살이나 열한 살부터 이런 능력이 시작되어 점차 세련된 능력을 갖게 된다. 이 무렵부터 아이들은 이것 아니면 저것 식의 극단적인 이원론이나 흑백논리에서 벗어나 세상에 대한 좀 더 역설적이고 복잡한 이해능력을 얻는 것이다. 그 결과 아이들의 사회적 레퍼토리 속에 점차 많은 역설과 비꼬는 말이 들어간다. 또한 이 나이가 되면 짓궂게 괴롭히는 행동의 발생 비율이 절반으로 뚝 떨어진다. 이처럼 역설과 비꼬는 말을 이해하고 소통하는 능력에 변화가 생기면 놀려대기의 특성에도 확실한 변화 양상이 보인다.

이를 입증하기 위해 우리는 농구 캠프를 찾아가 각기 발달 단계가 다른 소년들이 서로에게 욕하는 자리를 마련했다. 농구 캠프를 이끄는 사람은 내 제자였던 존 타우어였다(타우어는 세인트 토머스 대학 시절 디비전3 리그에서 인기 있는 포워드였다). 캠프의 아침 훈련 시간이 되면 농구 실력이 비슷한 소년들 중 서로 모르는 두 명을 골라 이른바 '압력솥' 게임을 시켰다. 두 소년은 자신이 속한 팀을 대표해서 자유투를 던졌다. 자유투가 성공하면 그가 속한 팀이 이기고 실패하면 팀도 진다.

각 선수의 팀원은 결정적인 자유투를 던지기 전 15초 동안 열정적인 팬이 되어, 마치 NBA 선수가 상대팀 응원단의 야유 속에서 공을 던지는 것 같은 효과를 낸다. 욕을 하는 상황에서 팬들은 15초 동안 상대 선수의 마음을 교란시켜 자유투가 실패하게 해야 한다. 반면에 응원하는 상황에서는 사기를 높이는 말을 해서 선수의 자신감을 북돋워야 한다. 팬들의 이 모든 행위는 자유투 라인의 왼편 끝, 선수와 30센티미터 떨어진 곳에 사방 60센티미터 길이로 테이프를 친 상태에서 이루어진다.

연구에 참가한 아이들은 열광하는 NBA 팬 역할을 훌륭하게 소화했다. 욕을 하는 쪽은 응원하는 쪽에 비해 훨씬 거친 몸짓을 보여주었다. 욕을 하는 아이들은 손가락질을 하거나 혀를 내밀기도 하고, 으르렁대거나 고함을 지르면서 우두머리 원숭이처럼 노려보았다. 이와 대조적으로 응원을 하는 아이들은 자기 존중 책자에서 바로 튀어나온 것 같은 몸짓을 취했다. 물론 이들도 격려의 고함을 지르고 박수 치며 선수를 응원했다.

우리는 아이들이 욕을 하는 15초 동안만 기록으로 남지 않는 표시를 절묘하게 사용하는 모습을 관찰할 수 있었다. 유독 욕을 하는 아이들만 소리의 높낮이를 바꾸어가며 아주 높거나 아주 낮은 소리로 욕을 했고, 반복 형식을 취했으며("공이 안 들어갈 거야, 공이 안 들어갈 거야, 공이 안 들어갈 거야."), 진지한 응원 상황에서는 거의 사용하지 않는 농구 경기 은어 '브릭brick'과 '초크choke'('브릭'은 농구대 뒤판에 맞고 튕겨 나온다는 의미, '초크'는 실패한다는 의미이다_옮긴이)를 썼다.

열네 살에서 열다섯 살까지의 아이들은 손가락질하기, 거친 소리 내기 등 열 살에서 열한 살 사이의 아이들이 보이는 수준의 적대 행동을 하면서 욕을 했다. 반면 이보다 나이가 많은 아이들은 반복이나 음성 변화, 은유 등 이 상황이 장난임을 알리는, 기록으로 남지 않는 표시를 아주 많이 사용했다. 이 표시는 효과가 좋았다. 능숙하게 욕하는 모습을 보였던 나이 든 아이들은 응원에 참여한 또래들에 비해 자기 팀원을 새로운 친구라고 이야기하는 일이 많았다. 또 욕을 하고 자유투를 던지고 난 뒤, 이 자유투가 성공했든 실패했든 소년들의 웃음소리는 한데 뒤섞였다. 이들은 서로의 어깨를 툭툭 치거나 친근감의 표시로 헤드록을 걸었다. 이들은 서로를 부드럽게 밀치거나 간혹 새 친구의 어깨에 팔을 두른 채 다음 장소까지 걸어가기도 했다.

아스퍼거 증후군의 병행놀이

아스퍼거 증후군Asperger's Syndrome을 앓는 사람은 언어 및 인식 능력 면에서는 정상적인 발달 단계를 보이거나 오히려 더 빠르기도 하다. 하지만 다른 사람을 이해하거나 사귀는 등 사회적 영역에서는 심각한 문제를 보인다. 이 증후군에 대해서는 아직까지 풀리지 않은 많은 미스터리가 남아 있다. 왜 여자애보다 남자애한테서 서너 배나 더 많이 나타나는가? 이 증후군은 장애인가? 아니면 여러 인간 군상 가운데 또 하나의 특성을 가진 것으로 생각해야 할까?

아스퍼거 증후군을 보였던 음악평론가 팀 페이지Tim Page의 탁월한 글에 나타나 있듯이 아스퍼거 증후군의 본질에 대해서는 아무 미스터리가 없다. 아스퍼거 증후군은 일찍부터 한 가지 대상에 몰두하는 상태라고 규정할 수 있다. 페이지의 경우 매사추세츠의 도시 지도와 부고 기사에 몰두했으며, 월드북 백과사전(1917년에 발간된 미국의 백과사전_옮긴이) 1961년판의 내용 대부분과 스코틀랜드 코미디언 해리 라우더Harry Lauder의 음악 모두를 암기했다(페이지는 학교 신문의 지면을 통해 비틀즈Beatles 음악에 대한 경멸감을 공개적으로 선언하기도 했다).

아스퍼거 증후군은 사회생활 측면에서도 특이성이 분명하게 드러난다. 음성은 높낮이가 없이 단조로우며, 시선을 마주치지 않으려 하고, 몸을 만지는 것에 대해 강한 거부감을 보이며, 사회적 기행을 저지르는 데도 별 두려움이 없다(페이지의 경우 셔츠 단추 구멍에 토끼 발을 달고 다니는 일이 많았다). 페이지가 《에밀리 포스트의 에티켓Emily Post's Etiquette》을 읽은 뒤 이를 일종의 깨달음으로 받아들인 것도 전혀 놀랄 일이 아니다. 이 책은 인류의 복잡한 사회성에 대해 단계별로 안내하는 책자와도 같다.

한편 다른 사람에게 흥미와 관심을 갖지 않는 아스퍼거 증후군의 특성은 비범한 능력을 낳기도 한다. 이 증후군의 특성을 차트로 정리했던 비엔나의 소아과 의사 한스 아스퍼거Hans Asperger는 이렇게 말했다. "학문이나 예술 분야에서 성공을 이루기 위해서는 자폐증 기미가 필수적이다." 페이지의 경우에는 자폐 증상이 음악에 대한 깊은 통찰로 이어졌다. 그는 1976년 스티브 라이히Steve Reich의 곡 *18명의 음악가를 위한 음악Music for 18 Musicians*을 들은 뒤 5년에 걸쳐 현대 음악의 미니멀리즘 연구에 매진했고, 그 결과 음악평론가로서의 경력을 쌓게 되었다. 페이지는 라이히가 흐르는 강물에 틀을 부여하는 것과 같은 작업을 음악계에서 이루어냈다고 평가했다.

어린 시절 생일파티 때 페이지는 또래의 달콤한 친구들보다 피냐타piñata(멕시코나 중미의 화려하게 장식한 오지 항아리나 종이 인형을 일컬으며 속에 장난감이나 과자가 들어 있다_옮긴이)에 깊은 공감을 느꼈다. 또한 10대 시절 관심 있는 여자애와 이야기를 할 때 상대와 눈을 마주 보지 않았다. 훗날 그가 고백한 바에 따르면 성관계를 가질 때에도 마치 오즈의 마법사에 나오는 깡통인간 같았다고 한다. 다른 사람을 이해하는 문제와 관련해서 페이지는 이렇게 썼다.

나는 나를 제외한 다른 사람들과 나란히 있기는 하지만 따로 떨어진 채 병행놀이(3~4세 아이들에게서 나타나는 현상으로, 여럿이 함께 섞여 있기는 하지만 각자 따로 노는 것을 말한다_옮긴이)가 영원히 지속되는 상태로 내 삶을 보낸 것 같은 우울한 기분이 들었다.

아스퍼거 증후군을 보이는 아이들은 사회적 연결고리를 활용하는 면에서 문제를 보였는데, 이 연결고리는 시선 마주치기, 부드러운 신체 접촉, 다른 사람의 마음 이해하기, 당혹감이나 사랑, 다른 사람과 함께 하는 상상놀이, 미소를 보고 미소로 답하는 것, 함께 나누는 답가 같은 웃음 등으로 모두 인의 비율에서 분자를 크게 만드는 데 기여한다.

또한 내가 친구이자 동료인 리사 캡스와 함께 했던 연구에서 놀려대기 역시 이런 기능을 하는 것으로 밝혀졌다. 놀려대기가 일종의 연극적인 행위이며 비문자적 언어를 사용해야 하고 이 행위를 통해 장난스럽게 애정과 갈등, 진정성, 정체성 등을 타협하며 정하는 것이라면, 아스퍼거 증후군을 보이는 아이들은 이런 행위에 특히 많은 어려움을 겪을 것이다. 이 아이들은 상상놀이, 가상세계, 다른 사람의 관점 받아들이기, 놀려대기의 요소들, 그중에서도 특히 비문자적 의사소통에서 많은 어려움을 겪었다.

우리는 연구를 진행하는 과정에서 아스퍼거 증후군을 보이는 아이들과 비교군이 될 아이들의 가정을 방문했다. 우리는 아이들에게 놀려대기에 대한 경험을 이야기해 달라고 했다. 그런 다음 그들 가족에게 별명 연구방법을 이용하여 서로를 놀리게 했다. 우리 연구에 참가한 아이들의 평균 연령은 10.8세였으며, 이 연령은 다중적 의미 표현과 역설을 이해하는 능력이 시작되고 아울러 놀려대기가 즐거운 사회적 연극으로 변화되는 나이였다. 비교군 역할을 했던 아이들은 긍정적인 기분을 많이 느꼈던 놀려대기 경험에 대해 이야기했으며, 그 경험 속에서 10대 이전 생활의 인간관계와 도덕개념에 대해 탐색했다.

 이와 달리 아스퍼거 증후군 아이들은 대체로 부정적이었던 놀려대기 경험에 대해 이야기했으며 인간관계나 공동체에 대한 언급은 거의 없었다. 우리는 부모와 아이가 짧은 시간 동안 서로 놀려댄 과정을 부호화했고, 이를 통해 두 집단의 연구 결과가 다른 이유를 알 수 있었다. 아스퍼거 증후군 아이들은 부모를 놀려대는 과정에서 비교군 아이들과 별반 다르지 않은 적대적인 내용을 담았지만 기분 좋게 놀려대는 기술에서 보석이라고 할 만한 비문자적 표현(과장, 반복, 소리 및 리듬의 변화, 재미있는 얼굴 표정, 흉내 내기, 관습화된 몸짓, 은유)을 전혀 사용하지 않았다. 또한 놀려대기에서 드러났던 문제점은 아이들이 다른 사람의 관점을 받아들이지 못하는 어려움과도 연관이 있다는 것을 알게 되었다.

 페이지는 아스퍼거 증후군을 보인 자신의 삶을 정리하면서 이렇게 회고했다.

> 나는 아스퍼거 증후군 때문에 내 삶이 불행하지도, 고독하지도 않았던 것처럼 꾸밀 수 없다. 그렇다면 오늘밤 어떻게 잠들 수 있겠는가? 아스퍼거 증후군에 대한 최근 자료를 통해 많은 정보를 얻은 어린 아스퍼거 증후군 젊은이들은 나와 달리 이 세상이 어쩌면 어렵지 않다는 것을 깨닫기 바란다.

우리가 만난 아스퍼거 증후군 아이는 이렇게 말했다.
"내가 잘 모르는 것들이 있는데… 놀려대기가 그중 하나예요."

놀려대기를 모르는 아스퍼거 증후군 아이들은 사회생활의 한 영역인 연극적 행위를 놓치고 있었다. 이 영역에서는 애정이 실현되고 역할이 규정되고 말로 갈등을 풀어낸다. 그리고 이 모든 것이 비문자적 언어라는 유쾌한 수사법을 통해 이루어진다. 이들은 놀려대기가 우리에게 선사하는 것, 즉 함께 하는 웃음, 장난스런 신체 접촉, 관행화된 화해, 다른 사람의 관점 이해 등 병행놀이 저 너머에 있는 삶을 놓치고 있는 것이다.

Chapter

09

착한 마음을 전달하는 일차 언어
신체 접촉

Touch

신체 접촉은 연민과 사랑, 감사를 전하는 일차적인 언어이며, 이 세 가지 감정 이야말로 신뢰와 협동의 한가운데 자리 잡고 있다. 신체 접촉을 통해 어떻게 인이 바이러스성을 띠게 되는지 이해하기 위해서 우리는 신체에서 가장 커다 란 기관인 표피조직과 다섯 손가락의 신비를 간직한 손의 진화 과정에 대해 먼저 살펴볼 필요가 있다.

Touch

지난 15년 동안 달라이 라마 성하는 인간의 신경계를 연구하는 과학자와 티베트 불교도가 함께 하는 대화의 자리를 꾸준히 마련했다. 이 자리에서는 2,500년 된 티베트 불교의 가르침과 신경과학 사이의 상호 연관성을 주제로 한 다양한 토론이 진행되었다. 티베트 불교와 신경과학의 인식 방법이 정신과 감정, 행복의 본질에 대한 각 견해에 어떻게 도달하는지 공통점과 차이점을 파악하는 데 그 목적이 있었다.

나는 불교-과학 토론단에 두 번 참여한 적이 있다. 한 번은 MIT였고, 다른 한 번은 캐나다 밴쿠버에 위치한 달라이 라마 평화센터였다. 두 번 모두 결혼식 당일의 비현실성처럼 육체와 영혼이 분리되는 느낌을 받았다. 200명이나 되는 사진기자가 달라이 라마 성하가 절을 하고, 미소 짓고, 웃고, 깊은 관심을 보이며 고개를 끄덕이고, 손가락으로 가리키고, 유려한 미사여구를 말하고, 기침하고, 재채기를 할 때마다 따라다니며 셔터를 눌러댔다.

MIT에서는 폭발물 탐지견이 최신식 강당 안을 돌아다니면서 의자

밑이나 티베트 자치구의 자유를 주장하는 포스터 뒤쪽에 코를 대고 쿵쿵 냄새를 맡았다. 굳은 표정의 비밀요원들은 옷깃에 장치한 마이크에 대고 뭐라고 말하기도 하면서 달라이 라마 성하가 지나가는 통로를 감시했다.

달라이 라마와 신체 접촉

MIT 강당 바깥에서는 새벽 6시가 되자 수백 명의 명상가가 평화롭게 대열을 이루고 바른 자세로 앉아 기대감 속에 명상을 했다. 이따금 그들은 징 치는 소리에 다시 의식이 돌아오곤 했다. 이 행사를 치를 수 있게 해주었던 수십 명의 자원봉사자는 오래전부터 티베트 불교를 실천해온 서구인이었는데, 이들은 한결같이 입을 모아 달라이 라마 성하와 몸이 닿았던 경험을 이야기했다. 한 사람은 오래전 뉴욕에서 달라이 라마 성하가 자신의 손을 꼭 잡아주었던 일을 회상했고, 또 다른 사람은 달라이 라마 성하가 기거하는 인도의 다람살라에서 절을 하다가 몸이 스친 경험을 떠올렸다. 어떤 사람은 대담이 끝난 뒤 리셉션 자리에서 달라이 라마 성하가 자기 어깨에 손을 얹었던 일을 회상했다.

이들은 몸이 닿았던 정확한 순간을 기억하고 있었으며 몸 안 가득 물결치듯 흐르던 따뜻한 느낌과 이 신체 접촉이 그들의 삶에 가져다준 지속적인 변화도 모두 기억하고 있었다. 몇몇은 몸이 닿았던 일을 떠올리는 것만으로도 눈빛이 반짝거리거나 얼굴이 붉어졌다. 눈물을 흘리는 사람과 다정한 눈빛으로 먼 곳을 응시하는 사람도 있었다.

캐나다에서는 토론이 진행되기 전에 달라이 라마 성하가 무대 왼쪽으로 들어와 늘 하듯이 토론단에게 절을 하고는 두 손을 꼭 쥐었다. 그 자리에 참석한 2,500명이 숨을 크게 쉬고, 눈물을 흘리고, 감사의 뜻으

사진 20 | 달라이 라마 성하와 켈트너

로 고개를 끄덕이고, 온몸에 소름이 돋고, 서로 포옹하는 동안 강당은 특별한 기운으로 가득 찼다.

달라이 라마 성하는 토론단 가운데 맨 마지막으로 내 앞에 다가와 두 손을 꼭 쥐었다. 그와 45센티미터 정도 떨어진 거리에서 손과 손이 만났다. 절을 하느라 반쯤 구부정해진 자세에서 달라이 라마 성하는 나와 시선을 마주치며 내 손을 꼭 쥐었다. 그의 눈썹은 올라가 있었고 두 눈에서는 빛이 났다. 달라이 라마의 겸손한 미소는 곧 웃음으로 이어질 것 같았다. 달라이 라마는 절을 다하고 꼭 쥐었던 손을 놓은 뒤 내 어깨를 끌어안고는 따뜻한 두 손으로 어깨를 살짝 흔들었다.

달라이 라마가 청중 쪽으로 돌아서는 동안 나는 다원식 영적 경험을 했다. 마치 바람이 수면 위를 스치듯 소름이 내 등줄기를 타고 흘렀고, 척추 맨 아래에서 시작된 소름이 머리끝까지 뻗어 올라갔다. 겸손한 마음이 솟아올라 뺨에서 이마까지 얼굴 가득 퍼지더니 정수리 부근에서 흩어졌다. 눈물이 차오르고 미소가 번졌다. 나는 달라이 라마 성하가 했던 말이 떠올랐다.

가장 근본적인 바닥을 들여다보았을 때 우리의 본성은 따뜻한 온정으로 가득 차 있으며, 인간 존재를 지배하는 근본 원리의 한복판에는 갈등이 아니라 협동이 자리하고 있습니다.

그날 이후 몇 주일 동안 나는 새로운 차원의 삶을 살았다. 내 여행가방이 귀국 비행기에 실린 뒤 수화물 컨베이어에서 사라져버렸지만 그건 문제가 되지 않았다. 어쨌든 내겐 그 옷가지가 필요하지 않았다. 두 딸이 폴리포켓Polly Pocket(작은 인형과 각종 미니어처를 이용하여 플라스틱 인형 집을 꾸미며 노는 장난감이다_옮긴이)을 놓고 서로 자기 것이라고 다투거나 사소한 일로 말다툼을 벌일 때에도 나는 머리카락을 곤두세우며 성내던 모습을 보이지 않았다. 다만 그 다툼 속으로 한걸음 들어가 부드러운 대화를 나누면서 서로의 공통 기반을 확인하고 싶은 마음만 들었다.

은행에서 내 뒤에 줄 서서 기다리는 사람들이 불만 가득한 한숨을 내쉬며 투덜거릴 때에도 그 분위기에 전염되어 투덜거리지 않았고, 공공장소에서 다른 사람의 시선을 의식하여 나름대로 품위 있게 보이려는 계산된 행동도 하지 않았다. 대신 그렇게 겉으로 드러나는 언짢은 일이 어떤 근본적인 원인 때문에 생겼는지를 나름대로 판단해볼 뿐이었다.

또한 내가 만나는 사람들, 가령 강의실에 모인 대학생, 내 딸애 학교의 학부형, 버클리 거리 이곳저곳에서 손에 손을 잡고 긴 줄을 이루며 세 살짜리 꼬마 아이들과 함께 걸어가는 유치원 교사, 나란히 주차되어 있는 차, 길거리를 다니면서 깡통과 빈 병을 줍는 폐품 수집인, 고개를 흔들면서 하늘에 대고 욕을 퍼붓는 노숙자, 정장 차림으로 카풀 승용차를 기다리며 조간신문을 읽는 사람, 이들 모두가 아주 선한 의도에 따라 움직이고 있는 것처럼 보였다. 내가 지닌 인의 비율은 무한대를 향해 나아가고 있었다.

나는 달라이 라마 성하가 지나갈 때 그 부근에 서 있는 사람들의 신경계를 기능성 자기공명영상으로 전신 촬영할 수 있으면 좋겠다고 생각했다. 그럴 수 있다면 달라이 라마의 손길로 인해 선의가 뇌와 몸속에서 다채롭게 활성화되는 모습을 확인할 수 있을 것이다. 달라이 라마의 손길에 담긴 어휘는 정확하고 풍부한 상상력을 지니고 있었으며, 체스 대가가 체스판의 예순네 개 사각형 위에서 모든 가능성을 재현하는 것에 비유할 수 있었다. 우리가 밴쿠버에서 토론을 마쳤을 때 달라이 라마는 폴 에크만의 옆구리를 건드리며 간질였다. 신경가소성(경험과 활동의 영향을 받아 변화할 수 있는 뇌의 능력_옮긴이)에 관한 토론이 한창 진행되는 동안에는 신경과학자 리치 데이비슨Richie Davidson의 귓불을 잡아당기기도 했다.

다른 티베트 수도승에게 깊이 허리 숙여 절을 할 때에는 다른 수도승의 머리에 자기 머리를 대고 문지르며 웃음을 유발하기도 했다. 달라이 라마 성하는 데스몬드 투투Desmond Tutu(아프리카 인권운동의 정신적 지주로, 남아프리카 공화국 성공회 케이프타운 대주교를 지낸 바 있다_옮긴이)와 함께 마치 10대 이전의 형제처럼 바닥에서 뒹굴며 레슬링도 하는 것으로 알려져 있다. 신체 접촉에서 달라이 라마가 보여준 천재적 능력은 우리가 지닌 오래된 소통 체계를 보여주는 창문과도 같으며,

우리는 이 소통 체계를 활용하여 다른 사람이 지닌 인의 비율을 변화시키고 건강과 행복을 다른 사람에게 전할 수 있다.

바이러스성 인

존 휴스턴John Huston이 감독한 영화 시에라 마드레의 황금The Treasure of the Sierra Madre에서 험프리 보가트Humprey Bogart는 멕시코 탐피코에 거주하는 미국인에게 담배와 음식을 얻어먹으며 사는 삶에 지쳐 다른 두 명과 함께 시에라 마드레 산맥의 메마른 산 속에서 캠프 생활을 시작한다.

다른 두 사람은 광맥을 찾아다니는 자들로 이들 역시 주머니 사정이 좋지 않았다. 세 사람은 함께 사금을 찾아다녔다. 그런데 사금 자루의 무게와 자루 수가 늘어나면서 세 사람은 혈족이 아닌 사람들 사이에 어떻게 신뢰를 쌓고 유지할 것인가 하는 오래된 진화상의 문제에 부딪히게 된다. 고지대 덤불 속에서 야영생활을 하는 이들에게는 남을 속여 이용할 수 있는 기회가 무한히 열려 있었다. 깊은 잠에 곯아떨어진 틈을 이용하여 금을 들고 도망갈 수도 있고, 어느 사막 계곡에서 아무도 모르게 죽일 수도 있으며, 두 사람이 작당하여 한 사람을 공격할 수도 있었다.

하지만 이기심이 작용하는 중에도 세 명의 절망적인 사금꾼은 단단한 결속력을 유지했다. 이들은 열정과 동지애를 느끼는 한편 새로 찾은 행운으로 맛있는 음식과 옷, 농장, 흰 울타리 같은 것을 누릴 수 있을 것이라고 꿈꾸었다. 웃음과 가벼운 농담을 나누며 서로의 등을 두드리고, 사나이답게 굳은 악수를 나누면서 협동정신으로 굳게 뭉쳐 지냈다.

그러다 갱도가 무너져 보가트를 덮치는 사고가 일어났다. 머리를 다친 보가트는 앞서 보았던 마이브리지의 사례처럼 성격이 바뀌어 사리사욕을 채우려는 이기적인 인간이 되었고, 이들은 남을 이용하고 불신하는 악몽 같은 싸움 속에 휘말렸다. 한 동업자가 바위 아래서 큰 도마뱀을 찾아보자고 요구하는 등 분명한 이유도 없이 사막에서 벌이는 모호한 행동은 냉소적인 사람의 눈으로 보기에는 다른 사람이 혹시 금 자루를 숨겨놓지 않았는지 찾아보려는 시도처럼 보인다. 우정을 나타내던 단어('단짝'이나 '친구' 같은 별명)는 인간미가 풍기지 않는 날카로운 어조로 상대방의 성을 부르는 것으로 바뀌었다. 그리고 다른 사람들이 몰래 이득을 취했을 것이라는 상상 속 의심은 결국 총구를 겨누는 대치 상황으로까지 치닫는다.

높은 산에서 펼쳐진 이 드라마는 협동의 진화 과정에서 중요한 문제로 부각되는 협력자 사이의 역학 관계를 잘 보여준다. 사회집단은 현명하게 자기이익을 추구하는 개인이 모여 구성되는데, 이런 사회집단에서 어떻게 협동과 친절, 인이 생겨나게 될까? 되받아치기의 교훈에서 배웠듯이 전염성 있는 선의 가설 속에 해답이 들어 있다. 간단하게 말해서 인이 바이러스 같은 전염성을 띨 때, 다시 말해 각 개인이 기꺼이 다른 사람에게 친절한 의도를 보이고 그와 비슷한 성향을 상대에게 불러일으킬 때 집단 속에 협동과 친절이 자리 잡는다. 이런 방식을 통해 사람들은 경쟁상대에게 넉넉한 마음을 베푸는 데 따르는 대가를 치르지 않고, 서로에게 도움이 되는 선에서 자원을 거래하거나 자녀 양육을 분담하는 등 협동의 결실을 얻을 가능성이 높아진다.

인은 특정한 행동을 통해 바이러스성을 띠며 한 개인에게서 다른 개인으로 선을 확산시켜 더욱 강한 협력을 이끌어낸다. 이 행동은 우리 주변에 위협과 위험, 경쟁이 도사리고 있다고 인식하는 마음, 즉 순간적으로 작용하는 이기심 덩어리를 막을 수 있을 만큼 신속하고 강력해야 한다. 또한 다른 사람의 신경계를 변화시킴으로써, 신경계가 지닌 강력하고 호전적인 투쟁·도주 성향에서 벗어나 협동과 친절이 살아나는 생리적 특성을 갖게 해야 한다.

그뿐만 아니라 몸으로 쉽게 실천할 수 있고 초기인류 조상의 일상에 쉽게 적응할 수 있어야 한다. 그리고 상대가 이 행동을 보고 협동과 신뢰의 신호임을 바로 인식할 수 있어야 하며, 상대를 속이기 위해 거짓으로 꾸며내기 힘든 것이어야 한다.

신체 접촉에 대한 과학적 연구에 따르면 개인이 다른 개인에게 선한 의지를 전할 수 있는 가장 이상적인 매체는 바로 촉각이다. 인접한 공간의 경계를 정할 때, 함께 일할 때, 경쟁자 속에 섞여 연애를 걸 때, 놀이를 할 때, 부족한 자원을 배분할 때 등 집단생활의 가까운 관계에서 우리는 쉽게 신체 접촉을 이용한다. 신체 접촉은 상대의 몸속에 생화학 반응을 일으켜, 안와전두피질을 활성화하고 편도체를 불활성화하며, 스트레스와 관련된 심혈관 반응을 줄이고 옥시토신 같은 신경화학물질을 증가시킨다. 그리고 이러한 반응은 모두 개인 간에 신뢰와 선한 의지를 촉진한다.

내 연구에 따르면 신체 접촉은 연민과 사랑, 감사를 전하는 일차적인 언어이며, 이 세 가지 감정이야말로 신뢰와 협동의 한가운데 자리 잡고 있다. 신체 접촉을 통해 어떻게 인이 바이러스성을 띠게 되는지 이해하기 위해서 우리는 신체에서 가장 커다란 기관인 표피조직과 다섯 손가락의 신비를 간직한 손의 진화 과정에 대해 먼저 살펴볼 필요가 있다.

감정을 전달하는 피부와 손의 마법

인간은 특유의 초사회성이 발달하면서 의사소통기관에 형태 변화가 일어났다. 신체 접촉의 경우도 마찬가지여서 우리의 피부와 손이 진화하면서 인간의 초사회적 관계에서 중심 역할을 하게 되었다. 맨 처음 나타난 커다란 변화는 우리 몸의 털이 대부분 없어진 일이다. 데스몬드 모리스Desmond Morris의 유명한 구절을 빌려오면 우리는 벌거벗은 원숭이가 된 것이다.

이유가 무엇일까? 수중 원숭이 가설(인간이 진화 과정에서 일정 기간 대부분의 시간을 물속에서 지냈고, 그 결과 돌고래나 고래 등 수중 포유류처럼 털이 사라지게 되었다는 내용의 가설)에 마음이 끌릴 수도 있다. 우리가 뜨거운 여름 날 물속에 잠겨 축 늘어져 있는 것을 즐긴다거나, 고래나 돌고래와 영적 교감을 나누는 일을 생각할 때 이 가설이 상당한 호소력을 지니기는 하지만 그렇다고 진화적 의미를 갖는 건 아니다.

니나 야블론스키Nina Jablonski가 《피부Skin》에서 주장했듯이 아프리카 사바나의 물웅덩이는 빠른 공격을 감행하는 포식자가 우글거리는 매우 위험한 곳이다. 특히 초기인류 조상처럼 물속에서 민첩하게 움직이지 못하는 종에게는 더욱 위험한 곳이었다. 우리가 만일 수중 원숭이였다면 그들과의 생존게임에서 그다지 성공하지 못했을 것이다.

우리 몸에 털이 사라진 이유는 지극히 합리적이다. 초기인류의 진화 과정에서 털이 사라진 것은 체온조절 때문이다. 초기 진화 과정이 일어났던 사바나에서 온몸에 두꺼운 털을 덮은 채로 지냈다면 아마 생명이 위협받을 정도로 뜨거웠을 것이다. 메마르고 뜨거운 환경에서 우리는 피부 전체에 퍼져 있는 풍부한 땀샘으로 몸을 식혔다. 그리고 땀샘은 털이 없는 상태에서 훨씬 효율적이었다.

털이 없는 상태로 변하는 과정에서 우리 피부는 신체 외부세계와 내부세계를 연결하는 놀라운 경계면으로 진화했다. 인간의 피부는 가장 큰 신체기관으로, 무게는 2.72킬로그램이며 넓이는 1.67제곱미터에 이른다. 각기 다른 여러 개의 층에는 인간 생존의 필수 기능과 관련된 생물 공장이 산업단지를 형성하고 있다. 복잡한 혈관과 땀샘, 모낭과 모낭을 둘러싼 근육이 피부 밑에 자리 잡고 있다.

피부의 힘이나 회복력과 관계 있는 케라틴keratin이라는 단백질을 만드는 세포도 있다. 또한 이주세포immigrant cell는 발달과정을 거치는 동안 신체 다른 부위에서 피부 속으로 옮겨와 세 가지 작용을 한다. 멜라닌 세포melanocyte는 자외선으로부터 우리 몸을 보호하는 피부색소인 멜라닌melanin을 생성한다. 랑게르한스 세포langerhans cell는 면역체계의 일부를 이루며 바이러스나 박테리아가 우리 몸에 침입할 때 가장 먼저 대응한다. 마지막으로 머켈 세포merkel cell는 피부에 분포한 감각신경 끝에 위치해 피부에 닿는 접촉에 반응한다. 이 세포 중 일부, 특히 팔과 얼굴과 다리에 있는 머켈 세포는 느리고 가벼운 접촉에 반응하는 것으로 보이며 다른 사람과의 접촉으로 유발되는 오피오이드 분비와 관련 있다.

피부는 외부세계에 존재하는 유해한 물질적 요소, 예를 들어 날카로운 가지나 자외선, 박테리아와 바이러스 등으로부터 우리 몸을 보호한다. 또한 나쁜 물질을 배출하고 좋은 물질은 몸 안으로 받아들이는 데도 중요한 역할을 담당한다.

피부의 진화 못지않게 중요한 사실은 손의 진화이다. 인간의 손은 지금과 같은 형태로 진화하면서 감정의 촉각 언어가 발달하는 데 기여했다. 인간이 직립보행을 시작하면서 손은 급격한 변화를 겪게 된다. 우리의 엄지손가락은 다른 손가락을 마주볼 수 있게 되었고 손은 더 많은 재주를 갖게 되었다(침팬지의 엄지손가락은 손의 나머지 부분과의 비율로 볼 때 인간의 엄지손가락보다 훨씬 짧다). 인간은 침팬지나 보노보와 달리 엄지손가락과 집게손가락을 이용하여 사물을 정확하게 잡을 수 있게 되었으며, 손 전체를 이용해 힘주어 잡을 수도 있게 되었다.

그리고 무엇보다도 손의 형태가 변한 덕분에 초기인류 조상은 영장류의 진화 과정에서 최초로 복잡한 도구 제작자란 영예를 안을 수 있었다. 이제 손을 활용하여 정교한 화살촉, 옷, 바구니 등을 만들 수 있게 된 것이다. 그리고 이 과정에서 우리의 손은 더욱 풍부한 표현력을 길렀다. 우리는 손으로 특정 대상을 정확하게 가리킬 수 있게 되었는데, 이는 아이들이 언어의 지시적 특성을 막 이해하기 시작하는 단계에서 매우 중요한 의미를 지닌다. 손과 손가락의 정교한 재주 덕분에 우리는 상징이라고 알려진 것, 즉 말로 옮길 수 있는 몸짓을 써서 여러 가지 대상과 상태를 지시하는 법을 알게 되었으며, 손을 이용한 특정 형태의 신체 접촉을 가짐으로써 내적인 상태를 전달하는 법도 터득하

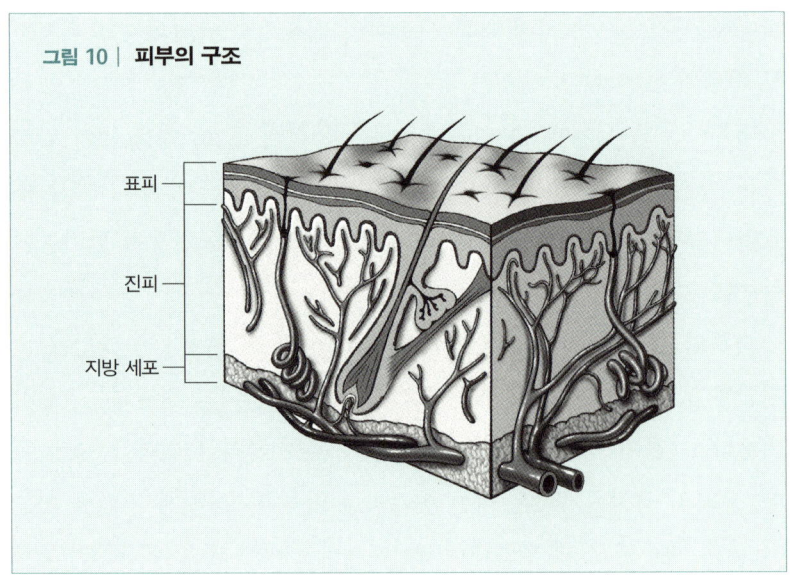

그림 10 | 피부의 구조

였다.

이처럼 피부와 손은 열기에 적응 반응을 보이고 도구를 사용할 수 있게 진화되었다. 이런 실용적인 변화와 함께 초기인류 조상은 인간이 형성되고 유대관계를 유지하는 데 핵심 역할을 하는 의사소통 체계도 발달시켰다. 여기서 중요한 사실은 피부가 친근감과 성적 관계를 표현하는 무대, 즉 일종의 매개체가 되었다는 점이다. 갈등관계에 있는 개인은 꼬집거나 찌르거나 쑤시거나 주먹으로 때리는 방법으로 이 매개체를 공격하여 의사를 전달한다. 또한 손으로 어루만짐으로써 상대를 달래고 안심시킨다. 피부를 손으로 어루만지는 것은 개인의 선의를 다른 사람에게 전달하고 인의 비율을 높이는 것이 집단의 일차적인 지향점이 되게 해주는 중심 매개체다.

인류 최초의 간접 도취

적어도 고대 그리스 로마 시대 이후부터 인간 사회에는 신앙요법을 베푸는 사람들이 존재했다. 이들의 치료 기술 중에서 중심이 되는 것이 만지기이다. 그저 만지는 행위가 치료법의 하나라고 하니 의아하게 생각할 수 있지만, 최근 신경과학자들은 신앙요법을 베푸는 사람이 만지는 동안은 적어도 뭔가에 연결되어 있다고 주장한다. 과학자들은 신체 접촉이 아주 기본적인 보상을 안겨주며 가장 달콤한 여름 복숭아나 활짝 핀 재스민처럼 강력한 효력을 지닌다는 걸 알아냈다.

케임브리지 대학의 에드먼드 롤스Edmund Rolls는 안와전두피질(에드워드 마이브리지가 역마차 사고로 부상을 입었던 부위)을 오랫동안 연구했다. 롤스의 기본 이론에 따르면 안와전두피질은 기본적인 보상과 관련된 정보를 처리한다. 기본적인 보상은 추정컨대 각 개인이 더 영양가 많은 음식을 찾게 하고 더 많은 보상이 주어지는 사회적 만남을 갖게 하는 등의 방식으로 작용하면서 개인이 물리적·사회적 환경을 탐색하게 도와준다.

롤스가 밝혀낸 바에 따르면 달콤한 맛과 기분 좋은 냄새는 안와전두피질이 활성화되게 자극하며 특히 배고픈 동물의 경우에 자극 정도가 훨씬 강해진다고 한다. 그러나 이뿐만이 아니다. 롤스는 어떻게 해야 보상을 얻을 수 있는지 이해하는 데 매우 중요한 역할을 하는 안와전두피질이 부드러운 천이 팔에 닿는 것만으로도 활성화된다는 사실을 입증해 보였다. 이는 매우 놀라운 발견이다. 신체 접촉(물론 적절한 경우에)은 아이가 느끼는 엄마 냄새나 초콜릿만큼이나 강력하면서도 직접적인 보상을 준다는 것이다. 만지기는 기쁨이라는 색채 구도에서 일차적인 색채에 해당하며 우리의 신경계와 깊숙이 연결되어 있다.

이후 발표된 과학 연구에서도 신체 접촉(이때에도 역시 적절한 경우를 가리킨다)은 보상과 관련된 생화학 반응을 강하게 불러일으키는 것으로 밝혀졌다. 예를 들어 한 연구에서는 실험참가자에게 15분간 스웨덴 마사지를 실시했다. 스웨덴 마사지는 스파에서 선택 상품으로 제공되며 요즘은 일부 공항에서 사은 서비스로 제공하기도 한다. 실험참가자의 머켈 세포를 기분 좋게 누르면 혈액 순환이 좋아졌다. 또한 낯선 사람이 목에서 어깨까지 빠르게 문지르면 헌신과 신뢰의 광활한 느낌을 불러일으키는 옥시토신oxytocin 분비가 촉진되었다.

또 다른 연구에서는 마사지가 (우울증 치료제인 프로작Prozac처럼) 신경전달물질인 세로토닌serotonin의 수치를 높이고 스트레스 호르몬인 코르티솔cortisol의 수치를 낮추는 것으로 밝혀졌다. 아울러 몸을 만지면 통증 완화와 쾌락의 자연적 원천인 엔도르핀endorphin이 분비되는 것으로 확인되었다.

한마디로 정리하면 신체 접촉은 안와전두피질을 활성화하고 옥시토신과 엔도르핀의 분비를 도우며, 이 같은 반응 체계는 개인을 사회와 연결시키는 생물학적 무대가 된다. 또 한 가지 중요한 사실이 있다. 어미 쥐의 행동을 연구한 최근 자료에서는 만지는 행위를 하는 주체에게도 생리적인 보상이 주어진다고 주장한다. 새끼 쥐를 자주 핥고 많이 만진 어미 쥐는 체내에 많은 양의 도파민dopamine이 분비된다고 한다. 신경전달물질인 도파민은 보상 추구와 관계가 있기 때문에 감각적 쾌락 경험의 바탕을 이룬다. 이 말은 곧 우리가 몸을 만질 때 쾌감이 커진다는 의미이다. 고맙게도 신체 접촉을 통해 얻는 이점이 쥐에게만 주어진 것은 아니다. 과학자들이 밝혀낸 바에 따르면 우울증을 겪는 어머니가 아기를 정기적으로 만지고 마사지하면 우울증 증상이 줄고 행복감이 커지는 것으로 보고되었다.

신체 접촉은 마르지 않는 보상의 원천이라고 할 수 있으며, 이 점에서 인간은 축복을 누리고 있다. 우리는 일상생활에서 몇 밀리초 동안 다른 사람의 몸을 만짐으로써 그에게 쾌락과 보상을 안겨주고 힘을 내도록 격려할 수 있다.

몇몇 실험 연구는 만지기의 효과를 더 분명하게 입증해 보였다. 한 실험에서 교사에게 학생을 무작위로 선별하게 하여 어떤 학생은 다정하게 등을 토닥여주고 다른 학생은 그렇지 않게 했다. 그 결과 등을 토닥여준 학생은 그렇지 않은 학생에 비해 수업시간에 자원해서 발표하는 회수가 두 배 가까이 많았다. 또 의사에게 어떤 환자는 어루만져주고 다른 환자는 그러지 말라고 시킨 결과, 의사의 따뜻한 손길을 받은 환자는 그렇지 않은 환자에 비해 의사의 방문 시간을 두 배 정도 더 길게 느꼈다. 도서관에서 책을 대출할 때 사서의 따뜻한 손길을 받은 학생 역시 그렇지 않은 학생에 비해 사서에게 더 우호적인 태도를 보였다. 신체 접촉은 최초의 간접 도취(마약에 취한 사람과 접하거나 냄새만 맡아도 취한 기분을 느끼는 것_옮긴이)인 것이다.

몸을 만지는 것은 생명을 주는 것이다

신체 접촉에 관한 세계적인 권위자인 티파니 필드Tiffany Field는 자신의 탁월한 저서 《터치Touch》에서 어느 양로원에서 일어난 감동적인 이야기를 들려주었다. 양로원 저녁식사 시간 동안 남자 노인과 여자 노인이 없어진 사실이 알려졌다. 이들은 곧 어느 작은 다용도실에서 발견되었는데, 마치 오랜 친구처럼 포옹하고 있었다. 직원들은 이들을 '성 범죄자'로 여기고 두 사람이 더 이상 접촉하지 못하게 막았다. 그 후 서로 떨어져 지내게 된 두 사람은 친구와 가족도 멀리하게 되었고 몇 주일 지난 뒤 두 사람 모두 사망했다.

신체 접촉은 우리가 육체적·정신적 활기를 유지하는 데 필수적이라고 할 수 있으며, 이 주장은 신뢰할 만한 과학적 증거를 가지고 있다. 이 주제에 대해 최초로 체계적인 관찰이 이루어진 것은 고아원에서였다. 고아원은 75년 전만 해도 유아 사망률이 50퍼센트에서 70퍼센트 사이를 왔다 갔다 했다. 그런데 어느 따뜻하고 다정하고 정 많은 독일 여자가 운영하던 고아원에서는 아이들이 잘 자랐다. 반면에 아무도 아이들을 어루만져주지 않았던 또 다른 고아원에서는 고아들이 영양실조에 걸리거나 병들고 죽는 일이 많았다.

체계적인 비교 작업을 하기 위해 르네 스피츠Renée Spitz는 여성 재소자가 보모 역할을 하는 고아원과 버려진 아이들을 모아놓은 일반 고아원 두 곳에서 아기들이 얼마나 잘 지내는지를 비교했다. 두 곳 아이들에게 충분한 음식과 의복을 제공했고 주변 환경도 청결하게 유지했다. 일반 고아원 아이들은 의료 서비스와 생활 환경에서 좀 더 혜택을 누렸지만 누군가 만져주는 손길은 받지 못했다. 비교 결과 일반 고아원 아이들은 평균 수명과 인지 발달 면에서 상대적으로 나쁜 결과를 보였다. 그저 침대에 눕힌 채 아기에게 제공하는 충분한 음식과 적절한 생활 환경만으로는 아기의 신체 성장, 정서 및 인지 발달에 충분하지 않았던 것이다.

한 연구에서는 아이가 잘 자라는 데 어루만지기가 얼마나 중요한 역할을 하는지 보여주는 놀라운 결과가 나왔다. 티파니 필드가 밝힌 바에 따르면 미숙아에게 마사지를 해줄 경우 몸무게가 평균 47퍼센트 증가했다고 한다. 또 다른 연구에서는 고통스런 발뒤꿈치 절개 수술을 받는 30명의 유아를 관찰했는데, 일부 아기는 어머니가 몸 전체로 아기를 감싸서 살과 살이 닿은 채로 수술을 받았고, 다른 아기들은 아기 침대 속에서 강보에 싸인 채로 수술을 받았다. 수술이 진행되는 동안 어머니가 어루만져준 아기는 그렇지 않은 아기에 비해 우는 횟수가 82퍼센트나 적었고 얼굴을 찡그리는 정도도 66퍼센트 적었으며 심장박동수도 낮았다.

신체 접촉은 스트레스와 관련된 생리현상을 변화시킬 뿐만 아니라, 인간의 스트레스 반응을 좀 더 유연하고 강하게 만들어주는 기본 생리체계의 발달도 변화시킨다. 스트레스 반응은 중추신경계의 두 뉴런 집단이 통제한다. 시상하부hypothalamus의 실방핵paraventricular nucleus에 들어 있는 뉴런 집단은 하수체 전엽anterior pituitary으로 방출되며, 이 하수체 전엽은 부신에서 스트레스 호르몬 글루코코르티코이드glucocorticoid를 분비하게 하는 부신피질 자극호르몬 adrenocorticotropin hormone을 생산한다.

두 번째 뉴런 집단은 편도체 속에 들어 있으며 청반핵locus ceruleus

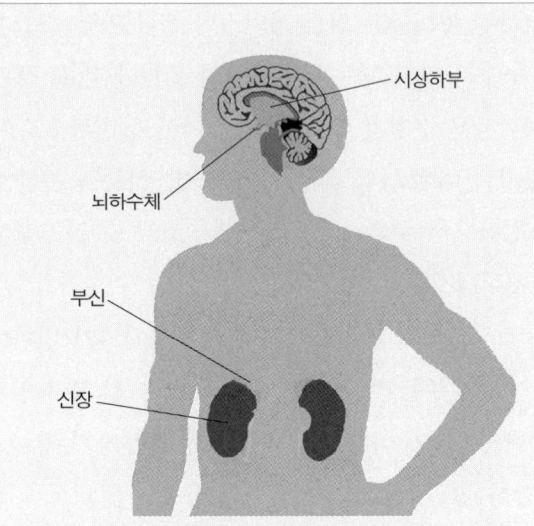

그림 11 | 시상하부 - 뇌하수체 - 부신 축

시상하부-뇌하수체-부신 축은 신체의 스트레스 체계다. 위협적인 일이 벌어지면 곧 편도체가 활성화되고 편도체는 시상하부에 신호를 보냄으로써, 신체가 투쟁·도주 태세를 갖추도록 준비시키는 갖가지 생리적 현상이 한꺼번에 진행되게 한다.
 시상하부는 부신피질 자극호르몬 방출 인자를 분비하고, 이 인자는 뇌하수체 전엽을 자극하여 부신피질 자극호르몬이 혈액 속으로 분비되게 한다. 부신피질 자극호르몬이 2분 안에 부신에 도달하면, 부신은 혈액 속에 스트레스 호르몬 코르티솔을 분비하고 이 호르몬은 신체 각 기관에서 투쟁·도주 반응이 일어나도록 자극한다.

이라고 알려진 부위로 방출되는데, 이 청반핵이 자극을 받으면 노르아드레날린noradrenaline(아드레날린과 밀접한 관계가 있으며, 교감신경계의 신경전달물질로 작용한다_옮긴이)이 분비된다. 두 가지 뉴런 집단은 궁극적으로 간, 심장과 순환계 등 여러 기관을 자극하며, 이 기관들은 활발하게 활동을 시작하여(예를 들어 간은 안정적인 혈당수치를 유지하려고 포도당 생산량을 늘린다) 스트레스와 관련된 행동을 도와준다.

 달린 프랜시스Darlene Francis와 마이클 미니Michael Meaney는 한 연구에서 어미 쥐 또는 동물의 어미가 자기 새끼를 핥아주고 털을 손질해주는 방식이 신체의 스트레스 체계인 시상하부 - 뇌하수체 - 부신 축의 발달에 어떤 변화를 가져오는지 살펴보았다(〈그림 11〉 참조).

연구자들은 어미 쥐가 새끼를 핥아주고, 털 손질을 하고, 새끼를 몸으로 덮어주는 담요 자세나 그 밖의 여러 가지 보살피는 자세를 취할 때 패턴을 관찰하는 방법으로 확인 작업을 진행했다. 프랜시스와 미니는 산후 6일에서 8일 정도 하루에 다섯 번 촉각 관련 행동군을 조사 평가했다.

핥기나 털 손질은 비교적 자주 관찰되지 않았고 어미와 새끼의 상호작용에서 차지하는 비율은 대략 10퍼센트였다(산후 가장 흔하게 관찰되는 모습은 아무런 신체 접촉을 하지 않거나 등을 아치 모양으로 구부리며 보살피는 모습이었다). 그리고 각 어미에 따라 자기 새끼를 얼마나 많이 핥고 털 손질을 하는지 정도 면에서 엄청난 차이가 있었다.

프랜시스와 미니는 어미가 새끼를 많이 핥고 털 손질을 자주 해주면 새끼의 시상하부-뇌하수체-부신 축이 변한다는 사실을 알아냈다. 그런 경우 새끼는 스트레스에서 빨리 회복되었다. 어미가 새끼를 많이 핥고 털 손질을 한 경우에는 이 새끼가 다 자랐을 때에도 스트레스가 쌓이는 억제 상황에서 부신피질 자극호르몬과 스트레스 호르몬 코르티코스테론이 낮은 수치를 보였다. 이렇게 보살핌을 받고 자란 새끼의 경우 놀라는 반응이 줄고, 새로운 환경과 음식을 탐색하려는 성향이 더 강했다. 인상적인 결과는 뇌 속에 들어 있는 스트레스 관련 뉴런의 수용체가 줄어든 점이다(청반핵에 들어 있는 부신피질 자극호르몬 방출 인자 수용체가 감소되었고 편도체에 들어 있는 중추 벤조디아제핀 수용체가 줄었다). 몸을 만져준 결과 동물의 신경계가 변한 것이다. 새끼 쥐를 일찍부터 만져주면 이후 어른 쥐가 되었을 때 강한 면역체계를 갖추는 것은 물론 스트레스로부터 빨리 회복되며 차분한 삶을 살게 된다.

물론 시상하부-뇌하수체-부신 축과 신체 접촉의 연관성에 대해 인간을 대상으로 정확한 연구를 한다는 것은 거의 불가능하다. 하지만 최근 한 연구에서는 몸을 어루만져줌으로써 스트레스와 관련된 생리 현상이 줄어드는 것으로 나타났다. 짐 코언Jim Coan과 리치 데이비슨은 실험참가자가 기능성 자기공명영상 스캐너 안에 누워 두뇌 영상을 촬영하는 동안 갑자기 터져나올 고통스런 백색소음(스트레스를 일으키는 근원)을 기다리게 했다. 실험참가자 중 통제 집단의 경우에는 스트레스를 받으며 기다리는 동안 편도체가 활성화되었다. 이들은 위협이 있을 때 나타나는 두뇌 반응을 똑같이 보여주었다. 반면에 다른 실험참가자는 기다리는 동안 연인이 옆에서 팔을 만져주었다. 이들에게서는 위협이 있을 때 나타나는 편도체 반응이 보이지 않았다. 신체 접촉을 통해 두뇌에 있는 위협 스위치가 꺼진 것이다.

신체 접촉은 일상의 만남 속에서 자연스레 이루어진다. 일상생활에서 등을 두드리고, 악수하고, 어깨나 팔에 손을 얹고, 장난스럽게 옆구리를 찌르는 일이 자주 일어나지만 우리는 이를 알아채지 못한 채 지나가는 일이 많다. 하지만 이러한 신체 접촉은 다른 사람의 신경계를 변화시켜 인의 비율을 높이는 활성화 상태로 나아가게 한다. 촉감을 느끼는 피부의 뉴런은 두뇌의 보상 영역(옥시토신과 엔도르핀을 촉진하는 안와전두피질)에 신호를 보낸다. 이와 동시에 기분 좋은 신체 접촉은 스트레스와 불안이 생기는 근원인 시상하부-뇌하수체-부신 축이 활성화되는 것을 줄인다. 미켈란젤로가 말했듯이 몸을 만져주는 것은 '생명을 주는 것'이다.

신체 접촉이 신뢰를 부른다

많은 가정이 그렇듯이 우리 집안은 아이가 어렸을 때 우리 식의 잠자리 준비과정이 있었다. 수렵채집 사회의 가족이나 까다롭고 예의 바른 빅토리아 시대의 가족이 우리식 준비과정을 보면 불신감을 보이며 머리를 긁적일 것이다. 우리식 잠자리 준비과정은 부분적으로 이들 두 가지 잠자리 철학의 양 극단을 오가는 방식이었기 때문이다. 하나는 가족 구성원이 가까이 붙어서 잠을 자는 방식인데, 이는 진화상으로 가장 오래되고 거의 보편적인 방식이다. 다른 하나는 빅토리아 시대의 혁신적인 방식인데, 아이들이 어두운 방에서 악마나 괴물의 실체 없는 희미한 그림자와 씨름하면서 혼자 자게 하는 방식이다.

이러한 문화적 상반가치에서 나온 결과로 자연스럽게 우리는 두 딸을 재우려고 아주 공들인 잠자리 의식을 갖게 되었다. 두 딸이 각기 네 살, 두 살이던 아주 어린 시절에 우리 집안의 잠자리 의식은 한 시간이 걸렸으며 이후 추가과정이 이어졌다. 추가과정에서는 동화 두 개나 세 개 정도 들려주었으며 동화는 내가 열두 살이 되기 전 어린 시절에 들었던 이야기이거나, 몇몇 포유동물이나 내가 벌였던 소동에 관계된 이야기, 도덕적 내용이 살짝 가미된 이야기들이었다. 또한 두 딸에게 차례로 자장가를 하나씩 들려주고 얼마간 옆에 누워 있거나 앉아 있었다.

많은 부모가 그렇듯이 나 역시 의식을 치르는 동안 현관 앞을 지나가는 그림자나 히치하이킹 여행을 하는 사람들 때문에 속수무책인 경우도 종종 있었고, 시간을 때우는 방책으로 숫자 세기를 이용하기도 했다. 그러다가 어느덧 시간이 흘러 아이들이 사춘기를 맞아 우리를 자기네 방에서 몰아내기에 이르렀다.

세라피나는 잠자리 의식이 끝날 무렵 잠에 빠져들면서 내 머리카락이 닿아 있는 등 부위를 부드럽게 톡톡 두드리곤 했다. 세라피나의 손이 닿는 척추 맨 윗부분은 옥시토신 수용체가 있는 미주신경이 시작되는 곳이라 그곳을 톡톡 두드리면 자극을 받는다. 우리는 오래된 진화적 기원을 갖는 거래를 함께 했다. 나는 세라피나가 마침내 눈을 감고 어둠의 몽롱한 고요함 속으로 빠져드는 동안 옆에서 보호해주면서 앉아 있었고, 세라피나는 내 목 뒤를 기분 좋게 만져주는 것이다. 이런 신체 접촉은 내가 다른 경우에 느꼈던 것 못지않게 안와전두피질, 옥시토신(내게는 아주 조금밖에 없다), 미주신경 같은 친사회적 신경계를 아주 효과적으로 자극했다.

물론 몇몇 삼촌이 그렇듯이 양 볼을 시뻘게지도록 쥐거나, 악동들이 팔을 꼬집는 경우는 그렇지 않지만 적절한 신체 접촉이 이루어지는 경우에는 신뢰감을 낳고 장기적인 협력 관계를 쌓을 수 있다. 신체 접촉은 보상을 안겨주는 특성이 있기 때문에 친척과 지인 사이에 오가는 관계를 돈독하게 할 수 있다.

이 사실을 맨 처음 체계적으로 입증한 사람 중 한 명은 프란스 드 발이다. 그는 침팬지가 음식을 교환할 때 신체 접촉이 어떤 역할을 하는지 연구했다. 분명히 침팬지에게 신체 접촉은 하나의 보상이며 부탁의 수단이었다. 드 발은 갇혀 있는 침팬지를 대상으로 이들이 음식을 나눠 먹는 상황을 5,000번 이상 관찰했으며 무리 중 누구에게 음식을 나눠주는지 패턴을 주의 깊게 지켜보았다. 침팬지는 우리의 초기인류 조상과 마찬가지로 음식을 저장하지 않고 함께 나눠 먹는 성향이 매우 강했다. 드 발이 알아낸 바에 따르면 침팬지는 예전에 자기에게 음식을 나눠주었던 침팬지와 아침 일찍 자기 털을 손질해주었던 침팬지에게 음식을 나눠주는 일이 많았다. 침팬지는 조직적으로 칼로리와 신체 접촉을 교환했던 것이다.

이는 인간에게도 해당된다. 인간은 신체 접촉을 통해 신뢰와 넉넉한 마음이 생긴다. 어느 한 연구에서는 실험참가자에게 지역의 특정 문제에 대해 찬성하는 청원서에 서명해 달라고 부탁했다. 이 과정에서 실험참가자와 신체 접촉을 한 경우에는 81퍼센트의 사람이 서명했다. 반면에 부탁하는 동안 실험참가자와 신체 접촉을 하지 않은 경우에는 서명 비율이 55퍼센트에 불과했다.

최근 한 연구에서 로버트 커즈번Robert Kurzban은 실험참가자가 동료 실험참가자와 경쟁할 것인지 아니면 협력할 것인지 선택하는 죄수의 딜레마 게임을 시켰다. 그리고 실험참가자들이 막 게임을 시작하려고 할 무렵 실험자가 실험참가자의 등을 가볍게 두드리면서 신뢰와 넉넉한 마음이 감도는 분위기를 만들었다. 얼핏 별로 중요하지 않을 것 같은 이 행동으로 게임의 틀이 경쟁에서 협력으로 바뀌었다. 신체 접촉을 한 실험참가자는 협력을 선택하는 경우가 훨씬 많았다.

전 세계 인사 의식에 일정하게 신체 접촉이 포함되어 있는 것은 우연의 일치가 아니다. 이레노이스 아이블 아이베스펠트는 아프리카, 아시아, 유럽, 뉴기니 등지의 오지를 돌아다니며 인사 의식을 몰래 사진으로 찍어 목록으로 만들었다. 첫 만남에서 건네는 인사 의식에 먼저 신체 접촉이 포함되는 경우 상대방에게서 정중히 허리 숙이는 절, 미소, 손바닥을 펼쳐 보이는 협력의 몸짓 등 협력을 촉진하는 수단을 이끌어낸다.

아이베스펠트가 조사한 대부분의 인사 의식에는 피부와 피부가 맞닿는 접촉, 몸을 만지는 신체 접촉 등이 체계적으로 포함되어 있었다. 예를 들어, 악수를 하거나 가슴과 가슴이 맞닿게 포옹을 하거나 입맞춤을 나누었다. 신체 접촉과 신뢰는 늘 함께 붙어 다녔다.

신체 접촉을 통한 선의 확산

도덕성과 인간의 선에 대한 과학적 연구에서 의견이 일치된 점이 있다면 동정심, 사랑, 감사 같은 감정이 일상 속에서 인의 비율을 높이는 엔진 구실을 한다는 점이다. 찰스 다윈은 동정심이 가장 도덕적인 감정이라고 생각했다.

10년 전, 나는 이런 주장에 고무되어 동정심과 감사의 마음을 나타내는 비언어적 표현을 입증하는 조사에 들어갔다. 두 가지 감정 속에는 다른 사람의 행복을 증진시키고자 하는 강한 관심과 함께 다른 사람을 위해 기꺼이 자기이익을 뒷전으로 하려는 태도가 포함되어 있다. 선의가 전염성을 지닌다는 가설에서는, 집단 내에 협력을 확산시키기 위해서 동정심과 감사의 마음이 상대에게 확실하게 전해지면서 동시에 다른 사람의 마음에 뭔가를 불러일으키는 신호가 있어야 하고, 집단 구성원은 그 신호가 무슨 의도인지 쉽게 알아보고, 자기 마음 속에 이타주의적인 마음이 생길 뿐만 아니라 다른 사람에게서 협력적 성향을 불러일으킬 수 있어야 한다고 주장할 것이다.

동정심과 감사의 마음을 나타내는 비언어적 표현에 대한 분명한 증거가 있다면, 이런 감정이 우리 신경계뿐만 아니라 다른 영장류나 포유류 속에 남긴 진화적 기원을 찾기 위해 연구해볼 만한 것이다. 그래서 나는 내가 가장 잘 아는 영역, 즉 얼굴에서부터 이 감정 표시를 찾기 시작했다. 나는 동정심을 보여주는 특유의 얼굴 표정을 입증할 수 있을 것이라고 확신하며 동정심에 초점을 맞추었다. 이 작업은 낸시 아이젠버그Nancy Eisenberg가 밝혀낸 중요한 사실에서 출발했다.

아이젠버그가 밝혀낸 바에 따르면 사람들이 동정심을 느끼고 곤경에 처한 다른 사람을 돕고자 할 때 눈썹이 걱정스런 모양을 띠고 입술을 꽉 다문다고 한다. 나는 이 표정이 담긴 사진을 실험참가자에게 보

사진 21 | 동정심을 나타내는 얼굴 움직임

여주고(〈사진 21〉 참조) 이 얼굴에 어떤 감정이 담겨 있는지 판단해 보라고 했는데 나의 희망은 무참히 깨졌다. 실험참가자는 사진 속에서 '동정심이 담긴 얼굴 표정'을 한 사람이 어떤 감정 상태인지에 대해 어렴풋한 짐작밖에 하지 못했다. 이 표정을 보고 연민과 동정심이라고 답하면서 내게 희망을 준 사람은 몇 명 되지 않았다.

반면에 대부분의 사람은 사진 속의 여자가 뭔가에 집중하고 있다든가 혼란스러워 보인다 말했고, 심지어 어떤 사람들은 "술에 취했거나 약에 취했다"느니 "변비에 걸린 것 같다"느니 하는 대답을 내놓기도 했다. 이들의 진술 내용에서는 동정심이라는 가장 고결한 감정에 대한 어떤 진화적 단서도 찾을 수 없었다.

나는 훌륭한 감정연구가답게 감정 소통 가운데 그다음으로 많이 연구된 양식, 즉 음성으로 관심을 돌렸다. 에밀리아나 사이먼 토머스 Emiliana Simon-Thomas와 나는 22명에게 자신이 동정심과 사랑, 감사의 마음 등 여러 가지 감정을 전할 때 통상적으로 사용하는 소리를 내보라고 시켰다. 우리는 얼마간 성공을 거두긴 했지만 그리 주목할 만

표 13 | 음성으로 표출된 감정을 알아맞히는 정확도

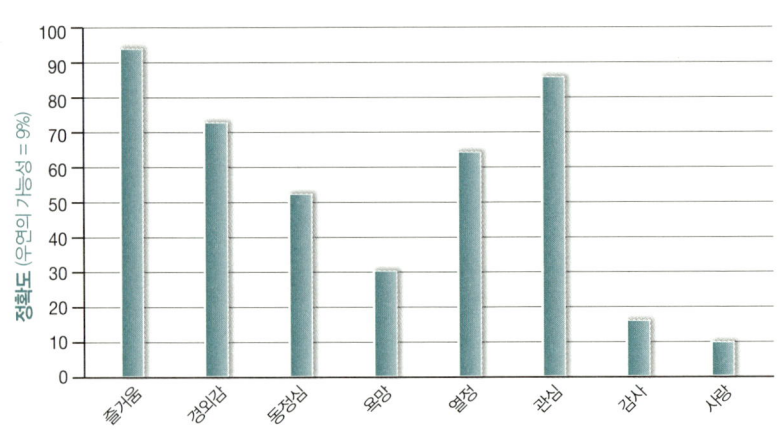

한 결과는 아니었다. 동정심과 사랑, 감사의 마음을 표현하는 음성을 실험참가자 집단에게 들려주고 각 음성에 어떤 감정이 담겨 있는지 판단해 보라고 부탁했을 때, 동정심을 나타내는 음성을 듣고 그 음성이 동정심을 전하고 있다고 정확하게 확인해준 사람은 대략 50퍼센트 정도였다(〈표 13〉 참조). 그러나 이들은 사랑과 감사를 나타내는 음성에 대해서는 그것이 어떤 감정을 담고 있는지 몰랐다. 결과적으로 가장 친사회적인 감정이 얼굴과 발성법에 새겨져 있다고 볼 수는 없었다.

고맙게도 대학원생들이 내가 상상조차 못했던 관심을 보이며 내 연구실을 찾았다. 지금은 드포 대학교 교수로 재직 중인 매트 헤르텐슈타인Matt Hertenstein이 신체 접촉 쪽으로 방향을 돌려보자고 제안했다. 인과 관련해서 가장 중요한 의미를 지니는 친사회적 감정을 전달하고 다른 사람에게 선의를 확산시키는 것은 아마도 신체 접촉을 통해 이루어질 것이다. 분명 안와전두피질, 옥시토신, 편도체 반응의 완화, 코르티솔의 감소와 신체 접촉에 대해 연구해보면 그러한 결론이 나올 것이다.

윌리엄 제임스William James가 "신체 접촉은 애정의 시작이자 끝이다"라는 말을 한 적이 있는데 아마도 이는 옳은 말일 것이다. 그래서 매트와 나는 단순한 물음에서 시작된 실험을 계획했다. 신체 접촉을 통해 동정심과 사랑, 감사의 마음을 소통할 수 있을까?

이 연구의 요구사항은 단순했다. 한 사람, 즉 손길을 내미는 사람은 다른 사람, 즉 손길이 닿는 사람에게 동정심과 사랑, 감사, 그 밖의 다른 감정을 전해야 한다. 그리고 손길이 닿는 사람은 자기 몸에 닿는 다른 사람의 손길에 어떤 감정이 담겨 있는지 오로지 촉각에만 의지해서 판단하면 된다.

첫 번째 연구는 참담한 실패였다. 첫 번째 연구에서는 손길이 닿는 사람이 귀에 마개를 꽂고 두 눈을 가린 채 실험실에 앉아 있게 했다. 손길을 내미는 사람에게는 동정심과 감사, 사랑 등 열두 가지 감정 목록을 제시하고, 적절한 범위 내에서 어떤 방식으로든 이런 감정을 전달하게 했다. 손길이 닿는 사람은 모든 감각을 차단당한 상태로 앉아 있지만 잠시 후 자기 살갗을 통해 전해질 열두 가지 감정의 목록에 대해서는 알고 있으며 거기서 자기 몸에 전해진 촉감과 가장 일치되는 감정을 골라야 했다.

이 연구는 과학이라기보다는 일종의 행위예술에 더 가까웠다. 손길이 닿는 역할을 맡은 실험참가자 집단 중 한 부류는 보이지도 않고 들리지도 않는 세계에서 누군가가 자기 팔을 만져주길 기다리는 동안 마치 고문을 당하는 것처럼 앉아 있었다. 대개 남자로 구성된 또 다른 학생 집단은 눈을 가린 채 앉아 여자 실험참가자가 사랑과 감사의 마음을 자기에게 전하려고 몸을 어루만져줄 기대에 아주 신나 있었다.

그래서 우리는 원시적으로 연구방법을 바꾸었다. 실험실 방에 커다란 벽을 설치해서 손길을 내미는 사람과 손길이 닿는 사람을 격리시켰다. 벽의 한쪽에는 빛이 통하지 않는 검은 커튼을 쳤다. 이 커튼은 손길을 내미는 사람과 손길이 닿는 사람이 촉각을 제외한 시각, 청각, 후각으로 소통할 가능성을 막아주었다. 우선 손길을 내미는 사람과 손길이 닿는 사람 양측은 열두 가지 감정 목록을 살펴보았다. 열두 가지 감정은 화, 혐오, 당혹감, 부러움, 두려움, 행복, 자긍심, 슬픔, 놀람, 그리고 우리가 관심 있게 살펴볼 동정심과 사랑, 감사의 마음이었다. 손길이 닿는 사람은 커튼 너머로 용기 있게 팔을 내밀고 열두 가지 서로 다른 신체 접촉의 느낌이 전해지기를 기다렸다.

손길이 닿는 사람은 다른 사람의 손길이 팔에 닿을 때마다 그 손길 속에 어떤 감정이 담겨 있는지 가늠해 보았다. 손길을 내미는 사람이 각기 다른 감정을 표시하기 위해 접촉할 수 있는 부위는 손길이 닿는 사람의 팔꿈치에서 손까지이지만 만지는 방법에는 아무 제한도 없었다. 손길이 닿는 사람은 커튼 너머로 팔만 내민 상태이기 때문에 상대가 자기 몸을 어떻게 만지는지 전혀 볼 수 없었다.

우리는 실험참가자 중 몇 퍼센트가 자기 몸에 닿은 손길을 올바른 감정과 연결시키는지 궁금했다. 〈표 14〉를 통해 알 수 있듯이 분노나 혐오감, 두려움 같이 많이 연구된 감정의 경우에는 다른 사람의 팔뚝을 1초간 만지는 것으로도 그 감정을 확실하게 전할 수 있었다. 정말 놀라운 것은 낯선 사람이 또 다른 낯선 사람의 팔뚝을 1초 동안 만지는 것만으로도 동정심과 사랑, 감사의 마음을 아주 잘 전할 수 있었다는 점이다. 또한 당혹감이나 자긍심과 같이 다른 사람이 자기를 어떻게 바라보는지를 의식하는 감정의 경우에는 신체 접촉으로 쉽게 전할 수 없다는 점 역시 흥미로웠다. 우리는 신체 접촉이 매우 자주 이루어

표 14 | 신체 접촉을 통한 감정 전달

1차 선택		2차 선택	
연구가 많이 이루어진 감정			
화	57	혐오감	15
혐오감	63	화	10
두려움	51	화	14
슬픔	16	동정심	35
놀람	24	두려움	17
행복	30	감사	21
자의식이 작용하는 감정			
당혹감	18	혐오감	16
부러움	21	혐오감	12
자긍심	18	감사	25
친사회적 감정			
사랑	51	동정심	28
감사	55	동정심	16
동정심	57	사랑	17

인간은 팔을 1초 동안 만지는 것으로도 감정을 전달할 수 있다.

지는 문화로 알려진 스페인에서도 똑같은 연구를 실시했는데, 스페인 실험참가자는 신체 접촉을 통해 감정을 파악하는 능력이 좀 더 뛰어 났다.

우리는 연구 과정에서 모든 성별 조합을 고려하여, 여자가 여자와 남자의 팔을 만지는 경우와 남자가 여자와 남자의 팔을 만지는 경우를 각각 포함시켰다. 그 결과 여자와 남자가 각기 다른 별에서 왔다는 주장을 뒷받침할 만한 성별에 따른 차이를 많이 알게 되었다. 여자가 남자에게 손길을 내밀어 분노를 전달하려 할 경우에는 잘되지 않았다. 이 경우 남자는 여자가 무엇을 하는지 이해하지 못했고 여자가 전달하려는 감정에 대해 임의로 짐작하는 수준밖에 되지 못했다. 여자의 분노는 남자의 피부 속까지 전달되지 못하는 것 같았다. 유감스럽게도 이보다 더 나쁜 상황도 있었다. 남자가 여자에게 동정심을 전달한 경우에 여자는 이를 전혀 이해하지 못했다. 말하자면 남자는 일종의 귀머거리 같은 살갗에 대고 동정심을 표시하려고 했던 것이다.

우리는 사람들이 신체 접촉을 통해 여러 가지 감정을 전달할 때 어떻게 하는지 부호화했고, 이 과정에서 진화의 시간상으로 초기인류 조상에게까지 거슬러 올라가는 행동을 찾아냈다. 동정심을 전할 때에는 대부분 팔을 부드럽게 천천히 두드리는 방식을 취했다. 이는 분명 표피에 있는 머켈 세포를 최대한 활성화시키려는 행동이었다. 이 같은 신체 접촉은 신경충격(신경의 한 부분을 충분한 세기로 자극했을 때 발생하는 활동전위_옮긴이)을 발생시키는데, 신경충격은 두뇌와 신경계의 연민 영역으로 전달된다. 아주 흥미로운 사실이 있는데, 감사의 마음은 팔뚝 아래를 굳게 부여잡는 것으로 확실하게 전달할 수 있었으며 더러는 다시 확인시키듯 살짝, 그러면서도 확실하게 팔뚝을 흔드는 동작이 수반되기도 했다.

동정심과 감사의 마음은 사회관계에서 중심적인 역할을 하며 다른 사람을 위해 행동에 나서게 동기를 부여해준다. 이러한 감정은 진화 역사에서 최근에 생긴 것도 아니고 특정 문화에서 만들어진 것도 아니다. 이 감정들은 초기인류가 수천 세대에 걸친 진화 과정에서 신체 접촉을 통한 교류를 갖는 동안 몸속에 깊이 새겨진 감정이며, 이 때문에 오늘날 누군가 자기 팔을 만지기만 해도 동정심을 감사의 마음이나 사랑과 구분할 수 있게 되었다.

길거리 농구와 발 관리

동물원에 가서 침팬지 우리를 5분만 지켜보면 침팬지가 서로의 몸을 얼마나 자주 만지는지 알 수 있다. 어미 침팬지가 새끼 침팬지의 털을 손질해주고, 우두머리 수컷이 가까운 경쟁자의 털을 들추는 모습을 볼 수 있을 것이다. 두 마리 젊은 침팬지가 이 가지에서 저 가지로 장난치며 돌아다니다가는 갑자기 장난을 멈추고 서로의 털을 손질해주는 모습도 볼 수 있을 것이다. 영장류 학자들이 추정하는 바에 따르면 우리와 가장 가까운 유연관계를 가진 영장류인 침팬지는 실제로 깨어있는 시간의 20퍼센트 이상을 털을 손질하는 데 사용한다고 한다.

늘보원숭이slow loris의 경우, 털 손질이 매우 중요해서 아예 발톱이 털을 손질하기 쉽게 진화하였다. 늘보원숭이의 발톱은 몸단장 발톱 toilet claw(몸단장toilet의 어원으로 볼 때 'toilette'가 먼저 생겼으며, 이 단어는 몸단장을 하려고 들어가는 방을 가리킨다)이라고 불린다.

영장류 사이에 털 손질이 왜 그렇게 널리 이루어지는지에 대해 제일 먼저 등장하는 해석은 꽤 합리적이고 직관적인 내용인데, 영장류

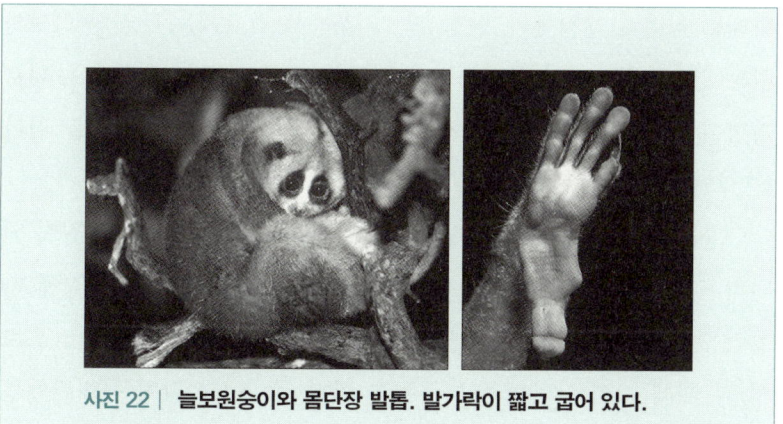

사진 22 | 늘보원숭이와 몸단장 발톱. 발가락이 짧고 굽어 있다.

사진 23 | 침팬지의 털 손질

가 서로 기생충을 잡아주어 생존 가능성을 높이기 위한 것이라고 한다. 분명 처음에는 바이러스에 감염된 기생충이나 세균을 없애야 하는 필요성 때문에 털 손질이 시작되었을 것이다. 그러나 이들을 주의 깊게 관찰한 영장류 학자들은 기생충 가설에 들어맞지 않는 털 손질 사례를 곧바로 제시했다. 영장류는 기생충을 찾으려는 뚜렷한 의도가 없는 경우, 예를 들어 장난치거나, 화해하거나, 상대를 달래거나, 서로 가까이 지내거나, 짝짓기를 하기 전에도 일상적으로 털 손질을 한다는 것이다.

이 사실을 바탕으로 로빈 던바Robin Dunbar는 아마도 털 손질이 인간의 수다와 같을 것이라는 새로운 주장을 내놓았다. 그의 주장에 따르면 영장류의 털 손질은 일상생활에서 이루어지는 가벼운 만남으로서 각 개체를 서로 묶어주는 구실을 한다. 즉, 털 손질이 사회관계를 이어주는 아교인 셈이다. 그리고 인간의 신체 접촉 역시 이와 마찬가지이다. 인간 사회에서는 신체 접촉을 통해 선의와 협력, 신뢰가 전해진다.

오늘날 우리는 신체 접촉이 사라진 문화 속에 살고 있다. 미국 사회에 신체 접촉이 메마르게 된 것은 청교도에 깊은 뿌리를 두고 있으며 청교도에서는 춤, 웃음, 연극, 신체 접촉 등과 같은 인간의 일상적 즐거움을 차단하기 위해 여러 가지 시도를 한 것으로 알려져 있다. 또 한 가지 뚜렷한 이유로 지목할 수 있는 것은 억압적인 빅토리아 문화다. 이디스 워튼Edith Wharton(미국의 여류 소설가이며 《순수의 시대The Age of Innocence》로 퓰리처상을 수상한 바 있다_옮긴이)이 그린 상류층 모습을 보면 아기는 어머니의 품에서 떨어져 있고, 아이는 부모와 떨어져서 자며, 아내는 남편과 떨어져 자면서 꿈을 꾼다. 또한 온몸을 옷으로 가려 사람의 손길이 닿을 수 없게 한다.

이러한 문화적 유산이 낳은 결과 중 하나로 영향력 있는 심리학자이자 교육자인 존 왓슨John Watson은 다음과 같이 말한 바 있다.

> 자녀를 잘 다루는 한 가지 현명한 방법이 있다. 절대 아이를 안아주거나 아이와 입맞춤을 하지 말고, 절대로 아이를 무릎에 앉히지 마라. 꼭 그래야 한다면 아이들이 저녁 인사를 할 때와 아침에 일어나 손을 잡을 때 딱 한 번만 이마에 입을 맞춰라.

오늘날 신체 접촉이 메말라진 징후는 수없이 많다. 교사가 아이의 등을 두드리는 일이 없게 적극적으로 막고 있으며, 어림도 없는 소리지만 포옹도 하지 못한다. 성희롱으로 오해할지 모른다는 두려움에서 비롯된 것이다(내가 장담하지만, 자기 월급값을 하는 교사라면 누구든 학생을 격려해줄 수 있는 적절한 신체 접촉 방법을 알고 있다). 자녀교육 책자에서는 아이들이 자라서 '지나치게 관계에 얽매일지 모른다'는 가정하에 너무 많은 신체 접촉을 하지 말라고 권장한다.

세계 각 지역별로 카페에서 신체 접촉이 얼마나 많이 이루어지는지 조사한 최근의 관찰 연구에서 플로리다 대학 심리학자 시드니 M. 주러드Sidney. M. Jourard는 커피 잔을 마주하고 앉아 대화를 나누는 두 사람을 관찰했다. 런던에서는 단 한 번의 신체 접촉도 이루어지지 않았고, 플로리다에서는 두 번, 파리에서는 백열 번, 푸에르토리코 산후안에서는 백팔십 번의 신체 접촉이 있었다.

그렇지만 신체 접촉의 본능은 몸속 깊이 심어져 있어서 우리의 일상사에서 완전히 사라질 수 없었다. 오래전부터 내려오는 진화된 신체 접촉 성향이 뚜렷한 문화적 변형으로 나타났으며, 이것이 곧 마사지다. 신체 접촉 본능은 좀 더 기이한 문화 형태로도 나타나고 있다. 전국적으로 생겨난 수백 개 커들 클럽cuddle club이 그것인데, 이곳에서는 사람들이 도취감에 취한 채 게슴츠레 졸린 눈을 하고서 여기저기 무더기로 뒤엉켜 성적 의미와는 무관하게(그들의 주장으로는 그렇다고 한다) 서로 끌어안고 있다.

신체 접촉 본능은 매니큐어, 발 관리, 미용 등 다양한 문화 형태 속에 감춰져 있다. 내가 단언하건대 의사를 찾는 사람 중 일정 비율은 이와 관련이 있으며 이 때문에 보험회사도 놀라곤 한다. 신체 접촉 본능은 예를 들어 부모가 아이를 데리고 외출할 수 있게 도와주는 아기 띠 같은 경제적 혁신의 원천이 되기도 한다. 아기 띠는 몸 앞쪽에 아기를 가까이 안고 다닐 수 있게 해준다. 딱딱한 자동차 시트에 앉아서 가는 아기에 비해 아기 띠에 안겨서 부모의 몸과 밀착한 상태로 가는 아기는 더 안전하게 부모와 붙어서 갈 수 있고 더 적극적으로 새로운 환경을 탐색해보려는 마음이 생긴다.

티파니 필드 덕분에 신체 접촉이 의학치료에 포함되었다. 지금은 신체 접촉을 통한 치료와 관련하여 아흔 개가 넘는 과학적 연구가 이루어졌으며, 이들 연구를 통해 미숙아(미숙아는 신체 접촉이 전혀 없는 상태로 지내곤 했다), 우울증을 보이는 10대 산모, 양로원에 있는 노인, 자폐증에 걸린 아이, 주의력 결핍·과잉행동 장애(아동기에 많이 나타나는 장애이며, 지속적으로 주의력이 부족하여 산만하고 과다활동과 충동성을 보이는 상태를 말한다_옮긴이) 증상이 있는 남자아이, 천식이나 당뇨병을 앓는 아이, 질병에 걸린 사람에게 일상적인 신체 접촉이 도움이 된다는 사실이 밝혀졌다.

신체 접촉이라는 오래된 언어는 협력의 중요 요소이며 인의 비율을 높이는 원천이다. 지난 25년 동안 나는 일주일에 두 번씩 길거리 농구를 하면서 미국에서 가장 민주적인 관습에 참여해왔다. 나는 다양한 사람들과 게임을 했다. 앤도버 대학원생, 매사추세츠 브록턴의 주택단지에 사는 아이들, 소설가, 의사, 일흔 살 된 노인, 타락한 마약 판매상, 여장 레즈비언, 요가 강사, 음악 프로듀서, 요리사, 심리치료사, 문신한 소방관, 경찰관, 행위예술가, 다 닳은 신발을 신고 농구를 하는 떠돌이 등 실로 다양한 계층과 길거리 농구를 했다.

승자는 계속 코트를 장악하고 패자는 한 줄로 서서 다음 게임을 기다린다. 소리를 지르면서 서로 겨루는데, 시합이 벌어질 때에는 특히 더 심하다. 각기 평균 90킬로그램이나 되는 몸뚱이 열 개가 엄청난 힘을 쓰면서 발목이 삐고 코가 부러지고 눈두덩이가 멍 들고 한창 나이에 무릎 연골이 닳아 뼈와 뼈가 맞닿을 때까지 몇 시간씩 서로 몸을 부딪친다.

나는 브록턴에서 프랑스의 포로, 다시 샌프란시스코의 헤이트 애시베리로 옮겨 다니는 동안 대략 4,500번 정도 게임을 했다. 그 게임 속에는 나의 가장 오래된 친구도 있었고, 다시는 만나지 않을 사람도 있었다. 큰 소리가 오가고 팔꿈치를 휘둘러대던 4,500번의 시합 동안 나는 한 번도 싸움이 벌어지는 걸 보지 못했다. 물론 극적인 대결의 순간도 있었고, 농구대 아래서 서로 밀친 적은 여러 번 있었다. 그러나 주먹을 휘두른다거나 하는 순수한 공격과는 거리가 멀었다.

이렇듯 0에 해당하는 폭력 수준은 길거리 농구가 임의로 고른 부부나 형제, 추수감사절에 모인 가족, 자기네 축구팀의 승리를 축하하는 군중, 극장에 가려고 주차하는 사람보다 훨씬 더 평화롭다는 것을 보여준다. 게임이 끝날 무렵이 되면 대부분 웃음소리가 들리고 존중 의식, 인간 설계에 대한 신뢰감이 생긴다.

이유가 무엇일까? 과격하게 몸을 쓰는 농구의 특성이 신체 접촉을 통해 변화되었기 때문이다. 팀원들은 시합이 시작될 때 서로 주먹을 부딪친다. 시합 도중에는 반대편 선수 쪽으로 몸을 기울이고 손으로 엉덩이를 막으며 팔을 등이나 가슴 쪽으로 민다. 수비수는 밀어붙이는 공격을 막기 위해 강한 포옹을 한다. 멋진 경기를 보여주었을 때에는 상대 선수의 엉덩이를 찰싹 때리기도 한다. 시합이 끝나면 하이파이브를 한다. 눈에 보이는 농구의 물리적 특성은 어느 것과도 비교할 수 없을 정도로 폭력적이다. 몸과 몸이 거의 전속력으로 부딪친다. 하지만 길거리 농구에서 이루어지는 신체 접촉이라는 언어가 행동의 공격적 성향을 무뎌지게 해준다.

어떻게 그런 것일까? 나는 내 딸들이 신체 접촉과 관련 있는 또 다른 문화 형태, 즉 발 관리를 처음 받고 나서 어땠는지 물었다.

나탈리   편안한 느낌이었어요.
아버지   왜 그런 느낌이었지?

나탈리	내 발을 마사지해 주었거든요. 의자에 앉으면 마사지를 해줘요.
세라피나	그리고 발톱에 예쁜 페디큐어도 칠해줘요. 하지만 냄새는 싫어요.
아버지	그럼 그건 어떤 느낌이었는데?
나탈리	뭐랄까 아픈 것 같아요. 발톱을 긁어 벗겨내는 것 같아요. 하지만 발 마사지를 할 때에는 마치 누군가 콧노래를 부르는 것처럼 등에 진동이 느껴져요.

신체 접촉은 선의를 전하고 사람이 지닌 인의 비율이 더 높고 고결한 가치를 향해 가도록 진화되었으며, 이 과정에서 등에 콧노래 같은 진동이 느껴지는 양상을 띠게 되었다. 발 마사지(발 관리를 받는 진짜 목적은 여기에 있다)와 오늘날 우리가 행하는 모든 접촉 의식(길거리 농구, 미용, 악수, 마구 뒤엉켜 뒹구는 놀이, 등 두드리기)은 안와전두피질을 활성화시키고 오피오이드와 옥시토신의 분비를 촉진시킨다. 또한 접촉 의식은 우리 몸 안에 있는 신경다발인 미주신경을 활성화시키기도 하는데, 이 미주신경은 신뢰와 사회관계에 기여하며, 미주신경이 활성화될 경우 실제로 등에 콧노래 같은 진동이 느껴진다.

정확한 수치를 얻을 수 있다면 (비록 현재 발 관리 광고에서는 언급하지 않지만) 내 딸 나탈리의 신경계, 즉 시상하부 – 뇌하수체 – 부신 축의 스트레스 영역이 보다 평온한 상태로 변화되고 신뢰와 호의에 관련된 생리기능이 향상된 것을 알 수 있을 것이다. 바라건대 이 생리기능이 영구적으로 향상된 것이었으면 좋겠다.

Chapter 10

동물의 번식에서 인간의 사랑까지

사랑

Love

빅토르는 언어나 도덕, 예절을 깨우치지 못했고, 끝끝내 인간에게는 대체로 아무 반응을 보이지 않았다. 맨 처음 느끼는 위대한 사랑, 즉 부모나 돌봐주는 사람과 아이 사이의 사랑을 빅토르는 한 번도 느끼지 못했던 것이다. 인간이 된다는 것, 그것이 무엇을 의미하든 이를 가능하게 하는 것이 사랑이다. 사랑은 인으로 나아가려는 성향에 시동을 걸어준다.

Love

추운 2월의 어느 주말, 나는 아내 몰리와 당시 일곱 살과 다섯 살이었던 두 딸을 데리고 캘리포니아 몬테레이 부근에 있는 아뇨 누에보Año Nuevo 주립공원에 놀러 갔다. 겨울바람을 맞으면서 코끼리바다표범이 바자에서 알래스카로 이주하는 자연의 장관을 구경하려는 것이었다. 우리는 찰스 다윈의 정신으로 돌아가, 다른 종의 사회적 형태를 연구하여 우리 자신에 대해 뭔가 의미 있는 통찰력을 얻으려 했다.

강풍이 몰아쳤다. 가족이 소용돌이치는 모래언덕을 뚫고 용감하게 걸어가는 동안 사방에서 불어오는 모래 때문에 살갗이 따끔거렸다. 공원 안내인은 청중의 절반이나 되는 어린이의 주의력 지속시간이 어느 정도 되는지 전혀 알지 못한 채 우두머리 수컷과 암컷 무리, 짝짓기 의식, 울음소리, 임신 기간, 이동 형태 등에 대해 계속 읊어댔다. 우리는 두건으로 눈을 가린 채 고개를 숙이고서 계속 걸었다. 아이들은 울음을 터뜨렸고, 그들을 달랠 마지막 수단인 막대사탕마저 모래 속으로 떨어져버렸다.

마침내 우리는 작은 언덕에 도착했다. 대단한 성과였다. 우리는 그 언덕에 가만히 누워 저 아래 해변 위에 모여 있는 코끼리바다표범을 바라보았다. 돌풍이 불어댔지만 그 아래에는 따스한 공기층이 형성되어 있었다. 우리는 차가운 모래 위에 엎드려 코끼리바다표범 쪽을 향해 쌍안경과 카메라를 고정시켰다. 무게가 2톤이 넘는 거대한 수컷 우두머리는 대략 자기 몸의 4분의 1 정도 되는 암컷을 수십 마리 거느리고 있었다. 우두머리는 가끔씩 암컷 쪽으로 쿵쿵거리며 다가가 암컷 위로 몸을 던졌다. 암컷은 출렁거리며 물결치는 수컷의 지방에 깔려 보이지도 않았다. 우두머리 수컷이 욕정을 분출시키는 동안 암컷 무리 주변에서 상황을 살피며 자리 잡고 있던 다른 수컷들도 제각기 움직여 자기 근처에 있는 암컷 위로 몸을 던졌다.

이렇게 외부 수컷이 침입할 경우 그 아래 깔린 암컷보다는 우두머리 수컷이 더 신경을 쓴다. 우두머리 수컷은 자기가 할 수 있는 한 최대로 민첩하게 움직여 지방을 출렁거리면서 침입자 쪽으로 돌진했다. 침입자에게 3미터 정도 다가가더니 나무줄기처럼 보이는 기이하게 생긴 주둥이를 뻗으며 벌떡 일어섰다. 그러고는 옥수수 탈곡기 소리만큼이나 시끄럽게 울부짖었다. 휴식과 짝짓기 시도, 침입, 대결로 이어지는 과정은 끝없이 계속되었다. 다정하게 끌어안지도 않고, 놀이도 없고, 장난치며 까불지도 않고, 주둥이와 주둥이를 서로 부비는 행위도 없고, 서로 마주 보며 시선을 주고받는 일도 없었다.

우리를 데리고 갔던 안내자가 우리를 불러 모으더니 넘실거리는 태평양까지 길을 따라 안내하면서 두 달 전 바자에서 태어난 새끼 코끼리바다표범을 찾을 수 있을지 둘러보자고 했다. 파도를 타며 노니는 작은 코끼리바다표범을 볼 수 있다면 바닥까지 떨어진 딸들의 기분을 풀어줄 수 있을지도 몰랐다. 그러나 우리가 마지막으로 오르려던 모래언덕 부근에 다다랐을 때 부목으로 표시해 놓은 통로 바깥쪽에 죽은 새끼 코끼리바다표범 시체가 있었다. 안내자가 설명했다. "더러 수컷 코끼리바다표범은 진화상의 오래된 본능을 좇느라 실수로 새끼 코끼리바다표범과 짝짓기를 시도해 종종 끔찍한 결말을 부르기도 해요." 남은 시간 동안 딸들은 내게 찰싹 달라붙어서 어깨에 얼굴을 파묻고 있었다.

구경이 끝난 뒤 몇 가지 의례적인 질문과 고맙다는 말을 건넨 다음 우리는 자동차로 돌아왔다. 나탈리와 세라피나는 엄숙한 표정으로 조용히 자동차 의자에 앉아 있었다. 엉망진창이었던 이번 구경을 끝내기 전에 아이들은 부모가 입에 올렸던 단어들('가족', '일종의 남편과 아내 같은 것', '새로 태어난 새끼', '사랑')과 코끼리바다표범의 번식 과정에서 보았던 거친 광경을 서로 연결시키느라 애를 쓰고 있다는 걸 느낄 수 있었다.

번식과 사랑 그리고 우정

영어 단어에 담긴 개념('사랑', '가족', '남편과 아내')을 자연 속에서 일어나는 수없이 다양한 번식 과정과 연결시킨다는 것, 또는 그 문제에 관한 한 사랑의 복잡성이나 다양성을 연결시킨다는 것이 얼마나 헛수고일까. 내게 무모함과 적절한 단어가 있었다면(그리고 딸들이 몇 살만 더 많았더라면) 매트 리들리Matt Ridley의 《붉은 여왕The Red Queen》과 헬레나 크로닌Helena Cronin의 《개미와 공작The Ant and the Peacock》에 아주 날카롭게 정리되어 있는, 번식에 대한 진화생물학의 새로운 연구 결과를 들려주며 내 딸들을 안심시켰을 것이다.

코끼리바다표범은 일종의 토너먼트식 경쟁을 거쳐 승리한 수컷이 대규모 암컷 집단을 독식하는 종이며, 그 폭력적인 경쟁에 많은 에너지와 정신을 쏟는다. 반면 인간은 암수 한 쌍이 맺어지는 종에 속하며 긴팔원숭이, 섬세한 해마, 몇몇 흑쥐, 수많은 조류 종에 훨씬 가깝다. 암수 한 쌍이 맺어지는 8,000여 종의 경우 인간과 마찬가지로 수컷이 크기나 혈색 면에서 암컷과 별로 다르지 않으며, 수컷의 번식 결과 면에서도 극단적인 변이성이 많이 나타나지 않는다(우리가 관찰한 코끼리바다표범의 경우 거의 모든 자손이 우두머리 수컷의 새끼다). 또한 많은 시간이 지난 뒤 생길 딸들의 장래 남자친구는 학교식당에 있는 수십 명의 여자친구를 독점한다거나 놀이방을 자기 자손으로 모두 채우는 일도 없을 것이다. 대신에 적어도 일정 기간은 오로지 부부 한 쌍의 아이만 있을 것이다.

인간의 초기 설정상태는 일부일처제 쪽이며, 결코 코끼리바다표범과 같은 하렘 쪽이 아니다(연속적인 일부일처제의 보편성에 대한 논의를 늘어놓으면서 결혼생활에 대한 나의 확신을 흔들 필요는 없다). 물론 인류 역사에서 특히 전 세계적으로 초기에 문명이 발생하기 시작할 때 코끼리바다표범 같은 혼인 형태가 발견되기는 한다. 이 문명에서는 막강한 힘을 지닌 왕이 자원을 매점하고 하렘을 수천 개씩 두기 시작했다. 잉카의 태양왕 아타우알파Atahualpa는 왕국 곳곳에 위치한 '처녀의 집'에 대개는 여덟 살 이전의 타고난 미 때문에 선발된 여자 1,500명을 두고 있었다. 인도 황제 우다야마Udayama는 여러 방에 각기 1만 6,000명의 후궁을 두고 있었으며 각 방을 에워싸듯 둥그렇게 불을 피워놓고 내시에게 방을 지키게 했다. 그러나 초기 수렵채집 사회와 현대 산업 사회에서는 한 여자와 한 남자가 함께 삶을 이루어가는 연속적 일부일처제가 확고한 흐름을 이루고 있다.

코끼리바다표범과 달리 인간 수컷은 자녀 양육에도 적극적으로 참여하며 나도 앞으로 계속 그럴 것이다. 포유류의 90퍼센트 이상은 암컷 혼자서 자식을 보살핀다. 수컷은 손끝 하나 까딱하지 않는다. 말하자면 기저귀도 갈아주지 않는다. 그러나 우리는 다르다. 인간 수컷은 자식을 보살피는 다양한 능력을 지녔으며, 해마나 긴팔원숭이, 많은 조류가 새끼에게 보여주는 헌신적인 삶을 생각나게 한다. 미국의 수많은 아버지는 자녀를 보살피면서 기저귀를 갈아주고, 그네를 밀어주고, 동화를 읽어주고, 형제자매 간의 싸움을 중재하고, 한데 뒤엉켜 뒹굴면서 놀고, '아기 말'로 이야기를 나눈다.

나는 내 딸들에게 우리 인간은 우정을 쌓는다고 가르쳤다. 인간은 자신의 배우자와 출산에 관한 문제가 아니라면 서로 잘 모르는 상태에서 코끼리바다표범처럼 아무한테나 덤비지 않는다. 인간은 혈족이 아닌 사람 특히 친구에게 깊은 사랑을 느낀다. 이 말이 무슨 뜻인지 인간이라면 쉽게 이해할 것이다. 이미 헌신적인 우정 관계 속에 들어와 있기 때문이다. 심지어 인간은 같은 종, 즉 인류가 아닌 종에게도 기분 좋은 사랑을 느낀다.

내게 적절한 단어와 개념이 있었다면, 내 딸들이 서로에게 (그리고 다른 친족에게) 느끼는 사랑 이외에도 삶에는 네 가지 위대한 사랑이 있다는 것을 말해주었을 것이다. 부모와 자식 간의 사랑, 연인 사이의 뜨거운 열정, 장기적으로 서로 짝을 이루어 사는 사람에 대한 지속적인 헌신, 친족이 아닌 사람(대표적으로 친구와 동료)을 향한 부드러우면서도 바위 같이 단단한 사랑. 이렇게 네 가지에 대해서 말이다.

손길이 느껴지는 보이는 손

1800년 어느 추운 1월 아침에 옷 하나 걸치지 않은 12살짜리 지저

분한 소년이 두 손과 두 발로 어슬렁거리며 프랑스 마을 생 세르넹 Saint-Sernin의 밭에서 감자를 캐다가 발견되었다. 이 소년은 버려진 아이였는데 그 시대에는 이런 일이 드물지 않았다. 이 소년은 부모의 따뜻한 보살핌도 받지 못한 채 도토리를 줍거나 작은 동물을 사냥하면서 오랫동안 혼자 힘으로 숲속에서 살아남았다.

밭 주인은 사나운 눈빛을 한 소년을 붙잡아 집으로 데리고 갔다. 이 소년은 곧 빅토르라는 이름으로 불리게 되었는데 끊임없이 두 손과 두 발로 돌아다녔다. 소년은 옷을 입으려 하지 않았고 사람들이 지켜보는 공공장소에서 대소변을 보았으며 도토리와 감자 말고는 다른 음식을 먹으려 하지 않았다. 소년의 의사소통이라고는 그저 툴툴거리거나 울부짖고 꽥꽥거리는 소리뿐이었다. 소년은 인간의 음성이나 언어에 아무 반응을 하지 않았지만 나무 열매를 부수는 소리에는 재빨리 돌아보았다. 소년은 결코 얼굴에 미소 짓는 법이 없었고 울거나 만지거나 다른 사람의 눈을 마주 보는 일도 없었다.

결국 파리 농아학교의 박사 장 이타르Jean Itard가 '아베롱의 야생 소년' 빅토르의 후견인을 맡았고 5년의 시간을 들여 빅토르에게 언어와 인간의 여러 가지 복잡한 삶의 방식에 대해 가르쳤다. 뚜렷한 성과도 있었다. 빅토르는 옷을 입고, 침대에서 잠을 자고, 식탁에서 밥을 먹고, 목욕하는 법을 배웠다. 무엇보다 놀라운 점은 빅토르가 장 이타르에게 정을 느끼게 되었다는 점이다. 그러나 뚜렷한 실패도 있었다. 집중교육을 실시했는데도 빅토르는 겨우 단어 몇 개밖에 배우지 못했다. 또한 다른 사람과 더불어 지내는 법도 배우지 못했다(빅토르의 달라진 모습을 보여주려고 어느 부유한 집에서 디너파티를 열었는데, 이 파티에서 빅토르는 음식을 게걸스럽게 먹고 디저트를 주머니 속에 쑤셔 넣는가 하면 속옷 차림으로 원숭이처럼 나무 사이를 뛰어다녔다).

빅토르는 기록으로 남아 있는 다른 35명의 야생소년과 비슷했다. 이들 야생소년은 언어나 도덕, 예절을 깨우치지 못했고, 끝끝내 인간에게는 대체로 아무 반응을 보이지 않았으며, 다른 사람과 협력관계를 맺지 못했다. 또한 성적 관심도 보이지 않았으며 자기 인식도 부족했다. 맨 처음 느끼는 위대한 사랑, 즉 부모나 돌봐주는 사람과 아이 사이의 사랑을 빅토르는 한 번도 느끼지 못했던 것이다. 인간이 된다는 것, 그것이 무엇을 의미하든 이를 가능하게 하는 것이 사랑이다. 사랑은 인으로 나아가려는 성향에 시동을 걸어준다.

철학자(일정 정도), 시인(상당한 정도), 소설가(훨씬 더 많은 정도)는 부모와 자식 간의 사랑이 인간의 마음, 성격, 문화의 토대라는 사실을 오래전부터 인식했다. 하지만 부모와 자식 간의 사랑에 대한 과학적 연구는 진화론적 사고의 최신 성과와 프로이트의 사고를 한데 통합한 존 보울비John Bowlby의 등장을 기다려야 했다.

보울비는 인간의 자손이 지닌 심각한 취약성 때문에 진화 과정에서 '애착체계attachment system'가 만들어졌다는 이론을 세웠다. 이 애착체계는 생물학적 기반을 가진 행동 및 감정 형태로서, 피부와 피부가 맞닿고 목소리에 목소리로 반응하며 눈과 눈을 마주 보는 전면적인 접촉을 통해 취약한 아이와 보살피는 사람을 서로 묶어준다. 보울비와 공동연구를 진행한 메리 애인스워스Mary Ainsworth는 우간다에 머물면서 그곳 아기의 애착 행동에 대해 관찰 연구한 내용을 토대로 가족의 보편적 특성에 대해 정리했다. 우간다 아기는 어머니가 있을 때에만 특정한 울음과 미소를 보이고 사랑스런 음성을 내며, 어머니가 다가올 때에 손뼉을 치면서 팔을 번쩍 들고, 어머니의 무릎에 얼굴을 묻으며, 어머니를 끌어안고 입을 맞추며, 어머니에게 매달리고, 어머니가 다른 데로 가려고 할 때에는 슬픈 음성을 낸다. 보살피는 사람의 애착 행동 역시 마찬가지로 확실하게 드러난다. 피부와 피부를 맞대고, 가슴과 가슴을 맞대고, 요람을 흔들어주고, 몸을 마사지하고, 장난스럽게 속삭이거나 한숨짓고, 눈을 마주치고, '아기 말'을 하고, 밤에는 부드러운 노래를 부르고, 함께 미소를 지으며 웃음을 주고받는다.

자식과 보살피는 사람 간의 사랑이 없다면 포유류는 결코 포유류가 아니다. 해리 할로Harry Harlow의 유명한 실험에서 부모(그리고 동료)와 아무 접촉도 하지 않은 채 고립되어 자란 붉은털원숭이는 이후 성장하여 집단 내에서 아베롱의 야생소년 같은 존재가 되었다. 동료와 관계를 맺는 데 서툴렀고, 관계를 맺는 것도 몹시 두려워했으며, 보통은 잠재적인 성적 상대를 대할 때 구애를 하지만 이 원숭이는 공격하는 경우가 많았다. 또한 동성 동료와 짝짓기를 시도하기도 했다. 아프리카 어느 지역에서는 상아를 얻으려는 사람들 때문에 사랑하는 부모를 잃어 혼자서 자란 코끼리들이 인간 사회의 사이코패스 중 가장 극악한 사람들처럼 재미 삼아 코뿔소를 죽이는 등 병적인 공격 형태를 보이기도 했다.

인간에 대한 수십 개 연구가 보여주었듯이 인간은 초기 애착 경험을 통해 인간관계를 맺는 능력의 토대를 형성한다. 존 보울비의 이론을 보면 어릴 때 사랑을 경험함으로써 인의 비율, 즉 보울비의 용어로 옮기면 친밀감과 신뢰와 타인의 선의와 관련하여 개인이 지닌 '작동 모델working model'이 변화된다. 아울러 동료 관계를 만들어나가는 어린 시절의 깊은 신뢰도 달라지고, 활동 동력, 그 후 일어나는 가족 내에서의 활동, 공동체 참여도 달라진다. 안정적인 애착관계를 가졌던 개인은 친밀감 속에서 편안함을 느끼며, 위협과 불확실성 속에서는 다른 사람과 가까이 있고 싶은 욕구를 느낀다. 이들은 아기의 욕구와 감정에 잘 반응하는 부모 손에서 자랐을 가능성이 높다.

또한 성인이 된 뒤 이들 개인은 건전하고 높은 인의 비율을 보인다. 안정적인 애착을 경험한 사람은 상대를 대할 때 그가 든든한 지원군이자 사랑의 원천이라고 생각한다. 또한 상대의 비판과 긴장, 둔감함을 너그럽게 봐주며, 가까운 사이에 생기는 갈등을 긍정적인 방향으로 돌려놓는다. 안정적인 애착을 느끼는 개인은 삶을 살아가는 동안 자신이 현재 사랑하는 연인에게 더 커다란 만족을 느끼며, 이혼 확률이 절반 정도밖에 되지 않는다. 그리고 삶 속에서 변함없이 더 큰 만족감과 의미를 느낀다고 말한다.

이와 대조적으로 불안한 애착관계를 경험한 개인은 다른 사람에 대한 애착을 매우 불확실한 것으로 느낀다. 이들은 다른 사람에게 잘 베풀지 않으며, 다른 사람을 친밀감과 사랑의 확실한 원천이라고 느끼지 않는다. 연구에서 밝혀진 바에 따르면 이들의 부모는 시시각각 이루어지는 부모와 자식 간의 상호작용에서 그다지 잘 반응하지 않았고 따뜻하지 않았으며 잘 긴장하고 불안해하며 거리를 둔 채 냉담한 태도를 보였다. 이런 집안은 아침 시간에 잠깐만 살펴봐도 애착 행동이 별로 없다는 것을 알 수 있다. 즉 격려의 손길이나 따뜻한 미소, 스치듯 짧게 주고받는 시선, 장난스런 음성 등을 보기 힘들며, 분노 섞인 한숨, 멍한 시선, 불쾌한 신체 접촉이 많이 보인다. 불안한 애착관계를 가졌던 사람은 이후 이어지는 관계에서 더 많은 어려움을 겪는다. 불만이 커지고 냉소와 불신이 심해지며 비판의 강도도 높아진다. 친밀한 관계가 이루어지는 매 순간마다 이런 성향이 관계 곳곳에 스며든다.

크리스 프레일리Chris Fraley와 필 셰이버Phil Shaver는 공항에서 이별하는 연인을 은밀히 관찰한 적이 있는데, 불안한 애착관계를 가졌던 사람은 연인이 통로로 내려가는 동안 커다란 두려움과 슬픔을 느끼며, 이게 사랑하는 사람의 마지막 모습이 될 것이라고 마음속으로 생각한다. 이들은 삶의 이런저런 사건을 겪을 때 위협을 느끼면서 비관적으로 해석하고, 이 때문에 우울증이 생길 가능성도 높다. 또한 섭식장애나 좋지 않은 음주 습관, 약물 남용 증상을 보이는 경우가 많은데 부분적으로는 자신의 고통과 불안을 덜려고 하는 과정에서 이런 습관이 생기게 된다. 아울러 친밀한 관계가 쓰라린 고통만을 남긴 채 끝나는 경우가 많다.

삶에서 맨 처음 느끼는 큰 사랑은 자궁을 떠나는 순간 시작된다. 존 보울비의 말을 빌리면 이 사랑은 "요람에서 무덤까지" 지속된다. 이 사랑은 어루만지는 손길, 음성, 시선, 얼굴 표정 등에서 보이는 풍부한 어휘 속에 새겨져 있으며, 보살피는 사람과 아기의 마음, 심장 고동, 신경계가 한데 합쳐진 상태로 나타난다. 이런 과정을 통해 친사회적 신경계에 신경반응 형태가 자리 잡는다. 즉 피부에 촉각 수용체가 증가하고, 옥시토신 체계(고아들의 경우 이 체계가 망가져 있다)가 강화되며, 시상하부 - 뇌하수체 - 부신 축이 낮은 스트레스 수치에 맞게 설정되고, 두뇌의 보상중추가 밝아진다. 초기 애착 경험은 아주 일찍 형성되기 때문에 우리는 의식 속에서 이를 기억하지 못한다. 기억과 관련된 두뇌 영역, 특히 해마는 두 살 정도까지 완전한 기능을 제대로 갖추지 못하기 때문이다.

그러나 애착 경험은 삶의 매 순간마다 마음으로 느껴진다. 낯선 사람에게 신뢰를 보일 때, 적극적으로 나서서 발언했지만 생각대로 잘 되지 않을 때, 힘든 시기에 사랑하는 사람에게 모든 마음을 걸거나 희망을 품을 때, 자기 자식에게 모든 것을 바쳐 헌신할 때 어린 시절의 애착 경험을 마음으로 느낀다. 이런 느낌이 잘 자리 잡고 있다면 어린 시절에 느낀 사랑은 삶을 살아가는 내내 힘을 주는 따스한 손길로, 손길이 느껴지는 보이는 손으로 다가오게 된다.

욕망의 요소

스웨덴어로 '놀이play'를 뜻하는 레크lek(발정기의 검은 뇌조 등이 모여 구애 행위를 하는 곳_옮긴이)는 말하자면 많은 새를 위한 독신 전용 바 같은 곳이다. 좁은 구역인데, 이곳에 수컷들이 모여 한 암컷을 유혹하기 위해 공방 같은 것을 짓는다. 가령 수컷 극락조는 막대기와 나뭇잎, 병뚜껑, 그리고 깃털 같은 인기 있는 아이템으로 화려한 나무 그늘을 만든 뒤, 자신에게 자원 획득 능력이 있음을 과시한다(〈사진 24〉 참조). 목욕을 한 뒤 무도회로 향하는 젊은 여자처럼 암컷 극락조는 정해진 시간에 레크에 모여 수컷들을 하나씩 살펴보면서 고개를 까딱거리고 구구 하는 울음소리를 낸 뒤 짝짓기를 하기에 가장 괜찮아 보이는(다시 말해 자원이 가장 많은) 수컷 두 마리에게 접근한다.

인간 사회에서 오래된 구애 패턴에 따라 욕망을 둘러싼 협상이 벌어지는 레크가 어디 있는지 찾는데 그리 대단한 상상력을 발휘할 것도 없다. 학년 말에 열리는 무도회와 사디 호킨스Sadie Hawkins(미국에서 여자가 남자의 초대를 기다리지 않고 먼저 나서서 남자를 초대할 수 있는 날_옮긴이) 무도회, 바, 나이트클럽, 성경 공부 동아리, 직장 내에 커피 머신과 복사기가 있는 곳, 시에라 산맥의 싱글 도보여행자, 활동가 모임 등 여러 곳이 있다. 우리는 이 오래된 욕망의 언어에 휘둘리면서 머리가 어질어질한 상태로 번식 관계를 맺는다. 이 욕망의 언어에 어떤 것들이 있는지 목록으로 정리하기에 앞서 인간의 욕망 가운데 과소평가된 두 가지 특징을 살펴보는 것도 좋겠다.

첫 번째 특징은 인간의 욕망이 우리를 일부일처제로 이끈다는 점이다. 우리와 가장 가까운 유연관계를 가진 영장류의 경우에는 욕망이 이런 경로로 나아가지 않는다. 고릴라는 자원이 풍부한 우두머리 수컷이 암컷 무리를 거느리는 반면에 다른 수컷들은 들키지 않고 몰래

사진 24 | 수컷 극락조가 암컷을 유혹하기 위해 준비하고 있다.

짝짓기를 하는 데 최선을 다한다. 마치 토너먼트에서 떨어진 코끼리바다표범 수컷들과 같다. 침팬지는 암컷이 발정기에 들어가지 전까지는 성 전선이 한없이 조용하다. 그러다 발정기가 되면 암컷은 일반적으로 상대를 가리지 않고 매일 수십 마리의 수컷과 짝짓기를 하며, 새끼를 배기 전까지 3,000번의 관계를 맺기도 한다. 또한 보노보는 다수를 상대로 온힘을 쏟는 헤이트 애시베리Haight-Ashbury(미국 샌프란시스코의 한 지역으로, 60년대 히피와 마약 문화의 중심지였다_옮긴이)식 축제를 벌이며, 거의 모든 목적에 짝짓기를 이용한다. 즉 번식하고, 우정을 맺고, 음식을 나누고, 시간을 보낼 때에도 짝짓기를 한다.

보노보에 대한 부러움은 잠시 접어두고, 인간의 욕망이 적어도 일정 기간에는 단일한 특성을 보인다는 사실을 알아둘 필요가 있다. 즉 인간의 욕망은 한 사람을 대상으로 하며 남녀가 한 쌍을 이룬다. 이런 특성을 지니게 된 가장 뚜렷한 이유는 큰 두뇌를 가진 매우 취약한 자손이 아버지를 비롯하여 다수의 보호자를 필요로 하기 때문이다. 매트 리들리가 《붉은 여왕》에서 밝힌 바에 따르면 고기를 즐기는 인간의 식생활이 또 다른 요인으로 작용한다. 무리를 이루어 채집생활을 했던 초기인류 조상은 약 160만 년 전부터 고기를 먹기 시작했는데, 고기는 아무 때나 손쉽게 구할 수 있는 식재료가 아니었다. 때문에 남자들은 서로 의존적인 거래 관계에 놓인다. 초기인류의 식량 활동이 이런 특성을 중심으로 이루어지는 탓에 어느 남자도 혼자서 모든 자원(여자 무리를 거느리기 위해서는 자원이 필수적이다)을 독식할 수 없고 따라서 초기인류는 남녀 한 쌍을 이루는 관계를 맺게 되었다.

인류가 남녀 한 쌍을 이루는 관계를 선호했다는 점에 대해 추가 증거가 필요하다면 몇몇 남자의 고환을 살펴보라. 암컷이 일처다부 생활을 하는 종의 수컷은 다른 수컷과 벌이는 정자 경쟁에서 이기기 위해 많은 정자를 생산하는 커다란 고환을 갖고 있다. 따라서 암컷이 아무 상대와 가리지 않고 관계를 맺는 침팬지 수컷은 암컷이 한 마리 우두머리 수컷과 연속적인 일부일처 생활을 하는 고릴라 수컷에 비해 고환 크기가 평균 두 배에 달한다. 암컷이 일처다부 생활을 하는 긴수염고래 수컷은 고환 무게가 1톤이나 되는데, 이는 전체 몸무게의 1퍼센트에 해당한다(인간의 경우로 환산하면 몸무게 90킬로그램에 고환 무게는 0.9킬로그램이다). 긴수염고래는 남녀 한 쌍을 이루는 쇠고래에 비해 수컷의 고환이 훨씬 더 크다. 결국 고환 크기로 미루어볼 때 인간은 남녀 한 쌍을 이루는 종 가운데서도 이를 더욱 철저하게 유지하는 종이라고 할 수 있다. 인간의 성적 욕망은 우리가 남녀 한 쌍을 이루는 관계로 나아가게 만드는 로켓 추진기 같은 것이다.

인간의 욕망은 번식과 관련이 없는 성관계와 친밀감을 추구한다는 점에서도 역시 놀랍다. 경구피임약이 출산과 관계없는 자유로운 성생활의 일대 혁명을 가져오기 오래전부터, 인간의 진화 과정은 출산과 무관한 성관계를 향해 나아가고 있었다. 우리와 가장 가까운 유연관계를 가진 영장류 암컷은 선명한 색깔의 부풀어오른 성기를 드러내 번식할 준비가 되었다고 과시한다. 동물원의 영장류 우리를 찾은 사람들이 이 때문에 몹시 놀라고 충격을 받는 일도 종종 있다.

이와 달리 여자는 배란이 드러나지 않는 방향으로 진화했다. 따라서 인간은 자신의 성적 욕망이 번식 결과로 이어질지 항상 아는 건 아니다(물론 여자는 배란기에 접어들었을 때 평소보다 성관계를 맺거나, 자위를 하거나, 연애를 하거나, 남편을 데리고 다니고 싶은 성향이 좀 더 강해지기는 한다. 또한 제프리 밀러가 최근 밝혀낸 바에 따르면 봉춤 댄서는 배란기가 최고조에 이르렀을 때 팁을 더 많이 받는다고 한다). 배란기를 드러내지 않는 성향은 계부의 영아 살해를 막으려는 것이다. 많은 포유류에게서 계부의 영아 살해가 매우 흔하게 이루어지며 설치류와 사자, 많은 영장류에게서 이러한 현상을 볼 수 있다. 배란기가 드러나지 않을 경우 남자는 아기가 자기 자식일 거라고 계속 여기게 되며 영아를 살해할 가능성이 줄어든다. 또한 배란기가 드러나지 않음으로써 여자의 주기가 변하는 내내 남자와 여자는 계속 성관계를 가질 수 있다. 이는 남자가 관계를 유지하면서, 자원 의존적이고 취약한 자손을 기르는 데 일정한 역할을 할 수 있게 지속적인 동기를 불어넣는 힘이 된다.

기븐스Givens와 퍼퍼Perper는 욕망에 이끌려 잠재적인 짝이 서로 만날 때 욕망을 나타내는 특정 언어에 대해 정리한 바 있다. 이들은 어른거리는 불빛과 라이오넬 리치Lionel Richie의 음악이 흐르는 1980년대 독신 남녀 전용 바에서 주크박스와 나무 뒤에 몸을 숨긴 채 수백 시간을 보내면서 4~5초 동안 이루어지는 남녀의 행동을 꼼꼼하게 정리했다. 이들은 여자와 남자가 술을 함께 마시거나, 전화번호를 교환하거나, 팔짱을 낀 채 한껏 부푼 발걸음으로 바를 나서는 등 이후 만남을 갖게 될지 보여주는 미세한 행위를 주된 관찰대상으로 삼았다.

주의를 끄는 초기 단계에서 여자는 등을 활처럼 휘어 허리가 들어가게 하고 엉덩이를 흔들면서 걸어 자신의 몸이 미의 이상적인 형태, 즉 모래시계 같은 모양이 되게 한다. 여자는 잘 알려진 보편적인 행동, 즉 머리카락을 날리면서 고개를 젖히는 행동을 잘 이용하는데, 이 행동은 무심하게 세 번째 맥주 캔을 비우는, 관심 있는 남자의 시야 가득 다가간다. 여자(그리고 남자)는 수줍은 미소를 날리거나, 입술을 오므리거나, 고개를 다른 방향으로 돌리지만 그러는 동안에도 1~2밀리초 동안 눈을 내려 시선을 마주친다(〈사진 25〉 참조).

남자는 자원 보유 잠재력과 신체 크기를 강조하는 행위로 대응한다. 남자는 어깨와 몸을 흔들면서 걷는다. 술을 주문하거나 팔을 뻗을 때에도 과장된 몸짓으로 팔을 높이 들면서 잘 발달된 팔과 가슴, 또는 비싼 시계나 새끼손가락에 낀 사립 고등학교 반지를 자랑한다. 이 간단한 신호는 이성 선택 경쟁에서 오래전부터 내려오는 원칙을 따른 것이다.

여자는 몸매 곡선과 고운 피부, 입술 등에 관심이 쏠리게 한다. 이는 여자가 성관계를 가질 마음이 있으며 생식능력이 있다는 것을 보여주는 신호다. 남자는 몸집, 자원, 좋은 유전자를 갖고 있다는 것을 나타내면서 여자에게 호소하는데, 여자의 경우 임신, 출산, 수유의 엄청난 희생을 어떻게 인식하는가에 따라 욕망이 달라지며, 남자의 재력은 이러한 희생을 충당시켜주고 남자의 좋은 유전자는 이러한 희생을 감수할 정당한 이유가 될 것이다.

구애가 그렇듯이 짧은 희롱 역시 점점 친밀한 단계로 접어든다. 인식 국면에서 여자와 남자는 서로 강렬한 시선으로 바라본다. 또한 눈

사진 25 | 수줍은 미소
우리 연구에 따르면 이 미소는 욕망을 나타내는 신호로 재빨리 감지된다.

썹을 올리거나 노랫소리 같은 음성을 내거나 듣기 좋은 소리로 웃거나 입술을 묘하게 오므리면서 관심을 표현한다. 여자와 남자는 신체 접촉이라는 정교한 언어와 피부 속에 있는 모든 수용체를 활용하여, 도발적으로 팔을 쓰다듬거나, 등을 두드리거나, 농담 또는 기분 좋게 희롱하듯 놀려댄 뒤 자연스럽게 서로의 몸을 어느 정도 의도적으로 부딪치면서 서로에 대한 관심을 탐색한다. 공손하게 어깨를 두드리는 손길보다 약간 더 힘을 주어 조금 더 오래 어깨를 만지면서 친구나 새로 사귄 지인의 일반적인 만남을 넘어서는 욕망을 표현한다.

이 모든 과정이 잘 진행되면 잠재적인 짝은 이제 때를 맞추는 국면으로 들어간다. 이들은 농담을 주고받거나 술을 주문하거나 곤란했던 과거 일을 들추거나 공통점을 찾는 동안 서로의 눈짓, 웃음, 시선, 몸짓, 자세를 똑같이 따라 하기 시작한다. 이처럼 동시에 같은 행동을 하면 서로 비슷하다는 느낌과 신뢰감이 생기고 자신과 다른 사람이 한데 합쳐지는 느낌을 받는다. 플라톤의 견해에 따르면 각기 다른 몸으로 떨어져 태어난 두 영혼이 이제 다시 만나 서로 완벽한 결합을 이루는 것이다.

많은 종의 경우 구애 행위는 생식의 생명현상을 자극한다. 나무 위에서 생활하는 아프리카 비둘기는 희롱하듯 구구 소리를 내면서 고개를 끄덕거리면 암컷의 몸에서 에스트로겐estrogen과 황체 형성 호르몬 luteinizing의 분비가 촉진되고 마침내 배란이 이루어진다. 수사슴의 울음소리는 암컷을 자극하여 몸이 더 빨리 뜨거워지게 만든다. 보잘것없는 달팽이는 잠재적인 성적 상대에게 날카로운 침을 쏘는데, 이 침이 달팽이의 생식기관을 활성화시킨다(과감하게 이에 대해서는 설명하지 않기로 한다).

인간도 성욕을 나타내는 언어를 통해 욕망을 느끼게 자극한다. 사랑의 고통 속에서 사람은 시간 감각이 완전히 달라지고 자기 안에 들어 있는 힘과 자제력을 속수무책으로 상실한다. 말하자면 마음속의 스위치가 켜지는 것이다. 그리고 비용 편익이라는 전통적인 합리성의 목소리는 꺼진다. 사람은 하늘 높이 날아오르는 기분이 들고, 온몸에 기운이 빠지며, 아프고, 열에 들뜨며, 제정신이 아닌 상태가 된다. 아마도 예전에 비해 먹는 것도 줄어들고, 목욕도 자주 하지 않으며, 친구를 잘 만나지도 않고, 숙제나 고지서도 잊어버릴 것이다. 오래전부터 자신의 모습이라고 규정해왔던 생각도 사라져버리고, 그 결과 완전히 새로운 정체성이 자리 잡을 수 있게 해준다. 이 정체성은 남녀 한 쌍을 이루는 관계 초기에 무아지경과 격정에 휘말리는 속에서 새로이 형성되어 향후 이들의 삶을 재정립한다.

욕망의 언어에 이끌린 남녀 한 쌍은 다른 종에게서 관찰되는 것과는 전혀 다른 방식의 첫날밤을 치른다. 여자와 남자는 서로 얼굴을 마주 보고 사랑을 나누는데 이는 영장류 세계에서 보기 드문 일이다. 이들은 사람이 보지 않는 곳에서 은밀하게 사랑을 나눈다. 또한 우리 연구에서 밝혀진 바에 따르면 이들은 욕망과 더불어 깊은 불안감도 동시에 느낀다.

여자는 자신의 새로운 상대가 모든 과학적 연구에서 너무도 쉽게 그려놓은 남자의 모습, 즉 매일 생산되는 2억 개의 정자를 처리하려고 일시적인 성관계(하룻밤의 정사)를 열심히 추구하는 남자의 모습은 아닌지 의구심을 품을 것이다(한 연구에서는 여자 실험자가 대학 캠퍼스를 걸어 다니면서 남자 대학생에게 즉흥적 성관계를 가질 용의가 있는지 물었을 때 75퍼센트에 이르는 남자 대학생이 방금 만난 여자 실험자를 집으로 데려가려 했다고 한다).

다른 한편 남자 역시 자기 나름의 불안감을 느낀다. 남자는 다른 영장류와 달리 자식을 자기 핏줄로 인정할 것이며, 이 자식을 위해 얼마만큼 희생하고 다른 번식 기회를 외면해야 할지, 또한 얼마만큼 자식에게 자원을 쏟아부어야 할지 예상되는 수준에서 다른 영장류와 결코 같지 않은 정서를 느끼게 된다. 그리고 여자와 남자는 이러한 불안감을 느끼지 못하게 사랑이 두 사람을 따뜻하게 감싸주기를 기대한다.

인간이 일부일처제를 택한 이유

미국에서는 매년 230만 쌍이 결혼식을 올린다. 결혼식에 들어가는 평균 비용은 2만 달러이고, 이는 길거리에서 만나는 여느 미국인의 평균 저축액을 웃돈다. 결혼식 하객 명단을 확정 짓고 드레스를 맞추고 돋을새김을 넣은 청첩장을 돌리고 전채요리 메뉴와 음악을 정한다. 뒤이어 현실 같지 않은 황홀한 날이 펼쳐진다. 아버지는 눈물을 짓고, 어머니는 와인 잔을 엎지르며, 예전에 헤어진 애인은 울적한 마음으로 예전에 알던 시구를 떠올리고, 정신없이 키스를 주고받으며, 친한 친구들끼리 팔짱을 끼고 아이들은 춤을 춘다.

결혼식은 인간의 역사에서 가장 많은 정성이 들어가고, 돈 또한 많이 드는 의식이면서도 결국 실패로 끝나는 의식이라고 볼 수 있는데 이는 매우 정당한 평가다. 고결한 감정이 가득한 마음으로 결혼식 단상에 서서 헌신에 대해 성스러운 맹세를 했던 사람 중 약 47퍼센트가 이혼하며, 증오와 소송의 불구덩이에 빠지는 일도 심심치 않다. 결혼식을 치른 지 1~2년 안에 법원 마당에서 서로에게 손가락질을 하거나 서류에 서명할 때 "넌 끝장이야"라는 말을 내뱉으면서 이혼하는 경우도 많다.

아니, 어쩌면 결혼식을 가장 놀라운 성공으로 평가하는 사람도 있을 것이다. 절반의 결혼이 성공하기 때문이다. 젊은 욕망이 계속 솟구쳐 오르고 결혼생활에서 복잡한 일상사가 이어지는데도, 간통에 대한 자료에 따르면 결혼한 사람 중 11퍼센트에서 20퍼센트만이 혼외 관계를 갖는다고 한다. 결혼한 부부가 일부일처제에 어긋나는 성적 충동을 억누르는 데 이 정도 성공률을 보인 반면, 중고등학교 학생을 대상으로 실시한 금욕 프로그램의 결과는 어떠했는지 최근 연구 내용을 비교해보자. 이 교양 상품은 좋은 의도를 가진 사회과학자들이 설계하였는데도 결국 지독한 실패로 끝났다. 10대 아이들은 이 교육을 받은 뒤 성관계를 갖고 싶은 마음이 더 들었고, 심지어는 안전하지 않은 성관계를 갖는 일도 많았다.

결과를 놓고 볼 때 결혼식은 반쯤 비어 있는 잔 또는 반쯤 채워진 잔으로 볼 수 있으며, 어느 쪽으로 해석하는가는 그날 함께 한 사람과의 경험에 따라 달라진다. 기능 면에서 볼 때 우리가 결혼식에 왜 그토록 세세한 데까지 신경을 쓰는지는 분명하다. 결혼식은 정절 문제와 관련된 일종의 의식화된 해결책이기 때문이다.

결혼식은 젊은 부부가 수많은 유혹 앞에서도 꿋꿋하게 서로에 대한 믿음을 지키도록(아울러 자식에게 헌신하도록) 만들기 위해 문화 차원에서 벌이는 노력이다. 또한 결혼 관계와 자식을 위해서 성적 욕망을 희생시키기 위한 것이다. 문화의 측면에서 마련한 해답은 은행 통장을 비워서 여러분이 소중하게 생각하는 사람들을 그지없이 아름다운 무대로 초대하고, 그들 앞에서 서약을 하며, 서로에게 비싼 반지를 주고, 이후 기억이 희미해질 경우에 대비하여 그날의 모든 순간을 사진으로 남기며, 해피엔드로 마감하는 것이다.

정절 문제와 관련하여 진화 쪽에서 제시하는 해답은 시인과 록스타 모두가 가장 좋아하는 감정, 즉 낭만적 사랑이다. 낭만적 사랑은 인간의 마음속에 있는 이기심을 상쇄시킬 수 있다. 사랑에 깊이 빠지면 우리는 상대를 이상화한다. 상대는 그 누구도 갖지 못한 신화적인 특징으로 뒤덮이고 우리는 사랑하는 사람을 표현할 때 자연신에 빗대는 은유법을 사용한다. 샌드라 머리Sandra Murray와 그녀의 동료가 연인 또는 부부를 대상으로 서로 다른 미덕(이해심, 인내심), 긍정적 특징(유머 감각, 재미), 결점(애처로움, 냉담함)의 관점에서 자기 자신과 상대를 평가해 달라고 했을 때 행복한 연인들은 상대를 이상화한다는 것이 밝혀졌다. 이들은 상대의 미덕을 과대평가했고(상대 스스로 내린 평가와 비교했을 때), 결점은 과소평가했다.

머리와 동료는 다른 몇 가지 연구에서 사람들에게 연인 또는 배우자의 가장 큰 결점에 대해 써달라고 했다. 결점은 관계 개선 치료나 이혼 과정에서 끝없이 서로에게 신랄한 감정을 드러내는 원천이 된다. 연구에 따르면 행복한 관계는 결점 속에서도 미덕을 볼 때가 많았고, 결점에 대해서도 "알아요, 하지만"이라는 논박 방식을 많이 사용했다.

행복한 결혼생활을 하는 아내라면 남편이 뺨 밑에 리모컨을 깔고 누운 채 비몽사몽하면서 졸고 있을 때 이렇게 생각할 것이다. "그래요, 하지만 적어도 내 남편은 집에 있는 시간이 많고 토요일 내내 스포츠 클럽이나 골프장에 나가 돌아다니지는 않아요."

여러 연구에서 연인이 장밋빛 유리창으로 서로를 바라보는 데 대한 신경학적인 근거를 밝히고 있다. 그리 놀랄 일도 아니지만 오랫동안 지속된 사랑은 두뇌의 보상중추(복측 전대상, 내측섬, 미상핵, 피각) 활성화와 관련이 있다. 더 극적인 사실은 사랑이 두뇌의 위협 탐지 영역(우측 전전두엽 영역과 편도체)이 활성화되지 않게 한다는 점이다. 한창 사랑의 열병을 앓는 사람은 문제의 소지를 안고 있는 우려 사항이나 다시 한 번 비판적으로 생각해봐야 하는 사항을 살펴볼 만한 능력 자체가 생리적 차원에서 상실되는 것이다.

또한 여러 연구에서는 장기간의 사랑을 촉진하는 화학물질에 대해서도 밝혀내기 시작했다. 우선 옥시토신에 희망을 걸어볼 수 있다. 옥시토신은 포유류의 호르몬 또는 신경펩티드로서, 아미노산 아홉 개로 이루어져 있으며 모든 산파가 말해주듯이 자궁 수축과 유즙 배출, 수유와 관련이 있다. 옥시토신은 시상하부에서 생성되는데, 시상하부는 오래된 두뇌 영역으로 음식섭취, 생식, 방어, 공격과 관련된 기본적인 행동을 조절한다. 이렇게 생성된 옥시토신은 두뇌와 혈관으로 분비되며 신경펩티드라고 불린다. 후각계의 수용체, 신체 접촉과 관련된 신경경로, 미주신경을 포함하여 부교감신경계를 조절하는 척추 영역에서는 이 화학물질이 들어오기를 기다린다.

옥시토신은 신체 접촉과 평온한 생리 상태를 활성화시킴으로써 일부일처제의 남녀 관계를 가능하게 해준다. 이 같은 놀라운 사실은 수 카터Sue Carter와 톰 인셀Tom Insel이 유전적으로 거의 동일한 들쥐 두

종, 즉 일부일처 생활을 하는 프레리 들쥐와 난잡하게 관계를 맺는 산악들쥐를 비교 연구하는 과정에서 밝혀졌다. 두 종은 두뇌 속에 있는 옥시토신 수용체의 밀도와 분포 면에서 가장 두드러진 차이를 보였다.

일부일처 생활을 하는 프레리 들쥐는 옥시토신 수용체의 밀도가 훨씬 높았다. 더욱이 산악들쥐의 적당한 두뇌 영역에 옥시토신을 주사했을 때 다른 상대를 제쳐놓고 한 상대만 선호하는 모습을 보인 반면에 프레리 들쥐에게 옥시토신 차단제를 주사했을 때에는 일부일처 생활을 잘 유지하지 못했다. 들쥐를 대상으로 한 다른 연구에서도 성행위 뒤 옥시토신이 증가한다는 점, 옥시토신을 주사하면 사회적 접촉과 친사회적 행동이 증가하는 반면에 옥시토신의 활동을 차단하면 모성적인 행동을 하지 못한다는 점이 밝혀졌다.

다른 종을 대상으로 한 연구에서도 이와 유사한 결과가 나왔다. 영장류의 경우 옥시토신을 주사하면 어린 새끼의 신체를 어루만지는 행위가 늘어나고 시선도 더 많이 집중했으며, 이빨을 드러내며 입을 벌리는 것과 같은 위협적인 얼굴 표정이 줄었다. 집에서 기르는 작은 짐승 새끼가 어미와 떨어졌을 때 일정량의 옥시토신을 주사하면 격리고통으로 인한 울음이 줄어들었다. 새끼 암양에게 옥시토신을 주사하면 낯선 양에게 친근감을 보이는 쪽으로 변화되었다.

지금쯤이면 여러분 마음속에 세 가지 물음이 떠오를 것이다. 남녀 한 쌍을 이루는 종 가운데 가장 복잡한 인간의 경우는 어떨까? 러시 림보Rush Limbaugh(미국 라디오 정치 토크쇼 진행자이며, 보수적인 정치 성향을 지녔다_옮긴이)에게 무슨 중독 증상이 있다고 들었는데 그게 옥시토신이었나(아니, 그것은 합성 진통제인 옥시콘틴OxyContin이었다. 만일 그가 옥시토신에 중독되어 자랐다면 그의 토크쇼가 어떤 양상으로 진행되었을지 자못 궁금하다)? 그리고 세 번째로, 어디 가면 옥시토신을 구해서 내 배우자의

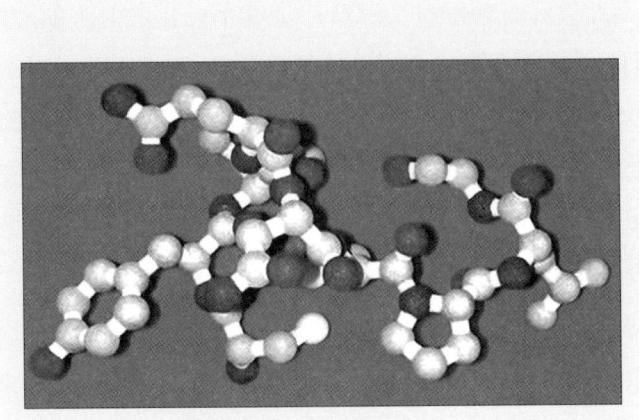

사진 26 | 일부일처 생활의 열쇠, 옥시토신

아침 식사용 콘플레이크에 뿌릴 수 있을까?

첫 번째 물음과 관련해서 인간 몸속에 있는 옥시토신 연구 결과들은 사랑과 헌신, 신뢰의 생리학적 기반에 대해 놀라운 그림을 보여주기 시작하는 중이다. 수유 여성에 대한 몇 가지 연구에서는 옥시토신이 스트레스의 생리적 기초가 되는 시상하부-뇌하수체-부신 축의 활동을 줄이는 것으로 밝혀졌다. 출산 전 옥시토신 기준치가 높게 나타났던 산모는 이후 태어난 아이에게 애착과 관련된 행동을 더 많이 보여주었다. 기분 좋은 마사지를 받거나 성행위를 할 때에도 옥시토신이 분비되었다. 심지어는 초콜릿이 옥시토신 분비를 촉진하기도 한다. 발렌타인데이 때 사랑하는 사람에게 피클이나 프링글스 포테이토 칩, 매운 살사 소스 같은 것을 주지 않고 초콜릿을 주는 것도 그저 우연은 아니다. 우리는 초콜릿을 이용하여 신뢰와 헌신의 느낌을 자극하고자 하는 것이다.

그렇다면 사랑은 어떨까? 옥시토신과 사랑의 관계를 더 직접적으로

표 15 | **사랑의 세 가지 종류에 대한 다윈의 설명**

모성애적 사랑	신체 접촉, 부드러운 미소, 다정한 눈길
사랑	밝게 빛나는 눈, 미소 짓는 얼굴(오랜 친구를 만났을 때), 신체 접촉, 부드러운 미소, 앞으로 내민 입술(침팬지의 경우), 입맞춤, 코 비비기
낭만적 사랑	가빠지는 호흡, 붉어진 얼굴

입증하기 위해 지안 곤자가Gian Gonzaga와 나는 성욕과 사랑에 대해 진화론적 연구를 시작했다. 지안은 먼저 다윈의 훌륭한 후손이 할 법한 작업부터 시작했다. 다윈의 관찰 내용을 살펴보았던 것이다. 다윈은 사랑이 '모성애적 사랑', '사랑', '낭만적 사랑' 이렇게 세 가지라고 보았으며(〈표 15〉 참조), 이는 우리가 보살피는 사랑, 낭만적 사랑, 욕망이라고 지칭한 것과 매우 유사하다. 그러나 여기서 다윈이 말하는 '낭만적 사랑'은 우리가 말하는 성욕을 지칭한다.

그런 다음 지안은 대학원 동료 학생들의 부러움을 사면서 도서관 책 더미 속에 파묻혀 인간과 인간이 아닌 영장류가 성교를 할 때와 다정하고 사랑스런 신체 접촉을 나눌 때 각기 어떤 비언어적 표현을 사용하는지 그리 선정적이지 않은 수십 가지 연구 자료를 검토했다. 그는 성욕과 낭만적 사랑을 나타내는 있을 법한 표현 행동들을 확인했다. 인간과 인간이 아닌 영장류는 성관계를 갖기 전에 입술과 입을 이용한 여러 가지 행동을 하는 경향이 있었다. 입술을 오므리거나 입을 맞추거나 입술을 빨거나, 믹 재거 같은 록 가수의 전형적 수법처럼 혀를 내밀었다.

이와 달리 낭만적 사랑은 눈빛이 반짝거리는 따스한 미소, 살짝 기울어진 고개, 두 팔을 벌리는 몸짓을 통해 표현되는 경향이 있다. 다윈이 두 팔을 벌리는 몸짓을 사랑의 신호로 보지 못한 점이 놀라웠다. 이는 그가 밝힌 '반대의 원리'를 통해 쉽게 설명될 수 있기 때문이다. 우리는 꽉 움켜쥔 주먹, 힘이 잔뜩 들어간 어깨, 구부린 팔로 화난 상태를 표시한다. 즉 상체가 즉각 공격에 들어갈 태세를 갖추는 것이다.

사랑은 그에 함축된 의미로 볼 때 반대 동작을 통해 표현될 것이다. 즉 긴장이 풀어진 어깨, 기울어진 고개, 활짝 벌린 두 팔의 자세를 취할 것이다. 세계 곳곳에서 낯선 사람끼리 나누는 인사 의식에는 두 팔을 벌리는 몸짓이 들어가는데 이는 신뢰와 협력을 나타내는 표시이다. 우리와 가까운 영장류인 침팬지는 공격 성향을 차단하고 친밀한 접근과 털 손질, 친선관계를 촉구할 때 두 팔을 벌리는 몸짓을 보인다.

우리는 첫 번째 연구에서 젊은 연인들을 연구실로 불러 사랑과 욕망에 대한 경험을 말해 달라고 했다. 영원한 사랑(8개월 정도 지속되었다)에 빠진 젊은 연인들은 자신들이 사랑에 빠지게 된 순간을 몇 분에 걸쳐 이야기했다. 새벽 3시 화학 실험실에서 만난 경우, 스케이트보드를 타다가 부딪친 경우, 다른 사람의 앨범에 실린 사진을 보고 반한 경우 등 여러 이야기가 나왔다. 또한 한 장 한 장 정지된 사진별로

사진 27 | 낭만적 사랑을 보여주는 인간의 몸짓과 갈등을 겪은 뒤 침팬지가 화해하면서 두 팔을 벌리는 몸짓

세밀하게 집중 분석한 결과 입술 핥기, 입술 오므리기, 입술 닦기, 부드럽게 번지는 미소, 기울어진 고개, 활짝 편 손바닥 등 갖가지 표현이 4~5초 간 연이어 나오는 것을 뚜렷하게 볼 수 있었다. 불과 몇 초밖에 되지 않는 짧은 시간 동안 드러난 이런 행위를 과연 성적 욕망과 낭만적 사랑을 보여주는 뚜렷한 경험으로 볼 수 있는가 하는 점이 우리가 알고 싶은 사항이었다.

그리고 실제 우리가 알아낸 것이 바로 이 같은 사실이었고, 이 외에 더 많은 것을 알아냈다. 연인들이 2분 동안의 대화를 끝낸 뒤 여자와 남자 모두 똑같이 더 많은 사랑을 느낀다고 이야기할 때 사랑을 표현하는 표시가 더 많이 나타났다. 사랑을 나타내는 아주 작은 표시는 욕망에 대한 이야기와 아무 관련이 없었다. 이와 달리 성적 욕망을 나타내는 짧은 표시는 젊은 연인들이 성적 욕망에 대해 이야기하는 것과 연관이 있었고, 사랑과는 아무 연관이 없었다.

사랑하는 사람이 미소 짓고 고개를 기울이고 두 팔을 벌릴 때 상대는 이 사람에 대해 성적 욕망이 아니라 사랑을 느낀다. 또한 사랑하는 사람이 입술을 핥거나 오므리는 것을 볼 때 상대는 더 큰 성적 욕망을

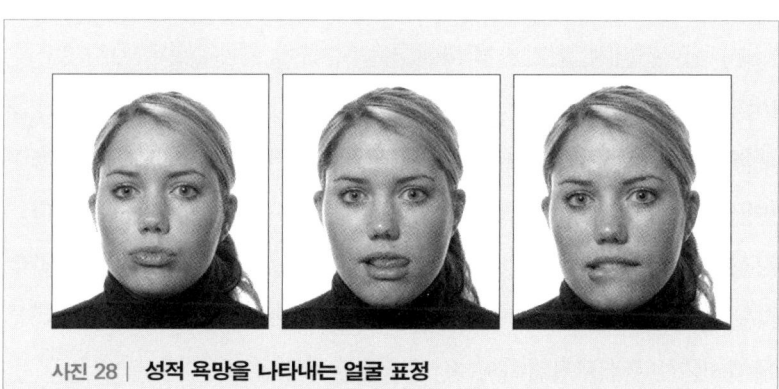

사진 28 | **성적 욕망을 나타내는 얼굴 표정**

느낀다. 우리는 대화가 이어지는 2분 동안 0.5초간의 입술 오므리기와 고개를 기울인 미소를 세밀하게 측정한 결과 두 가지 커다란 열정, 즉 낭만적 사랑과 성적 욕망을 구분할 수 있었다.

더 깊이 탐구하는 동안 우리는 다른 사실도 알게 되었는데, 이 사실을 알고 나면 저녁 식탁 건너편에 앉은 상대를 바라볼 때 그를 바라보는 표정이 변할지도 모른다. 사랑을 나타내는 강렬한 비언어적 표현을 보여주는 남녀는 높은 수준의 신뢰와 헌신에 대해 이야기하며, 예를 들면 결혼 이야기를 하는 등 스무 살 젊은이에게는 좀처럼 보기 드문 행동을 하는 경우가 더 많았다. 성적 욕망에 휩쓸려 가는 남녀는 함께 하는 미래에 대해 잘 이야기하지 않았고(미래는 성적 욕망에 방해가 된다), 서로에 대한 장기적인 책임의식에 대해서도 잘 이야기하지 않았다.

나는 이런 지식으로 무장한 상태에서 내 딸들의 질풍노도 같은 청춘기를 맞을 준비를 하고 있다. 내 딸들의 첫 데이트가 시작되거나 사랑하는 사람이 있다고 선언할 때 나는 내게 필요한 정확한 지식으로 무장해 있을 것이다. 저녁 시간을 어떻게 보낼 것인지 계획을 말하는 동안 꽤 여러 차례 입술을 핥거나 오므리는 모습을 보게 된다면 나는 녀석의 목을 단단히 잡고 집 밖까지 정중하게 에스코트하여 보낼 것이다.

이어서 우리는 화학적 원천, 즉 옥시토신의 문제로 돌아갔다. 지안, 레베카 터너Rebecca Turner, 그리고 나는 혈액 속 옥시토신의 비율이 평균적으로 남자의 일곱 배나 되는(오, 대단하다!) 여자들에게 또 다른 사람을 향해 따스한 느낌을 강렬하게 받았던 경험을 이야기해 달라고 부탁했다. 여자들은 자신의 경험을 상세하게 설명했고 그로부터 15분 뒤 우리는 혈액을 채취하여 옥시토신 분석에 들어갔다.

또한 추억을 말하는 모습을 비디오테이프에 담아 이를 재생하면

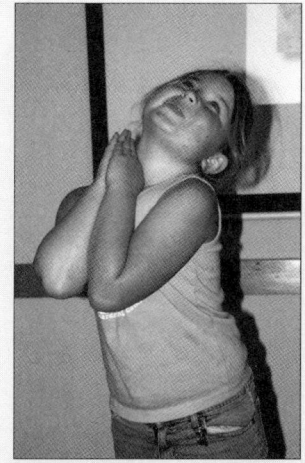
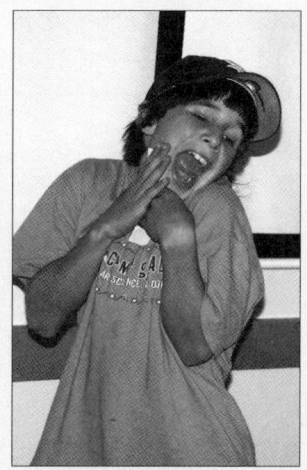

사진 29 | 사랑 표현

매년 여름 나는 커크 쿠퍼Kirk Cooper가 운영하는 '하루를 만나다Sees the Day' 여름 캠프에 참가하여 다윈과 감정 표현에 대한 강의를 한다. 이 사진은 여기에 참가한 아홉 살, 열 살의 아이들 네 명이 아무런 사전 설명도 듣지 않은 채 자발적으로 사랑을 표현한 모습이다. 여자아이와 남자아이 중 어느 쪽이 더 잘했는지에 대한 판단은 여러분의 안목에 맡겨 두기로 한다.

서 고개를 비스듬히 기울이고 웃는 미소와 두 팔을 벌리는 몸짓을 부호화했고, 아울러 입술 핥기, 입술 오므리기, 혀 내밀기도 부호화했다. 따뜻한 미소를 보이고 고개를 비스듬히 기울이며 두 팔을 벌릴 때에만 옥시토신 분비가 증가했다. 성적 욕망을 나타내는 단서는 헌신과 장기적인 책임에 관련된 이 신경펩티드의 분비와 아무 관계가 없었다. 어쩌면 일부일처제를 관장하는 이 분자에 결혼생활의 모든 비밀이 들어 있을지도 모른다.

옥시토신과 신뢰

바버라 에렌라이히Barbara Ehrenreich는 자신의 문화사 저서 《거리의 춤Dancing in the Streets》에서 인간이 춤을 추고 리듬을 타면서 집단적인 기쁨과 서로에 대한 사랑을 향해 나아가려는, 억제할 수 없는 성향에 대해 상세하게 설명하고 있다. 아주 오래된 초기인류의 도자기에도 춤 그림이 발견된다. 춤은 많은 신화에서 한 부분을 차지하며, 여사제 미내드Maenad가 주관하는 디오니소스 축제에서는 가장 중요한 요소로 손꼽힌다. 춤은 수렵채집 생활에서 하나의 의식으로 자리 잡은 정기적인 행사였다. 아마도 스포츠 시합, 정치 집회, 가족 모임, 종교 집회 등과 같은 집단 모임에서 식사를 제외하고 늘 한결같이 등장하는 행사가 춤일 것이다.

초기 그리스도교 교회에서는 다함께 모여 춤을 추는 것에 즉각적인 반감을 드러냈다. 사람들이 함께 모여 추는 춤은 반역의 열정을 불러일으키고 이견과 불복종의 씨앗을 순식간에 퍼뜨릴 수 있다는 것이었다. 그리 놀랄 일도 아니지만 교회 권력(아마 이들에게는 리듬이란 게 거의 없을 것이다)은 인간의 보편적인 행위에 극단적인 제한을 가했다. 그러나 이는 헛된 노력으로 끝났고 앞으로도 영원히 그럴 것이다. 춤의 본능은 교회 담 바깥에서 축제의 형태로 다시 등장하여 오늘날까지 이어지고 있다. 춤은 어떤 상황에서든 등장할 것이다. 교회에서, 시합에서, 학술회의에서, 버스를 기다리는 낯선 사람들 사이에서. 결혼식 밴드의 비트 소리에 맞춰 쿵쿵 뛰는 2살짜리 아이에게서, 그 어디서든 나타날 것이다. 사람들은 엉덩이를 흔들고 어깨를 들썩이며 손뼉을 치고 싶어 한다.

흔히 보이는 실수이지만 춤이 성적이라고 가정한 점에서 우리는 개념적인 실수를 저질렀다고 에렌라이히는 지적한다. 분명 우리의 기억에 남아 있는 춤에 대한 초기 기억은 성적인 느낌을 갖고 있다. 내 경우에는 8학년(우리나라의 중학교 2학년에 해당한다_옮긴이) 때 천국으로 가는 계단Stairway to Heaven에 맞춰 느린 움직임으로 파트너를 꽉 부둥켜안고 춤을 추었던 기억이 있다. 물론 8학년 때에는 무엇이든 성적으로 느껴진다. 대수학도, 철자 알아맞히기 시합도, 소방 훈련도, 콘도그(꼬챙이에 낀 소시지를 옥수수 빵으로 싼 핫도그_옮긴이)도 모두 성적인 의미를 갖는다. 그러나 이런 경험을 포괄적인 주장으로 일반화시키는 것은 잘못이다.

춤은 집단 구성원에 대한 사랑을 불러일으킨다. 또한 신체 접촉, 노래, 미소, 웃음, 고개 흔들기의 진화된 형태를 서로 잘 결합시켜, 땀과 환희가 흐르는 집단적인 움직임 속에 집단적인 기쁨이 고루 퍼지게 한다. 춤은 여러 세대를 거치는 동안 동정심, 아가페, 황홀경, 인 등 수많은 이름으로 불렸던 어떤 신비한 느낌에 가장 확실하고 빠르게 이르는 길이다. 나는 여기서 이 신비한 느낌을 신뢰라고 일컬을 것이다. 춤을 춘다는 것은 서로를 신뢰하는 것이다.

한바탕 신나게 춤을 춘 뒤 집단 구성원에게 품는 이 특별한 유형의 사랑과 신경의 상호 연관성에 대해 신경경제학자 폴 자크Paul Zak가 연구할 수 있었다면 아마 옥시토신 수치가 지붕을 뚫고 치솟는 것을 보았을 것이다. 폴 자크는 옥시토신이 신뢰의 생물학적 기반이라고 주장했으며, 획기적인 신뢰 게임trust game을 통해 자신의 주장을 뒷받침했다. 신뢰 게임에서는 '투자자'로 불리는 한 실험참가자가 '수탁자'로 불리는 다른 개인에게 돈을 준다. 그러고 나면 수탁자에게 넘어간 돈의 가치는 세 배로 증가하고 수탁자는 투자자에게 얼마간의 돈을 돌려준다. 이때 수탁자는 자신이 주고 싶은 만큼 투자자에게 돌려줄 수 있다. 물론 많이 줄 수도 있고 적게 줄 수도 있다. 삶의 많은 영역에서 그렇듯이 협력하면 모두에게 돌아가는 잠재 이익이 늘어나지만, 여기에는 마음씨 좋게 넘겨준 돈의 일부를 수탁자가 돌려줄 거라는 높은 수준의 믿음, 단단한 확신, 신뢰감이 요구된다.

자크는 독일과 스위스(이들 나라에서는 옥시토신을 실험적으로 연구하는 것이 불법이 아니다)에서 실험을 실시하면서 코에 뿌리는 스프레이로 투자자에게 옥시토신이나 중성용액을 주었다. 옥시토신을 흡수한 '투자자'가 낯선 사람에게 최대 금액의 돈을 줄 가능성은 중성용액을 흡수한 투자자에 비해 두 배 가량 높았다(〈표 16〉 참조).

예전에 내 제자였던 벨린다 캄포스Belinda Campos는 이를 비혈족에 대한 사랑의 칵테일이라고 불렀다. 이 사랑은 옥시토신으로 커지며 신뢰, 즉 인류애를 기반으로 한다. 캄포스는 연구를 통해 다른 어떤 종류의 사랑도 아닌 이런 느낌만이 다른 인간의 선의에 대해 확신을 높여준다고 밝혔다. 또한 이런 느낌이 생기면 뒤이어, 베풀고 싶은 충동, 신뢰하고 희생하고 싶은 충동이 일어난다고 했다.

한 연구에서 우리는 대학생들이 입학 첫해 동안 기숙사라는 새로운 공동체에 적응해가는 과정을 살펴본 바 있다. 대학에 입학하기 전 인

표 16 | 옥시토신과 신뢰의 관계

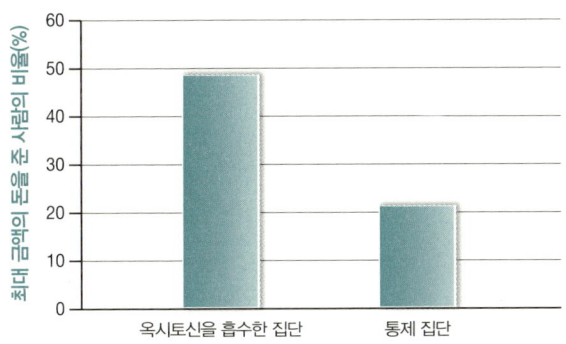

신뢰 게임에서 옥시토신은 넉넉한 마음을 키워주었다.

류애가 많았던 학생은 다른 사람보다 빨리 새로운 룸메이트를 신뢰했고 재빨리 많은 친구와 우정을 쌓았다. 간디가 "모든 사람은 형제다"라고 말한 것도, 예수가 "남을 사랑하는 자는 율법을 다 이루었느니라"(로마서 13장 8~10절)라고 말한 것도 모두 이런 사랑에서 나온 말이었다. 월트 휘트먼Walt Whitman이 《나 자신의 노래Song of Myself》에서 밝힌 선언 내용을 하나로 이어주는 것도 인류애였다.

또한 경험적 연구에서는 공동체의 건전성 여부가 신뢰와 인류애에 달려 있다는 사실을 밝히고 있다. 하버드 대학에 있는 로버트 샘슨Robert Sampson은 자원이 빈약한 위험 지역에 거주하는 아이들이 이웃에게 인류애를 느낄 때 더 잘 살아간다는 사실을 밝혀냈다. 이웃 아이와 따뜻하게 눈을 마주치는 어른, 위로의 손길로 등을 토닥여주는 어른, 기운을 북돋아주는 어조로 격려의 말을 들려주는 어른이 비록 피가 섞이지는 않았지만 더불어 살아가는 아이들에게 신뢰감과 힘을 안겨준다.

또한 다른 연구에서는 이혼 및 파탄 가정의 아이가 이웃이나 교사, 코치, 목사 등 가까이 있는 다른 어른에게 유대감을 느끼고 그들에게 온 마음을 쏟을 때 부모의 이혼으로 받은 충격과 상처에서 빨리 회복되는 것으로 입증되었다.

우리는 소규모 집단 속에서 진화해왔으며, 이 집단에는 혈족과 비혈족을 구분하는 장벽이 거의 없었다. 다 함께 보살피는 행위에 동참했으며, 자원을 모으고 약탈을 막으려 방어하는 과정에서도 협력을 이루었다. 협력의 성공 여부는 결정적으로 다른 사람에 대한 신뢰감과 인류애의 존재 여부에 달려 있었다. 진화는 사랑과 신뢰에 관련된 뿌리 깊은 일련의 행동과 더불어 반응해왔다. 헌신하는 마음, 희생하고자 하는 무의식적 충동, 다른 사람의 아름다움과 선에 대한 의식, 애정 어린 손길, 옥시토신, 두뇌의 보상회로 활성화, 두뇌의 위협회로(편도체) 차단, 주고받는 미소와 숙여진 고개, 두 팔을 벌리는 몸짓과 자세, 부드럽고 애정 어린 어조 등이 이런 행동에 속한다. 그리고 이 행위는 부모와 자식의 초기 애착관계, 생식 파트너끼리 조용하고 은밀하게 나누는 친밀함의 순간들 속에 가장 기초적인 형태로 분명하게 드러난다.

우정의 기본 토대를 형성하는 춤과 축제 같은 의식을 통해 이런 행위가 쉽게 다른 사람에게도 확산된다. 또한 이런 감정 자체가 지닌 전염성을 통해 비공식적으로 전파된다. 초기인류는 보살피는 일을 공동으로 함께 나누면서 포대기에 싸인 아기를 어머니 품에서 친구 품으로 옮기는 동안 달콤한 속삭임과 미소를 함께 나누고 아이를 얼렀을 것이다. 아울러 그 이상의 것, 즉 공동체 의식을 키웠을 것이다.

새와 벌로 돌아가다

코끼리바다표범의 참혹한 광경을 본 내 딸이 사랑을 이해하는 데 도움을 주기 위해 내가 해볼 수 있는 또 다른 시도가 필요했다면, 아마도 딸들에게 다음 도표를 훑어보게 했을 것이다. 이 도표에는 인간의 삶에서 두루 나타나는 사랑의 다양성에 대해 사회과학이 밝혀낸 사실들이 설명되어 있다. 어쩌면 나는 아베롱의 야생소년 이야기에서부터 시작하여 과학이 밝혀낸 그에 상응하는 사실들, 즉 인간은 어떤 종류의 사랑이든 사랑을 실천함으로써 우울증과 불안에서 벗어나고 더 행복해지며 건강을 누릴 수 있고 신경계가 튼튼해지고 질병에 대한 저항력이 커진다(기분이 좋아진다는 점은 말할 것도 없다)는 점을 알려주었을 수도 있다.

나는 내 딸 나탈리와 세라피나에게 심리학자 로라 카스텐슨Laura Carstensen이 밝혀낸 사실, 즉 나이가 들면 그리고 죽을 때가 가까워

표 17 | 나이 듦의 역설

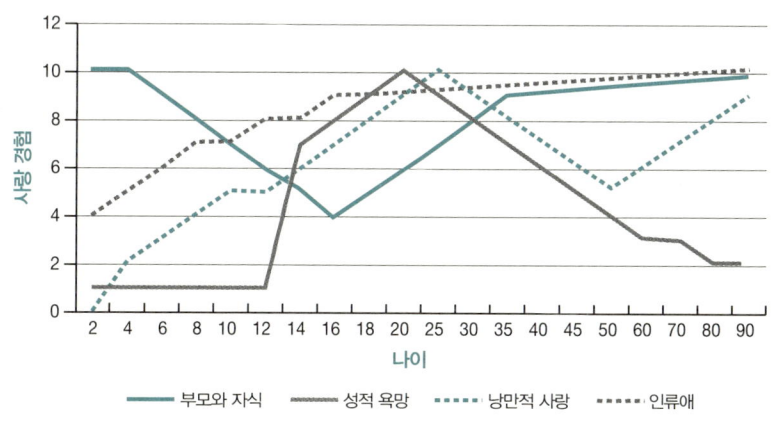

지면 사랑을 나누는 관계가 더 중요해지고 사랑은 더욱 달콤해진다는 사실을 말해줄 수 있었을 것이다. 그렇다면 지금이라도 시작하지 못할 이유가 뭐가 있겠는가?

나는 내 딸들에게 부모와 자녀 간의 사랑이 계속 변한다는 사실을 말해줄 것이다. 자녀가 낭만적 사랑에 푹 빠지는 청년기에는 부모와 자녀 간의 사랑이 반드시 멀어진다. 그렇다고 놀랄 필요는 없다(물론 내가 훨씬 더 놀랄 것이라는 점은 분명하다). 보살피는 사람과 보살핌을 받는 대상 간의 사랑은 이후 시간이 지나면서 다시 회복되고 손자와 조부모의 기분 좋은 사랑이라는 새로운 가지가 생긴다. 사랑의 범위가 확대되는 것이다.

나는 내 딸들에게 사랑 중 가장 강렬한 것, 즉 열정적 사랑의 기쁨에 대해, 머리가 어질어질하고 심장이 쿵쾅거리는 환희에 대해 말해줄 것이다. 하지만 그것이 지닌 천상의 이끌림에 너무 오랫동안 속아서는 안 된다고 말할 것이다. 아이를 낳은 뒤, 특히 아이와 함께 지내는 1년차에서 4년차 사이에는 열정적 욕망이 줄어들며 낭만적 관계가 힘을 잃는다고 학자들은 말하고 있다. 우리(또는 수십억 달러에 달하는 미용 산업)는 아주 다른 생각을 할지 몰라도 삶의 과정을 거치는 동안 사랑이 쇠퇴하면 다른 형태의 사랑이 훨씬 더 달콤하게 다가온다.

낭만적 사랑의 황금기가 지나고 아이를 기르는 초기 몇 년 동안에는, 음식물을 게워내거나 놀러 갈 약속을 해달라며 생떼를 쓰는 등의 일로 낭만적 사랑이 식게 된다고 주의를 줄 것이다. 그리고 두 딸에게 빈 둥지에 새로 싹트는 사랑에 대해 상기시킬 것이다.

나는 내 딸들에게 스테파니 쿤츠Stephanie Coontz의《진화하는 결혼 Marriage, a History》을 읽어보라고 권할 것이다. 이 책에서 쿤츠는 우리가 오늘날 결혼생활에서 저지르는 한 가지 커다란 실수는 바로 낭만적 사랑에 너무 과도한 부담을 지우는 것이라고 주장했다. 그리고 우리에게는 더 다양한 형태의 사랑이 필요하다고 지적했다.

나는 낭만적 사랑이 열정만을 먹고 사는 것은 아니라고 주장하는, 관계에 대한 새로운 과학을 언급할 것이다. 존 가트먼의 지혜를 빌리면 독성 있는 부정적 감정이 결혼생활을 지속할 수 있게 해주는데, 독성 있는 부정적 감정과 긍정적 감정이 마법의 비율을 이룰 수 있게 낭만적 사랑에는 다섯 가지 긍정적 감정(웃음, 놀이, 경이감, 친절, 용서)이 반드시 필요하다.

또한 나는 인류애, 아가페, 그리고 감정을 지닌 모든 것에 대한 사랑을 설명해주려고 노력할 것이다. 이 감정은 매우 중요한 발견이다. 티베트 불교에서 주요 그리스도교 종파에 이르기까지 모든 윤리체계에서 이 감정은 심장에 해당된다. 그리고 이런 사랑이 신뢰와 넉넉한 마음, 안정적인 공동체를 가져다준다. 이것은 우리가 평화로운 놀이터에 있을 때, 또는 공원을 산책하거나, 박물관과 교회에서 고요하게 우러르는 마음에 젖을 때 우리를 감싸는 공기 속의 정기와 같은 것이다. 어쩌면 사랑은 지구온난화 같은 당혹스런 문제에 대한 해결 단서가 될 수도 있다. 사랑은 월트 휘트먼의 시집《풀잎Leaves of Grass》에 나오는 창조의 내용골(배 밑바닥을 견고히 하는 장치_옮긴이)이다.

> 빠르게 생겨나 내 주위로 퍼져 갔다. 평화와 기쁨.
> 지상의 모든 예술과 논의를 지나쳐 가는 깨달음.
> 그리고 나는 신의 손이 내가 가장 먼저 잡은 손임을 안다.
> 그리고 신의 영혼이 나의 가장 큰 형임을 안다.
> 그리고 지금까지 태어난 모든 남자 역시 나의 형제이며…
> 여자는 나의 누이이자 연인임을 안다.

그리고 창조의 내용골이 사랑임을 안다.

나는 네 가지 사랑을 얻으려 노력하는 과정이 두 딸의 삶, 그리고 그들 자녀의 삶, 그들 친구의 삶, 그들이 살게 될 공동체의 성격을 형성한다고 두 딸에게 설명하려 노력할 것이다. 나는 그들 삶의 준비 과정에서 이 네 가지 사랑이 완전하게 표현되기를 바라면서 그들이 잘 살기를 바랄 것이다.

Chapter

11

나를 우리로 만드는 에너지
연민

Compassion

동정심이야말로 가장 강한 본능이며 윤리체계의 기초라고 높이 평가한 다윈의 주장은 서구 사상사에서 그리 많은 추종자를 남기지 못했다. 일반적으로 동정심과 연민은 경멸적인 회의주의나 노골적인 조롱의 시선으로 다루어졌다. 토머스 헉슬리는 생물학적 기반을 가진 보살핌의 능력이 진화 과정에서 생긴 것이 아니라고 주장했다.

Compassion

조지 오웰George Orwell은 스페인 내전에서 전투를 벌이던 어느 날 파시스트 적군 한 명과 정면으로 마주쳤다. 숨을 헐떡이며 달려온, 이 병사는 상의를 걸치지 않은 채 두 손으로 바지를 움켜쥐고 비틀거렸다. 오웰은 총을 쏘지 않았다.

> 내가 총을 쏘지 않은 것은 부분적으로 그의 바지에 관련한 세세한 정황 때문이었다. 나는 '파시스트'에게 총을 쏘려고 이곳에 왔다. 바지를 움켜쥐고 있는 사람은 '파시스트'가 아니다. 그는 분명 우리와 똑같은 생명체였다. 여러분도 그에게 총을 쏘고 싶은 마음이 들지 않을 것이다.

파시스트 병사의 벗은 웃통과 살갗, 헝클어진 매무새를 보는 순간 오웰은 죽이려는 본능이 차단되었던 것이다.

《휴머니티Humanity》에서 역사가 조너선 글러버Jonathan Glover는 스탈린 숙청, 베트남 밀라이 학살, 캄보디아의 킬링필드, 르완다의 집단학살 등 20세기의 여러 전쟁에서 나타난 '솟아나는 동정심'의 많은 사례를 정리해 놓았다. 이 사례들은 병사가 충직한 군법 준수나 보는 즉시 사살이라는 엄격한 명령에서 놓여나 자신들이 죽여야 할 인간에 대한 인류애에 휩싸인 순간의 기록이다. 예를 들어 밀라이 학살 때처럼 아기와 임산부의 목을 베고 배를 가르는 장면을 볼 때 이런 순간과 마주친다. 또한 눈앞에서 적과 마주쳐 그의 눈동자를 들여다보거나 그의 피부에 나 있는 땀구멍이나 그의 눈썹이 비스듬히 처진 모습을 볼 때 이런 순간이 찾아온다.

나치 집단수용소의 의사였던 미클로시 니슬리Miklós Nyiszli만큼 솟아나는 동정심을 극적으로 경험한 사람도 없을 것이다. 어느 날 가스실에서 시체를 치우고 있는데 사후 강직 현상으로 가느다란 팔다리가 모두 뻣뻣하게 굳은 시체 더미 아래서 열여섯 살 소녀가 산 채로 발견되었다. 니슬리는 반사적으로 어린 소녀에게 낡은 코트를 덮어주고 따뜻한 수프와 차를 주었으며 어깨와 등을 따뜻하게 쓰다듬어 주었다. 니슬리는 집단수용소 지휘관에게 수용소에서 일하는 독일 여자들 틈에 소녀를 숨겨 목숨만 살려 달라고 부탁했다. 지휘관은 이 가능성을 잠시 저울질하는 듯하더니 결국은 자신이 선택한 방법으로 소녀를 처리했다. 어린 소녀의 목 뒤에 총을 쏘아 죽인 것이다.

조너선 글러버는 인간의 역사는 잔혹성과 연민이 대결을 펼치는 장으로 볼 수 있으며, 전시에 연민의 힘이 전쟁의 규율을 압도하면서 동정심이 솟아나는 경우 이런 사실이 여실히 드러난다고 주장한다. 어쩌면 인간의 본성에 대해서도 동일한 주장을 할 수 있을 것이다. 자기방어를 꾀하는 투쟁·도주 성향은 우리 신경계의 전기화학적 흐름에 관심을 가지려는 성향과 끊임없이 충돌한다. 마음속 한편에서는 이기심이 끌어당기고 다른 한편에서는 연민이 등을 떠미는 동안 우리 마음은 이 사이를 오락가락한다.

결혼, 가족, 친구, 직장 생활에서 흐렸다 개었다 하는 과정은 날것 그대로의 이기심과 다른 사람의 행복을 위해 헌신하고 싶은 마음, 이 두 가지 커다란 힘 사이에 작용하는 역동적인 긴장을 따라 움직인다. 최근 들어 보살핌의 감정이 우리 신경계 속에 구조적으로 내재되어 있다는 연구 결과들이 나오면서 감정에 대한 연구 자체가 '솟아나는 동정심'을 경험하는 중이다. 연민에 대한 최신 연구들은 결혼과 가족, 공동체의 건강과 관련하여 연민이 어떤 역할을 하는지 새로운 단서들을 내놓고 있다.

연민을 둘러싼 음모

찰스 다윈은 자신의 책 《인간의 유래》에서 인간도 진화를 거쳐 오늘날에 이르렀다고 주장하면서 다른 어느 본능이나 동기보다 사회적 본능 또는 모성 본능이 지닌 커다란 힘을 강조했다. 그의 추론은 한 점 의혹도 들지 않을 만큼 직관적이었다. 초기인류 조상의 집단 가운데 상대적으로 동정심 많은 공동체가 자녀를 생활력과 생식력(유전자를 다음 세대까지 전할 수 있는 가장 확실한 길이며, 진화의 필수조건이다)을 갖춘 나이까지 건강하게 키울 성공률이 높았다는 것이다.

하지만 동정심이야말로 가장 강한 본능이며 윤리체계의 기초라고 높이 평가한 다윈의 주장은 서구 사상사에서 그리 많은 추종자를 남기지 못했다. 일반적으로 동정심과 연민은 경멸적인 회의주의나 노골적인 조롱의 시선으로 다루어졌다. 토머스 헉슬리는 생물학적 기반을 가진 보살핌의 능력이 진화 과정에서 생긴 것이 아니라고 주장했다. 그에 따르면 친절, 협력, 연민은 어디까지나 문화적 산물이다. 그는 인간의 기본 성향을 억제하고 상쇄하려는 종교 계율과 사회 규범, 의식의 필사적인 노력으로 친절, 협력, 연민이 형성되고 사회 조직 속에 도덕으로 자리 잡았다고 주장했다. 부모가 자식을 버리고 학대하는 일, 영아 살해, 고문, 대량학살 같은 일이 통상적으로 벌어지는 것을 볼 때 헉슬리의 주장에 상당한 신뢰감이 생긴다. 이런 입장에서 보면 생물학적 진화에서 연민의 기반을 찾으려는 과학의 노력은 허공을 헤집으며 공기를 붙잡으려는 격이며, 있지도 않는 상대를 향해 돌진하는 격이다.

철학자 마사 누스바움은 《사고의 대변동》이란 책에 감정 연구의 역사를 탁월하게 정리하면서, 서구 규범에서 다른 영향력 있는 사상가들은 이보다 더 심했다고 밝혔다. 서구 사상의 흐름은 연민을 윤리적 행동의 길잡이로 신뢰할 수 없다는 쪽으로 기울어져 있었다. 연민은 '분별이 없으며' 지나치게 주관적이라서 양심과 윤리적 행동의 보편적인 길잡이가 되지 못한다는 것이다. 그들은 연민 속에 각 개인의 특이한 염려가 가득하다고 여겼다(내 눈에는 부당한 고통으로 비치는 것이 다른 사람의 눈에는 정당한 것으로 보일 수 있다). 또한 연민은 '약하다'고 생각했으며, 정의를 집행해야 하는 힘겨운 작업에서 개인이 연민 때문에 약해진다고 보았다.

> 동정심은 아름답고 정겹다. 다른 사람의 운명에 너그러운 관심을 보이기 때문이다. … 그러나 이 착한 마음씨의 열정은 약하고 늘 분별이 없다.
>
> – 이마누엘 칸트Immanuel Kant,
> 《아름다움과 숭고함의 감정에 관한 고찰Observations on the Feeling of the Beautiful and Sublime》

어느 문명이든 살아남고자 할 때 사람들이 반드시 거부해야 하는
것은 이타주의 도덕성이다.

— 아인 랜드AYN RAND,
《믿음과 힘: 현대 세계의 파괴자들Faith and Force: The Destroyers of the Modern World》

가치 변화의 새로운 압력과 망치질 아래서 그러한 책임감의 무게를
견딜 수 있으려면 양심은 단단한 철이 되고 마음은 놋쇠로 바뀌어
야 한다.

— 프리드리히 니체Friedrich Nietzsche,
《선과 악을 넘어서Beyond Good and Evil》 203절

권위를 지키고자 하는 왕자는 필요성에 따라 착해지지 않는 법을
배워야 하며 지식을 이용하는 법 또는 지식의 이용을 자제하는 법
을 배워야 한다.

— 마키아벨리Machiavelli

이와 같은 낡은 견해 속에 갇혀 연민에 대한 과학적 연구는 오랫동안 세상에 나오지 못했다. 하지만 새로운 경험적 연구들이 쏟아지면서 다시금 다윈의 주장이 힘을 얻게 되었다. 연민은 생물학적 기반을 가진 감정으로, 포유류의 두뇌에 깊이 자리 잡고 있으며 인류가 지금까지 적응해왔던 선택압 중 가장 강력한 선택압(약한 사람을 돌봐주어야 하는 필요)에 의해 형성되었다. 연민은 결코 분별없지 않으며, 대상이 어느 정도 약한가에 따라 미세하게 조정된다. 또한 연민은 결코 약하지 않다. 연민은 종종 개인이 자기 자신의 많은 부분을 희생하면서까지 이타적인 용감한 행동에 나서게 만든다. 연민에 대한 오해를 풀

어주는 이러한 사실들은 최근까지 과학이 아닌 신비의 영역으로 남아 있던 신경계 연구가 활발해지고 성과를 거둠으로써 새롭게 밝혀졌다.

잃어버린 미주신경

다윈은 동정심을 가장 강한 본능이라고 말해 기존 서구 사상의 혈관에 있는 신경 하나를 건드렸다. 또한 다윈 스스로는 거의 모르고 있었지만 또 하나의 신경도 건드리고 있었다. 그것은 미주신경vagus nerve으로 알려진, 말 그대로 신경다발이다. 미주신경은 우리 가슴속에 있으며 이 신경이 활성화될 때 온몸에 따뜻한 기운이 퍼지듯 흐르고 목이 메는 느낌이 든다. 미주신경(〈그림 12〉 참조)은 척추 위쪽에서 시작하여, 발성에 관여하는 근육인 얼굴 근육 조직, 심장, 폐, 신장, 간, 소화기관을 연결하면서 온몸을 돌아다닌다(미주신경의 vagus가 라틴어로 '돌아다닌다'는 의미다). 생리심리학자 스티브 포지스Steve Porges는 논문을 통해 미주신경이 연민에 관련된 신경이며 보살핌을 관장하는 신체기관이라고 주장했다.

그렇다면 미주신경은 어떤 과정을 거쳐 이런 역할을 하는 걸까? 우선 포지스는 미주신경이 보살핌에 관계된 소통체계의 근육 집단, 즉 얼굴 근육 조직과 발성기관을 자극한다는 점을 지적한다. 예를 들어 우리가 진행한 연구에서도 사람들은 다른 사람이 곤경에 처했던 경험을 전해 들을 때면 늘 한숨을 쉰다는 사실이 밝혀졌다. 한숨은 아주 먼 옛날부터 내려오는 날숨으로, 한숨을 쉬는 사람의 투쟁·도주 생리현상을 가라앉히고, 말하는 사람의 마음속에 위안과 신뢰를 불러일으킨다. 우리가 상대를 달래듯 한숨을 내쉴 때 또는 비스듬히 처진 눈썹 모양을 하고서 근심 어린 시선으로 어려움에 처한 사람을 안심시킬 때,

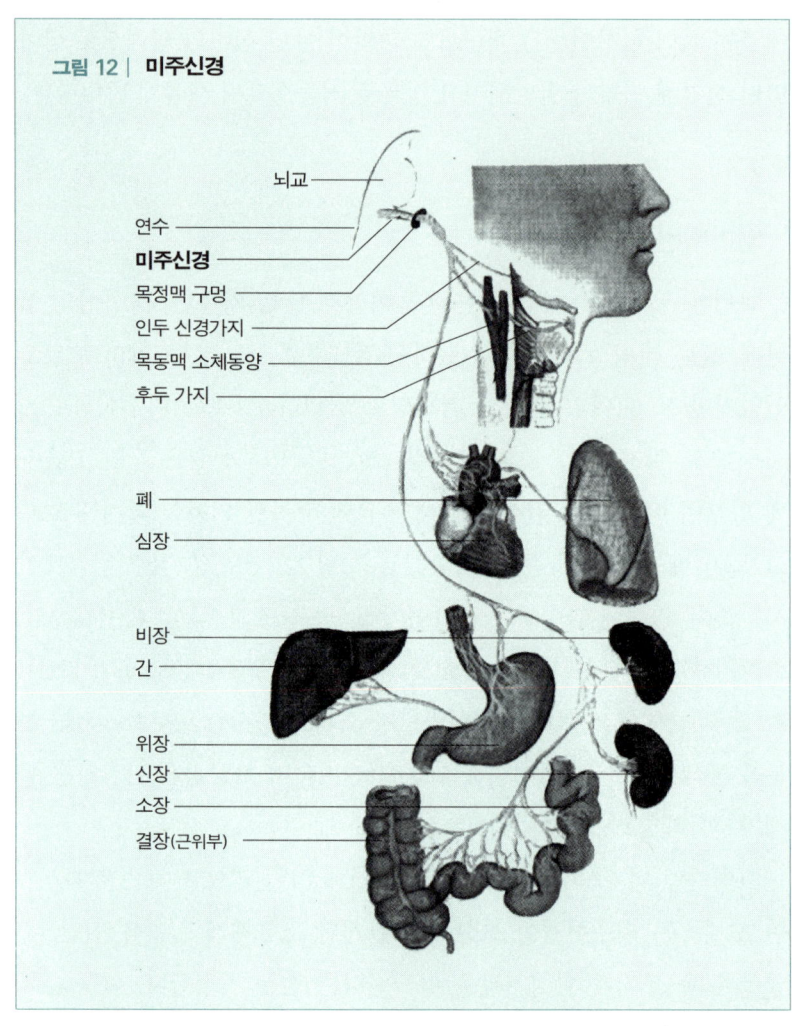

그림 12 | 미주신경

미주신경은 목, 입, 얼굴, 혀 근육을 자극하여 염려와 안심을 나타내는 위안의 표시를 내보내는 것이다.

둘째, 미주신경은 심장박동을 느리게 하는 일차 브레이크 역할을 한다. 미주신경이 활성화되지 않는다면 아마 우리 심장은 1분에 대략 72회 정도가 아니라 평균 잡아 115회 정도 뛸 것이다. 미주신경은 심장이 느리게 뛰도록 돕는다. 우리는 화가 나거나 두려울 때 심장이 마구 뛰는데, 이때 심장박동수가 1분에 5회에서 10회 정도 말 그대로 널뛰듯이 늘어나 여러 근육 집단에 혈액을 공급하고 우리 몸이 투쟁·도주 상태가 되게 준비시킨다. 미주신경은 이와 반대 역할을 하여 심장박동수를 평화로운 수준으로 떨어뜨리고, 다른 사람과 부드러운 신체 접촉을 할 수 있는 가능성을 높여준다.

세 번째, 미주신경은 신뢰와 사랑을 느끼는 데 밀접하게 관여하는 신경펩티드 옥시토신 수용체의 풍부한 망과 직접 연결되어 있다. 그래서 미주신경이 작용하여 친화적인 발성과 평온한 심장혈관 생리를 자극하면 옥시토신 분비가 촉진되고 따뜻함, 신뢰, 헌신의 신호가 두뇌와 몸 전체에, 그리고 궁극적으로는 다른 사람에게 전해지는 것으로 짐작된다.

마지막으로 미주신경은 포유류에게만 있다. 파충류의 자율신경계는 등쪽 미주신경 복합체the dorsal vagal complex로 알려진 미주신경의 가장 원시적인 부분을 가지고 있으며, 이는 부동 동작immobilization behavior과 관련 있다(파충류의 원시적인 미주신경에는 신경세포 간에 전달되는 전기화학 신호를 보호하는 수초myelin가 없어 아주 초보적인 반응에만 영향을 미친다_옮긴이). 예를 들어 신체가 상처를 입었을 때 보이는 쇼크 반응이 여기에 해당한다. 또한 (추론적인 성격을 띠는 사실이지만) 우리가 사회적으로 창피를 당했을 때 보이는, 수치심과 관련된 반응도 이에 해당한다고 할 수 있다. 파충류의 자율신경계 역시 투쟁·도주 행위와 관련된, 자율신경계의 교감신경 영역을 갖고 있다. 그러나 보살피는 행위가 새로운 계층의 종(포유류)을 규정하기 시작하면서 이 새로운 행동을 지원하기 위해 신경계의 한 영역, 즉 미주신경이 진화상에 등장하게 되었다.

과학사 연구자들은 친절과 따뜻함에 대한 연구에서 다른 획기적인 과학자들에 비해 찰스 다윈의 위상을 순위 밖으로 밀어놓는다(그들에게 다윈은 그저 아무도 나쁘게 평가하지 않은 비글호의 승객일 뿐이었다). 하지만 다윈은 아이들 10명이 북적거리면서 시끄럽고 정겨운 광경을 연출하는 가운데 다운하우스(찰스 다윈이 살던 집_옮긴이)에서 글을 쓰는 동안 가슴속에 미주신경과 연관 있는 따스한 기운이 퍼지는 것을 분명히 느꼈을 것이다. 미주신경이 윙윙거리며 작동한 덕분에 아마도 다윈은 그동안 자주 무시되어왔던 명제, 즉 동정심과 모성 본능이 인간의 사회적 진화의 중심축이며 다른 사람 안에 들어 있는 선을 최고 수준으로 끌어올리고 인의 비율을 높일 수 있는 토대가 된다는 결론에 이르렀을 것이다.

연민과 관련된 신경

미주신경에 관한 스티브 포지스의 거친 주장은 아마도 윌리엄 제임스William James에게 영감을 불어넣었을 것이다. 제임스는 뇌간 아래 위치하여 혈액 공급, 소화, 성적 반응, 호흡 등 신체 기본 기능을 조절하는 자율신경계의 패턴화된 반응에서 인간의 감정이 시작된다는 견해를 최초로 밝혔다. 인간의 감정이 주변적 생리반응, 제임스가 사용한 빅토리아식 용어를 사용하면 '내장의 반향' 속에 들어 있다는 것을 입증하는 증거로, 인간의 가장 고결한 감정인 연민이 가슴 깊숙한 곳에 자체적인 신경다발을 갖고 있다는 사실만큼 설득력을 가진 것이 있을 수 있을까?

하지만 윌리엄 제임스의 제자였던 월터 캐넌Walter Cannon은 자신의 스승이 제시한 도발적이고 관념적인 사색에 그다지 확신이 들지 않았다. 사람들은 저마다의 감정 경험에서 수많은 차이를 드러내는데 이런 차이를 설명해줄 만큼 구체적인 의미를 자율신경계 반응에서 찾을 수 없다고 반박했다. 심장박동, 호흡, 소름, 동공 확장, 입 안이 마르는 현상, 손바닥에 땀이 나는 현상 등의 패턴 변화만으로는 감사, 공경, 연민, 안타까운 마음, 사랑, 헌신, 욕망, 자긍심에서 보이는 미묘한 차이가 생길 수 없다는 것이다.

게다가 자율신경계의 감정 반응은 너무 느려서 우리가 감정을 느끼거나, 한 감정에서 다른 감정으로 바뀌는 속도를 설명해주지 못한다고 덧붙였다. 자율신경계는 감정을 유발하는 사건이 일어난 뒤 15초에서 30초 사이에 반응을 나타낸다. 하지만 우리의 감정 경험은 이보다 훨씬 빨리 일어난다. 예를 들어 우리는 당혹스런 일을 겪은 뒤 15초 정도 지나야 얼굴이 가장 많이 빨개지지만, 당혹감이란 감정 경험 자체는 우리가 자신의 실수를 인식한 뒤 곧바로 일어난다. 캐넌의 눈으로 볼 때 자율신경계는 너무 느린 체계여서 우리의 감정 경험이 유성처럼 순식간에 나타나고 감정 변화도 신속하게 이루어지는 현상을 설명해주지 못했다.

마지막으로 우리는 심장박동수가 올라가거나, 손바닥에 땀이 배거나, 팔다리의 혈관이 수축하거나, 얼굴이 붉어지거나, 내장이 움직이는 등 자율신경계의 변화에 상대적으로 둔감하다. 예를 들어 내장이 베이거나 불에 타도 실제로 사람들은 거의 느끼지 못한다고 캐넌은 지적했다. 또한 여러 경험적 연구에 따르면 사람들에게 심장박동수가 올라가는지 내려가는지 알아맞혀 보라고 했을 때 우연의 확률만도 못한 정답률을 보였다. 자율신경계가 감정 관련 반응을 일으키기는 하지만 우리의 의식이 이런 신체 변화를 인지할 수 있는가는 확실하지 않다.

더욱이 이처럼 희미하게 인지되는 신체 감각이 몸속을 누비고 다니면서 우리의 감정 경험을 만들어낸다는 것은 더더욱 확실성이 없다. 이로 미루어볼 때 미주신경 같은 주변적 신경계 속에서 연민의 모든 미묘한 차이(그럴 이유도 없는데 자신이 해를 입은 것처럼 느끼는 것, 염려하는 마음, 같은 인간이라는 느낌, 도와주고 싶은 충동)가 생기는 지점을 알아내려고 시도한다는 것은 무모한 일이다.

하지만 내 제자였던 크리스 오베이스Chris Oveis는 미주신경이 보살핌의 신경다발이라는 가설에 용감하게 자기 장래를 걸었다. 오베이스는 확실한 지점, 즉 고통에서부터 시작했다. 우리 인간은 태어나는 순간부터 피해 상황에 반응하도록 만들어져 있다. 태어난 지 하루된 아기는 자신의 고통이 아닌데도 다른 아기가 고통스러워하면서 울면 이에 반응하여 덩달아 울음을 터뜨린다. 두 살짜리 아이는 다른 사람이 우는 모습을 보았을 때, 자기 장난감을 주거나 걱정하는 마음이 담긴 뚜렷한 몸짓을 하면서 가장 순수한 형태의 위안 행동을 보여준다. 또한 실험참가자가 무엇을 보았는지 미처 알아채지 못할 만큼 빠르게 스치듯이 슬픈 표정 사진을 보여주었을 때 실험참가자의 편도체가 활성화되었다.

그래서 우리는 먼저 피해에 노출되었을 때 미주신경이 활성화되는지, 그리고 약한 타인과 거리를 두려는 성향 때문에 생기는 감정(자긍심)은 미주신경의 활성화를 촉진하지 않는지 알아보았다. 연민 상황에 놓일 실험참가자에게는 전쟁으로 고통을 겪는 아이들의 사진을 보여주었다. 이 이미지는 연민을 유발하는 가장 순수한 매개체로서 연역적인 개념에 잘 들어맞았으며, 타인이 극단적인 형태의 부당한 고통을 겪는 모습을 잘 보여준다.

다른 한편 자긍심 상황에 놓일 실험참가자에게는 캘리포니아 대학교 버클리 캠퍼스 학생의 자긍심을 불러일으킬 만한 슬라이드를 보여

사진 30 | **연민과 자긍심을 자극한 사진**

연민을 불러일으키기 위해 사용한 슬라이드 사진

자긍심을 불러일으키기 위해 사용한 슬라이드 사진

주었다. 이 안에는 캠퍼스에 우뚝 선 랜드마크 사진, 캘리포니아 대학교 스포츠 시합 사진, 그리고 무엇보다도 자긍심을 고취시킬 학교 마스코트인 오스키 곰 사진이 들어 있었다.

실험참가자가 2분 30초간 슬라이드를 보는 동안 우리는 실험참가자의 가슴에 부착한 전극과 호흡을 측정하려고 복부에 두른 밴드를 이용하여 미주신경의 활성화 정도를 측정했다. 이 측정을 통해 호흡성 동성 부정맥RSA, respiratory sinus arrhythmia이라는 지수를 얻어냈는데, 이 지수는 지난 15년에 걸쳐 미주신경의 활성화 정도를 포착하기 위한 용도로 개발한 것이다. 호흡성 동성 부정맥은 다음과 같이 진행된다. 우리가 숨을 들이마실 때에는 미주신경이 억제되어 심장박동수가 증가한다. 반면에 숨을 내쉴 때에는 미주신경이 활성화되어 심장박동수가 내려간다(이 때문에 수많은 호흡 훈련법은 숨을 내쉬는 데 중점을 두면서 영혼을 치유한다). 미주신경은 호흡이 심장박동수 변동에 영향을 미치는 방식을 통제한다. 따라서 우리는 심장박동수의 변화가 호흡의 주기적 변화와 어떻게 연관되는지 포착하여 미주신경의 강도를 측정했다.

크리스의 연구에서 가장 먼저 밝혀진 중요한 사실은, 실험참가자가 자긍심을 안겨주는 이미지에 비해 피해 상황이 담긴 이미지에 노출되었을 때 비록 노출 시간이 짧더라도 미주신경이 더 활성화되었다는 점이다. 그리고 이보다 더 설득력 있게 다가오는 사실은 미주신경 활성화에 따라 실험참가자가 연민 또는 자긍심을 느끼는 정도가 민감하게 달라졌다는 점이다. 미주신경 활성도가 높아지면 실험참가자 중에서 연민을 느꼈다고 말하는 사람 수가 늘어난다. 또한 미주신경의 활성도가 높아지면 실험참가자 중에서 자긍심을 느꼈다고 말하는 사람 수가 줄어든다. 미주신경 반응이 증가하면 실험참가자의 지향성은 자아의 강점보다는 보살피는 쪽으로 기울어진다.

그런 다음 연민 또는 자긍심을 느꼈던 실험참가자에게 서로 다른 스무 개 집단을 대상(민주당원, 공화당원, 성인, 어린아이, 유죄 판결을 받은 중죄인, 테러리스트, 노숙자, 노인, 농부, 스탠포드 학생 등)으로 각기 자신이 그들과 얼마나 비슷하다고 느끼는지 평가하게 했다. 이런 이상한 일을 시킨 이유는 무엇일까? 연민을 느끼는 사람이 자신을 다른 사람과 비슷하다고 느끼는 의식에 변화가 나타나는지 확인하려는 것이었다. 이런 의식은 이타적인 행동을 가능하게 하는 강력한 힘이 된다. 철학자 피터 싱어Peter Singer는 이와 같은 동류의식 또는 보살핌의 대상 범위야말로 윤리적 정신의 진화 과정에서 등장한 핵심적 윤리원칙이라고 주장했다.

> (인간은 진화를 통해) 공감을 유산으로 물려받았다. 공감이란 다른 사람의 이익을 자기 자신의 이익과 비슷한 것으로 받아들이는 능력을 말한다. 애석하게도 우리는 초기설정 상태에서 공감을 친구와 가족이라는 매우 좁은 범위에만 적용한다.
> 이 범위에 포함되지 않는 사람은 인간 이하로 취급받으며 아무 벌도 받지 않은 채 이들을 이용할 수 있다. 그러나 역사가 흐르면서 이 범위는… 마을에서 씨족으로, 부족으로, 민족으로, 다른 인종으로, 다른 성으로… 그리고 다른 종으로까지 확대되었다.

이처럼 보살핌의 범위가 점차 확대되면서 평등에 대한 믿음이 싹텄고 개인의 권리를 다른 사람에게까지 확대하게 되었다. 많은 명상 훈련은 이를 목표로 삼고 있으며, 느낄 줄 아는 모든 존재를 따뜻한 사랑의 마음으로 대하도록 마음을 훈련시킨다. 붓다에서 예수에 이르기까지 영적 지도자들 역시 이 점을 강조했다.

공감은 인의 정신에서 중심에 자리 잡고 있다. 또한 공감은 깊은 통찰력을 지닌 직관으로, 인간의 가슴 깊숙한 곳에 있는 미주신경의 활성화와 연관이 있다. 피해 상황이 담긴 이미지를 본 뒤 연민을 느낀 실험참가자는 자긍심을 느낀 사람에 비해 광범위한 대상을 보살핌의 대상으로 포함시켰다. 또한 이들은 스무 개 집단에 대해서 더 많은 동류

표 18 | 동류의식

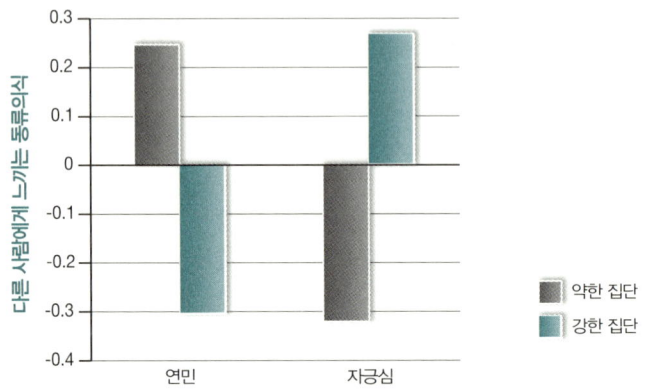

연민은 약한 집단에게 동류의식을 느끼게 만들고, 자긍심은 강한 집단에게 동류의식을 느끼게 만든다.

의식을 보여주었다. 개인의 미주신경이 강하게 작용할수록 다른 사람에 대한 동류의식도 증가했다.

연민 또는 자긍심을 느낀 사람이 어느 대상에게 동류의식을 가장 많이 느꼈는지 면밀하게 살펴보면(〈표 18〉 참조) 자긍심을 느끼는 경우에는 스무 개 집단 중 캘리포니아 대학 버클리 캠퍼스 학생, 스탠포드 대학생, 변호사 등 힘 있고 자원을 많이 가진 집단(가장 오른쪽에 있는 막대기)에게 동류의식을 느낀다. 다른 한편 연민을 느끼는 경우에는 노숙자, 병든 사람, 노인 등 약한 집단(맨 왼쪽에 있는 막대기)에게 더 많은 동류의식을 느낀다. 연민은 결코 분별없지 않으며 주관적인 관심에 좌우되어 편견을 보이지도 않는다. 연민은 곤궁에 처한 사람들에 따라 정교하게 조절된다.

이타주의의 성배

얼핏 이타적으로 보이는 행동의 배경을 따져보면 사실은 이기적인 동기가 들어 있다고 설명하는 데 많은 노력을 들이는, 이론계의 영세 가내공업 같은 부류가 있다. 르완다 대학살이 벌어지는 동안 폴 루세사바기나Paul Rusesabagina가 보여준 훌륭한 영웅주의를 예로 들어보자. 그의 영웅적 활동은 필립 구레비치Philip Gourevitch가 쓴 《내일이면 우리는 가족들과 함께 죽임을 당할 것이며, 이 사실을 여러분에게 전하고자 한다We Wish to Inform You That Tomorrow We Will be Killed with Our Families》에 매우 강렬하게 묘사되어 있다. 루세사바기나는 자기 목숨 그리고 아내와 자녀들의 목숨까지 내걸고서, 집단학살을 자행하는 후투족 민병대 인테라함웨Interahamwe로부터 수백 명의 투치족(루세사바기나 자신은 후투족이었다)을 구하고 이들을 자신이 운영하는 호텔 밀레스 콜린스Milles Collines에 숨겨 주었다.

사화과학에서는 이런 용감한 행동을 이기적인 유전자 때문이거나 동족을 구하려는 욕망, 또는 순전히 이기심에서 비롯된 것으로 설명하는 경우가 있다. 프로이트 학설의 영향을 받은 이론가들 역시 이에 한몫을 하고 있다. 이들은 이타적인 행동이 일종의 방어기제이며, 마음속 깊은 곳에서 자아와 관련하여 불안을 야기하는 언짢은 사실을 회피하기 위한 것이라고 말한다("자선을 베풀면 내가 아버지를 얼마나 증오하는지에 대해 덜 생각하게 될 거야!"). 폴 루세사바기나, 그리고 우리가 보여주는 이타적인 행동의 원인을 우리가 다른 사람을 보살피게 만들어졌기 때문이라고 설명하는 견해는 이타주의를 이기적 원인으로 설명하는 견해에 비해 풍부한 연구가 이루어지지 않았으며, 선의 기원을 둘러싼 오래된 논쟁에서 뒷전으로 밀려나 있었다.

숭고함과 아름다움에 대해 논하는 글에서 이마누엘 칸트는 불의와 마주한 사람이 연민 때문에 약해지고 수동적이 될 가능성에 대해 집중적으로 설명했다. 칸트는 약간 논점을 벗어나 다음과 같이 지적했다.

> 우리 마음이 모든 사람의 이익을 배려하려는 마음으로 한껏 부풀어 오르고, 모든 낯선 사람의 곤경을 슬퍼하는 마음으로 가득 찬다는 것은 가능하지 않기 때문이다. 그렇지 않다면, 연민의 눈물을 흘리는 헤라클레이토스처럼 끊임없이 마음이 약해지는 덕 있는 사람은 이 모든 착한 마음에도 불구하고 결국은 다정한 게으름뱅이밖에 되지 못했을 것이다.

사람이 연민을 품으면, 인간의 본성이 끊임없이 변화한다고 주장해 널리 알려진 철학자 헤라클레이토스처럼 수동적이고 소심하며 침울한 부류, 즉 '다정한 게으름뱅이'로 변한다는 것이다. 우리는 이런 뿌리 깊은 주장에 맞선 다니엘 뱃슨Daniel Batson과 낸시 아이젠버그Nancy Eisenberg에게 감사해야 한다. 이들은 많은 경험적 자료를 수집하여 연민이 이타주의 연구자에게 성배와 같은 것이며, 르완다 대학살 때 폴 루세사바기나가 용감하게 보여준 것과 같은 이타적 행동의 동기가 되는, 순수한 타인 지향적 마음상태임을 보여주었다.

뱃슨은 모든 고결한 행동, 또는 이타적 행동에 다양한 동기가 있을 수 있다는 주장을 폈다. 겉으로 보기에 이타적인 행동(자선 기부, 동료를 도우려고 밤 늦게까지 함께 남아 있는 일, 어린아이의 새끼고양이를 구하려 나무에 올라가는 일, 나이 든 할머니가 미끄럽게 얼어붙은 길을 건널 때 도와주는 일)이 더러는 이기적인 동기에서 나오기도 한다는 것이다.

다른 사람이 고통받는 모습을 보면서 우리 자신이 느끼는 고통을 줄이고자 하는 것도 이기적 동기의 하나이다(그럼에도 우리가 다른 사람의 고통을 보고 스스로 고통스러워한다는 점은 놀랍다). 두 번째 동기는 사회적 칭찬을 이끌어내기 위한 것이다. 우리는 학교에서 모범생에게 수여하는 표창장이나 보이스카우트 배지, 공공 봉사상, 또는 부모님의 인정을 받거나 동료들 사이에서 좋은 평판을 받으려고 곤경에 처한 사람을 돕기도 한다.

또한 뱃슨은 다윈의 마음, 아니 정확히 말하면 그의 미주신경을 따뜻하게 해주었을 법한 이론화 작업을 하면서, 이타적 행동의 원천이 이기적 동기만 있는 게 아니라 분명히 타인 지향적 마음 상태도 있다고 주장했다. 이것이 바로 연민이다. 문제는 연민이라는 이 사심 없는 심리상태가 이타주의를 낳는다는 것을 어떻게 입증할 것인가 하는 점이다. 뱃슨은 이 문제를 해결하기 위해 실험을 실시했다. 이 실험에서 참가자는 곤경에 처한 사람과 대면하여 연민과 이기적 동기(예를 들면 도와야 하는 상황에서 다른 사람들 모르게 빠져나오는 것)가 충돌하는 상황에 놓이게 된다.

이기적 동기와 연민이 충돌하는 상황에서 이타적 행동을 목격한다면 우리는 연민이 승리하여 이타적 행동에 동기를 불어넣었다고 추론할 수 있다. 이는 새로운 연인에게 다른 상대가 애정을 표현할 수 있게 가능성을 열어두어 연인을 시험하는 것과 비슷하다. 두 사람의 애정이 서로 경쟁하는 충돌 상황에서 연인이 가련한 눈을 하고 지조와 진심을 보이며 나를 선택한다면 연인의 확고한 사랑을 확인할 수 있다.

첫 번째 연구에서 뱃슨은 실험참가자(사실은 공모자)가 암기 시험을 몇 차례 치르는 동안 다른 실험참가자가 이를 지켜보게 했다. 공모자가 시험에서 실수를 하면 그에게 충격이 가해졌고, 이 충격으로 공모자는 어깨가 움찔거리며 울상이 됐다. 뱃슨은 동일한 실험 조건에서 두 가지 상황을 연출했다. 한 가지는 쉽게 도망갈 수 있는 상황으로,

실험참가자가 공모자에게 가해질 열 번의 쇼크 중 두 번까지만 지켜보게 했다. 이후 실험참가자는 자유롭게 자리를 떠날 수 있었다. 실험참가자는 공모자가 고통받는 것을 지켜보면서 자신도 함께 고통을 느낀다. 따라서 자신의 고통을 덜고 싶다면 이기적인 마음이 시키는 대로 자리를 뜨면 된다. 반면 도망가기 어려운 실험 상황에서는 실험참가자가 공모자에게 열 번의 충격이 가해지는 걸 모두 지켜봐야 한다.

처음 두 차례 시험이 끝난 뒤 충격을 받은 공모자는 얼굴빛이 다소 창백해지기 시작했다. 그는 중얼거리는 소리로 물 한 잔을 달라고 했다. 또한 몸이 불편하다고 호소하고 어린 시절에 경험한 트라우마에 대해 이야기했다. 상황이 복잡하게 바뀐 데 대해 실험자가 어떻게 대응할지 생각하는 동안 실험참가자는 공모자가 고통받는 순간에 얼마나 고통스럽고 측은한 마음이 들었는지에 대해 이야기했다. 이때 실험자의 머릿속에 한 가지 아이디어가 떠올랐다. 앞으로 이어질 충격을 두려워하고 있을 공모자를 대신해서 실험참가자에게 충격을 가하면 어떨까 하는 것이다(지금은 연민을 느끼는 실험참가자가 자리를 떠날 수 있는 상황에서 실험이 이루어지고 있다).

그렇다면 이들의 신경계 중 어느 가지가 이길까? 이기심일까, 아니면 연민일까? 결과는 연민이었다. 가슴속에 연민을 느끼는 한편 순수한 이기심의 목소리도 듣고 있던 실험참가자는(이들은 그냥 자리를 떠날 수도 있었다) 선뜻 나서서 공모자 대신에 몇 차례 충격을 받았다.

이쯤에서 여러분은 다른 사람을 대신해서 충격을 받은 실험참가자가 어쩌면 실험자에게 좋은 인상을 남기려고 그랬을 거라는 의심을 품을지도 모른다. 공정하게 말하면 매우 합리적인 비판이다. 그렇다면 철저하게 익명이 보장되는 상황에서도 연민에 이끌려 이타적 행동에 나설까? 다른 사람에게 높은 평가를 받는 등 사회적 보상을 얻을 기회가 없다면 우리의 고결한 마음은 힘을 잃게 될까? 이 오래된 물음이 동기가 되어 뱃슨은 다음 연구로 나아갔다.

이 연구에서 여성 실험참가자는 격리된 공간에 앉은 채 쪽지를 교환하는 방식으로 다른 실험참가자(공모자)와 대화를 나누었다. 어떤 실험참가자에게는 메모를 읽을 때 가능한 한 객관적인 태도를 유지하면서 확실한 사실에만 집중하게 했고, 다른 실험참가자에게는 메모를 준 사람, 즉 다른 사람이 어떻게 느꼈을지 가능한 한 생생하게 상상하면서 읽게 했다. 즉 연민을 느끼게 유도했다.

실험참가자가 맨 처음 읽은 메모는 자넷 아놀드라는 학생이 새로 들어간 캔자스 대학 기숙사가 자기와 맞지 않아 힘들다고 고백하는 내용이었다. 자넷 아놀드는 언덕 능선이 구불구불 이어진 오하이오 출신이며 캔자스 로렌스의 새로운 환경에 적응하느라 다소 어려움을 겪고 있다고 했다. 이후 두 번째 메모에서 자넷은 친구를 사귀고 싶다는 절실한 마음을 표현하면서 단도직입적으로 실험참가자에게 자신과 함께 놀아줄 수 있는지 물었다. 실험참가자가 두 번째 메모를 읽는 동안, 자넷이 막 일과를 끝내고 학교에서 나왔다는 사실을 실험참가자에게 알려주고 자넷과 함께 몇 시간을 보낼 수 있는지 말해 달라고 했다.

이때 실험참가자의 반응을 자넷과 실험자가 지켜보는 상황도 있었고, 실험참가자가 익명 상태를 그대로 유지하는 상황도 있었다. 그럼 자넷과 가장 많은 시간을 함께 보내겠다고 나선 사람은 누구였을까? 바로 연민을 느끼는 상황에서 익명 상태로 있던 사람이었다.

이제부터는 사심 없는 이타적 행동과 미주신경의 활성화가 서로 연관이 있다는 더욱 강력한 증거를 제시하겠다. 낸시 아이젠버그는 한 연구에서 최근 폭행사건으로 상처를 입은 젊은 어머니와 그녀의 자녀 모습이 담긴 비디오테이프를 어린아이(2학년과 5학년)와 대학생에게 보여주었다. 비디오테이프 속 아이들은 병원에서 상처를 치료하는 동안 부득이 학교를 빠질 수밖에 없었다. 실험자는 비디오테이프를 본 아이들에게 회복 기간 학교에 가지 못하는 아이들을 위해 숙제를 가져다줄 수 있는 기회를 주었다(이들은 소중한 놀이시간을 희생해야 한다).

비디오테이프를 보는 동안 눈썹이 비스듬히 처진 걱정스런 모습으로(〈사진 31〉 참조) 연민을 느낀다고 말하고 심장박동수가 낮아지는 현상(미주신경이 활성화되었다는 표시이다)을 보였던 아이들은 병원에 입원해 있는 아이들을 도와주는 경우가 많았다. 이와 달리 고통스럽다고 말하면서 심장박동수가 빨라지는 현상을 보인 아이들(즉, 마음이 괴로워지는 반응을 보인 아이들)은 도와주는 경우가 적었다. 이 결과를 통해 명확한 사실이 드러났다. 다른 사람의 고통을 단순히 그대로 느끼는 것이 아니라 적극적으로 염려할 때, 이것이 연민의 원천이 되고 나아가 이타적 결과로까지 이어진다.

사진 31 | 표정에 따른 행동 반응

눈썹이 비스듬히 처지고 입술을 꽉 다문 연민의 표정. 이 표정을 보이면 이타적인 행동이 나올 것으로 예상된다.

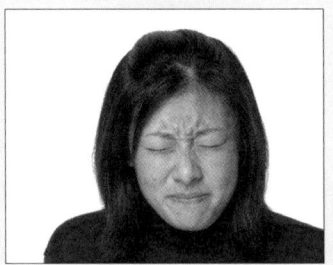

다른 사람의 고통을 함께 느껴 고통스러운 표정을 보이면 이타적인 행동으로 나아가지 않고 외면할 것으로 예상된다.

과학적 연구 덕분에 인간의 선한 본성과 관련한 칸트, 니체, 랜드의 영향력 있는 주장이 힘을 잃었다. 연민은 옆에 지나가는, 체온이 따뜻한 아무에게나 무턱대고 달려가는 분별없는 감정이 결코 아니다. 연민은 다른 사람의 피해 정도와 그 사람이 얼마나 약한지에 따라 미세하게 조절된다. 연민은 사람을 눈물 흘리는 게으름뱅이, 도덕적인 약자, 수동적인 방관자로 만드는 것이 아니라, 익명이 보장된 상태이거나 힘든 행동을 하지 않고 그냥 넘어갈 수 있을 때조차 다른 사람의 고통 앞에 나서게 만든다.

건강한 공동체를 만드는 친절과 희생, 인은 신경다발 속에 깊이 뿌리 내리고 있으며, 이 신경다발은 지난 1억 년에 걸친 포유류의 진화 과정에서 보살피는 행동을 낳았다.

미주신경의 슈퍼스타들

비록 덧없이 스쳐가는 감정일지라도 특정 감정을 느끼는 성향에 따라 우리 존재가 규정된다. 감정은 우리 마음 가장 깊은 곳에 있는 믿음과 핵심 가치를 형성하며, 우리가 맺는 관계, 우리가 선택하는 진로, 갈등에 대처하는 방식, 좋아하는 예술, 좋아하는 음식을 결정한다. 나아가 우리 자신뿐만 아니라 배우자, 자녀, 친구의 삶의 궤도까지도 결정한다. 데카르트가 "나는 생각한다, 고로 나는 존재한다"고 한 말은 전적으로 올바르다고 할 수 없다. 만일 "나는 느낀다, 고로 나는 존재한다"고 했다면 꼭 들어맞는 정확한 말이 되었을 것이다.

수줍음에 대해 밝혀진 사실들을 살펴보자. 수줍음은 윌리엄 제임스, 버지니아 울프, 그 밖에 감정의 신비를 파헤쳐 보여준 많은 사람에게서 특징적으로 나타나는 기질이다. 수줍은 아이는 어린 시절에 두려움 체계 또는 시상하부 - 뇌하수체 - 부신 축이 과민반응을 보이며, 이에 따라 인간관계의 형태와 삶의 선택이 정해진다.

우리는 하버드 대학의 심리학자 제롬 케이건Jerome Kagan이 진행한 추적 연구 덕분에 이런 사실을 알게 되었다. 케이건은 생후 4개월 된 아기가 새로운 장난감에 대해 얼마나 고통스럽고 두려운 반응을 보이는가를 기준으로 삼아 특히 수줍음을 많이 타는 아이들을 찾아냈다. 그리고 7년의 세월이 흐른 뒤 케이건은 이 아이들이 사회집단에서 보이는 모습을 관찰했다. 생후 4개월 때 수줍은 성격으로 확인된 아이들은 커서 초등학교 한 반에 두세 명 정도로 추산되는 부류, 즉 놀이터 가장자리를 서성대면서 또래 아이들이 얼굴을 맞대고 활발하게 노는 모습을 그저 관찰하고 분석하는 데 몰두하는 아이가 되는 경우가 많았다.

수줍은 아이는 누군가 꾸며낸 이야기를 들려주거나 복잡한 인지 과제에 참여할 때 스트레스 반응(심장박동수의 증가, 동공 확장, 코르티솔 반응)이 강하게 나타났다. 또한 이 아이들은 21세가 된 뒤 기능성 자기공명영상 스캐너 안에 들어가 자신들이 한 번도 보지 못한 얼굴 슬라이드 사진을 볼 때 편도체가 심하게 활성화되는 모습을 보였다.

수줍은 아이들이 성인이 되어 살아가는 삶을 연구한 압샬롬 카스피Avshalom Caspi는 수줍은 사람의 경우 외향적인 타입의 사람과 비교할 때 결혼하기까지 걸리는 시간이 2년 정도 더 길고 안정적인 일에 정착하는 데도 시간이 더 걸린다는 사실을 알아냈다. 이는 앞서 나온 분석 내용과도 일맥상통한다. 새로운 장난감을 내밀었을 때 깜짝 놀라고 고통스러워하며, 투쟁·도주 생리현상이 혈관과 온몸에 맥박 치듯 퍼졌던 생후 4개월짜리 두려움 많은 아이는 친밀한 관계 앞에서 스스로를 속박하고 금지하고 망설이는 사람이 될 가능성이 많았다.

미주신경이 보살핌의 기관이라면 우리는 미주신경 활성도가 높은 개인이 좀 더 풍부한 사회 인맥을 맺고 매우 민감한 보살핌 행동을 보여주며, 이들의 감정생활에서는 연민이 중심을 이룰 것이라고 예상할 수 있다. 그리고 새로운 연구 결과는 이 예상이 사실임을 밝혀주었다. 크리스 오베이스와 나는 10월에 버클리 캠퍼스 학생들을 우리 연구실로 불러와 이들이 휴식을 취하며 앉아 있는 상태에서 미주신경 활성도를 측정했다(즉, 미주신경 긴장이라고 알려진 수치를 얻어냈다). 우리의 관심은 휴식 상태에서 미주신경 활성도가 높은 사람, 즉 미주신경 슈퍼스타의 삶을 추적하는 데 있었다. 그로부터 7개월이 지난 뒤 이들은 다시 우리 연구실을 찾았다.

미주신경 긴장의 기본 수치가 낮았던 학생에 비해 미주신경 슈퍼스타는 사회적 에너지, 교우 관계, 사회적 접촉이 높은 수치를 보이는 외향적 성향에서도, 그리고 따뜻함, 친절, 다른 사람에 대한 사랑으로 규정되는 호감도에서도 높은 수준을 보였다. 미주신경 긴장의 기본 수치가 높은 사람들은 다른 사람에 비해 낙관적이고 대체로 긍정적인 기분을 보이며 신체 건강도 좋다고 이야기했다. 또한 피해 이미지와 아름다운 이미지가 담긴 사진을 보여주었을 때 남들보다 많은 연민과 경외감을 보였다. 미주신경 슈퍼스타의 마음은 미학 영역에서도 높은 활성도를 보인 것이다.

아마도 가장 흥미로운 사실은 훌륭한 성인聖人들이 삶의 의미 있는 전환점을 경험하는 것처럼 미주신경 슈퍼스타들도 이런 성향이 높게 나타났다는 점이다. 미주신경 활동도의 기본 수치를 측정한 날로부터 대략 3개월이 지난 뒤 우리는 실험참가자에게 이메일을 보내 다음과 같은 질문에 답해 달라고 했다.

사람들은 대학을 다니는 동안 때로 삶의 의미와 목적에, 그리고 자기 자신이나 세상을 바라보는 시각에 중요한 영향을 미치는 경험을 합니다. 당신이 이번 프로젝트에 참가하려고 맨 처음 우리 연구실을 방문한 이후 이런 경험을 하신 적이 있다면 말씀해주시겠습니까?

처음 우리 연구실을 찾아온 때부터 이메일 질문서를 받기까지 3개월 동안 실험참가자 65퍼센트가 삶이 바뀌는 경험을 했다고 대답했다. 자연에 대해 묘사한 사람도 있고, 정치 집회에 참여했던 경험을 설명한 사람도 있으며, 어느 연사가 지구온난화와 자유 시장에 대해 연설하는 것을 듣고 영감을 받았다고 말한 사람도 있었다. 또한 죽은 친척과 친구에 대해, 그리고 죽음에 대한 명상 내용을 들려준 사람도 있으며, 영적 훈련에 참여했던 경험을 이야기한 사람도 있었다. 여기 두 가지 사례를 소개한다.

> 나는 교회에서 겨울 캠프에 다녀왔습니다. 우리는 나흘 동안 산속에 머물렀어요. … 그곳에서 한 초대 연사가 마지막 밤에 매우 인상 깊은 메시지를 들려주었습니다. 그 연설을 들으면서 마치 하느님이 나를 위해 어떤 계획을 마련해 놓은 것 같은 느낌이 들었습니다.

> 아버지가 돌아가신 뒤 나는 삶의 목적에 대해 곰곰이 생각했습니다. 그리고 이제 나는 가족과 더욱 가까이 지낼 뿐 아니라 예전보다 책임감도 더 많이 느낍니다. 아버지의 죽음은 나를 크게 변화시켰습니다.

우리가 변화 이야기를 부호화하는 동안 중심 주제로 부각된 것은 삶이 다른 사람과 더 많은 관계를 맺는 방향으로, 자신을 희생하는 방향으로, 이타적인 방향으로 바뀌었는가 하는 점이다. 짐작하는 대로 미주신경 긴장이 높은 사람은 삶이 이런 방향으로 바뀌는 경험을 했다고 이야기하는 경우가 많았다. 미주신경 활성도가 상승할 경우 개인은 따뜻하고 좀 더 사회적 관계가 풍요로운 삶으로 나아가게 된다. 낸시 아이젠버그는 휴식 상태에서 미주신경 긴장이 높게 나타난 7~8세 아이들은 학급 내에서 많은 도움을 베풀고 어려운 처지에 놓인 사람에게 동정심을 많이 느끼며, 반 친구들에게 사교적인 태도를 보이고 긍정적인 감정을 느낀다는 사실을 밝혀냈다.

휴식 상태에서 더 높은 미주신경 긴장 수치를 보인 대학생의 경우 시험, 진로 선택, 연애의 어려움 등 대학생활의 스트레스에 잘 대처했다. 또한 미주신경 긴장 수치가 높은 사람은 배우자와 사별한 뒤에 종종 겪게 되는 우울증에서 더 빨리 회복되었다. 반면에 사별 후 심각한 우울증을 겪고 사회적 인간관계마저 빈약해지는 사람이 있는데, 이런 사람은 휴식 상태의 미주신경 긴장 수치가 낮았다.

만일 윌리엄 제임스가 첨단기술 연구실을 갖추고 미주신경을 연구할 수 있었다면, 그는 월트 휘트먼을 연구실로 불러들였을 것이다. 휘트먼은 제임스에게 커다란 영감을 주었을 것이고 낙관적이며 포용적인 정신에 대해 제임스가 저술한 책의 원천이 되었을 것이다.

제임스는 휘트먼이 한결같이 친절하고 관대하며 낙천적인 사람으로 모두에게 알려져 있었다고 지적했다. 제임스가 휘트먼을 실험참가자로 섭외하여 심장 부근에 전극을 달고 복부에 호흡 밴드를 두른 뒤 미주신경 긴장의 기초 수치가 어떻게 되는지 측정했다면, 장담컨대 아마 제임스는 휘트먼의 미주신경 긴장 수치가 성층권을 찌를 만큼 높고, 인류의 아름다움이나 풀잎의 경이로움을 생각할 때마다 이 수치가 솟구쳐 오르는 것을 밝혀냈을 것이다.

이기적이지 않은 유전자의 확산

초기인류의 사회조직에 커다란 변화가 나타난 것은 큰 두뇌를 가진 극도로 취약한 자손 출산과 관련이 있다. 유전자를 다음 세대에 전할 수 있는가 하는 문제는 자손이 생활력과 생식력을 갖추는 나이까지 자랄 수 있는가에 달려 있었으며, 이는 유례를 찾아볼 수 없을 정도로 매우 결정적인 의미를 지녔다. 게다가 그 기간은 머리카락이 쭈뼛 설 만큼 끔찍하게 길어서 13년 또는 14년이나 되었다.

결국 우리의 취약한 자손은 여자와 남자의 생식 역학관계를 변화시켜 연속적인 일부일처제 형태를 띠게 했다. 많은 보살핌이 필요했기 때문에 아버지들까지 행동에 나서게 만든 것이다. 초기인류 아버지들은 거의 모든 영장류와 달리 자손에게 많은 보살핌을 베풀었다.

세라 블래퍼 허디가 《어머니의 탄생》에서 밝힌 바에 따르면 우리 자손의 취약성은 부모 어느 한쪽의 능력으로 감당할 수 있는 범위를 넘어섰고, 그 결과 거래와 교환을 바탕으로 일가친척이 서로 협력하여 자녀를 양육하는 체계를 만들게 되었다. 초기인류 조상에게 이 문제는 보살피느냐 아니면 죽느냐의 문제였다. 큰 두뇌를 가진 자손이 매우 심각한 취약성을 지닌 탓에 우리 몸속에 보살핌의 본능이 내장되었다. 이는 우리 안에 생물학적 기반을 가진 동정 능력을 낳았다. 또한 미주신경을 만들어냈으며, 이 안에는 헌신과 희생과 신뢰의 원천인 옥시토신 수용체가 가득 실려 있다. 아울러 공감의 한숨, 비스듬히 처진 눈썹, 부드럽게 달래주는 손길 등 풍부한 표시 신호 체계를 만들어냈다. 이 표시 신호를 받은 사람은 미주신경이 반응하여 옥시토신과 오피오이드가 분비되고 서로 이어져 있다는 광활한 느낌을 받는다.

또한 천천히 달래듯 쓰다듬는 연민의 손길이 닿으면 반응하는 특정 세포가 피부층 아래 형성되었다. 보살핌과 관련한 선택압 때문에 자손들 자체도 그지없이 아름다운 특징을 갖게 되었고, 많은 사람이 말하듯이 이런 특징을 본 부모는 신경계가 재설정되어 보살핌을 준비하는 단계에 들어서게 설계되었다. 새로 태어난 아기 사진을 본 부모는 안와전두피질이 밝아지고 도수관 주변 회백질이라는 영역도 밝아지는데, 도수관 주변 회백질은 뉴런 다발로 이루어져 있으며 영장류의 패턴화된 털 손질 행위를 조절하는 것으로 알려져 있다.

아기가 사람의 마음을 움직이는 힘이 매우 크기 때문에 성인의 경우에 아기 같은 얼굴 특징, 즉 커다란 이마, 큰 눈, 작은 턱을 가진 사람은 다른 성인에게 신뢰와 호감을 불러일으키며, 처벌하려는 마음을 차단한다고 한다(만일 여러분이 재판을 받고 있다면 이마를 넓히고 눈의 크기를 늘림으로써 좀 더 가벼운 처벌을 받을 수 있다).

그러나 진화는 여기서 멈추지 않았다. 보살핌은 우리 종의 생존에 매우 중요한 의미를 지니기 때문에 다른 방식으로도 선택이 이루어졌고, 새로운 초기인류의 유전자 구성 속에 친절 능력을 심어 놓았다. 첫 번째는 자웅선택을 통해서 이루어진다. 다윈이 맨 처음으로 설명한 자웅선택 과정에 따르면 특정 개체가 같은 성별 간의 경쟁에서 우세를 보이면 짝짓기 대상을 만나게 되고 생식 기회를 얻어 자기 유전자를 다음 세대에 전할 수 있다. 섹스 상대를 찾는 사람들이 모이는 장소나 독신 남녀 전용 바, 즉석 만남, 온라인 만남 서비스, 그 밖에 현대 생활에서 흔히 이루어지는 소개팅 같은 데서 어떤 부류의 사람들이 잘 선택되는가? 입술이 도톰한 여자나 식스팩 복근을 가진 남자일까? 제프리 밀러의 주장에 따르면 실제로 승리는 친절한 사람에게 돌아간다.

〈표 19〉에 제시된 자료를 살펴보자. 이 자료는 지금까지 실시된 것 중 가장 대규모로 이루어진 배우자 선호도에 관한 연구 자료로 37개국에서 1만 명이 참가했다. 데이비드 버스David Buss는 생식 연령

표 19 | 연인 관계의 핵심

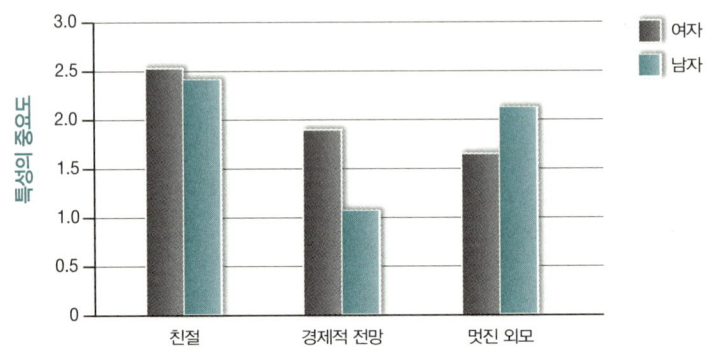

남자와 여자가 연인에게 원하는 가장 중요한 특성은 친절이다.

(21~25세)에 이른 사람들에게 미래 배우자를 선택할 때 각 특성이 얼마나 중요한 의미를 지니는지 표시해 달라고 했다(0=전혀 중요하지 않다, 3=반드시 있어야 한다).

이 자료에 대해 가장 뜨거운 토론이 이루어진 것은 성별에 따른 배우자 선호도 차이였으며, 오늘날까지도 여전히 사회과학에서 가장 논란이 되고 있다. 남자는 여자에 비해 외모를 중시하며, 몸매가 모래시계처럼 생기고 생식 잠재력이 최고점에 이른 여자를 찾는다(맨 오른쪽에 있는 막대기 두 개를 참조하라). 반면에 자녀 양육이라는 매우 값비싼 대가를 치러야 하는 여자는 상대적으로 두둑한 지갑을 가진 야심 찬 남자를 더 선호한다(가운데 있는 막대기 두 개를 참조하라).

하지만 이 연구를 둘러싼 논쟁에서 놓치고 있는 또 다른 사실이 있다. 여자와 남자 모두 연인을 구할 때 가장 중시하는 기준이면서 조사 대상인 37개국에서 압도적으로 보편성을 띤 특성이 친절이라는 점이다. 우리 세계의 미주신경 슈퍼스타라고 할 수 있는, 보살피는 사람과 맺어질 경우 분명히 많은 이점이 있다. 이들은 자식에게 풍부한 자원을 제공해줄 가능성이 높으며 신체 접촉, 보호, 놀이, 애정 등 신체적인 보살핌을 제공하고 생존에 반드시 필요한 협력과 보살핌의 공동체를 만들 가능성도 높다.

또한 이들 손에 길러진 자손은 생식 연령에 이르렀을 때 짝 찾기 경쟁에서 우세를 보일 가능성이 높다. 또한 추정컨대 이들은 이후 어느 멋진 상대와 눈이 맞아 함께 달아날 가능성도 낮다. 친절한 개체가 성적 선호 대상이 된다는 것은 오래전 다윈이 추측한 바 있듯이 진화상으로도 의미를 지닌다.

> 동정심은… 자연선택을 통해 점차 확산될 것이다. 동정심이 가장 많은 성원이 가장 많이 존재하는 공동체가 가장 번성하며 가장 많은 자손을 길러낼 것이기 때문이다.

진화는 여기서 한 단계 더 나아갔다. 사회적 선택압(우정, 관심, 집단 내 지위를 통해 혜택을 누리는 사람이 정해지는 것)의 작용을 통해 친절이 우리 유전자 속에 내장되도록 부가적인 압력을 가했다. 우리는 사회적으로 집단을 이루어 생존할 수밖에 없으며, 친절한 개체가 모인 집단이 성공한다.

나는 한 연구에서 각기 다른 집단에 속한 사람들이 임의로 선택한 집단 구성원에 대해 자유롭게 이야기 나누는 자리를 마련했다. 실험에 참여한 여대생 동아리 회원들은 그 자리에 있지 않은 다른 회원의 별명을 말하고 왜 그런 별명을 갖게 되었는지 이야기했다. 이런 방식의 평판 대화(집단 내 다른 구성원이 가장 최근에 보인 행동을 놓고 구성원끼리

주고받는 수다나 일상적 대화)에서 중심 주제로 부각되는 내용은 우리가 생각하는 것과는 다르다. 술을 너무 많이 마신다든가 불법 약물을 복용한다든가 짜증스러운 별난 행동(새벽 2시에 드럼을 연주한다든가, 설거지를 하지 않는다든가, 양말이나 속옷을 냄새나게 아무 데나 내던져 놓는 것 등)을 한다든가 하는 것은 결코 중심 주제가 되지 않는다.

평판 대화에서 중심을 이루는 것은 다른 회원의 친절과 따뜻한 마음이다. 다른 사람에게는 비밀로 하기로 하고 은밀히 나누는 대화나 놀림, 수다에서는 늘 친절과 연민을 보이지 않는 사람이 누구인지, 집단의 조화를 위협하는 사람이 누구인지 하는 점에 초점이 맞춰진다. 우리는 평판 대화를 통해 누가 차갑고 이기적이며, 뒤에서 중상모략 하는 권모술수가인지 찾아낸다.

이 연구 결과는 보살피는 능력이 우리 종의 생존에 매우 중요하기 때문에, 우리 중 보살피는 사람으로서 믿을 만하고 확실한 사람이 누구인지, 우선적으로 신뢰하고 자원을 주어야 하는 사람이 누구인지, 다시 말해 미주신경 슈퍼스타가 누구인지 확인하는 능력이 우리 몸속에 내장되어 있다고 주장한다.

이 같은 추론 내용을 탐구한 한 연구에서 실험참가자는 두 집단과 신뢰 게임을 벌였는데 한 집단은 미주신경 슈퍼스타들이고, 다른 집단은 낮은 수치의 미주신경 긴장을 보인 사람들, 즉 흔히 권모술수가로 불리는 사람들이었다. 실험참가자는 미주신경 슈퍼스타 또는 권모술수가가 각기 다른 사람과 대화하는 모습을 비디오테이프를 통해 20초간 지켜보았다. 이때 소리는 모두 끈 상태였다. 미주신경 슈퍼스타와 권모술수가에게서 보이는 단서는 최소한의 수준(고개를 끄덕이거나, 두 팔을 벌리는 몸짓, 눈빛 등)이었다.

실험참가자에게 주어진 과제는 비디오테이프에 등장한 사람들 중 누구를 얼마나 신뢰할 것인가를 선택하는 것이었다. 실험참가자가 누군가를 선택하면 실험참가자에게 주어진 돈이 인터넷을 통해 상대에게 전달된 뒤 세 배로 늘어난다. 그다음 비디오테이프에 등장했던 미주신경 슈퍼스타 또는 권모술수가는 세 배로 불어난 돈의 일부를 실험참가자에게 다시 돌려준다.

실제 삶에서와 마찬가지로 실험참가자 역시 믿을 만한 사람을 찾아내는 것이 주요 과제이다. 좀 더 협력적인 미주신경 슈퍼스타에게 선물을 주면 똑같이 되갚아줄 가능성이 높을 것이다. 권모술수가에게 뭔가를 베풀기 싫어하는 마음은 실험참가자가 이들에게 이용당하지 않게 막아줄 것이다. 그리고 실험 결과 실제로 실험참가자들은 미주신경 슈퍼스타를 더 많이 신뢰했고, 돈을 더 많이 주었다. 연민과 이타주의를 북돋아주는 신경계의 가지는 낯선 사람과의 짧은 만남에서도 탐지되었고 또한 보상받았다. 친절한 것이 결국은 득이 된다.

솟아나는 동정심

'세계 여러 종교의 윤리를 하나로 묶는 것이 무엇인가' 하는 질문을 받았을 때 카렌 암스트롱Karen Armstrong은 가장 간단한 대답을 내놓았다. "연민." 이 물음을 진화론자의 용어로 바꾸어 그들 방식대로 '인간의 사회성 진화 과정에서 생긴 중심적인 도덕적 적응 과정은 무엇인가' 하고 물으면 그들의 대답 역시 비슷한 내용으로 모아질 것이다. "연민." 이 점에 대해서는 종교적 성향을 가진 사람이든 진화론자든 모두 일치된 의견을 보일 것이다.

높은 인을 지닌 협력 공동체에서 연민은 중심 위치에 놓이기 때문에 인간의 사회생활에 대해 반대 시각을 가진 사람들에게 손쉬우면서 필수적인 공격 목표가 되었다. 히틀러는 연민(동정심이 솟아나는 상태) 때문에 자신의 기본 계획이 무너질 수 있다는 점을 알고 있었다.

> 내 교육법은 엄격하다. 약한 것은 호되게 내몰아야 한다. 내 독일 기사단 요새 안에서 젊은 세대는 전 세계가 그 앞에서 벌벌 떠는 존재로 자랄 것이다. 나는 젊은이들이 폭력적이고, 지배적이며, 기가 꺾이지 않고, 잔인한 사람이 되기를 바란다. 젊은이는 이와 같은 존재여야 한다. 젊은이는 고통을 견딜 수 있어야 한다. 약한 모습, 부드러운 모습은 결코 그들에게 없어야 한다. 자유롭고 늠름한 맹수는 눈에서 다시 한 번 빛이 나야 한다.

히틀러의 나치 친위대에서 초기에 실시한 훈련(직접 대면한 상태에서 여자와 아이에게 총 쏘기)은 음주, 우울증, 탈영이라는 결과를 낳았다. 그래서 나치 친위대의 장교 훈련법은 이들의 영혼에서 온화한 면을 모두 몰아내고 먹잇감을 노려보는 육식동물 같은 면만 남기도록 바뀌었다. 나치 친위대 장교들은 유태인을 사격연습에 이용하라는 명령을 받았다. 더러는 자기 애완동물을 자기 손으로 죽이라는 지시를 받은 이도 있었다. 유태인들은 인간성을 박탈당한 채 가축운반차에 실린 동물처럼 취급되었으며 사람들이 보는 앞에서 대소변을 보아야 했고 고통의 한계를 알아보는 과학실험에 이용되었다.

오늘날 우리 주변에서는 연민을 둘러싸고 미묘한 접전이 벌어지고 있다. 이 싸움은 선동가의 이데올로기나 파시스트의 사회공학 속에서 벌어지는 것이 아니라 우리 사회의 문화 콘텐츠 속에 자리하고 있다. 폭력적인 비디오게임, 광고로 가득한 인터넷 사이트, '약한 유대관계'를 갖는 디지털 세계로 인해, 얼굴을 맞대고 몸을 맞대는 데서 생기는 연민의 기반이 약해진다. 이 싸움 속에서 우리 아이들의 신경계가 형성되며 이렇게 형성된 신경계는 어쩌면 영구적인 양상을 띨지도 모른다.

최근의 신경과학 연구는 연민을 느끼는 두뇌 영역(공감과 관점 설정에 관여하는 전두엽의 몇 부분)은 20대에 들어서도 계속 개발된다고 밝혔다. 즉, 연민은 길러질 수 있다. 티베트 수도승의 두뇌를 스캔했던 리치 데이비슨은 휴식 상태에서 측정한 왼쪽 전두엽의 활성화 면에서 볼 때 수도승의 두뇌가 그래프를 벗어나 있다는 것을 알게 되었다. 이 두뇌 영역은 연민과 관련된 행동, 느낌, 심상 형성을 도와주는 부분이다. 오랫동안 헌신과 수양의 삶을 살아온 수도승의 두뇌는 우리 두뇌와 달랐고 연민과 관련된 신경 소통이 계속 작동되고 있었던 것이다.

물론 당연히 비판적인 의견도 있을 것이다. 시간과 안정된 삶이 확보되어 티베트 불교 수도승이 하는 것처럼 하루에 네다섯 시간씩 다정한 친절에 대해 명상할 수 있다면 누군들 휴식 중인 두뇌 상태가 왼편으로 기울지 않겠느냐는 입장 말이다. 충분히 이치에 맞는 얘기다. 리치와 존 카밧진Jon Kabat-Zinn이 동료들과 함께 소프트웨어 엔지니어들에게 마음챙김 명상 훈련(받아들이는 의식 상태, 다른 사람을 향한 다정한 친절)을 시킨 결과 6주가 지난 뒤 이들은 왼쪽 전두엽이 더 많이 활성화되었다. 또한 면역기능도 높아졌다. 이들이 물론 수도승의 노란 가사를 입지는 않았을 테지만 적어도 그들의 마음은 그와 같은 방향으로 변화되고 있었다.

최근의 과학 연구는 연민이 어떤 환경에서 길러지는지 밝혀냈다. 연민은 부모가 아이들에게 잘 반응해주고 함께 놀아주고 신체 접촉을 하는 환경에서 길러진다. 아이들이 피해에 대해 추론하도록 자극하는 공감 유형 역시 그런 역할을 하며, 조부모의 존재와 집안일을 돕는 것 역시 마찬가지이다. 저녁식사 시간에 대화할 때, 잠자리에서 이야기를 들려줄 때 연민을 주제로 삼으면 매우 중요한 이 감정이 길러진다. 심지어는 실험참가자가 무엇을 보았는지 알지 못할 만큼 빠른 속도로 '허그'나 '사랑' 같은 개념을 시각적으로 보여주었을 때에도 연민과 아량이 늘어났다.

연민은 그처럼 강력한 힘을 가진 관념이다. 연민은 강한 감정이며, 곤경에 처한 사람에 따라 조절된다. 연민은 용감한 행동을 낳는 창시자다. 연민은 우리 신경계 속에 내장되어 있으며 우리 유전자 속에 부호화되어 있다. 연민은 우리 아이들과 우리 건강에 좋으며, 최근 연구에서 밝혀낸 바에 따르면 결혼생활에도 반드시 필요하다. 달라이 라마의 말을 여기에 옮긴다.

> 행복해지고 싶다면 연민을 실천하라. 다른 사람이 행복해지기를 바란다면 연민을 실천하라.

과학이 이 오래된 지혜를 따라잡으려면 솟아나는 동정심을 지녀야 한다. 매우 역설적이지만 연민은 이기적인 행복을 추구하는 데 없어서는 안 될 필수조건일지도 모른다.

Chapter

12

세상을 향해 마음을 여는 원리

경외감

Awe

우리의 통제와 이해 범위를 넘어서는 것을 경험할 때 경외감이 생긴다. 이 경험의 중심에는 자아의 한계에 대한 인식이 자리 잡고 있다. 전 세계적으로 볼 때 경외감은 겸손한 신체적 특징을 보이며 이는 공경과 헌신, 감사의 행동으로 나타난다. 경외감을 느끼면 우리는 작아지고, 무릎을 꿇으며, 절을 하고, 어깨의 힘을 빼고, 긴장을 풀며, 태아처럼 몸을 작고 동그랗게 만든다.

Awe

매디슨 시에 위치한 위스콘신 대학에서 식물학 수업이 진행되던 어느 오후 존 뮤어John Muir는 동료 학생이 검은 색의 거대한 로커스트 나무가 어떻게 콩과 식물군에 속하는지 설명하는 내용을 듣고 있었다. 엄청난 크기의 검은 색 로커스트 나무와 연약한 콩과 식물은 크기나 형태, 겉으로 보이는 모양에서 매우 현격한 차이를 보이는데도 같은 진화 과정을 거쳐 왔다는 사실이 너무도 놀라웠다. 훗날 뮤어는 이렇게 썼다.

이 멋진 수업은 나를 매료시켰고, 나는 걷잡을 수 없는 열정에 사로잡혀 숲과 초원으로 날아갔다.

그 직후 뮤어는 대학을 그만두었다. 그는 플로리다까지 1,600킬로미터를 걸어서 자연주의자의 순례길에 올랐다. 그 후 캘리포니아를 향해 서쪽으로 이동했고, 스무 살이 되던 1869년 여름에는 200마리의 양을 몰고, 요세미티까지 구불구불 이어지는 오솔길을 따라 시에라네바다 산맥을 종주했다. 이 여행을 하면서 뮤어는 가죽 벨트에 달린 작은 일기장에 거의 매일 일기를 썼고, 이 글은 나중에 《나의 첫 여름My First Summer in the Sierras》이란 제목으로 출간되었다. 여행길에 오른 지 며칠이 지난 어느 날 뮤어는 이렇게 썼다.

> 6월 5일
>
> 호스슈벤드Horseshoe Bend라고 불리는 곳에 위치한 머세드 계곡Merced Valley의 웅장한 모습이 눈앞에 가득 펼쳐졌다. 마치 천 가지 노랫소리가 들리는 것 같은 장엄한 황야였다. 여기저기 대담하게 아래로 내리뻗은 언덕 비탈이 전경의 대부분을 차지한 가운데 언덕 비탈 위로는 철쭉과의 관목 숲과 소나무가 깃털처럼 덮여 있고 비탈 사이에는 햇빛이 찬란하게 빛나는 광활한 공간이 펼쳐져 있었다. 중간과 배경 쪽에는 멋진 모양의 언덕이 겹겹이 주름을 이루고 있고 저 멀리 산등성이들이 솟아 산처럼 덩어리를 이루고 있다. … 풍경 전체가 마치 정교하게 설계된 인간의 고귀한 조각품 같다. 아름다운 풍경의 힘은 얼마나 경이로운가! 나는 경외감에 사로잡힌 채 바라보면서 이 풍경을 위해서라면 모든 것을 버릴 수 있을 것 같았다. 이제 이 풍경에 담긴 모습, 바위, 식물과 동물, 찬란한 날씨를 만들어낸 힘을 찾아다니는, 끝없는 기쁜 일이 나의 일이 될 것이다. 생각 저 너머에 있는 아름다움이 저 아래에, 저 위에, 도처에 펼쳐져 있고 앞으로도 영원히 펼쳐질 것이다.

다음날 뮤어는 시에라네바다 산맥의 한없는 아름다움에 깊이 심취해 다음과 같이 썼다.

6월 6일

우리는 지금 산속에 있고 산이 우리 안으로 들어와, 열정에 불꽃을 일으키고, 모든 신경을 전율케 하며, 우리의 땀구멍과 세포 하나하나를 가득 채운다. 살과 뼈로 된 우리 육체가 주변에 가득한 아름다움 속에 있으니 마치 유리처럼 투명하게 보이고 이 아름다움의 일부가 되어 떼어낼 수 없는 것처럼 느껴지며 공기와 나무, 개울, 바위와 함께 일렁이는 햇빛 속에서 전율한다. 이는 모든 자연의 일부이며 늙지도 젊지도 않고 아프지도 건강하지도 않으며 다만 영원불멸의 상태로 있을 것이다. … 자연으로의 귀의는 얼마나 찬란한가. 너무도 완벽하며 건강에 그지없이 좋다. 속박된 지난날의 기억이 계속 남아서 이 광경을 바라보는 관점 속에 섞여 있다면 그때의 기억을 모두 몰아내라.

뮤어는 시에라네바다 산맥에서 얻은 경험으로 열린 마음을 갖게 되었고 새로운 과학적 통찰에 이르렀다. 당시의 전통적인 이론에서는 요세미티 계곡이 지진으로 형성되었다고 보았지만 뮤어는 요세미티 계곡이 빙하에 의해 형성되었다고 처음으로 주장했다.

뮤어는 이때의 경험을 바탕으로 시에라네바다 산맥이 양과 소 때문에 더 이상 파괴되어서는 안 된다는 글을 써서 영향력 있는 잡지 〈센추리Century〉에 발표했다. 이 믿을 만한 글 덕분에 의회는 1890년 9월 30일에 요세미티를 주립공원으로 지정하는 법안을 통과시켰다. 이 성공으로 자신감을 얻은 뮤어는 1892년 시에라 클럽(지구의 야생지역을 탐험하고 보호하며 지구 생태계와 자원의 책임 있는 사용을 촉구하고 실천하는 비영리 민간단체_옮긴이)을 설립하고, 죽는 날까지 이 단체의 초대회장으로 활동했다.

오늘날 오지 도보 여행가들이 시에라네바다 산맥에 있는 존 뮤어 길John Muir Trail을 걸어갈 때 순도 높은 인의 정신을 느끼는 것은 바로 존 뮤어 때문이다. 또한 시에라 클럽에서 후원하는 프로그램에 참여하여 배낭을 메고 요세미티 부근을 여행하는 도시 아이들 역시 마찬가지다. 심리학자 프랜시스 쿠오Frances Kuo는 시카고의 공영 주택 단지에 나무와 잔디를 심은 뒤 지역 주민들이 보다 많은 평온과 집중력, 행복을 느끼고 범죄율도 감소한 결과를 보고 나서 몇 가지 가설을 시험했는데, 이 가설은 뮤어의 삶을 바꿔놓은 강렬한 경외감의 경험과 맞닿아 있다.

존 뮤어의 삶을 관통하여 이어져온 경외감은 황송하게도 과학자가 해놓았을 법한 연구만큼이나 이 초월적인 감정의 구조에 대해 많은 것을 알려준다. 경외감은 전류가 통하는 듯한 경험이며 출생, 결혼, 죽음만큼이나 드물게 일어나고, 사람을 변화시키며, 사람이 의미 있는 삶을 추구하고 더 훌륭한 선을 위해 살아가게 에너지를 불어넣는다. 최근까지도 과학은 경외감에 대한 연구를 외면해왔다. 어쩌면 노자의 훈계가 맞는지도 모른다.

> 길을 길이라 말하면
> 예전의 그러한 길이 아니고
> 이름을 붙이면
> 예전의 그러한 이름이 아니다.
> 이름 없는 것이 하늘과 땅의 시작이었고
> 이름 있는 것은 삼라만상의 어머니였다.

실재론적인 명칭과 정량화를 기반으로 하는 과학에서는 결코 경외감의 비밀을 풀 수 없을지도 모른다. 어쩌면 정신의 문제는 인간 본성에 대한 물질론적 개념과는 다른 법칙에 따라 움직이는 것인지도 모른다. 하지만 진화론자들은 이 같은 우려에도 단념하지 않고 뮤어가 경험한 경이와 경외감이 사람들로 하여금 협력적으로 타협하여 복잡한 사회집단을 만들게 해주고, 이기심을 잠재우며, 집단에 대해 공경의 마음을 갖게 하는 감정의 본보기라고 주장하기 시작했다.

경외감의 짧은 역사

존 뮤어가 시에라네바다 산맥에 서서 소나무와 철쭉과의 관목, 화강암, 폭포수, 어두운 호수에 둘러싸인 채 신성한 느낌을 경험했다는 사실은, 숭고함(경외감)과 아름다움의 본질에 대해 소리 높여 주장하는 급진적인 사상가들에게 하나의 증언과도 같다. 경외감과 경이로움, 신성함과 같은 강렬한 감정은 삶을 변화시키는 힘이 있기 때문에 조직화된 종교에서는 이런 감정이 자기 고유의 영역인 양 주장했지만 급진적인 사상가들은 이 감정 경험을 종교의 비판으로부터 자유롭게 해방시켰다. 뮤어가 시에라네바다 산맥에서 경험한 것은 시간을 거슬러 올라가 곧바로 랠프 월도 에머슨Ralph Waldo Emerson에게 이어진다.

> 숲에 들어가면 우리는 이성과 믿음으로 돌아간다. 그곳에 있을 때 나는 내 삶에 아무 일도 일어나지 않을 것 같은 느낌이 든다. 자연이 치유하지 못하는 불명예스런 일도, 커다란 재난(내 눈이 머는 일)도 일어나지 않을 것 같다. 내 머리를 상쾌한 공기로 씻어낸 뒤 무한한 공간을 향해 높이 들고 맨 땅에 서 있으면 모든 비열한 이기주의가 사라진다. 나는 하나의 투명한 눈동자가 된다. 나는 아무 존재

도 아니며, 모든 것이 보인다. 보편적인 존재의 흐름이 내 몸속을 돌아다닌다. 나는 신의 일부분 또는 작은 조각이다. 그 순간에는 가장 가까이 있는 친구의 이름이 이국의 것처럼, 부수적인 것처럼 들린다. 형제가 되고, 지인이 되고, 주인 또는 하인이 되는 것도 그 순간에는 사소한 일이며, 어수선한 소란이다. 나는 절제되지 않은 영원불멸의 아름다움을 사랑하는 사람이다.

또한 에머슨은 계몽주의 철학자들의 성과, 특히 에드먼드 버크Edmund Burke가 내놓은 자연 속의 초월주의로 이어진다. 에드먼드 버크의 명상은 에머슨에 비해 다소 세속적인 특성을 보이지만 경외감과 경이를 느끼는 능력이 어떻게 진화되었는지를 이해할 수 있는 단서를 제공해준다.

인류 역사 초기에 경외감은 신성한 존재를 향한 느낌으로 제한되었다. 다마스쿠스로 가는 길 위에서 사도 바울이 개종할 때 앞을 가릴 정도의 밝은 빛이 있었고, 경외감과 두려움이 찾아왔으며 그가 더 이상 그리스도인을 박해하지 못하게 이끄는 목소리가 있었다. 인도의 힌두교 경전인 《바가바드 기타Bhagavad Gita》 절정 부분에서 주인공 아르주나Arjuna는 전쟁 전날 밤 강한 두려움에 사로잡혔다. 크리슈나Krishna(힌두교 3대 신 중 하나인 비슈누Vishnu의 한 형태)는 아르주나에게 강한 목적의식을 불어넣기 위해 신과 태양을 보고 무한한 시간과 공간을 경험할 수 있게 그에게 '우주의 눈cosmic eye'을 주었다. 아르주나의 마음은 놀라움(비스미타스vismitas)으로 가득찼고 머리카락이 쭈뼛 섰다. 아르주나는 크리슈나 앞에 엎드린 채 용서를 빌었고, 크리슈나의 명령을 듣고 마음에 새겼다. "나를 위해 일하라. 나를 너의 가장 높은 목표로 삼고 내게 사랑으로 충성하며 (다른) 모든 애착을 끊어내라"는 명령이었다.

계몽주의와 정치 혁명, 과학의 약속이 널리 퍼져 있던 1757년에 아일랜드 철학자 에드먼드 버크는 경외감에 대한 우리의 이해를 바꿔놓았다. 《숭고와 아름다움의 이념의 기원에 대한 철학적 탐구A Philosophical Enquiry into the Origin of Our Ideas of the Sublime and Beautiful》에서 버크는 우리가 천둥소리를 듣거나 예술작품을 볼 때, 교향곡을 듣거나 빛과 어둠의 반복적인 패턴을 볼 때, 심지어는 다른 동물(암소)과 달리 특정 동물(황소)을 볼 때 어떻게 숭고함(경외감)을 느끼는지 상세하게 설명했다. 냄새는 숭고한 느낌을 낳지 못한다고 버크는 지적했다. 그는 일상의 세심한 관찰 속에서 자기 시대에 어울리는 급진적인 주장을 내놓았다. 그는 경외감은 신성한 존재에 대한 경험에만 한정되지 않으며, 문학과 시, 그림, 풍경, 그 밖에 다양한 일상생활의 지각 경험에서 생겨난 확대된 사고와 정신의 위대함이 낳은 감정이라고 주장했다.

경외감을 경험하는 데 반드시 필요한 요소는 힘과 불명확성이라고 버크는 생각했다. 그는 힘에 대해서 이렇게 썼다.

> 우리가 힘을 발견하는 곳이면 어디든, 또한 어떤 빛이든 우리가 힘이라고 생각하는 빛이라면 그 속에서 언제나 숭고함을 관찰할 것이고 그에 수반되는 감정으로 두려움을 느낄 것이다.

불명확성에 대해서 버크는 우리 정신이 잘 이해하지 못하는 대상을 지각하는 데서 경외감이 생긴다고 주장했다. 그림 속에 들어 있는 불명확한 이미지(모네의 그림)는 분명하게 해석되는 이미지(피사로의 그림)에 비해 숭고한 느낌을 잘 불러일으킨다. 전제정치에서는 지도자가 모습을 잘 드러내지 않는다. 피지배층에게 불명확한 존재로 남아 경외감을 불러일으키고 지도자의 능력을 포장하려는 의도이다.

오늘날 서구에서는 경외감이 완전히 자유롭게 해방되었다. 우리는 버크의 뒤를 따르고 있는 것이다. 내가 연구를 진행하면서 사람들에게 가장 최근에 경험한 경외감에 대해 설명해 달라고 요청했을 때 그들은 전형적으로 버크가 관심을 보일 법한 경험에 대해 이야기했다. 사람들은 자연, 미술, 카리스마 있는 유명한 사람, 신성함에 대한 경험, 강렬한 지각 경험, 명상이나 기도를 하거나 신성한 존재를 생각하면서 느낀 경험 등에 대해 말했다.

민주주의 정신이 경외감에도 흐르고 있었다. 사람들은 참으로 다양한 순간에 느낀 경외감의 경험을 떠올렸다. 레드삭스 팀이 저주를 깼을 때, 처음으로 스티브 라이히Steve Reich(단순한 화음의 반복과 조합을 바탕으로 하는 미니멀리즘 양식의 대표적인 작곡가_옮긴이) 음악을 들었을 때, 쉐 파니스Chez Panisse에서 샐러리 수프 한 그릇을 다 비웠을 때,《카라마조프의 형제들The Brothers Karamazov》을 다 읽었을 때, 이기 팝Iggy Pop(펑크의 대부로 불리며 최초의 펑크 그룹 스투지스Stooges에서 보컬과 기타를 맡았던 사람_옮긴이) 쇼의 무대 전면에서 높이 들어 올려졌을 때, 아이들이 태어났을 때, 마지막으로 섹스를 했을 때, 와인을 마셨을 때, 또렷한 꿈을 꾸었을 때에도 사람들은 경외감을 경험했다. 경외감은 완전한 죄악에도 이용되었다. 히틀러의 집회를 생각해보기만 해도 이 신성한 감정이 얼마나 손쉽게 악의적인 목적에 이용될 수 있는지 깨달을 수 있을 것이다.

이처럼 불협화음을 이루는 초월적 감각에 다소간 질서를 부여하고자 존 하이트와 나는 다양한 경외감에 대해 다음과 같은 분석을 내놓았다(〈표 20〉 참조).

원형에 가까운 경외감의 경험 속에는 거대함에 대한 지각, 즉 자기 자신 또는 자신의 일반적인 준거 틀과 비교할 때 엄청나게 거대하다고 느끼는 것은 무엇이든 포함된다. 거대함은 물리적인 크기일 수 있다(120미터나 되는 미국 삼나무 옆에 서 있을 때, 또는 마야 문명의 유적지 '치첸

표 20 | 경외감 및 그와 관련된 상태에 대한 접근방법

경외감을 불러일으키는 상황	중심적인 특징		주변적 또는 '비슷한 분위기를 풍기는' 특징				
	거대함	순응	위협	아름다움	능력	미덕	초자연성
사회적 측면에서 경외감을 불러일으키는 것							
1. 강력한 지도자	×	×	?				
2. 신과의 만남	×	×	?	?		×	×
3. 위대한 기술(감탄*)		×			×		
4. 위대한 미덕 (고양되는 기분*)		×				×	
물질적인 측면에서 경외감을 불러일으키는 것							
5. 토네이도	×	×	×	?			?
6. 멋진 경치	×	×		×			
7. 대성당	×	×		×	×		?
8. 경외감을 일으키는 음악	×	×		×	×		
인지적 측면에서 경외감을 불러일으키는 것							
9. 위대한 이론	×	×		?			
10. 깨달음	×	×					

'×'는 이 경우에 대개 경외감을 경험한다는 것을 나타낸다.
'?'는 이 경우에 더러 경외감을 경험한다는 것을 나타낸다(또한 경외감을 경험하면 그 정도가 더 깊어진다).
'*'은 경외감과 관련이 있기는 하지만 경외감이라고 규정되지 않는 상태를 가리킨다.

이차Chichen Itza'의 광활한 장관을 보았을 때). 또한 음향의 거대함일 수도 있으며(천둥소리, 웅장한 전자 오르간 소리) 사회적인 측면의 거대함일 수도 있다(달라이 라마 옆에 서 있을 때, 또는 유명인과 옆자리에서 식사했을 때). 관념이든, 느낌이든, 감각이든 예전에 알거나 느꼈던 범위를 훨씬 넘어서는 것이면 모두 거대할 수 있다. 거대함이 우리에게 순응(핵심 믿음을 수정하고 바꾸는 과정)을 요구할 때 거대함은 경외감을 불러일으키는 요소가 된다.

척추에 짜르르한 느낌이 흐르고 입이 딱 벌어지는 경외감의 경험 속에는 거대함과 순응이 들어 있다. 카리스마와 강한 힘을 지닌 사람을 만나는 경험, 자연(산과 멋진 경관, 폭풍, 미국산 삼나무, 바다, 토네이도, 지진 등)을 대하는 경험, 대성당이나 고층 빌딩·조각품·불꽃놀이·세계에서 가장 큰 끈 뭉치 등 놀라운 인공물을 보는 경험, 위대한 이론(페미니즘, 마르크스주의, 진화론)의 폭과 범위에 푹 젖었을 때 느끼는 감정… 이 모든 것은 세계에 대한 우리의 이해를 넘어서는 초월성과 거대함에 대한 인식에 기반을 두고 있다.

'비슷한 분위기를 풍기는' 부가적 주제가 있을 때 경외감은 다양한 종류와 미묘한 차이를 보인다. 위협의 느낌은 두려움의 요소가 들어 있는 경외감을 불러일으키며, 카리스마 있는 지도자(히틀러. 이에 대비되는 지도자로는 간디)나 자연 경관(천둥을 동반한 뇌우. 이에 대비되는 것으로는 석양)은 위험을 느끼거나 안심하게 되는 경외감과 비슷한 경험을 불러일으킨다. 자극의 미학적 특성(조화, 균형, 비례)은 경외감의 경험에 아름다움의 느낌을 덧입힌다(교향곡을 들을 때, 호수에 비친 산을 볼 때).

특별한 능력을 지닌 사람을 만나는 경우에도 유사한 상태, 즉 감탄을 경험할 것이다. 보기 드문 미덕을 만나는 경우에는 고양되는 기분이 들며, 이는 '도덕의 아름다움' 또는 인간의 선에 대한 감정적 반응이라고 할 수 있다. 감탄과 고양되는 기분은 경외감과 밀접한 관련이 있지만 통상적으로 거대함이나 힘의 지각이 들어 있지 않다. 초자연적인 심상 작용이 경외감의 경험을 가득 채울 때(영혼 같은 비물질적 실재의 존재를 느끼거나 초자연적인 인과과정이 이루어지는 것을 느낄 때) 경외감의 경험은 종교적인 분위기를 띤다.

깨달음도 경외감을 불러일으킨다. 겉으로는 사소하고 우연한 것 같지만 예기치 않게 커다란 진실을 드러내 보이는 사건이 깨달음 속에 들어 있기 때문이다. 떨어지는 낙엽이 아버지의 죽음을 일깨우면서 자신 역시 죽을 운명임을 일깨운다. 연인이 당신 친구에게 미묘하게 입술을 오므리는 모습을 보일 때 당신은 오랫동안 의심해온 비밀관계가 사실이었음을 깨닫는다. '경외감'이라는 단어의 어원적 유래도 이 경험의 해방 과정과 유사한 과정을 거쳐왔다. '경외감'은 특히 신성한 존재에게 느끼는 두려움과 공포를 나타내는 고대 영어와 스칸디나비아어에서 나왔다. 이제 '경외감'은 다음과 같은 의미를 나타낸다.

> 우러르는 마음이나 존경이 들어가 있는 두려움, 즉 숭배감이 한데 뒤섞인 무서운 느낌. 최고 권위, 도덕적 위대함이나 숭고함, 또는 신비하고 신성스러운 존재 앞에서 깊은 공경으로 고개를 숙이는 마음 자세
>
> - 《옥스퍼드 영어 사전》

경외감을 경험하는 상태는 애초 두려움과 무서움이 중심을 이루었으나 오늘날에는 공경과 헌신, 기쁨으로 바뀌었다.

제우스의 선물

"인간은 만물의 척도"라고 말한 그리스 철학자 프로타고라스Protagoras는 인간의 기원과 관련하여 다음과 같은 신화를 만들었다. 한동안 지구에는 신만이 존재했다. 그러다 신들은 다른 종을 창조하기로 결정했고, 분자로 된 원시수프가 아니라 흙과 불로 다른 종을 만들기로 했다. 신은 여러 가지 능력과 역량(빠른 속도, 힘, 두꺼운 가죽, 단단한 발굽, 민첩성, 뿌리나 풀, 고기 맛을 아는 능력)을 다양한 종에게 두루 분배하여 그들이 각자 특정한 생태적 지위를 차지하고 자기 나름의 특정한 방식으로 번성하게 했다.

그런데 그만, 나눠줄 능력과 재능이 모두 떨어져버렸는데, 살갗이 얇고 발도 느린 종(인간) 하나가 떡하니 남아 있었다. 신은 어떻게 할지 미처 생각조차 하지 못한 상태였다. 이들은 집단을 이루어 여기저기 흩어져 사는데, 이 집단이 제 기능을 발휘하지 못해서 왠지 곧 사라져버릴 것 같았다. 그래서 프로메테우스가 최초의 인간 기술, 즉 불을 제공했다.

그러나 제우스는 곧바로 이 기술의 한계를 깨달았다. 불은 따뜻하게 해주고 고기 속에 들어 있는 세균을 불태워 죽이며 방어 수단이 되지만 인간이 생존하기 위해서는 더 많은 것이 필요했다. 인간을 서로 협력하는 강한 공동체로 한데 묶여야 했다. 그래서 제우스는 인간에게 두 가지 특징을 주었다. 하나는 정의 의식인데 이는 모든 사람의 욕구를 두루 충족하기 위한 것이었고, 다른 하나는 공경, 즉 경외감을 느끼는 능력이었다.

철학자 폴 우드러프Paul Woodruff는 《공경Reverence》이란 책에 고대 그리스와 중국 문화를 분석하면서, 인간의 문화를 지속시키려는 제우스의 필수항목 목록에서 경외감이 왜 그토록 높은 순위를 차지하는지

표 21 | **경외감과 공경**

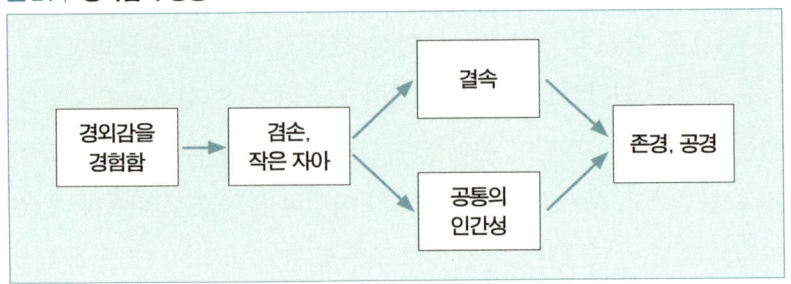

이유를 밝혔다(나는 무례를 무릅쓰고 그의 주장을 도식으로 요약했다).

우리의 통제와 이해 범위를 넘어서는 것(순응하라고 요구하는 거대한 것)을 경험할 때 경외감이 생긴다. 이 경험의 중심에는 자아의 한계에 대한 인식이 자리 잡고 있다. 유교 사상에서 우리는 겸손에 대한 깊은 의식을 느낀다. 전 세계적으로 볼 때 경외감은 겸손한 신체적 특징을 보이며 이는 공경과 헌신, 감사의 행동으로 나타난다. 경외감을 느끼면 우리는 작아지고, 무릎을 꿇으며, 절을 하고, 어깨의 힘을 빼고, 긴장을 풀며, 태아처럼 몸을 작고 동그랗게 만다(다윈이 헌신에 대해 관찰한 내용이 〈표 22〉에 나와 있다).

겸손은 자기 자신을 더 커다란 상황 속에 놓는 것과 관련이 있다. 경외감의 경험은 우리가 가족이나 공동체의 패턴화된 역사에서 작은 반복에 지나지 않으며, 우주의 거대함에서 시간과 물질에 의해 제한받는 작은 얼룩에 불과하다는 사실을 보여준다. 야망과 위기, 욕망과 갈망은 스쳐 지나가는 순간의 시간이다. 우리 문화는 수백만 년에 이르는 포유류의 진화 과정에서 잠시 빛나는 광점일 뿐이다.

공경은 결속 의식과 공통된 인간성에 대한 의식 속에 뿌리를 두고 있다고 우드러프는 덧붙이고 있다. 존 뮤어의 경우 자아의 '살과 뼈로 된 육체'는 녹아서 시에라네바다 산맥의 나무, 공기, 바람, 바위와 하

표 22 | **다윈이 관찰한 경외감과 관련 있는 감정**

감탄	눈이 커진다. 눈썹이 올라간다. 눈이 빛난다. 미소 짓는다.
놀람	눈이 커진다. 입이 벌어진다. 눈썹이 올라간다. 손으로 입을 가린다.
헌신(공경)	고개를 들고 올려다본다. 눈꺼풀을 위로 치켜뜬다. 현기증이 난다. 눈동자가 안쪽으로 모이면서 위로 향한다. 자기를 낮추면서 무릎을 꿇는 자세가 된다. 손을 위로 든다.

나가 되었다. 별개로 존재하는 물체와 힘의 지각 시계는 사라져버리고, 윌리엄 제임스의 말을 빌리면 이성적인 의식의 얇은 장막은 걷힌다. 구름이 걷히면서 빛이 어두웠던 호수를 비추듯 마음은, 서로 이어지고 결속하는 힘, 에머슨이 말한 '보편적인 존재의 흐름'을 드러낸다.

모든 물체는 동일한 형태의 분자 진동에 의해 활기를 띤다. 인간의 얼굴 구조에는 모든 인간을 구성하는 게놈이 드러나 있다. 수학적인 디자인 패턴에는 조수 웅덩이나 숲의 밑바닥에 사는 생물 형태가 결합되어 있다. 오랜 전통(추수감사절 만찬, 결혼식, 건배, 아버지와 딸이 함께 추는 춤)은 개인이 유서 깊은 협력적 만남 형태에 적응하게 해준다. 이러한 지각의 통일성으로부터 모두가 공통의 인간성을 지녔다는 깊은 의식이 싹튼다. 우리는 모두 아기였고, 우리는 모두 가족이 있으며, 우리는 모두 슬픔과 웃음을 경험하고, 우리는 모두 고통을 당하며, 우리는 모두 죽는다.

결국 경외감은 주어진 것에 대한 감사의 마음과 존경의 느낌, 즉 공경을 낳는다. 그리고 의식을 통해 공경의 느낌이 쌓여간다. 우리는 출생을 공경하는 마음으로 대하며, 먹을 것에 감사하고, 결혼하는 사람들을 존경하며, 죽은 사람에게 경의를 표한다. 우리는 일상생활에서 보여주는 넉넉한 아량과 낯선 사람의 친절에 고마워하며 고개 숙여 인사한다.

데이비드 슬로안 윌슨 같은 진화론자들은 경외감의 진화 과정에 대해 그들 나름의 설명을 내놓았다. 프로타고라스나 공자가 오늘날 살아서 진화론을 연구했다면 그들에게 이런 설명이 낯설지 않았을 것이다. 그들은 집단이 잘되기 위해서, 그리고 인간이 살아남아 자손을 번식하기 위해서는 종종 자기이익보다 집단을 더 위에 놓아야 한다고 가정한다. 때로 자아의 관심과 필요, 욕구를 꺾고 그 자리에 집단을 놓아야 하는 것이다. 경외감은 인간의 사회적 환경이 제기하는 요구를 충족시키기 위해 진화되었다.

초기인류 조상의 경우에는 집단행동을 할 때 나타나는 감정적 역동성 속에서 경외감이 처음 생기기 시작했다. 예를 들어 집단 방어를 할 때, 힘을 합쳐 사냥을 할 때, 폭풍에 신속하게 대응할 때, 짐승 떼가 몰려오는 소리를 듣고 집단 구성원을 동원할 때 경외감을 느꼈을 것이다. 집단행동 속에서 초기인류는 이웃 친지와 가까이 이어진 느낌을 받고 물리적 힘이 솟아나는 것을 느꼈을 것이다. 어떤 힘이 작용하여 많은 것을 조절하고 있다는 지각, 모두를 하나로 묶어주는 공통의 목적에 대한 의식, 그리고 자아와 다른 사람의 경계가 희미하게 무너지는 의식이 생겨나면서 그들의 몸은 동시에 하나가 되어 같은 동작을 취했을 것이다.

이 경험은 집단 구성원을 결속시키는 모든 것에 대해 즉각적으로 반응하는 태도를 낳았으며, 위협이나 피해에 민감하게 반응하거나 아이의 취약성에 대해 적응해온 것만큼이나 강력한 적응형태로 자리 잡았다. 초기인류는 화려한 장식으로 치장한 지도자, 죽은 가족 구성원, 신생아 등 집단을 결속시키는 존재에게 경외감을 보였다. 사람들을 같은 느낌과 행동으로 묶어주는 관념이나 대상에 대해서도 마찬가지

였을 것이다. 사람의 출생과 관련된 신화, 노래, 축하 무용, 동굴 그림 등이 이에 해당한다.

이런 경험에 푹 젖어 있는 우리의 초기인류 조상은 스스로 작아지는 것을 느끼고 자제심을 가지며 다른 집단 구성원에게 공통점과 일체감을 느꼈다. 우리를 집단으로 결속시키는 대상에 커다란 감동을 받아 생기는 경외감의 능력은 우리의 마음과 몸속 깊이 내장되었다. 또한 이러한 능력이 문화의 역동적인 힘을 이루게 되었고, 종교와 예술, 스포츠, 정치운동의 원천이 되었다. 하지만 경외감에 대한 과학적인 연구에서는 이러한 주장들을 미미한 정도로만 다루었다.

프랙탈, 소름, 티라노사우루스 렉스

어처구니없을 정도로 손쉽게 연구실에서 연구할 수 있는 감정들이 있다. 당혹감이 그중 하나다. 한 사람이 연구실로 들어선 뒤, 자신이 분석과 실험의 대상이 되고 자신을 비디오로 촬영하여 밤늦게까지 일하는 학생들이 이 비디오테이프 내용을 부호화하여 자료로 만든다는 사실을 깨닫는 순간 이 사람의 얼굴은 온통 붉게 달아오르기 시작할 것이다.

반면에 그렇게 쉽지 않은 감정들도 있다. 이 목록에서 순위가 가장 높은 항목이 경외감이다. 경외감을 불러일으키기 위해서는, 형광등을 켜놓은 좁은 연구실에 어울리지 않는 거대한 물체(자연 경관, 유명인이나 카리스마 있는 지도자와의 만남, 300미터 높이의 초고층 빌딩, 대성당, 초자연적 사건)가 필요하다.

경외감을 일으키려면 세계에 대한 우리의 현재 이해 수준을 넘어서는 예상 밖의 매우 희귀한 사건이 있어야 한다. 아기의 출생, 호텔 로

비에서 롤링스톤스의 보컬 믹 재거 옆에 앉았던 경험, 여름철 폭풍우가 내리는 동안 거대한 토네이도가 거리를 휩쓸고 지나간 일, 처음으로 록 콘서트나 정치집회에 갔던 일, 처음으로 산 정상에 서서 발아래 세상을 내려다보던 일, 처음으로 성관계를 가진 일, 처음으로 초콜릿 아이스크림을 먹던 일, 파리의 어느 카페에서 처음으로 와인을 마셨던 일 등이 일어나야 한다.

경외감에 대한 과학적 연구는 선 수행과 같은 도전이다. 어쩌면 측정할 수 없을지도 모르는 대상을 측정해야 하고, 결과를 전혀 예측할 수 없는 일을 계획해야 하며, 설명할 수 없는 것을 포착해야 하는 것이기 때문이다. 내 제자들은 이에 전혀 굴하지 않고 매주 만나는 모임에서 어떻게 경외감을 연구할 것인지 아이디어를 마구 쏟아놓았다.

윌리엄 제임스가 마치 완벽한 조화를 이룬 살아 있는 유기체 같다고 한 그랜드캐넌 주변부에 사람들을 세워놓고 그들의 머릿속에 흘러가는 의식의 흐름을 포착하자. 실험참가자가 달라이 라마와 함께 협력게임을 할 수 있게 해주자, 그게 아니면 농구팀에 키가 2미터 10센티미터인 센터를 보내주자. 세계에서 가장 큰 끈 뭉치를 연구실로 가져와서 실험참가자에게 그 옆에 앉아보라고 하자. 사람들을 버스에 가득 태운 뒤 버클리에서 출발하여 다섯 시간 동안 버스를 타고 (세계에서 가장 큰 미국 삼나무 사이를 걸어다닐 수 있는) 훔볼트 레드우드 주립공원까지 가보자. 캘리포니아 대학교 버클리 캠퍼스 조정 선수들이 완전히 하나로 일치되어 자기 자신이 해체되고 환희의 함성을 내지르는 순간을 녹음하자(조정 팀 코치 스티브 글래드스톤이 내게 설명해준 경외감의 경험이었다). 초자연적인 사건이 일어나게 하자. 가령 실험참가자에게 어머니의 목소리와 비슷한 소리가 들리게 하거나, 유령이 보이게 하거나, 실험실 벽에서 액체가 흘러내리게 하자.

우리가 경외감을 연구한다는 소식이 퍼지자, 밤새워 춤을 추는 모임(약물을 복용하지 않고 광란의 파티를 즐기는 모임)에서 나를 찾아와 자기들이 낡은 교회에서 파티를 즐기는 동안 열기가 최고조에 달한 상태를 연구해보라고 말하기도 했다.

이런 연구들이 실현 불가능하다는 것을 깨달은 나는 단어와 이미지에서 시작했다. 단어와 이미지를 통한 경험은 문학교수와 화가 밑에서 자란 나에게는 아주 친근한 경험이었다. 하이쿠(전통적인 일본의 단시短詩_옮긴이)를 무척 좋아하는 한 학생이 가장 좋은 작품(그 학생에게는 가슴이 저릿하는 아픔과 영감을 전해주었던 시들이었다)을 골라 30분 동안 대학생들에게 들려주면서 학생들의 의식이 서로에 대한 공통점과 일체감을 느끼는지 살펴보았다. 물론 그런 효과는 전혀 보이지 않았다. 학생들은 창문도 없는 심리학 연구실에서 왜 이런 아리송한 시를 읽어야 하는지 전혀 이해하지 못했다.

그래서 나는 시각적 형태가 단어보다 일정한 경외감을 불러일으킬 수 있을 거라는 가정하에 이미지를 이용하기로 했다. 작은 규모의 대학생 집단 몇몇이 30분 동안 48인치 크기의 스크린 위에 프랙탈fractal(작은 구조가 전체 구조와 비슷한 형태로 끝없이 되풀이되는 구조를 일컫는데, 단순한 구조가 끊임없이 반복되면서 복잡하고 묘한 전체 구조를 만든다_옮긴이)이 끊임없이 펼쳐지는 것을 지켜보았는데, 이 경험이 사람들을 광범위한 공동체적인 대화로 이끌어줄 것이라는 가정하에서 이루어진 실험이었다.

내 연구실에 있는 통제실(여기서는 비디오 피드를 통해 근처 방에 있는 실험참가자들을 지켜볼 수 있었다)에서 이 연구를 지켜보는 동안 나는 방금 버닝맨Burning Man(미국 북부 네바다 주 블랙록 사막에서 열리는 연중행사로 약 일주일 정도 열리며, 토요일 저녁에 거대한 목각 모형을 태우는 전통이 있다.

인간 모형을 태우기 때문에 버닝맨이란 이름이 붙었다_옮긴이) 행사에서 돌아왔을 것이 분명한 내 애제자 한 명이 두 뺨을 반짝거리면서 연구를 진행하는 모습을 보았다.

전자공학과와 분자생물학과 학생 집단이 멍하니 앉아 프랙탈 구조를 지켜보면서 그러한 유기적 형태를 설명해줄 수학 함수를 생각하고 있었다. 맹세컨대 "티모시 리어리Timothy Leary(미국의 심리학자로 환각제 사용을 옹호한 바 있으며, 1960년대 반문화 운동에 많은 영향을 끼쳤다_옮긴이)가 우리 학교에서 박사학위를 따지 않았나?"라고 누군가 작게 중얼거리는 소리가 분명히 들렸다(티모시 리어리가 버클리에서 박사학위를 딴 것은 사실이었다). 그러나 그뿐이었다.

이처럼 경외감에 대한 연구는 초기에 몇 가지 실수로 얼룩졌지만 조금씩 진전을 보였다. 우리는 윌리엄 제임스가 시작한 지점, 즉 자율신경계에서부터 다시 시작하기로 마음먹었다. 우리는 한 가지 연구를 진행하면서, 사람들에게 경외감을 비롯한 여러 가지 긍정적 감정을 느낄 때 어떤 신체 감각이 느껴지는지 설명해 달라고 했다. 그리고 경외감에서 특징적으로 나타나는 것은 소름이라는 사실을 알게 되었다(〈표 23〉 참조).

소름은 입모立毛의 구어적 표현이며, 입모란 몸 전체 특히 뒷목과 등에 분포된 모낭 주변의 미세 근육이 수축하는 것을 뜻한다. 또한 입모는 투쟁·도주, 교감 자율신경계의 작용 중 하나이다. 우리와 가까운 영장류(대형 유인원)의 경우 적대적인 만남 상황에서 입모를 이용한다. 영장류는 상대를 위협하고 신체적 우세와 힘을 과시하려고 털을 세워서(털이 곤두선다) 몸집을 부풀린다. 사람의 경우 용도가 바뀌어 일반적으로 온몸이 피부 경계를 넘어 팽창하는 것 같은 느낌이 들 때, 또한 다른 집단 구성원과 하나로 이어진 느낌이 들 때 주로 나타난다.

표 23 | 소름과 감정의 관계

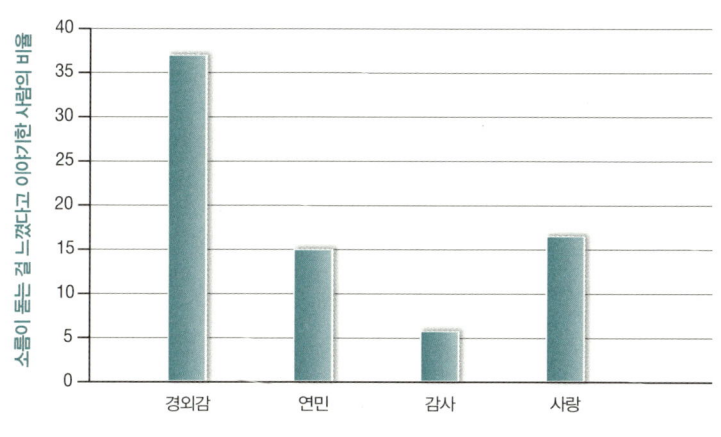

우리는 정신을 고양시키는 교향곡을 들을 때, 정치집회에서 공동의 명분을 알리며 노래할 때, 정신을 넓혀주는 탁월한 강연을 들을 때 소름이 돋는다. 우리의 자아가 자신의 신체적 경계 너머로 확장되어 집단 속으로 들어가기 때문이다. 적대적인 방어와 연관이 있던 곤두선 털이 집단과 이어지는 연결성으로 바뀐 것이다.

사람들은 깊은 경외감을 느낄 때 소름이 돋는 한편 가슴이 넓어지면서 따뜻하게 벅차오르는 것을 느낀다고 한다. 이는 분명 미주신경이 활성화되는 것을 나타낸다. 크리스 오베이스가 밝혀낸 바에 따르면 다른 사람의 도덕적 선을 보고 나서 경외감의 친척이라고 할, 고양되는 기분을 느낄 때 실제로 미주신경이 흥분한다. 마더 테레사가 캘커타에서 가난하고 굶주린 사람들과 함께 하는 모습이 담긴 필름을 실험참가자에게 보여주었을 때 이들의 미주신경이 활성화되었다.

그렇다면 경외감은 신체 현상으로 나타날 때 두 가지 생리현상이 합류되는 양상을 띠는데, 이는 진화론자들이 이 초월적 감정에 대해 내놓은 주장과 일맥상통한다. 즉, 자기 자신을 확대시키기 위해 소름이 돋는 생리현상과 자신을 사회와 연결시키기 위해 가슴을 여는 생리현상이 합쳐져 있다.

경외감의 생리현상은 개인이 세계 속에서 차지하는 위치와 관련하여 의식의 중대한 변화를 수반한다. 한 연구에서 라니 시오타Lani Shiota와 나는 실험참가자들에게 예를 들어 태평양의 파도소리를 들을 때나 유칼립투스 숲의 빛 속을 걸어갈 때처럼 자연 속에서 삶이 바뀌는 듯한 경험을 했던 일을 떠올려 보라고 했다. 물론 뮤어나 에머슨이 표현한 것과 같은 시적 은유는 부족했지만, 이런 회상에 뒤따르는 결정적인 깨달음이 있었다. "내가 작은 존재로, 또는 보잘것없는 존재로 느껴졌다.", "나 자신보다 훨씬 큰 무언가의 존재를 느꼈다.", "나를 둘러싼 세계와 내가 이어져 있는 것 같은 느낌이었다.", "머릿속에 일상적인 관심사가 하나도 떠오르지 않았다." 경외감은 이기심의 강력한 힘을 억제하고 마음이 상호연결성을 향하게 한다.

물론 이러한 깨달음은 회고적 성격을 띠며, 경외감이 세상을 바라보는 우리의 방식을 어떻게 변화시켰는가가 아니라 경외감이 마음을 어떻게 변화시켰는가에 대한 사람들의 생각을 반영한 것에 지나지 않을지도 모른다. 이 실험을 실시할 때 실험참가자들은 우리 연구소로 찾아왔지만 우리는 실험을 진행할 장소가 캠퍼스 내 다른 건물이라고 말해주었다. 실험참가자들은 잔디밭을 지나 스트로베리 크리크 Strawberry Creek(미국 캘리포니아 주 버클리 시를 통과하여 흐르는 주요 물줄기_옮긴이)를 가로지르는 다리를 건너 신고전주의 양식으로 지어진 밸리 라이프 사이언시즈Valley Life Sciences 건물에 도착했다.

실험참가자들은 건물 안으로 들어가 중앙 휴게실에 도착했다. 그곳에는 실물 크기의 티라노사우루스 렉스의 뼈가 있었고(물론 우연은 아니다), 우리는 실험참가자들에게 그 옆에 앉으라고 했다. 뼈는 엉덩이까지 높이가 대략 3.6미터, 전체 길이가 7.6미터, 무게가 5톤쯤 되었다. 진화론자든 창조론자든 가히 경외감이 들 만한 크기였다(실제로 티라노사우루스 렉스 옆을 지나가는 다른 학생들을 붙들고 이 뼈를 보면 어떤 느낌이 드냐고 물었을 때 그들은 핸드폰을 내려놓더니 한결같이 "경외감이 든다"고 말했다).

우리는 스무 가지 진술테스트라고 알려진 자아상 측정법을 실험참가자들에게 시켰다. 실험참가자들은 '나는 _____입니다'로 된 스무 가지 진술의 빈칸을 채웠다. 통제군 실험참가자들 역시 동일한 실내 온도에 자연광이 비치는 공간에 앉아 동일한 측정 문항을 완성했다. 그러나 이들은 시야에 티라노사우루스 렉스가 어른거리는 곳이 아니라 그쪽에 등을 돌린 채 통로가 보이는 곳에 앉았다.

그런 다음 라니는 사람들이 스스로를 어떻게 묘사하는지 부호화했는데, 이 과정에서 신체에 대한 언급("나는 머리가 빨강색이다", "나는 점이 많다"), 성격에 대한 언급("나는 사람들과 함께 어울리는 것을 좋아한다", "나는 약하다"), 관계에 기초한 언급("나는 조카다", "나는 셔먼의 중요 인물이다")을 확인하고 아울러 잘 언급되지는 않았지만 우리가 이론적 관심을 갖는 범주, 즉 커다란 사회집단의 구성원임을 밝히고 싶어 하는 거대한 보편적 범주("나는 생명 형태다", "나는 지구에 살고 있는 거주자다", "나는 인류의 일부다")도 확인했다.

경외감을 느끼는 사람들, 즉 티라노사우루스 렉스 뼈를 보면서 자신을 설명한 사람들은 비록 같은 장소라도 경외감을 불러일으키는 티라노사우루스 렉스와 등을 돌리고 앉은 사람들에 비해 거대한 집단적 범주의 관점에서 스스로를 설명하는 비율이 세 배나 높았다. 경외감을 느끼면 자아에 대한 의식이 바뀌며, 서로를 구분하고 경계를 긋는

사진 32 | 티라노사우루스 렉스
버클리 캠퍼스의 밸리 라이프 사이언시즈 건물에서 티라노사우루스 렉스의 뼈 옆에 앉아 있는 나탈리와 세라피나

방향(개인 특유의 특징이나 선호도)에서 서로를 공통된 인간성으로 묶고 이를 강조하는 방향으로 시선을 돌린다.

이 발견에 고무되어 에밀리아나 사이먼 토머스Emiliana Simon-Thomas와 나는 경외감이 두뇌 영역 어디에 속하는지 찾아보기로 했다. 전통적인 신경과학 지식에 따르면 두뇌 속에는 한 가지 보상회로가 존재한다. 돈이 생기든, 마사지를 받거나 밀크셰이크를 마시든, 아리아를 듣든, 승진을 하든, 미소 짓는 자기 아기를 보든, 친구가 부드럽게 쓰다듬어주든, 연인이 애무해주든, 아니면 산을 보든, 어디서 시작된 기쁨이든 모든 기쁨에 이 한 가지 보상회로가 반응하여 활성화된다는 것이다. 모든 형태의 행복이 이기적인 기쁨이라는 한 가지 종류로 귀착되는 것이다.

우리는 조금 다른 가설, 즉 다양한 종류의 기쁨과 만족에 대해 각 종류별로 그에 관여하는 두뇌 영역이 제각기 따로 있다는 가설을 제시하고자 했다. 또한 우리는 진화를 통해 각기 다른 신경회로가 우리 몸속에 만들어져 있고 이처럼 각기 다른 신경회로 덕분에 각기 다른 긍정적 감정을 느낄 수 있을 거라고 예상했다. 이 긍정적 감정들은 맛이나 냄새와 관련된 것일 수도 있고, 자아의 강점과 관련된 것일 수도 있으며, 다른 사람에게 선을 행하는 것과 관련될 수도 있고, 우리의 현재 이해 수준을 넘어서는 거대한 존재와 관련된 것일 수도 있다.

이 가설을 실험하기 위해 우리는 먼저 데이터베이스를 뒤져서, 감각적 쾌락, 자긍심, 연민, 경외감을 불러일으키는 사진 슬라이드를 찾았다. 그런 다음 실험참가자들에게 이 사진을 보여주었고, 그들이 이 사진을 보는 동안 기능성 자기공명영상 스캐너로 뇌 영상을 찍었다. 결과는 경외감, 연민, 자긍심이 결코 감각적 쾌락으로 환원되지 않는다는 사실을 강하게 암시했다. 즉 기분 좋은 느낌과 쾌락에는 이기적인 보상 이외에 다른 뭔가가 있었다.

열대 지방 해변에 길게 늘어진 해먹, 김이 모락모락 나는 피자 등 감각적 쾌락을 나타내는 이미지는 우리가 신경과학이 밝혀낸 자료를 근거로 예상할 법한 것을 그대로 보여주었다. 감각적 쾌락은 측좌핵, 즉 음식이나 돈 등 보상을 주는 자극의 기록 및 기대 예상에 관여하는 두뇌 영역을 활성화시켰다. 또한 감각적 쾌락의 이미지는 왼쪽 배외측 전전두피질과 해마를 활성화시켰는데, 이 영역은 기억 및 반성적 사고에 관여한다(분명 실험참가자들은 과거의 감각적 쾌락을 어쩌면 아주 간절하게 떠올리고 있었을 것이다).

캘리포니아 대학의 랜드마크 이미지 등이 담긴 자긍심 슬라이드는 문측 중간 전전두피질을 활성화시켰다. 전두엽의 이 영역은 사람들이 자기 자신을 생각할 때 한결같이 밝아졌다. 자기 자신과 연관되는 자긍심의 핵을 고려할 때 충분히 그럴 것이라고 이해되는 내용이었다.

피해와 고통의 이미지는 연민이 두뇌의 어느 영역에 들어 있는지 일관되게 말해주는 뉴런 다발을 활성화시켰다. 또한 편도체를 활성화

사진 33 | 특정 감정을 불러일으키는 이미지

감각적 쾌락 / 자긍심 / 연민 / 경외감

시켰다. 그리고 배측 중간 전전두피질이라고 알려진 전두엽의 한 영역을 활성화시켰는데, 이 영역은 공감과 다른 사람의 관점을 받아들이는 일에 관여한다. 연민 속에는 다른 사람의 경험에 대한 이해와 피해에 대한 의식이 통합되어 있었다.

마지막으로 경외감을 살펴보자. 경외감을 불러일으키는 슬라이드는 좌측 안와전두피질을 활성화시켰는데, 이 영역은 우리가 신체 접촉을 하거나 보상을 기대할 때 밝아진다. 또한 이 영역은 접근과 목적 지향적 행동에 중점적으로 관여하며, 사람들이 더 넓은 관점에서 자기 자신의 내적 경험을 떠올릴 때 활성화된다. 두뇌 속에는 여러 가지 형태의 행복이 들어 있었으며 모든 것이 이기적인 쾌락으로 환원되지는 않았다.

경외감에 대한 진화론적 연구는 집단을 위해 우리 자신을 바치는 헌신 능력의 생리적 토대를 입증해준다. 경외감 속에는 자기 자신을 크게 확장시키는 신체적 표현(소름)과 연결성(미주신경)이 포함되어 있다. 경외감은 자기 표상self-representation을 변화시켜 서로를 구분 짓는 것에서 서로를 결속시키는 것으로 바꿔놓는다. 또한 경외감은 목표 지향적인 행동과 접근, 자기 자신에 대한 관점, 쾌락에 관련된 두뇌 영역을 활성화시킨다. 경외감이 생기게 된 궁극적인 진화상의 기원으로 볼 때 신성한 것은 사회적이다. 우리가 지닌 경이와 공경의 능력은 우리 몸속에 뿌리를 두고 있다.

우리 몸은 인을 구현하도록 만들어졌다

경외감의 경험은 사물의 커다란 구도 속에서 자신의 위치를 깨닫는 것과 관련이 있다. 또한 이기심의 힘을 잠재우는 것과 관련이 있으며,

몸을 낮추고 사회집단에 들어가는 것과 관련이 있다. 그리고 우리 모두를 결속시키고 우리 삶의 노력을 고귀한 것으로 만들어주는 좀 더 확대된 과정에 참여하는 데 대해 공경을 표하는 것과 관련이 있다.

다윈에게 경외감이란 바로 비글호 여행이었다. 그리고 안데스 산맥, 갈라파고스 섬, 곶 주변에서 느낀 초월적 경험과 5년의 여행 동안 수렵채집 사회 사람들과 함께 하면서 느낀 초월적인 경험도 경외감이었다. 아마존의 숲속 이곳저곳을 돌아다닌 뒤 다윈은 생각에 잠겼다. '이곳은 아주 대단한 아름다움이 필시 아주 작은 목적을 위해 창조되었을 것 같은 경이로운 느낌을 자아낸다.' 숲은 '자연의 신이 만들어 놓은 여러 가지 것들로 가득 차 있는 절'이었다. 다윈은 꽃, 풍뎅이, 편형동물, 아르마딜로, 나무를 관찰하는 동안 이 모두를 하나로 묶어주는 어떤 힘(자연선택)을 알아보기 시작했다. 다윈 전기를 쓴 자넷 브라운Janet Browne의 말을 빌리면 인간은 "지구상에 서로 맞물려 있는 더 큰 시스템의 작은 일부일 뿐"이었다.

세포 생물학자 어슐러 구디너프Ursula Goodenough에게는 생명과 생활을 구성하는 생물화학적 과정이 신성한 것으로 여겨졌다. 수십 억 년 전의 뜨거운 진흙 속에서 어떻게 생명 형태가 생겨났는지, 두 개의 성 세포가 결합하여 어떻게 인간이 되었는지, 세월이 흐르는 동안 DNA는 어떻게 진화했는지, 이 모든 물음이 구디너프의 영혼을 자극했다. 생명 과정에 대한 그녀의 이해 속에는 설계와 아름다움, 거대함에 대한 의식이 가득하며, 이는 시에라네바다 산맥에 대한 뮤어의 느낌을 자극했던 바로 그 의식이기도 하다.

내가 박사학위 취득 후 과정으로 연구소 활동을 하면서 얼굴 움직임 부호화 시스템이라는 도구를 처음으로 응용하기 시작한 어느 늦은 오후에 나는 짧은 학문 생활에서 처음으로 경이와 공경의 느낌을 갖기 시작했다. 이 도구들 덕분에 나는 비디오테이프의 밀리초 단위 프레임 속에 인간의 행동을 고정시켜 놓고 진화론 여행을 떠날 수 있었다.

오늘날 표현되는 그대로의 상태로 긍정적 감정의 기원을 탐구하면서 먼 옛날 진화상의 시간으로까지 거슬러 올라가, 감정 형태를 탄생시킨 사회적 동력을 밝혀냈다. 짧은 순간에 스쳐 지나가는 감정이지만 내가 너무도 운이 좋았던 탓에 내 연구실에서 포착할 수 있었던 감정의 진화적 기원은 다른 사람에 대한 공경과 존경의 마음이었고, '우리 자신이 아닌 다른 사람, 우리 것이 아닌 다른 생각과 행동 속에 들어 있는 아름다움을 우리 자신과 동일시하는 힘'이었다.

10대 아이가 얼굴을 붉히면 부모의 얼굴에도 미소가 번지고 갈등과 긴장이 사라진다. 계산대 줄에 서 있는 나이 든 여자와 짐 들어주는 소년 사이에 주고받는 공손한 미소와 '고맙습니다'라는 인사는 짧은 순간일망정 존경심을 확산시키고 인간의 노력에 대한 신뢰를 높여준다. 아이의 그네를 밀어주는 부모는 미소와 달콤한 말, 웃음소리로 공간을 가득 채우고 신뢰와 호의의 따스한 분위기를 만든다. 웃음소리는 연인, 친구, 가족, 강당 사이로 물결치듯 흐르면서 가벼운 협동의 놀이로 사람들을 묶어준다. 문구를 미묘하게 비틀거나 특정한 목소리를 이용함으로써 부부, 형제, 부모와 아이들이 가시 돋친 갈등을 재미있는 놀려대기로 바꿔놓는다. 친절한 포옹이 아이에게서 친구에게로, 다시 할머니와 할아버지에게로 전해진다.

우리는 신뢰와 헌신을 가능하게 하는 신경펩티드를 갖고 있으며, 보살필 수 있는 마음과 두뇌, 목소리를 하나로 연결시키는 신경가지를 갖고 있다. 우리가 지닌 경외감의 능력은 우리에게 예술, 다시 말해 신성한 것에 대한 의식을 가져다주었다. 우리 인류에게는 이런 긍정적 감정이 활동하게 돕는 유전자와 신경전달물질, 두뇌 영역이 있어서 자기이익과 관계없이 다른 사람을 도울 수 있다. 우리가 지닌 긍정적 감정이 바로 인의 실체이다. 총체적인 설계의 거대함을 인식하는 방향으로 진화하는 정신, 그리고 이런 고결한 생각을 실행할 수 있게 하는 감정이 인류의 진화 과정을 통해 생겨났다.

우리는 선한 존재로 태어났다.

참고문헌

Chapter 01

- Karen Armstrong, *The Great Transformation* (New York: Anchor, 2006).
- Wing-Tsit Chan, trans., *A Source Book in Chinese Philosophy* (Princeton, NJ: Princeton University Press, 1963).
- Sonja Lyubomirsky, *The How of Happiness* (New York: Penguin, 2007).
- David G. Myers, *The American Paradox* (New Haven, CT: Yale University Press, 2000).
- Barry Schwartz, *Battle for Human Nature* (New York: W. W. Norton, 1986).
- Alfie Kohn, *The Brighter Side of Human Nature* (New York: Basic Books, 1990).
- Sigmund Freud, *On Murder, Mourning and Melancholia* (New York: Penguin, 2005).
- Robert H. Frank, *Passions Within Reason* (New York: W. W. Norton, 1988).
- David Myers, *The American Paradox* (New Haven, CT: Yale University Press, 2000).
- Alain de Botton, *Status Anxiety* (New York: Pantheon, 2004).
- Jonathan Haidt, *The Happiness Hypothesis* (New York: Basic Books, 2006).
- Sober and Wilson, *Unto Others: The Evolution and Psychology of Unselfish Behavior* (Cambridge, MA: Harvard University Press, 1998).
- Machiavelli, *The Prince* (New York: Penguin, 2003).
- Klaus R. Scherer and Paul Ekman, *Approaches to Emotion* (Hillsdale, NJ: Erlbaum, 1984).

Chapter 02

- Charles Darwin, *The Expression of the Emotions in Man and Animals, 3rd ed* (New York: Oxford University Press, 1872/1998).

- Browne E. J., *Charles Darwin: Voyaging* (Princeton, NJ: Princeton University Press, 1995).

- _____, *Charles Darwin: The Power of Place* (Princeton, NJ: Princeton University Press, 2002).

- George Lakoff and Mark Johnson, *Metaphors We Live By* (Chicago: University of Chicago Press, 1980).

- _____, *Women, Fire and Dangerous Things: What Categories Reveal About the Mind* (Chicago: University of Chicago Press, 1987).

- Zoltán Kövesces, *Metaphor* (Oxford: Oxford University Press, 2002).

- J. L. Briggs, *Never in Anger: Portrait of an Eskimo Family* (Cambridge, MA: Harvard University Press, 1970).

- Carl N. Degler, *In Search of Human Nature* (Oxford: Oxford University Press, 1991).

- Ekman and Erika L. Rosenberg, *What the Face Reveals* (New York: Oxford University Press, 1997).

- Michael Lewis, Jeannette M. Haviland-Jones Lisa Feldman Barrett, *Handbook of Emotions* (New York: Guilford Press, 1993).

- Mark Schaller, Jeffrey A. Simpson, and Douglas T. Kenrick, *Evolution and Social Psychology* (New York: Psychology Press, 2006).

- Lila Abu-Lughod and Catherine A. Lutz, *Language and the Politics of Emotion* (New York: Cambridge University Press, 1990).

- Ekman and Friesen, *Facial Action Coding System: A Technique for the Measurement of Facial Movement* (Palo Alto, CA: Consulting Psychologists Press, 1978).

- Ekman and Erika L. Rosenberg, *What the Face Reveals* (New York: Oxford University Press, 1997).

Chapter 03

- Thomas Schelling, *The Strategy of Conflict* (Cambridge, MA: Harvard University Press, 1963).

- Nico H. Frijda, *The Emotions: Studies in Emotion and Social Interaction* (Cambridge: Cambridge University Press, 1986).

- John R. Krebs and Nicholas B. Davies, *An Introduction to Behavioural Ecology* (Oxford: Blackwell, 1993).

- _____, *Behavioural Ecology: An Evolutionary Approach* (Oxford: Blackwell, 1984).

- Martha C. Nussbaum, *Upheavals of Thought: The Intelligence of Emotions* (New York: Cambridge University Press, 2001).

- William James, *The Principles of Psychology, 2 vols.* (Bristol: Thoemmes Press, 1890/1999), vol. 2.

- Lawrence Kohlberg, *Moral Development and Behavior: Theory, Research, and Social Issues* (New York: Holt, Rinehart, and Winston, 1976).

- Elliot Turiel, *The Development of Social Knowledge: Morality and Convention* (Cambridge: Cambridge University Press, 1983).

- _____, The Culture of Morality: *Social Development, Context, and Conflict* (Cambridge: Cambridge University Press, 2002).

- Turiel, M. Killen, and C. Helwig, *The Emergence of Morality in Children* (Chicago: University of Chicago Press, 1987).

- Keith Oatley, *Emotions: A Brief History* (Malden, MA: Blackwell, 2004).

- W. Janig, *Handbook of Affective Sciences* (London: Oxford University Press, 2003).

- Karen Armstrong, *The Great Transformation: The Beginning of Our Religious Traditions* (Anchor, 2007).

Chapter 04

- S. L. A. Marshal, *Men Against Fire: The Problem of Battle Command* (Norman, OK: University of Oklahoma Press, 1947/2000).

- Helena Cronin, *The Ant and the Peacock* (New York: Cambridge University Press, 1991).

- Charles Darwin, *The Descent of Man, and Selection in Relation to Sex* (London: John Murray, 1871).
- David Christian, *Maps of Time: An Introduction to Big History* (Berkeley, CA: University of California Press, 2004).
- Stephen Mithen, *After the Ice: A Global History of Human History 20,000 to 5000 BC* (Cambridge, MA: Harvard University Press, 2006).
- Jerome H. Barkow, *The Adapted Mind: Evolutionary Psychology and the Generation of Culture* (New York: Oxford University Press, 1992).
- Frans B. M. de Waal, *Good Natured: The Origins of Right and Wrong in Humans and Other Animals* (Cambridge, MA: Harvard University Press, 1996).
- John R. Krebs and Nicholas B. Davies, *An Introduction to Behavioral Ecology* (Oxford: Blackwell Press, 1993).
- Jared Diamond, *The Third Chimpanzee* (New York: Harper Perennial, 1992).
- Stephen Mithen, *The Prehistory of the Mind: The Cognitive Origins of Art and Science* (London: Thames and Hudson, 1996).
- D. Christian, *Maps of Time: An Introduction to Big History* (Berkeley, CA: University of California Press, 2004).
- Irenäus Eibl-Eibesfeldt, *Human Ethology* (New York: Aldine de Gruyter, 1989).
- Sarah Hrdy, *Mother Nature: Maternal Instincts and How They Shape the Human Species* (New York: Ballantine, 1999).
- Shelley E. Taylor, *The Tending Instinct* (New York: Henry Holt, 2002).
- Frans de Waal, *Good Natured: The Origins of Right and Wrong in Humans and Other Animals* (Cambridge, MA: Harvard University Press, 1996).
- Steven Mithen, *Singing Neanderthals: The Origins of Music, Language, Mind, and Body* (Cambridge, MA: Harvard University Press, 2007).
- Marc D. Hauser, *The Evolution of Communication* (Cambridge, MA: MIT Press, 1996).
- Nina Jablonski, *Skin: A Natural History* (Berkeley, CA: University of California Press, 2006).
- Robert Boyd and Peter J. Richardson, eds., *Culture and the Evolutionary Process* (Chicago: University of Chicago Press, 1985).
- Boehm, *Hierarchy in the Forest: The Evolution of Egalitarian Behavior* (Cambridge,

MA: Harvard University Press, 1999).

- Geoffrey Miller, *The Mating Mind: How Sexual Choice Shaped the Evolution of Human Nature* (New York: Anchor, 2000).
- O. Judson, *Dr. Tatiana's Sex Advice to All Creation* (New York: Owl, 2002).
- Jane Goodall, *The Chimpanzees of Gombe: Patterns of Behavior* (Cambridge, MA: Harvard University Press, 1986).
- Konrad Z. Lorenz, *On Aggression* (London: Methuen, 1967).
- Matt Ridley, *The Red Queen* (New York: HarperCollins, 1993).
- Jared Diamond, *Why Is Sex Fun? The Evolution of Human Sexuality* (New York: Basic Books, 1997).
- Helen Fisher, *Anatomy of Love* (New York: Simon & Schuster, 1993).
- Robert Axelrod, *The Evolution of Cooperation* (New York: Basic Books, 1984).

Chapter 05

- Rebecca Solnit, *Rivers and Shadows* (New York: Penguin, 2003).
- Goffman, *Interaction Ritual: Essays on Face-to-Face Behavior* (New York: Doubleday, 1967).
- Eadweard Muybridge, *The Human Figure in Motion* (New York: Dover, 1955).
- Edmund T. Rolls, *The Brain and Emotion* (New York: Oxford University Press, 1999).
- Joseph LeDoux, *The Emotional Brain: The Mysterious Underpinnings of Emotional Life* (New York: Simon & Schuster, 1996).
- Lao Tzu, *Tao Te Ching* (New York: Penguin, 1963), Book II. LXXVI.

Chapter 06

- Arlie R. Hochschild, *The Managed Heart: Commercialization of Human Feeling* (Berkeley: University of California Press, 1983).
- Paul Ekman, *Emotions Revealed* (New York: Owl, 2004).
- Gottman, *Why Marriages Succeed or Fail* (New York: Simon & Schuster, 1993).

- Agnus Trumble, *A Brief History of the Smile* (New York: Basic Books, 2004).
- Richard J Davidson, Klaus R Shere, H. Hill Goldsmith, *Handbook of Affective Science* (London: Oxford University Press, 2003).
- Ullica Segerstrle, Peter Moln r, Peter Molnar, Ullica Segerstrale, *Nonverbal Communication: Where Nature Meets Culture* (Hillsdale, NJ: Erlbaum, 1997).
- Arlie R. Hochschild, *The Managed Heart: Commercialization of Human Feeling* (Berkeley: University of California Press, 1983).
- Ian H. Gotlib and Constance L. Hammen, *Psychological Aspects of Depression: Toward a Cognitive-Interpersonal Integration* (Chichester: Wiley, 1992).
- McMahin, *Happiness: A History* (New York: Grove Press, 2006).
- Christopher Boehm, *Hierarchy in the Forest: The Evolution of Egalitarian Behavior* (Harvard University Press, 2001).

Chapter 07

- Paul D. MacLean, *The Triune Brain in Evolution: Role in Paleocerebral Functions* (New York: Plenum, 1990).
- Provine, *Laughter: A Scientific Investigation* (New York: Viking, 2000).
- T. C. Boyle, *Drop City* (New York: Penguin, 2003).
- Milan Kundera, *The Book of Laughter and Forgetting* (New York: Penguin, 1981).
- Michael L. Apte, *Humor and Laughter: An Anthropological Approach* (Ithaca: Cornell University Press, 1985).
- Steven Pinker, *The Language Instinct* (New York: HarperCollins, 1994).
- Jared Diamond, *Guns, Germs, and Steel: The Fate of Human Societies* (New York: W. W. Norton, 1997).
- Tracy J. Mayne and George A. Bonanno, *Emotions: Current Issues and Future Directions* (New York: Guilford Press, 2001).
- T. Hobbes, *Leviathan* (Cambridge: Cambridge University Press, 1991).

Chapter 08

- A. Zahavi and A. Zahavi, *The Handicap Principle* (New York: Oxford University

Press, 1997).

- Bambi B. Schieffelin, *The Give and Take of Everyday Life: Language Socialization of Kaluli Children* (Cambridge: Cambridge University Press, 1990).
- Barrie Thorne, *Gender Play: Girls and Boys in School* (New Brunswick, NJ: Rutgers University Press, 1993).
- Duncan Griffin, *Satire: A Critical Reintroduction* (Lexington, KY: University of Kentucky Press, 1994).
- Linda Hutcheon, *Irony's Edge* (London: Routledge, 1995).
- Jedidiah Purdy, *For Common Things: Irony, Trust, and Commitment in America Today* (New York: Random House, 2000).
- Bernice K. Otto, *Fools Are Everywhere* (Chicago: University of Chicago Press, 2001).
- H. P. Grice, *Logic and Conversation* (New York: Academic Press, 1975).
- Penelope Brown and Stephen C. Levinson, *Politeness: Some Universals in Language Usage* (Cambridge: Cambridge University Press, 1987).
- C. A. Straehle, *Gender and Conversational Interaction: Oxford Studies in Sociolinguistics* (New York: Oxford University Press, 1993).
- Herbert H. Clark, *Using Language* (Cambridge: Cambridge University Press, 1996).
- Bertrand Russell, *Power: A New Social Analysis* (London: Allen and Unwin, 1938).
- F. Rabelais, *Garantua and Pantagruel* (Baltimore: Penguin/Everyman's Library, 1955).
- V. Reddy, *Natural Theories of Mind: Evolution, Development, and Simulation of Everyday Mindreading* (Oxford: Blackwell, 1991).
- D. Olweus, *Aggression in Schools: Bullies and Whipping Boys* (New York: Wiley and Sons, 1978).
- _____, *Bullying at School: What We Know and What We Can Do* (Cambridge, MA: Blackwell, 1993).
- Erving Goffman, *The Presentation of Self in Everyday Life* (Garden City: Doubleday, 1959).
- _____, *Behavior in Public Places: Notes on the Social Organization of Gatherings* (New York: Free Press, 1966).
- _____, *Interaction Ritual: Essays on Face-to-Face Behaviord* (New York: Doubleday, 1967).

- E. Winner, *The Point of Words: Children's Understanding of Metaphor and Irony* (Cambridge, MA: Harvard University Press, 1988).

Chapter 09

- Robert Axelrod, *The Evolution of Cooperation* (New York: Basic Books, 1971).
- Tiffany Field, *Touch* (Cambridge, MA: MIT Press, 2001).
- Ashley Montagu, *Touch in Early Development* (Mahwah, NJ: Erlbaum, 1995).
- J. Watson, *Psychological Care of Infant and Child* (New York: W. W. Norton, 1928).
- Desmond Morris, *The Naked Ape: A Zoologist's Study of the Human Animal* (New York: Dell, 1967).
- Tiffany Field, *Touch* (Cambridge, MA: MIT Press, 2001).
- Robin I. M. Dunbar, *Grooming, Gossip and the Evolution of Language* (London: Faber and Faber, 1996).

Chapter 10

- David M. Buss, *The Evolution of Desire: Strategies of Human Mating* (New York: Basic Books, 1994).
- John Bowlby, *Attachment and Loss, vols. 1 and 2* (London: Hogarth Press, 1978).
- _____, *The Making and Breaking of Affectional Bonds* (London: Tavistock, 1979).
- _____, *A Secure Base: Clinical Applications of Attachment Theory* (London: Routledge, 1988).
- Mary D. S. Ainsworth, *Infancy in Uganda: Infant Care and the Growth of Love* (Baltimore: Johns Hopkins University Press, 1967).
- D. B. Givens, *Love Signals: How to Attract a Mate* (New York: Crown, 1983).
- T. Perper, *Sex Signals: The Biology of Love* (Philadelphia: ISI Press, 1985).
- Eibl-Eibesfeldt, *Love and Hate: The Natural History of Behavior Patterns* (New York: Schocken, 1974).
- Elaine Hatfield, John T. Cacioppo, and Ronald L. Rapson, *Emotional Contagion* (Cambridge: Cambridge University Press, 1994).

- David G. Myers, *The American Paradox* (New Haven, CT: Yale University Press,
- 2000).
- Jaak Panksepp, *Affective Neuroscience: The Foundations of Human and Animal Emotions* (New York: Oxford University Press, 1998).
- K. U. Morberg, *The Oxytocin Factor* (Cambridge, MA: De Capo, 2003).
- Helen Fischer, *Why We Love* (New York: Owl, 2004).
- Stephanie Coontz, *Marriage, a History* (New York: Viking, 2005).

Chapter 11

- Jonathan Glover, *Humanity* (New Haven, CT: Yale University Press, 1999).
- F. Nietzsche, *Beyond Good and Evil* (New York: NuVision Publications, 2007).
- Frank J. Sulloway, *Born to Rebel: Birth Order, Family Dynamics, and Creative Lives* (New York: Pantheon, 1996).
- Peter Singer, *Expanding Circle* (New York: Farrar, Straus, & Giroux, 1981).
- Philip Gourevitch, *We Wish to Inform You That Tomorrow We Will Be Killed with Our Families* (New York: Picador, 1998).
- Alice Miller, *For Your Own Good: The Roots of Violence in Child-Rearing* (London: Virago, 1987).

Chapter 12

- John Muir, *My First Summer in the Sierras* (San Francisco, CA: Sierra Club Books, 1988).
- D. Sloan Wilson, *Darwin's Cathedral: Evolution, Religion, and the Nature of Society* (Chicago: University of Chicago Press, 2003).
- Ralph Waldo Emerson, *Selected Essays* (New York: Penguin, 1982).
- Edmund Burke, *A Philosophical Inquiry into the Origin of Our Ideas of the Sublime and Beautiful* (Oxford: Oxford University Press, 1990).
- R. C. Zaehner, trans., *The Bhagavad-Gita* (London: Oxford University Press, 1969).

- M. C. Beardsley, *Aesthetics from Classical Greece to the Present* (New York: Macmillan, 1966).

- Paul Woodruff, *Reverence: Renewing a Forgotten Virtue* (New York: Oxford University Press, 2002).

- Thomas Nagel, *The View from Nowhere* (New York: Oxford University Press, 1986).

- A. Joyce Nichols, *The Poetics of Epiphany: Nineteenth-Century Origins of the Modern Literary Movement* (Alabama: University of Alabama Press, 1987).

- U. Goodenough, *Sacred Depths of Nature* (New York: Oxford University Press, 1998).

찾아보기

ㄱ

가상놀이 • 227~229, 231
가성연수효과 • 220
가트먼, 존 • 197, 226, 355
간디 • 160, 351, 403
갈등 완화 • 120, 124, 155~156, 158, 203
《갈등의 전략》(셸링) • 183
갈라파고스 • 420
강남상어 • 124
《개미와 공작》(크로닌) • 322
《거리의 춤》(에런라이히) • 348
거울 뉴런 • 224, 238
게이지, 피니어스 • 165
고프먼, 어빙 • 160
곤자가, 지안 • 343
골든 햄스터 • 123
《공경》(우드러프) • 405
공손한 미소 • 176~177, 421
《공손한 어투》(브라운과 레빈슨) • 250
공자 • 22, 34~35, 99, 408
공포관리이론 • 202
관행화된 욕 • 252
《광대는 어디에나 있다》(오토) • 245
교감 자율신경계 • 412
교차문화 연구 • 54
구달, 제인 • 123

구디너프, 어슐러 • 420
구레비치, 필립 • 373
구애 행위 • 126, 330, 336
궁정광대 • 244~246
그라이브, 아부 • 226
그라이스, 폴 • 248~249
그리스도교 • 203, 348, 355
그리핀, 머브 • 214
극락조 • 330~331
글루코코르티코이드 • 297
금욕 프로그램 • 338
《긍정 심리학》(셀리그먼) • 20
긍정적 감정 • 22~23, 49~50, 57, 144, 180, 187~188, 190, 197, 201, 230, 355, 412, 417, 421~422
기능성 자기공명영상 • 42, 98, 286, 299, 380, 417
긴팔원숭이 • 323~324
길버트, 대니얼 • 20

ㄴ

나스루딘 • 246
《나의 첫 여름》(뮤어) • 395
나이트, 로버트 • 166
《나 자신의 노래》(휘트먼) • 351
나치 집단수용소 • 359

낭만적 사랑 • 60, 339, 343~346, 353~355
《내일이면 우리는 가족들과 함께 죽임을 당할 것이며 이 사실을 여러분에게 전하고자 한다》(구레비치) • 373
넌뒤센 미소 • 183~186, 218
네안데르탈인 • 117, 208~209
노동 분업 • 111, 256
노르아드레날린 • 298
노자 • 19, 168~169, 397
뇌간 • 220, 230, 366
뇌도 • 224
뇌하수체 • 298~300, 317, 329, 342, 379
누스바움, 마사 • 88, 99, 361
눈둘레근 • 76, 183~184, 186, 195~196
뉴기니 • 22, 52, 54, 66, 68~69, 91, 101, 111, 147, 303
뉴질랜드 • 64
니스리, 미클로시 • 359
니체, 프리드리히 • 362

ㄷ

다이아몬드, 제레드 • 209
다윈, 찰스 • 19, 21~22, 27, 34~36, 55~65, 67, 69~71, 73, 75, 77, 86~87, 89, 94, 101, 105, 106~110, 120, 125, 133, 137, 140, 143, 147, 150, 152, 156, 161, 175~177, 180, 191, 200, 230, 284, 304, 320, 347, 360, 363, 365~366, 375, 385, 388, 406~407, 420
다즌스 게임 • 252
달라이 라마 • 21, 98~99, 160, 237, 282~286, 392~403, 410
대광대근 • 179, 183
대상피질 • 164
대쉴 방법 • 68
대역폭 • 117

던바, 로빈 • 312
데이비슨, 리치 • 286, 298, 391
데카르트, 르네 • 379
데푸, 리처드 • 1921
도덕철학 • 99
도파민 • 38, 192, 199, 295
되받아치기 전략 • 128~131
뒤셴, 기욤 벤저민 아망 • 183
뒤셴 미소 • 183~187, 190~192, 195~196, 199, 203~205, 218, 234
《뒤엉킨 날개》(코너) • 113
《드롭시티》(보일) • 211, 214
드루, 폴 • 229
등쪽 미주신경 복합체 • 365

ㄹ

라모타, 제이크 • 143, 259
라블레 • 261
라이히, 스티브 • 277, 401
라킨스, 해리 • 139
라파포트, 아나톨 • 128
랑게르한스 세포 • 291
랜드, 아인 • 44, 100, 362
러셀, 버트런드 • 256
레벤후쿠, 안톤 반 • 34
레빈, 린다 • 74
레빈슨, 로버트 • 91, 191, 197
레이코프, 조지 • 100
레크 • 330
로렌츠, 콘라트 • 123
로빈슨, 슈거 레이 • 143
로진, 폴 • 44, 148
롤스, 에드먼드 • 293
롤스, 존 • 99
루세사바기나, 폴 • 373~374

루흐, 빌발트 • 220
르완다의 대학살 • 373~374
리들리, 매트 • 322, 332
림보, 러시 • 341

ㅁ

마샬, '슬램' • 104
마이브리지, 에드워드 • 28, 137~142, 163~164, 288, 293
마카크 • 155, 157, 177, 203~204
마카크, 토기안 • 204
마키아벨리 • 45, 120, 131, 362
마킨 섬 • 106
머리, 샌드라 • 339
머켈 세포 • 291, 294, 310
멜라닌 세포 • 291
《명품을 코에 감은 코끼리 행복을 찾아나서다》(하이트) • 20
모리스, 데스몬드 • 290
몸단장 발톱 • 311
무성 웃음 • 218~219
무어, 모니카 • 266
무지의 베일 • 99
무표정 방법론 • 188
문화상대주의 • 54
뮤어, 존 • 25, 394, 397~398, 406
미낭카바우족 • 93
미내드 • 348
미니, 마이클 • 298
미드, 마거릿 • 66
미상핵 • 340
《미소의 짧은 역사》(트럼블) • 173
미주신경 • 25, 29, 90, 164, 302, 317, 340, 363~371, 375, 377~381, 383~384, 387~389, 413, 419

미켈란젤로 • 300
밀라이 학살 • 358~359
밀러, 제프리 • 333, 385

ㅂ

《바가바드 기타》 • 398
바초로프스키, 조 앤 • 216~219, 223~224
반대의 원리 • 62, 64, 176, 344
반항 • 60, 63
발성기관 • 216, 217, 219, 224, 230, 363
발, 프란스 드 • 112, 119, 123, 155, 302
배란 • 109, 333, 336
뱃슨, 다니엘 • 374~376
버를, 밀턴 • 230
버스, 데이비드 • 385
버크, 에드먼드 • 399~400
벨, 찰스 • 56
베트남 전쟁 • 105
별명 연구방법 • 258, 269, 278
브래들리, 마이크 • 260
비용편익 역전의 원리 • 130
보가트, 험프리 • 287
보난노, 조지 • 74, 185, 231
보노보 • 110, 112, 116~117, 119, 124~125, 155, 210, 216, 230, 292, 331
보상중추 • 36, 174, 329, 340
보애스, 프란츠 • 66
보엠, 크리스토퍼 • 205
보울비, 존 • 316~317, 329
보일 • 211, 214
보통, 알랭 드 • 48, 49
부교감신경계 • 89~90, 92, 340
부시맨, 브래드 • 271
부신피질 자극호르몬 • 297~300
《불안》(드 보통) • 48

〈불을 찾아서〉 • 208
《붉은 여왕》(리들리) • 322, 332
붉은털원숭이 • 203, 327
붓다 • 237, 371
블레어, 제임스 • 162
비글호 • 55, 64, 365, 420
비비원숭이 • 126, 240
비어, 제니퍼 • 166

ㅅ

사고실험 • 89, 93, 96, 99~100, 159
《사고의 대변동》(누스바움) • 88, 361
사도 바울 • 102, 399
사별 • 185, 232~236, 383
사회계약 • 86, 141, 158, 219
사회구성주의 • 66, 69
사회다윈주의 • 69~70, 120
사회지능 • 119~120
산후우울증 • 187
상호 이타주의 • 43
샘슨, 로버트 • 351
샤흐터, 스탠리 • 70, 72, 92
서번트 • 45
선택압 • 63, 143, 204, 362, 384, 387
설로웨이, 프랭크 • 122
성 아우구스티누스 • 100
세로토닌 • 294
세티 프로젝트 • 172
〈센추리〉 • 396
셀리그먼, 마틴 • 20
셰이버, 필 • 328
셰익스피어 • 122, 223
셸링, 토머스 • 81
수다(뒷공론) • 312, 388
수렵채집 사회 • 111, 201~205, 301, 323, 420

수중 원숭이 가설 • 290
수컷 무화과 말벌 • 256
《숭고와 아름다움의 이념의 기원에 대한
철학적 탐구》(버크) • 400
슈미트, 클라우스 • 47
스미스, 애덤 • 42, 47, 85
스코세이지, 마틴 • 143
스키너, 벌허스 • 100
스탠퍼드, 릴런드 • 141
스테인, 얀 • 189, 215
스토아 학파 • 102
스톤, 플로라 셸크로스 • 138
스트레스와 관련된 생리현상 • 191, 297, 298
스트레스 호르몬 • 273, 294, 297, 298, 300
스트루핀스키, 지닌 모론 • 192
스피츠, 르네 • 296
시상하부-뇌하수체-부신 축 • 298~300, 317, 329, 340, 342, 379
시에라네바다 • 25, 181, 395~395, 406, 420
〈시에라 마드레의 황금〉 • 287
시오타, 라니 • 414
신경경제학 • 42, 350
신경전달물질 • 35, 192, 294~295, 298, 421
신경펩티드 • 25, 103, 110, 340, 348, 365, 421
신뢰 게임 • 350~351, 388
심박출량 • 90
싱어, 제롬 • 70
싱어, 피터 • 370

아노미 현상 • 40
아스퍼거 증후군 • 276~280
아이베스펠트, 이레노이스 아이블 • 154, 303

아이젠버그, 낸시 · 304, 374, 377, 383
아타우알파 · 323
아프가 점수 · 37
아프리카 비둘기 · 336
안와전두피질 · 163~167, 289, 293~295, 300, 302, 307, 317, 386, 419
암스트롱, 카렌 · 389
애인스워스, 메리 · 326
애착관계 · 202, 327~328, 352
애착 행동 · 326~328
앤더슨, 캐머런 · 118
앤더슨, 크레이그 · 271
액설로드, 로버트 · 126~128
야블론스키, 니나 · 290
야생소년 · 325~326, 353
《어머니의 탄생》(허디) · 121, 384
언어철학 · 24, 244
얼굴 움직임 부호화 시스템 · 75, 77, 81, 84, 86, 91, 143, 153, 233, 420
《얼굴의 심리학》(에크만) · 186
에런라이히, 바버라 · 348
에머슨, 랠프 월도 · 398
에이브러햄스, 로저 · 252
에크만, 폴 · 19, 22, 24, 27, 52~55, 57, 59, 61, 63, 65~73, 75~77, 83~85, 87, 90~91, 92, 96, 101, 143~145, 147, 150, 182~183, 186, 187, 286
에피네프린(아드레날린) · 70~71, 92
에피쿠로스 학파 · 100
엔도르핀 · 294~295, 300
엘즈워스, 피비 · 96
《여성의 신비》(프리단) · 193
역행 차폐 기법 · 191
영아 살해 · 112, 333, 361
예수 · 108, 351, 371

오베이스, 크리스 · 368, 381, 413
오우렌, 마이클 · 223
오토, 비어트리스 · 245
오피오이드 · 199, 291, 317, 384
옥시토신 · 25, 130, 199, 289, 294~295, 300, 302, 306, 317, 329, 340~342, 346, 348, 350~352, 365, 384
왓슨, 존 · 313
외만, 아르네 · 191
우다야마 · 323
우드러프, 폴 · 405
우디 앨런 가설 · 200~203
울프람, 알프레드 · 153
울프, 버지니아 · 108, 379
《웃음》(프로빈) · 224
《웃음과 망각의 책》(쿤데라) · 218
월리스, 알프레드 러셀 · 105
월리엄스, 리치 새빈 · 258
윌리엄스 증후군 · 45, 46
윌슨, 데이비드 슬로안 · 408
유성 웃음 · 218~219
의사전달의 일반 원칙 · 248~249, 251, 254
이누잇족 · 67
《이성 안에 들어 있는 열정》(프랭크) · 46
이주세포 · 291
이타르, 장 · 325
이타주의 · 29, 43, 107, 128, 304, 362, 372~375, 389
《인간과 동물의 감정 표현에 대하여》(다윈) · 55~56, 63, 101
《인간의 유래》(다윈) · 106, 360
인도교 딜레마 · 97~98
인셀, 톰 · 340
인의 과학 · 35~36, 41

인의 비율 • 22, 24, 27, 36~41, 45, 49~51,
　53, 57, 77, 101~102, 108, 133, 168, 193, 195,
　205, 238, 278, 286~287, 293, 300, 304, 315,
　317, 327~328, 366
일각고래 • 256
일부일처제 • 23, 27, 29, 82, 124~127, 323,
　330, 337~338, 340, 348, 384
입꼬리 당김근 • 84, 179

ㅈ

자기이익 • 36, 42~48, 81~82, 86~87, 120,
　126, 129~130, 288, 304, 408, 422
자연선택 • 45, 55~56, 67, 105, 126, 387, 420
자웅선택 • 126, 385
자크, 폴 • 39, 350
자하비, 아모츠 • 240
자하비, 아비삭 • 240
《장애 원리》(아모츠 자하비, 아비삭 자하비)
　• 241
전전두피질 • 417~419
전차 딜레마 • 97
정서과학 • 77, 101
정신분열증 • 146, 182
제바이스, 매슈 • 207, 210
《종의 기원》(다윈) • 55, 106
죄수의 딜레마 게임 • 127, 129, 303
주러드, 시드니 • 314
지시에 따른 얼굴 동작(DFA) 과제 • 93,
　96
직립보행 • 113, 117, 207, 210, 291
진화적 적응환경(EEA) • 103, 109~110,
　113, 115, 125, 133
《진화하는 결혼》(쿤츠) • 354

ㅊ

창조론 • 55~56, 415
척추 • 90, 285, 302, 340, 363, 403
청교도 • 100, 313
청반핵 • 297~299
초월주의 • 399
《총기 발사를 거부하는 사람들: 전쟁지휘
　의 문제》(마샬) • 104
최종제안 게임 • 47
추체근 • 59
측좌핵 • 417
친선관계 • 154, 177, 192~193, 204, 216, 344

ㅋ

카밧진, 존 • 391
카스텐슨, 로라 • 353
카스피, 압살롬 • 380
카터, 수 • 340
칸트, 이마누엘 • 361, 373
캄포스, 벨린다 • 350
캐넌, 월터 • 366
캡스, 리사 • 247, 278
커밍스, 에드워드 • 72
커즈번, 로버트 • 303
케라틴 • 291
케이건, 제롬 • 379
코끼리바다표범 • 155, 320~324, 331, 353
코너, 멜빈 • 113, 116
코르티솔 • 273, 294, 300, 307, 380
코르티코스테론 • 299
코언, 짐 • 299
콘, 제프 • 187
콜버그, 로렌스 • 95
쿠로스 • 173~174

쿤데라, 밀란 • 218
쿤츠, 스테파니 • 354
쿵산족 • 111
크로닌, 헬레나 • 322
크링, 앤 • 182, 247
클락, 허브 • 254

ㅌ

《타고난 반항아》(설로웨이) • 122
터너, 레베카 • 346
《터치》(필드) • 296
〈테라스의 유쾌한 모임〉(스테인) • 189
토머스, 에밀리아나 사이먼 • 305, 416
톰킨스, 실반 • 201
투투, 데스몬드 • 286
트로닉, 에드 • 187
티라노사우루스 렉스 • 409, 415~416
티베트 불교 • 282~283, 355, 391

ㅍ

페르, 에른스트 • 47
페이넷 광대 격리 법안 • 244
페이지, 팀 • 276
편도체 • 164, 224, 273, 289, 297, 299~300, 308, 340, 342, 368, 380, 418
《평범한 것들을 위하여》(퍼디) • 243
포괄적응도 • 43
포레이족 • 68~69, 101, 145
포지스, 스티브 • 363, 366
푸른 발 부비 • 122, 155
《풀잎》(휘트먼) • 355
프랙탈 • 409, 411~412
프랜시스, 달린 • 298
프랭크, 로버트 • 46, 86
프레드릭슨, 바버라 • 191

프레일리, 크리스 • 328
프로빈, 로버트 • 216, 221
프로이트, 지그문트 • 41, 44, 202, 234, 326, 373
프로타고라스 • 405, 408
프루쇼푸트, 사인 • 177, 203
프리단, 베티 • 193
프리슨, 윌리스 • 65, 75, 91, 143
플라톤 • 335
《피부》(야블론스키) • 290
피부 전도 반응 • 163
피진 영어 • 68
필드, 티파니 • 187, 296~297, 315
핑커, 스티븐 • 227

ㅎ

하렘 • 257, 323
하이쿠 • 411
하이트, 조너선 • 20, 87, 132, 437
하커, 리앤 • 194~195
한스 아스퍼거 • 277
할로우, 존 • 165
할로, 해리 • 327
합리적 선택 이론 • 41
해리스, 에릭 • 270
해마 • 323~324, 329, 417
《행복에 걸려 비틀거리다》(길버트) • 20
허디, 세라 블래퍼 • 121, 384
헉슬리, 토머스 헨리 • 105~106, 357, 360~361
《헛소동》(셰익스피어) • 241, 264~267
헤라클레이토스 • 374
헤르텐슈타인, 매트 • 306
헤이그, 데이비드 • 121
헬슨, 라벤나 • 193

혈연선택설 • 107
《협력의 진화》(액설로드) • 126
호모 에렉투스 • 113
호모 에코노미쿠스 • 40~43, 46
호모 하빌리스 • 113, 208~209
혹실드, 앨리 러셀 • 182
호흡성 동성 부정맥(RSA) • 369~370
홉스, 토머스 • 226
화두 • 75, 237~238
화용론 • 248
후천적 사이코패스 • 162
휘트먼, 월트 • 351, 355, 383
《휴머니티》(조너선 글러버) • 35
휴스턴, 존 • 287
흄, 데이비드 • 86
히리, 에린 • 257
히틀러, 아돌프 • 270, 390, 401, 403